电力建设工程预算定额应用手册

电气设备安装工程

工程造价员网　张国栋　主编

化学工业出版社

·北京·

《电气设备安装工程》是《电力建设工程预算定额应用手册》的分册之一，该书严格按照2013版《电力建设工程预算定额》（第三册 电气设备安装工程）进行编写，书中内容由浅入深，循序渐进，从基本的说明释义入手，对定额结构、子目设置、工作内容、使用说明及定额中的名词、术语、特殊概念、工程量计算规则、定额所列分部分项工程，定额中的人工、材料、机械项目均一一进行了详细的讲解，在详细的基本知识讲解之后附加有对应的实例分析，进一步巩固本章知识点，达到学以致用。帮助电力工程预算工作者提高实际操作的动手能力，解决工作中遇到的实际问题。

全书取材精炼，内容翔实，实用性强，是电力建设工程预算人员必备的工具书。本书可供电力建设工程预算人员、审计人员、有关技术人员以及大专院校相关专业师生使用，也可供建设单位、资产评估部门、施工企业的各级经济管理人员参考。

图书在版编目（CIP）数据

电气设备安装工程/工程造价员网，张国栋主编．—北京：化学工业出版社，2015.9
（电力建设工程预算定额应用手册）
ISBN 978-7-122-24609-7

Ⅰ.①电… Ⅱ.①工… ②张… Ⅲ.①电力工程-电气设备-设备安装-定额管理-中国-手册 Ⅳ.①F426.61-62

中国版本图书馆CIP数据核字（2015）第156712号

责任编辑：赵卫娟　仇志刚　　　　　　　　装帧设计：张　辉
责任校对：宋　玮

出版发行：化学工业出版社（北京市东城区青年湖南街13号　邮政编码100011）
印　　装：北京虎彩文化传播有限公司
787mm×1092mm　1/16　印张 20¾　字数540千字　2016年1月北京第1版第1次印刷

购书咨询：010-64518888　　　　　　　　售后服务：010-64518899
网　　址：http://www.cip.com.cn
凡购买本书，如有缺损质量问题，本社销售中心负责调换。

定　价：88.00元　　　　　　　　　　　　　　　　　　版权所有　违者必究

编写人员名单

主　　编　工程造价员网　张国栋

副主编　王希强

参　　编　赵小云　郭芳芳　洪　岩
　　　　　　马　波　刘　瀚　张梦婷
　　　　　　侯佳音　李云云　赵　琴
　　　　　　王利娜　吕亚鹏　李明辉
　　　　　　马建涛　王永生　贺可飞
　　　　　　陈鸿阳　何云华　周　晴
　　　　　　张孟晓　刘佳宁　李　朔
　　　　　　张　雨　周元鑫　王明雪
　　　　　　王国平　申丹丹　万如霞
　　　　　　王　莹　刘丹丹　杨　倩
　　　　　　曲媛媛　张淋楠　王静飞
　　　　　　刘坤朋　张艳新

前 言

本丛书为新编《电力建设工程预算定额应用手册》系列。全套书共分七个专业，包括建筑工程（上、下册）、热力设备安装工程、电气设备安装工程、输电线路工程、调试工程、通信工程、加工配制品。

该丛书内容完全按照 2013 版《电力建设工程预算定额》的章节顺序进行编写，该系列书包含了新版电力定额的七个分册所涉及的所有内容，较之 2006 版新增了"通信工程"分册。每个分册对其本册的定额结构、子目设置、工作内容、使用说明、计算规则等各方面进行了诠释，其中的说明释义和定额释义是对所对应章节中的一些重要名词以及重要概念的解释说明，在一系列必要的解释之后，有相应的实例讲解，可以让读者直接在实例的操作上验证自己对定额的掌握和熟悉程度，更进一步加深对定额的使用。同时书中增设了一些有特色性的实际操作案例，个别分册还设置有综合性质的实例，便于提高读者对电力定额的学习和使用，以及为读者提供更好的学习素材，希望为电力预算工作人员提供有价值的参考。

本书编写力求实现以下宗旨。

一、求"实际操作性"，即一切从预算工作者实际操作的需要出发，一切为预算员着想。在编写过程中，我们一直设身处地把自己看成实际操作者，实际操作需要什么，就编写什么，总结出释义，力求解决问题。

二、求"新"，即一切以国家能源局颁布的 2013 版《电力建设工程预算定额》为准绳，把握本定额最新动向，对定额中出现的新情况，新问题加以剖析，开拓实际工作者的新思路，使预算工作者能及时了解实际操作过程中定额的最新发展情况。

三、求"全"，即将电力建设工程预算领域涉及的设计、施工和组织管理的最新技术、方法与实际操作系统结合起来，为《电力建设工程预算定额》定额分部分项工程及定额项目的人工、材料、机械的释义服务。

本书在编写过程中得到了许多同行的支持与帮助，在此表示感谢。由于编者水平有限和时间紧迫，书中难免有疏漏和不妥之处，望广大读者批评指正。如有疑问，请登录 www.gczjy.com（工程造价员网）或 www.ysypx.com（预算员网）或 www.debzw.com（企业定额编制网）或 www.gclqd.com（工程量清单计价网），或发邮件至 zz6219@163.com 或 dlwhgs@tom.com 与编者联系。

编 者
2015 年 6 月

目 录

第1章 发电机电气 ··· 1
第一部分 说明释义 ··· 1
第二部分 定额释义 ··· 10
第三部分 工程量计算实例 ··· 13

第2章 变压器 ··· 19
第一部分 说明释义 ··· 19
第二部分 定额释义 ··· 29
第三部分 工程量计算实例 ··· 38

第3章 配电装置 ··· 44
第一部分 说明释义 ··· 44
第二部分 定额释义 ··· 71
第三部分 工程量计算实例 ··· 86

第4章 母线、绝缘子 ··· 105
第一部分 说明释义 ··· 105
第二部分 定额释义 ··· 115
第三部分 工程量计算实例 ··· 123

第5章 控制、继电保护屏及低压电器 ································ 137
第一部分 说明释义 ··· 137
第二部分 定额释义 ··· 141
第三部分 工程量计算实例 ··· 155

第6章 交直流电源 ··· 166
第一部分 说明释义 ··· 166
第二部分 定额释义 ··· 168
第三部分 工程量计算实例 ··· 171

第7章 起重设备电气装置 ·· 176
第一部分 说明释义 ··· 176
第二部分 定额释义 ··· 180
第三部分 工程量计算实例 ··· 184

第8章 电缆 ·· 194
第一部分 说明释义 ··· 194
第二部分 定额释义 ··· 209
第三部分 工程量计算实例 ··· 220

第9章 照明及接地 ··· 237
第一部分 说明释义 ··· 237

	第二部分　定额释义	244
	第三部分　工程量计算实例	247
第10章　自动控制装置及仪表		**260**
	第一部分　说明释义	260
	第二部分　定额释义	266
	第三部分　工程量计算实例	275
第11章　换流站设备		**290**
	第一部分　说明释义	290
	第二部分　定额释义	296
	第三部分　工程量计算实例	303
第12章　其他单体调试		**313**
	第一部分　说明释义	313
	第二部分　定额释义	318
	第三部分　工程量计算实例	324

第1章 发电机电气

第一部分　说明释义

本章定额适用于电机的检查接线、发电机励磁电阻器安装、柴油发电机组本体的安装。

一、工作内容

1. 发电机检查接线：电刷架安装，电刷研磨安装，测量轴承绝缘，配合穿转子，配合密封试验，接地，电机干燥，励磁机检查，单体调试。

【释义】　发电机：一种产生电能的机器。发电机本体包括转子和定子（静子）两大部分。转子由转子铁芯和转子线圈组成，转子铁芯由整块的优质合金钢锻成，具有良好的导磁特性，从而使转子铁芯变成电磁铁，形成发电机的磁场。定子主要由静子铁芯和定子线圈组成，定子铁芯由导磁性较好的硅钢片叠装组成，用以构成发电机的磁路。定子线圈也叫定子绕组，用以产生感应电动势并流通定子电流。如三相交流发电机共有三个独立绕组，分别称为A相、B相、C相绕组。

发电机安装如下。

(1) 发电机定子安装。定子安装前应找好机组的纵、横轴线。按制造厂供给的安装图检查底板高度、基础螺孔、电缆孔及励磁机基础板的分布正确性。吊运定子时，只能用固定的吊攀起吊，以免损坏机器，在安装定子前必须对发电机定子进行单独气密性试验，试验前应用专用盖板和工具堵死所有的孔。还要检查定子的水路情况，做水压试验，压力按设计规定，在8h内无渗漏现象。

(2) 发电机转子安装。安装前单独进行气密性试验，在穿转子前和发电机装配后，测试转子直流电阻和绝缘电阻值。在转子穿入定子时，应严格注意不要碰伤端部绝缘挡风板；全部穿入后用专门工具将转子吊在定子端板上。

(3) 发电机和励磁机找中心。检查联轴节，其径向跳动和端面跳动应在规定范围内。以找好的发电机转子为基准，找励磁机转子中心，按圆周找正，其端面跳动不超过0.04mm。

(4) 发电机轴承及油管路安装。

(5) 发电机密封瓦及油系统安装。

(6) 发电机定子水系统安装。出水管与外部管道连接要有一定的绝缘措施。

(7) 发电机气体冷却器及气体系统安装。氢气冷却器在装配前应进行一定压力的水压试验，在30min内应无变化，如有渗漏应进行修理。所有的气体管路应保证不漏气，并消除油污及氧化皮等。所有气体管路及其元件等应做气密性试验。

(8) 发电机电刷架和集电环安装。发电机找好中心后装配刷架，应使集电环和刷架各处纵/竖间隙相等，也应注意轴向位置。

(9) 发电机转子气密性试验。

(10) 空气冷却器及风道检查安装。

(11) 发电机的主励磁机和副励磁机检查安装。

调相机：是一种能够改变电路中接入线路的装置，它的作用是改变接入电路的相数。

同期调相机：作无功功率发电机运行，供改善电网功率因数及调整电网电压之用。其结构为卧式，闭路循环空气冷却，座式轴承，B级绝缘，型号含义为：

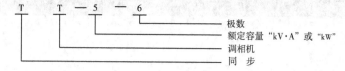

其技术规格见表1-1。

表1-1 同期调相机规格

型号	额定功率 /kV·A	额定电压 /kV	额定电流 /A	额定转速 /(r/min)	结构型式	励磁装置 电压/V	励磁装置 电流/A	外形尺寸 (长×宽×高) /mm	总重/t
TT-5-6	5000	6.6	438	1000		Z42.3 90	15-5 360		
TT-7.5-6	7500	11	394	1000		Z42.3 115	15-5 392		
TT-30-6	30 000	11	1650	1000		Z49.3 120	22-5 675		
TT-30-11	30 000	11	1575	1000		Z112 135	830	5315×3760×3300	86
TT-15-2	15 000	6.6/11	1312/788	750	凸极	Z49.3 115	22-5 527		
TT-15-6.35	15 000	6.35	1360	750		88	540	7082×30200×2800	63
TT-15-11	15 000	11	788	750					
TT-30-11	30 000	11	1575	1000		140	637	7024×3780×3175	94

同期调相机的安装工序为：基础检查准备；垫铁准备；调相机台板检查安装；定子就位找正、水压试验；轴承座及轴瓦检查安装；转子水压试验、穿转子；轴瓦与油挡间隙调整；调整磁力中心及空气间隙；调相机端盖组装；励磁机检查安装；进出水支座检查安装；空气冷却器检查安装；拖动机检查安装。

电刷：常用电刷有石墨型电刷、金属石墨型电刷和电化石墨型电刷三类。

(1) 石墨电刷由天然石墨制成，质地较软，润滑性能好，电阻率低，摩擦系数小，可承受较大的电流密度，适用于负载均匀的电机。

(2) 金属石墨电刷由铜及少量的银、锡、铝等金属粉末掺入石墨中均匀混合后，用粉末冶金方法制成。特点是导电性好，能承受较大的电流密度，硬度较小，电阻系数及接触压降很低。适用于低电压、大电流，圆周速率不超过30m/s的直流电机和感应电机。

(3) 电化石墨电刷是将天然石墨焦炭、炭黑等为原料除去杂质后经2500℃以上高温处理制成的。其特点是摩擦系数小、耐磨性能好、换向性能好、有自润滑作用、易于加工。

研磨：最早出现亦最常用的一种光整加工方法。研磨过程中大量磨粒在工件表面浮动，分别起到三种作用。

(1) 机械切削作用 磨粒在压力作用下滚动、刮擦和挤压，切下细微的金属层，如加工韧性材料、脆性材料等。

（2）物理作用　磨粒与工件接触点局部压强非常大，因而瞬时产生高温、挤压等作用，形成平滑而粗糙度较细的表面。

（3）研磨液中加入硬脂酸或油酸，与工件表面的氧化物薄膜产生化学作用，使被研磨表面软化，提高研磨效果。

研磨方法可分为手工研磨与机械研磨。手工研磨生产率低，劳动强度大，不适应批量大的生产，仅用于超精密零件加工，其加工质量与工人技术熟练程度有关。机械研磨在研磨机上进行，适用于批量生产方式。根据磨料是否嵌入研具，研磨又可分为嵌砂研磨和无嵌砂研磨两种。嵌砂研磨又有自由嵌砂（加工过程中将磨料注入工作区）与强制嵌砂（加工前将磨料压到研具上）之分，所用研具是铸铁等软材料，磨料通常是氧化铝、碳化硅等，研磨过程中以磨粒滑动磨削为主。无嵌砂研磨采用的研具比工件硬，常用淬硬钢制造，所用磨料较软（如氧化铬），加工时，磨粒处于自由状态，不嵌入研具表面，切削过程以磨粒滚动为主。研磨剂包含磨料、研磨液（煤油与机油混合而成）、辅助材料（硬脂酸、油酸或工业甘油）。磨料中氧化铝用于钢制工件；脆性材料选用碳化硅；氧化铬多用于精研。磨料粒度通常取250～600号。研磨液在研磨中起冷却和润滑作用以及调整磨粒使之分布均匀。辅助材料起增加研磨作用。此外，研磨一般都在低速下进行，研磨过程塑性变形小、切削热少、表面变形层薄、可获得较小精糙度值。

轴承：电机的轴承一般分为滚动轴承和滑动轴承两类。滚动轴承装配结构简单，维修方便，主要用于1500r/min、功率1000kW以下，或转速在1500～3000r/min、功率在500kW以下的中、小型电机；滑动轴承多用于大型电机。

滚动轴承按滚动体的种类可分为两大类：球轴承（滚珠轴承）的滚动体为球；滚子轴承（滚柱轴承）的滚动体为圆柱。按其所能承受的负载作用方向分为向心推力轴承、向心轴承、推力向心轴承和推力轴承。

向心推力轴承：能承受径向和轴向联合负载，并以径向负载或轴向负载为主。

向心轴承：只能承受径向负载，或能在承受径向负载的同时，承受不大的轴向负载。

推力向心轴：能承受轴向负载，但也能在承受轴向负载的同时，承受不大的径向负载。

推力轴承：只能承受轴向负载。

滚动轴承的代号一般以七位数字组成，各数字表示的意义如下：

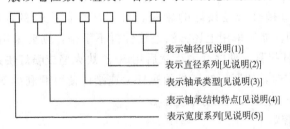

说明如下：

（1）内径20～495mm的轴承以内径被5除的商表示，内径为10～20mm的轴承代号见表1-2。

表1-2　轴承内径的代号

轴承内径/mm	10	12	15	17
代号	00	01	02	03

（2）表示直径系列的代号如下：1—特轻系列，2—轻系列，3—中系列，4—重系列，5—轻宽系列，6—中宽系列，7、8—不定系列，9—内径非标准。

(3) 表示轴承类型的代号意义如下：0—向心球轴承，1—向心球面轴承，2—向心短圆柱滚子轴承，3—向心球面滚子轴承，4—长圆柱滚子轴承或滚针轴承，5—螺旋滚子轴承，6—向心推力轴承，7—圆锥滚子轴承，8—推力球轴承或推力向心轴承，9—推力滚子轴承或推力向心滚子轴承。

(4) 用一位或两位数字表示，例如：5—外圈有制动槽的，15—带防尘盖的。

(5) 表示宽度系列的代号意义如下：1—正常系列，2—宽系列，3、4、5、6—特宽系列，7—窄系列，8、9—特殊系列。

(6) 轴承的精度等级，在轴承代号数字部分的左面用汉语拼音字母 C、D、E、F、G 表示。其中 C 级精度最高，按排列顺序精度依次下降，G 级最低。

电机干燥：电机干燥时，周围环境应清洁，机内的灰尘、脏物应用干燥的压缩空气吹净，电机外壳应接地。为了避免干燥时的热损失，可采取保温措施，如用帆布遮盖等，但应有必要的通风口，以便排除电机绝缘中的潮气。

电机干燥时，其铁芯或绕组的温度应逐渐缓慢上升，一般每小时允许温升为 5~8℃。温度计可用酒精温度计、电阻温度计或热电偶，不准使用水银温度计测量电机温度，以防打破后水银流入电机绕组，破坏绝缘。

在干燥过程中，应定期测量绝缘电阻值，并应作好记录，所用兆欧表不应更换。一般干燥开始时，每隔 0.5h 测一次绝缘电阻值，温升稳定后，可每隔 1h 测一次。干燥过程中绕组绝缘电阻的变化，一般是开始时温度上升；潮气蒸发，绝缘电阻值有所下降，随着潮气的逐步蒸发，绝缘电阻又逐步上升；直到一稳定值；当吸收比及绝缘电阻值达到规范要求，并在同一温度下经过 5h 稳定不变，方可认为干燥合格。

2. 直流发电机组及直流电动机检查、接线：除与发电机包括的内容相同外，尚包括电机的解体检查及测量空气间隙，直流电动机还包括空载试转。

【释义】 直流电机：包括定子和转子两大部分。定子由主磁板、换向极、机座与端盖以及电刷装置等四大部分组成；转子由电枢铁芯、电枢绕组、换向器（整流子）等三大部分组成。

电机的解体检查：电机在解体前应注意以下事项。

(1) 电机解体前，首先要将轴伸上的连接件（联轴器、皮带轮或齿轮）拆下。

(2) 松开连接件上的定位销或固定螺丝，如连接件上是楔形键，还应先拆下楔形键。

(3) 用拆卸工具将连接件拆下，拆卸时动作要平稳、均匀。

(4) 不许用大锤直接打击连接件的轮缘。对于配合面生锈的，应事先涂上煤油，等 10~30min 后再行拆卸。如果采用上述方法连接件拆不下来，则要采用加热法，加热前先装好拆卸工具，并将螺杆扭紧，使之受力，然后用氧-乙炔火焰或喷灯快速均匀地加热连接件，当温度达到 250℃ 左右时，扭紧拆卸工具的螺杆，连接件便可顺利拆下。加热时，注意火焰不能烧到轴上，温度不能太高，以防轴变形。

发电机的解体步骤如下。

(1) 拆开发电机本身与其它设备的连接。

(2) 拆开固定设备的销子、稳钉、地脚螺丝和引线。

(3) 拆开各类锁环、按键，确认连接系统已解开。

(4) 用吊车吊走各单元设备。

(5) 解体发电机本体。

3. 交流电动机检查、接线：电机解体检查，轴承清洗，电机绝缘测量，干燥，接地，空载试转，单体调试。

【释义】 交流电动机：分交流同步电动机和交流异步电动机两类。

同步电动机是一种转速不随负载变化而变化的恒转速电动机。

同步电动机的功率因数较高,可以通过调节励磁电流,使功率因数等于1或在超前情况下运行,从而改善整个电网的功率因数。

同步电动机广泛用于拖动大容量恒定转速的机械负载,如各种气体压缩机、矿山球磨机、水泥厂管磨机、冶炼厂鼓风机、水利工程中的大型水泵、小型轧钢机和连续传送带等。这种电动机通常是高电压6kV以上、大容量250kW以上。

异步电动机即感应电动机,它是把电能转换为机械能的一种电动机,它具有感应电动机所具有的构造简单、坚固耐用、工作可靠、价格便宜、使用和维护方便等优点,因此,它是所有电动机中应用最广的一种。如建筑施工中经常应用的起重机、卷扬机、搅拌机、振捣器、水泵、蛙式打夯机、电锯等,这些机械一般都是用感应电动机来拖动的。

异步电动机的分类如图1-1所示。

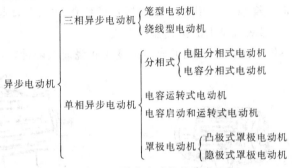

图1-1 异步电动机的分类

单相异步电动机型号由五部分组成:系列代号、设计代号、机座代号、特征代号、特殊环境代号。

系列代号——表示电机结构特征、使用特征的类别。见表1-3。

设计代号——表示产品为第几次设计,用数字表示,无数字为第一次。

机座代号——以电机轴心高(mm)表示,规格有:45、50、56、63、71、80、90、100。

特征代号——表示电机的铁芯长度和极数,铁芯长度号有L(长)、M(中)、S(短)及数字1、2。特征代号的后面一位为极数,2、4、6等偶数。

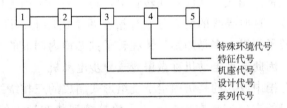

特征环境代号——表示产品适用的环境,一般环境不标注。见表1-4。

单相异步电动机产品基本系列代号见表1-3。特殊环境代号见表1-4。

表1-3 单相异步电动机系列产品代号表

系列产品名称	新系列	老系列
单相电阻分相式电机	YU	BO、BO_2、JZ、JLOE
单相电容分相式电机	YC	CO、CO_2、JY、JDY
单相电容运转式电机	YY	DO、DO_2、JX、JLOY
单机电容启动和运转电机	YL	E
单相罩极异步电机	YJ	F

表 1-4 单相异步电动机特殊环境代号表

热带用	湿热带用	干热带用	高原用	船（海）用	化工防腐用
T	TH	A	G	H	F

例如：$CO_2 8022$，CO 表示单相电容启动电动机，下标"2"表示 CO 系列第二次设计，80 表示机座尺寸（中心高）80mm，22 表示 2 号铁芯长和 2 极。再如：$YC-100L_2-6$，YC 表示异步电容分相启动，100 表示机座中心高为 100mm，L_2 表示长铁芯中的 2 号铁芯，6 表示 6 极电机。

异步电动机是由工作部分——固定的定子和可以旋转的转子；支承保护部分——机座、端盖、接线盒和其他附件组成。定子由固定在机座上的铁芯和定子绕组组成，机座通常是用铸铁或铸钢制成，铁芯用 0.5mm 厚的硅钢片卷成圆筒形，铁芯的内圆周上有若干分布均匀的平行槽，槽内安装定子绕组。三相异步电动机定子绕组有三个，起始端分别为 A、B 和 C，末端为 X、Y 和 Z，都从机座上的接线盒中引出。

依据转子结构的不同，感应电动机可分为鼠笼式和绕线式两种，如图 1-2 所示。

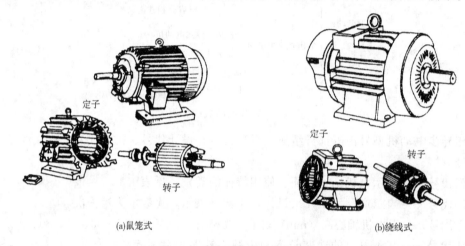

图 1-2 感应电动机外形和部件

转子的铁芯也由硅钢片制成，并固定在转轴上，转子的外圆周上也有若干分布均匀的平行槽，槽内放置裸导线，这些导线的两端分别焊接在两个铜环上，目前 100kW 以下的中小型鼠笼式电动机，其转子绕组大多是用铝浇铸在转子铁芯槽内制成的。由于转子绕组形状好像一个装松鼠的笼子，因此这种电动机称做鼠笼式异步电动机。

绕线式转子的铁芯槽中放入的是仿照定子绕组形式制成的三相绕组，通常把三相绕组连接成星形，即三相绕组的末端连接在一起，三个始端接到装在轴上的三个彼此绝缘的滑环上，并用固定的电刷与滑环接触，使转子绕组与外电路接通，这种电动机称为绕线式电动机。

感应电动机定子的作用是产生旋转磁场，转子的作用是产生电磁转矩。

清洗电动机滚动轴承具体方法如下。

（1）用防锈油封存的轴承，使用前可用汽油或煤油清洗。

（2）用高黏度油和防锈油脂进行防护的轴承，可先将轴承放入油温不超过 100℃ 轻质矿物油（L-AN15）型机油或变压器油中溶解，待防锈油脂完全溶化，再从油中取出，冷却后再用汽油或煤油清洗。

（3）用气相剂、防锈水和其他水溶性防锈材料防锈的轴承（只限黑色金属产品），可用皂类或其他清洗剂水溶液清洗。用钠皂清洗时，要洗三次：第一次取油酸皂2%～3%，配溶液，加热到80～90℃，清洗2～3min；第二次清洗，溶液成分和操作同第一次，温度为室温；第三次用水漂洗。用664清洗剂或其他清洗剂混合清洗时，第一次取664清洗剂，按2%～3%配溶液，加热温度75～80℃，清洗2～3min，第二次清洗同第一次，第三次用水漂洗。注意上述两种水溶液清洗的轴承，经漂洗后，均应立即进行防锈处理，如用防锈油脂防锈，应脱水后再涂油。两面带防尘盖或密封圈的轴承，出厂前已加入润滑剂，安装时不要进行清洗。另外，涂有防锈润滑两用油脂的轴承，也不需要清洗。

（4）清洗干净的轴承，不要直接放在工作台上不干净的地方，要用干净的布或纸垫在轴承下面。不要用手直接去拿。以防手汗使轴承生锈。最好是戴上不易脱毛的帆布手套。

（5）不能用清洗干净的轴承检查与轴承配合的轴或轴承室的尺寸，以防止轴承受到损伤和污染。

电机干燥：电机的干燥方法很多，有外部加热法、铜损干燥法、短路干燥法、铁损干燥法等。究竟采用哪种干燥方法，应根据当时的具体条件及可能性，以及电机绝缘受潮的程度而定。

（1）外部加热法　此种方法是利用电热丝或白炽灯、红外线灯等作热源对受潮小型低压电机进行烘烤。干燥时应将电机前后端盖拆开。对大型电机可使用加热器、通风机，将热风吹入电机进行干燥，条件具备时可将电机放入烘干室内进行干燥。

热风法适合受潮不严重的电机，对受潮严重的电机效果不明显，且需要时间长，但可配合其他方法联合进行干燥。在采用外部加热法时，要注意不应使电机绕组过于靠近加热器，避免产生局部过热现象。

（2）铜损干燥法　电机定子绕组通入低压单相交流电，利用绕组本身的电阻发热进行干燥，一般所需电流为电机本身额定电流的50%～70%。如果电机定子出线头为6个，则应先把各相绕组串联起来，再接入电源。如果电机定子出现头为3个，电源接到两相端头上，但这时流过各相的电流不平衡，绕组加热不均匀，可在一定时间内（1～2h）轮流将电源换接到不同的绕组端头上，使定子各相绕组能均匀干燥。也可以使用直流电（用直流电焊机作电源），将被干燥电机的三相绕组串联接到电源上。但此法对于严重受潮的电机不宜采用。当采用低压三相交流电时，应将转子掣住，不得转动，可每隔2h暂停供电，将转子盘转180°，以防其轴受热弯曲。

（3）铁损干燥法　铁损干燥法分带轮子和不带轮子两种，前者适用于小容量电机，后者适用于大容量电机。铁损法干燥电机比较安全可靠，可在电机安装前进行，既适用于交流电机也适用于直流电机，但对于容量较小的电机不适合，因为容量较小的电机采用此法干燥需较多的励磁绕组。

防爆型电动机：指具有防爆功能的电动机。它能够有效地避免电机因电刷火花或温度过高而引起的爆炸。防爆型电机检查接线与其他电机相同。

立式电动机：是电动机的一种，立式电动机检查接线与其他电机相同。

电动机容量选择：电动机的功率选大了，设备不能得到充分利用，功率因数也低。选小了将造成温升过高，严重影响电动机的寿命。若工作温升高于额定温升6～8℃，电动机的寿命就要减少一半（常称6～8℃规则）。高于额定温升40%，寿命只有十几天。高于额定温升125%，寿命只有几小时。

对于连续运行且负载恒定的电动机，取电动机的额定功率等于实际需要功率的1.1～1.2倍。

对于连续运行且负载变动的电动机，可以先调查同类生产机械的电动机功率，然后进行分析比较，最后确定电动机的功率，这种方法称类比法。

对于短时工作的电动机，可以选用按连续工作设计的电动机。电动机的额定功率 P_e 为：

$$P_e \geqslant \frac{P_g}{\lambda}$$

式中　P_g——短时负载功率，kW；
　　　λ——电动机的过载系数。

也可以选用专为短时工作而设计的电动机。此时按实际工作时间尽量靠近系列标准工作时间，负载功率尽量靠近系列额定功率的原则选择电动机。对于重复短时工作的电动机，一般选用专门设计的电动机，选取原则同上。

电机接地：电气设备的金属外壳可能因绝缘损坏而带电，为防止这种电压危及人身安全而人为地将电气设备的金属外壳与大地作金属连接的称为保护接地。电机接地就是将电机的金属外壳与大地作金属连接，以避免人身伤害的保护接地。接地装置包括接地体、接地线和接地母线。接地体和接地线的接地电阻值应能始终满足工作接地和保护接地规定值的要求；应能安全地通过正常泄漏电流和接地故障电流；选用的材质及其规格在其所在环境内应具备相当的抗机械损伤、腐蚀和其他有害影响的能力。

4. 交流式电动机检查接线：电机解体检查，轴承清洗，电机绝缘测量，干燥，接地，空载试转，单体调试。

【释义】　见说明释义一、3。

5. 发电机励磁电阻器安装。

工作内容：支架制作、安装，电阻器安装，接地，补漆，单体调试。

【释义】　电阻器：是一种将电能转换成热能的耗能电气装置。一般的电阻器可视为线性电阻元件，它的伏安特性是通过坐标原点的一条直线。

电阻器安装如下。

（1）组装电阻器时，电阻片及电阻元件应位于垂直面上。电阻器垂直叠装不应超过四箱。当超过四箱时，应采用支架固定并应保持一定的距离。当超过六箱时应另列一组。有特殊要求的电阻器的安装方式，应符合设计规定。电阻器底部与地面之间，应保留一定的间隔，不应小于 150mm。

（2）电阻器与其他电器设备垂直布置时，应安装在其他电器设备的上方，两者之间应留有适当的间隔。

（3）电阻器的接线，应符合以下要求。

①电阻器与电阻元件之间的连接，应采用铜或钢的裸导体，在电阻元件允许发热的条件下应有可靠的接触。

②电阻器引出线的夹板或螺栓应有与设备接线图相应的标号。与绝缘导线连接时，应采取防止接头处因温度升高而降低导线绝缘强度的措施。

③多层叠装的电阻箱和引出导线，应采用支架固定。其配线线路应排列整齐，线路标志要清晰，以便于操作和维护，且不得妨碍电阻元件的调试和更换。

（4）电阻器和变阻器内部不得有断路或短路，其直流电阻值的误差应符合产品技术文件的规定。

6. 柴油发电机安装：基础槽钢框架的制作、安装，柴油发电机组检查、安装、接地，单体调试。

【释义】　电机本体安装：电机通常安装在机座上，机座固定在基础上；电机的基础一般用混凝土或砖砌成。混凝土基础的养护期为15d，砖砌基础要在安装前7d做好。基础面应平整，基础尺寸应符合设计要求。浇灌基础时，应先根据电机安装尺寸，将地脚螺栓和钢筋绑在一起。为保证位置的正确，上面可用一块定型板将地脚螺栓固定，待混凝土达到标准强度后，再拆去定型板。也可以根据安装尺寸预留孔洞，待安装时，再用1∶1的水泥砂浆二次浇灌地脚螺栓。

电机就位时，重量在100kg以上的电机，可用滑轮组或手拉葫芦将电机吊装就位。较轻的电机，可用人抬到基础上就位。电机就位后，即可进行纵向和横向水平找正。如果不平，可用0.5～5mm的垫铁垫在电机座下，找平找正直到符合要求为止。

当电机与被驱动的机械通过传动装置互相连接之前，必须对传动装置进行校正。常用传动装置有传动带、联轴器和齿轮三种。

(1) 传动带传动的校正　电机带轮的轴和被驱动机器的传动带轮的轴必须保持平行，同时还要使两个带轮宽度的中心线在同一平面内。

(2) 联轴器的找正　当电机与被驱动的机械采用联轴器连接时，必须使两轴的中心线保持在一条直线上。校正联轴器通常是用钢板尺进行。

(3) 齿轮传动校正　齿轮传动必须使电机的轴与被驱动机器的轴保持平行，大小齿轮啮合。

二、本章定额未包括的工作内容

1. 电机的检查接线定额未包括电机本体安装，电机本体（除柴油发电机组外）安装列入第二册《热力设备安装工程》定额中。

【释义】　在发电机和调相机的检查接线定额中包括其一次干燥处理的费用，其他电机经测试，如果绝缘电阻达不到规定要求时（低压电机绝缘电阻应不小于0.5MΩ，额定电压1kV以上，在运行时电机绝缘电阻要求：定子绕组不低于1MΩ/kV，转子绕组不低于0.5MΩ/kV），应进行干燥处理。即如果实际需要进行电机干燥处理时，其工程量按电机干燥处理定额另行计算，并且电机干燥定额系按一次干燥所需的工、料、机消耗量考虑的。如果环境条件特别潮湿，需对电机进行多次干燥，则应按实际干燥次数进行计算。而气候干燥，电机绝缘电阻符合技术标准规定时，则不需要对电机进行干燥处理，因此，也就不得计算干燥费用。

2. 未包括电机的带负荷试运转。

【释义】　带负荷试运行是在超速试验后机组再次并网，按规定程序升负荷至25％、30％、50％额定出力，在不同出力下进行调试、切换以及辅机和控制系统投入等试验。

3. 柴油发电机组安装中，未包括与本体设备非同一底座的其他设备、启动装置、仪表盘的安装。

【释义】　柴油发电机启动工作原理是电机带动离心盘，使发动机曲轴运动，气缸产生瞬间压强，导致柴油达到燃点后推动活塞工作，整个发动机启动完毕。

4. 电机的特殊试验内容。

【释义】　高压电动机检查试验的内容：①电动机的直流电阻测试；②电动机的绝缘电阻测试；③电动机的交流耐压；④电动机的相序检查；⑤电动机的启动试验和单机试运。

三、工程量计算规则

1. 防爆型电动机的检查、接线按交流电动机相应的容量定额人工乘以系数1.20。

【释义】　防爆型电动机是指具有防爆性能的一类电动机。采取的措施有：把电气设备罩装在一个外壳内，这种外壳具有能承受内部爆炸性混合物的爆炸压力，并能阻止内部的爆炸向外壳周围爆炸性混合物传播的结构（隔爆型）；使电动机带电零部件不可能产生足以引起爆炸危险的火花、电弧或危险温度，或把可能产生这些现象的带电零部件与爆炸性混合物隔断开，使之不能相互接触或达不到具有爆炸性危险的程度（增安型、通风型等）。在各类有爆炸性危险的环境中，正确地选用与各类设备配套的防爆电动机是非常重要的。

2. 大型滑动轴承的电动机还包括配合穿转子。

【释义】 发电机穿转子是根据制造厂提供的专用工具和方法，采用滑道式方法，即在定子就位后，将大定子铁芯内敷设一块与铁芯弧度相吻合的弧形滑板，在转子前部安装一套滑移装置，利用行车吊起转子，从励磁机侧将转子前部穿入定子内，落下转子使前部滑靴的重心落在定子内滑板上，后部用已准备好的支架架好，将行车吊索移动到转子尾部，用千斤顶配合行车推装就位，或采用手动（电动）葫芦将转子拉入到位。

四、其他说明

1. 定额中的电机干燥是按一次干燥综合考虑的，实际不论电机是否干燥或干燥的时间长短均不作调整，如需多次干燥可按批准的施工方案另计。定额也不包括电机的保养工作，需要时另计。

【释义】 电机干燥应区分小型电机和中型电机，小型电机干燥又按功率大小划分标准，以"台"为计量单位计算；中型电机干燥是按每台重量（t/台）大小范围划分标准，以"台"计量单位计算；大型电机干燥则以"t"为计量单位计算，不区分每台电机重量大小。

对于实际包干的工程，不管实际是否发生对电机进行干燥处理，可以参照以下比例，由施工方与建设方通过协商签订协议或合同时确定。

（1）低压小型电机功率≤3kW时，可按其干燥定额的25％计算。

（2）低压小型电机功率为3～220kW时，则按其相应功率等级干燥定额的30％～50％计算。

（3）大中型电机按相应干燥定额的100％计算。

2. 定额中接地只含安装费不含接地材料费。

【释义】 见说明释义一、3释义。

五、未计价材料

接地电缆（线）、接地材料，基础槽钢和铁构件制作安装中的钢材和镀锌材料费。

【释义】 电缆接地方法：将电缆外皮与接线连接；将电缆与金属电缆桥架连接，将桥架与地线连接。各种铁构件制作，均不包括镀锌、镀锡、镀铬、喷塑等其他金属防护费用，发生时应另行计算。

第二部分 定额释义

1.1 发电机检查接线

1.1.1 水冷式

定额编号 YD1-1～YD1-3 容量（MW以内） $P_4 \sim P_6$

【应用释义】 水冷式发电机：用水作发电机的冷却介质的主要优点是水热容量大，有很高的导热性能和冷却能力。水的化学性能稳定，不会燃烧。高纯度的水具有良好的绝缘性能。另外，获取方便、价廉，调节方法简单，冷却均匀。

但需要一套较复杂的水路系统，对水质要求高，运行中易腐蚀铜导线和发生漏水，降低发电机的运行可靠性等。

电动空气压缩机：利用电作动力的空气压缩机。压缩机分容积型压缩机及速度型压缩机两大类。容积型压缩机的工作原理是：气体压力的提高是靠活塞在气缸内的往复运动，使容积缩小，从而使单位体积内气体分子的密度增加而形成；速度型压缩机的工作原理是：气体的压力是由气体分子的速度转化而来，即先使气体分子得到一个很高的速度，然后又让它停滞下来，使动能转化为位能，即速度转化为压力。

1.1.2 氢冷和水氢冷式

定额编号 YD1-4～YD1-9　**容量（MW 以内）**　P_7～P_9

【应用释义】 氢冷发电机：用氢气作发电机的冷却介质的主要优点如下。

(1) 氢气密度小，通风损耗小，可提高发电机效率。

(2) 氢气流动性强，可大大提高传热能力和散热能力。

(3) 氢气比较纯净，不易氧化，发生电晕时，不产生臭氧，可对发电机绝缘起保护作用。

(4) 氢气不助燃，当发电机内部发生绝缘击穿故障时，不会引起火灾而扩大事故。

(5) 采用密封循环，减少了进入发电机内部的灰尘和水分，减少了发电机的维护工作量。

主要缺点如下。

(1) 需要一套复杂的制氢设备和气体置换系统。

(2) 由于氢气渗透力强，对密封要求高，并且要求有一套密封油系统，增加了运行操作和维护的工作量。

(3) 氢气是易燃的，有着火的危险，遇到电弧或明火就会燃烧。氢气与空气（氧化）混合到一定比例时，遇火将发生爆炸，严重威胁发电机的运行安全。

1.2 直流电动机检查接线

定额编号 YD1-10～YD1-16　**容量（kW 以内）**　P_{10}～P_{11}

【应用释义】 直流电动机：是机械能和直流电能互相转换的旋转机械装置。直流电机用作发电时，它将机械能转化为电能；用作电动机时，将电能转换为机械能。

电动机的接线：电动机的接线在电动机安装中是一项非常重要的工作，如果接线不正确，不仅使电机不能正常运行，还可能造成事故。接线前应查对电动机铭牌上的说明或电动机接线板上接线端子的数量与符号，然后根据线路图接线。当电动机没有铭牌，或端子标号不清楚时，应先用仪表或其他方法进行检查，判断出端子号再确定接线方法。主要方法如下。

(1) 万用表法　首先将万用表的转换开关放在欧姆挡上，利用万用表分出每组绕组的两个出线端，然后将万用表的转换开关转到直流毫安挡上，并将三相绕组接好线路。接着，用手转动电机的转子，如果万用表指针不动，则说明三相绕组的头尾区分是正确的，如果万用表指针动了，说明有一相绕组的头尾反了，应一相一相分别对调后重新试验，直到万用表指针不动为止。该方法是利用转子铁芯中的剩磁在定子三相绕组内感应出电动势的原理进行的。

(2) 绕组串联法　用万用表分出三相绕组之后，先假定每相绕组的头尾，并接通线路。将一相绕组接通 36V 交流电，另外两相绕组串联起来接上灯泡，如果灯泡发亮，说明相连两相绕组头尾假定是正确的。如果灯泡不亮，则说明相连两相绕组不是头尾相连。这样，这两组绕组的头尾便确定了。然后，再用同样方法区分第三相绕组的头尾。

1.3 交流电动机检查接线

定额编号 YD1-17～YD1-31　**容量（kW 以内）**　P_{12}～P_{15}

【应用释义】 异步电机是一种很重要的原动机，它结构简单、坚固耐用、维护方便、价格较低、效率比较高，在不需要调速的场合，工作特性比较好。但异步电机功率因数比较低，调速性能不够好。常用异步电机为三相异步电机，三相异步电机主要由定子和转子构成，定子是固定不动的部分，转子是旋转的部分，在定子与转子之间有一定的气隙。三相异步电机的定子由铁芯、绕组和机座三部分组成。铁芯是由互相绝缘的硅钢片叠压成圆筒形，固定于机座里。铁芯的内圆周表面冲有槽，用以放置对称三相绕组，三相绕组长可接成星形或三角形。机座主要用于固定与支撑定子铁芯，微型异步电机一般采用铸铁机座。定子铁芯紧贴于机座内部，电机的绕组与铁芯损耗产生的热量通过机座表面散到空气中。为了增加散热面积，封闭式电机的机座表面有许多散热筋片。三相异步电机的转子由铁芯、绕组与转轴组成。转子铁芯也用硅钢片叠压成圆柱形，并套在轴上。转子、气隙与定子铁芯构成电机的完整磁路。异步电机的转子绕组还有线绕转子的，其转子绕组嵌入转子铁芯槽内，一般连接成星形，它通过轴上的集电环和电刷在转子回路中接入外加电阻，用以改善启动性能与调节转速。

同步电机是由定子和转子两个主要部分所构成的。同步电机的定子和异步电机一样是由机座、铁芯和嵌在铁芯槽中的三相对称绕组所组成。绕组与外电路连接，绕组中将产生感应电动势，进行能量形态的转换，电机中起这种作用的部分称为电枢，故同步电机的定子绕组又常称为电枢绕组。

同步电机的转子由于结构形式不同，分为隐极式和凸极式两种。转子绕组通过集电环和电刷而引入电流，产生极性不变的磁场，称为同步电机的主磁场。隐极式转子的机械强度较好，广泛用于高速的同步电机中。凸极式转子则因机械强度较差，用于转速较低的同步发电机中。

同步电机既可用作发电机，也可用作电机。火力与水力发电厂里的发电机几乎都是三相同步发电机。同步电机主要用于转速恒定、功率较大的生产机械，如空气压缩机、通风机、泵等。在电网或工厂里有时同步电机不带负载空转来提高线路的功率因数。这时，同步电机便称为同步补偿机了。

1.4 交流立式电动机检查接线

定额编号 YD1-32～YD1-40 容量（kW 以内） P_{16}～P_{19}

【应用释义】 电动机：车间的主要动力设备之一。电动机的安装质量直接影响它的安全运行，如安装质量不好，不仅会缩短电动机的寿命，严重时还会损坏电动机和被拖动的机器，造成损失。

检查接线：拆开接线盒，用万用表检查电动机绕组有无断线故障，电阻是否对称。引出线鼻子焊接或压接是否良好。编号应齐全。

电动机及其控制设备安装、接线详细检查完成后，即可进行试车。

（1）接通电源前，应再次检查电动机的电源进线、接地线与控制设备的电气连线等是否符合要求，连接是否牢固可靠。

（2）接通电源，控制电动机启动。电动机启动后，应严格监视电动机的启动与运行情况。通过仪表观察电动机的电流是否超过允许值。电动机运行中应无杂声、无异味、无过热现象。电动机的振动幅值与轴承温升应在允许范围内。

（3）冷态时连续启动 2～3 次。

（4）空载运行 2h，并记录电机的空载电流。

1.5 发电机励磁电阻器安装

定额编号 YD1-41～YD1-46 容量（MW 以内） P_{20}～P_{21}

【应用释义】 电阻是一种将电能转换成热能的耗能元件。在一个线性电阻网络中，如果激励电压为某一频率的正弦量时,其电流响应也是一个同频率的正弦量;在数值上,他们的有效值的关系符合欧姆定律;在相位上,电压与电流同相。电阻元件在任一瞬间都是从电源吸取电功率,并将电能转换成热能,这是一种不可逆的能量转换过程。励磁电阻器是指切割磁通的电阻器。

励磁系统:把交流电经硅整流元件整流为直流后供给同步电机作为励磁系统的称为半导体整流器励磁系统。采用与发电机同轴的旋转电枢式交流励磁机经与转子一同旋转的硅整流装置整流成直流电流,直接接通到发电机的励磁绕组作为发电机的励磁电源的励磁系统,没有通常直流励磁机励磁系统所具有的换向器,电机也不需要集电环,因此不需要电刷,这种励磁系统称无刷励磁系统。

励磁系统又分为自励系统和他励系统。凡由同步电机本身供电的励磁系统叫自励系统;凡由同步电机以外的电源供电的励磁系统称为他励系统。

1.6 柴油发电机组安装

定额编号　YD1-47~YD1-50　柴油发电机组(容量　kW)　P_{22}~P_{23}

【应用释义】 柴油发电机是一种小型发电设备,是指以柴油等为燃料,以柴油机为原动机带动发电机发电的动力机械。整套机组一般由柴油机、发电机、控制箱、燃油箱、起动和控制用蓄电瓶、保护装置、应急柜等部件组成。

柴油发电机组基本设备有六个系统:机油润滑系统;燃油系统;控制保护系统;冷却散热系统;排气系统;启动系统。

第三部分　工程量计算实例

项目编码:HA9101R17　　　名称:普通直流电动机

【例1-1】 学校的实验室内,老师带领同学们上课做实验,发现两 ZY14002B1 的电机与拖动实验台(见图1-3)不能正常使用,电机启动时还产生嗡鸣声。随后学校通知技术人员前来检查维修与调试,试计算出该工程量。

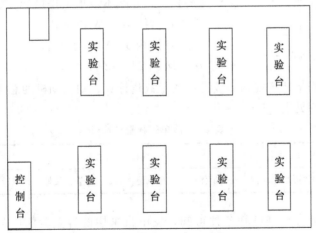

图1-3　电机与拖动实验室示意图

【解】 (1)清单工程量　电动机清单工程量计算规则:按设计图示数量计算,则电动机的工程量为3台。

基本计价材料数据:

①电焊条 J507 综合（kg）：0.1010。
②绝缘胶带 20mm×40m（卷）：2.2260。
③机械油 5~7 号（kg）：0.3040。
④汽油（kg）：0.2020。

清单工程量计算见表 1-5。

表 1-5 清单工程量计算表

项目编码	项目名称	项目特征描述	计量单位	工程量
HA9101R17001	直流电动机	容量 10kW	台	3

（2）定额工程量 发电动机检查接线 1 台。

根据已知条件可知，电动机采用的容量为 10kW/台，数量为 1 台，则套用电力预算定额 YD1-11。

①人工费：2 台×120.49 元/台＝240.98 元
②材料费：2 台×44.99 元/台＝89.98 元
③机械费：2 台×124.36 元/台＝248.72 元

定额工程量计算见表 1-6。

表 1-6 定额工程量计算表

定额编号	项目名称	单位	数量	人工费/元	材料费/元	机械费/元
YD1-11	交流电动机检查接线	台	2	240.98	89.98	248.72

项目编码：HA9101E14 **项目名称：高压交流电动机**

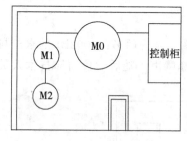

图 1-4 某车间电机设备图

【例 1-2】 某厂生产车间（电机设备见图 1-4），当班操作员反映三线系统排风机因电机油站控制柜故障导致排风机跳停，接到通知后，电气人员马上对电动机油站进行检查。试计算工程量，并列出工程量清单。

【解】（1）基本清单工程量计算如下。
①检查接线 100kW 以下 1 台。
②检查接线 55kW 以下 2 台。
注：M1＋M2＝2 台

电动机清单工程量计算规则：按设计图示数量计算，则电动机的总工程量为 3 台。
清单工程量计算见表 1-7。

表 1-7 清单工程量计算表

项目编码	项目名称	项目特征描述	计量单位	工程量
HA9101E14001	高压交流异步电动机	电机解体检查，电机绝缘测量，干燥，接地空载试转	台	3

（2）定额工程量 根据已知条件可知，发电机采用的容量为 100 kW/台和 55kW/台，数量分别为 1 台和 2 台，则分别套用电力预算 YD1-21 和 YD1-20。

①交流电动机检查接线 2 台 套用电力预算定额 YD1-20。
a. 人工费：2 台×359.47 元/台＝240.98 元
b. 材料费：2 台×86.18 元/台＝89.98 元
c. 机械费：2 台×262.50 元/台＝248.72 元

②交流电动机检查接线 1 台　套用电力预算定额 YD1-21。
　　a. 人工费：1 台×390.46 元/台=390.46 元
　　b. 材料费：1 台×114.92 元/台=114.92 元
　　c. 机械费：1 台×284.45 元/台=284.45 元
定额工程量计算见表 1-8。

表 1-8　定额工程量计算表

序号	定额编号	项目名称	单位	数量	人工费/元	材料费/元	机械费/元
1	YD1-20	交流电动机检查接线	台	2	359.47	86.18	262.50
2	YD1-21	交流电动机检查接线	台	1	390.46	114.92	284.45

项目编码：HA9101E14　　**项目名称：低压交流电动机**

【例 1-3】　某公司值班人员发现三线入窑斗提电机 (3428) 电流突然从 230A 下降到 200A，操作员立即组织临停 3 线窑和 3428 斗提电机并通知电气人员进行检查，对 3428 电机引出线线鼻子、接线桩头、绝缘板进行了更换，处理完毕后，逐步将 3 号窑开启。计算该工程量，并列出详细工程量清单。电机设备见图 1-5。

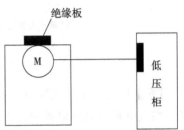

图 1-5　某车间电机设备图

【解】　(1) 清单工程量计算如下。
①电动机检查接线 30kW 以下 1 台。
②低压配电柜 1 台。
清单工程量计算见表 1-9。

表 1-9　清单工程量计算表

序号	项目编码	项目名称	项目特征描述	计量单位	工程量
1	HA9101R12001	低压开关柜	宽×高×厚为 1000mm×2000mm×600mm	台	1
2	HA9101E14002	低压交流异步电动机	电机解体检查，电机绝缘测量，干燥，接地空载试转	台	3

(2) 定额工程量　发电动机检查接线 1 台。

根据已知条件可知，电动机采用的容量为 10kW/台，数量为 1 台，则套用电力预算定额 YD1-19。
　　①人工费：1 台×228.49 元/台=228.49 元
　　②材料费：1 台×59.24 元/台=59.24 元
　　③机械费：1 台×171.27 元/台=171.27 元
定额工程量计算见表 1-10。

表 1-10　定额工程量计算表

定额编号	项目名称	单位	数量	人工费/元	材料费/元	机械费/元
YD1-19	交流电动机检查接线	台	1	228.49	59.24	171.27

项目编码：HA8301B23　　**项目名称：发电机励磁电阻器**

【例 1-4】　给一家小型加工厂安装发电机，其励磁安装结构如图 1-6 所示，试求该项任务的工程量。

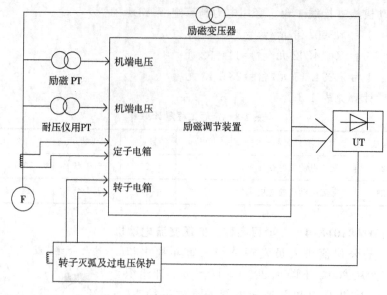

图 1-6 发电机励磁电阻器安装示意图

【解】 (1) 清单工程量 发电机励磁电阻器清单工程量计算规则：按设计图示数量计算。则发电机励磁电阻器的总工程量为 1 台。

基本计价材料数据如下。

①交流电焊机 21kV·A（台班）：0.0520。

②交流耐压仪设备耐压用 35kV 以下（台班）：1.1000。

③黑色 20mm×40m（卷）：3.3000。

④电（kW·h）：1.6500。

清单工程量计算见表 1-11。

表 1-11 清单工程量计算表

项目编码	项目名称	项目特征描述	计量单位	工程量
HA8301B23001	发电机励磁电阻器	容量 35kW	台	1

(2) 定额工程量 发电机励磁电阻器安装 1 台。

根据已知条件可知，发电机励磁电阻器采用的容量为 35kW/台，数量为 1 台，则：套用电力预算定额 YD1-41。

①人工费：404.86 元/台×1 台=404.86 元。

②材料费：57.01 元/台×1 台=57.01 元。

③机械费：1770.23 元/台×1 台=1770.23 元。

定额工程量计算见表 1-12。

表 1-12 定额工程量计算表

定额编号	项目名称	单位	数量	人工费/元	材料费/元	机械费/元
YD1-41	发电机励磁电阻器安装	台	1	404.86	57.01	1770.23

【例 1-5】 如图 1-7～图 1-9 所示电力电缆由动力箱向上引出至+7m，标高处水平敷设至 3.5m 平台处沿墙引下（卡设），经 3.5m 平台楼板穿管暗配。图 1-7 为平面图，图 1-8 和

图 1-9 为侧面图。1 号、2 号电动机各为 75kW、动力箱为 XL（F）-15（箱高 1.7m、宽 0.7m），电缆为 VV（4×35）。试计算工程量及套用定额。

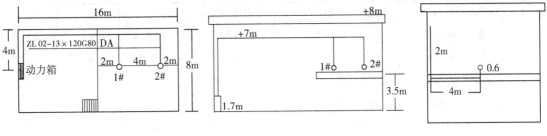

图 1-7　平面图　　　　　图 1-8　侧面图 1　　　　　图 1-9　侧面图 2

【解】　（1）计算工程量

① 由动力箱至 1 号电机电缆工程量的计算：

a. 电缆沿墙卡设

（7－1.7）（引上长）+4（宽之水平长）+（8+2）（长之水平长）+1.5（引下长）+（1.7+0.7）（高+宽）=5.3+4+10+1.5+2.4=23.2（m）

b. 保护管明配（φ50mm）

2（引下长）+0.6（由楼板引出至电动机）=2.6（m）

c. 保护管暗配（φ50mm）　　4（平台暗配长）=4（m）

d. 电缆穿导管敷设

2.6（明管长）+4（暗管长）+1（电动机预留长）=7.6（m）

② 由动力箱至 2 号电动机电缆工程量计算。

a. 电缆沿墙卡设

（7－1.7）（引上长）+4（宽之水平长）+（8+2+4）（长之水平长）+1.5（引下长）+（1.7+0.7）（高+宽）=5.3+4+14+1.5+2.4=27.2（m）

b. 保护管明配（φ50mm）

2（引下长）+0.6（由楼板引出至电动机）=2.6（m）

c. 保护管暗配（φ50mm）　　4（平台暗配长）=4（m）

d. 电缆穿导管敷设

2.6（明管长）+4（暗管长）+1（电动机预留长）=7.6（m）

③ 全部工程量如下。

a. 电缆沿墙卡设　　　　23.2+27.2=50.4（m）

b. 保护管明配　　　　　2.6+2.6=5.2（m）

c. 保护管暗配　　　　　4+4=8（m）

d. 电缆穿导管敷设　　　7.6+7.6=15.2（m）

e. 电缆试验　　　　　　4 次/根

f. 电缆头制安　　　　　4 个

g. 电机检查接线　　　　2 台

h. 电机解体检查　　　　2 台

i. 动力箱安装　　　　　1 台

j. 基础柱钢　　　　　　2.2m

（2）清单工程量计算见表 1-13。

表 1-13　清单工程量计算表

序号	项目编码	项目名称	项目特征描述	计量单位	工程量
1	BA6101G11001	电力电缆敷设	截面 35mm²	100m	0.656
2	BA6101G11002	电缆泄漏试验	3～10kV	根次	4
3	BA6101G11002	电缆头制安	截面 35mm²	个	4
4	BA6103G22001	明配钢管	管径 50mm	100m	0.052
5	BA6103G22002	暗配钢管	管径 50mm	100m	0.08
6	BA5201E14001	电机检查接线	容量 75kW	台	2
7	BA5201E14002	电机解体检查	容量 75kW	台	2
8	BA5201D28001	动力箱安装	XL（F）-15（箱高 1.7m、宽 0.7m）	个	1
9	BA4601D28001	基础槽钢安装	10#	10m	0.22

定额工程量计算见表 1-14。

表 1-14　定额工程量计算表

序号	定额编号	项目名称	定额单位	工程数量
1	YD8-41	电力电缆敷设	100m	0.656
2	YD12-13	电缆泄漏试验	根次	4
3	YD8-59	电缆头制安	个	4
4	YD8-28	明配钢管	100m	0.052
5	YD8-28	暗配钢管	100m	0.08
6	YD1-14	电机检查接线	台	2
7	YD1-14	电机解体检查	台	2
8	YD5-37	动力箱安装	个	1
9	YD5-60	基础槽钢安装	10m	0.22

第2章 变压器

第一部分 说明释义

本章定额适用于干式变压器、三相变压器、单相变压器、箱式变压器、电抗器、消弧线圈、绝缘油过滤设备的安装。

一、工作内容

1. 干式变压器：开箱检查，本体就位，垫铁制作、安装，附件安装，接地、补漆，单体调试。

【释义】 干式变压器：一般的电力变压器为了绝缘和散热，变压器内都充以绝缘油，这种变压器要用瓷套管从内部引出。因此，变压器安装、运输都有一定的环境要求，而且占据空间较大，抗振能力也不高。为了满足特殊地点使用的变压器，如高层建筑物、机场、车站、码头、海上钻井平台、地下铁道、医院、学校、隧道等，出现了不充油的干式变压器。

干式变压器由于没有变压器油，所以具有防火、防潮、防尘土和低噪声的特点。

干式变压器特点和用途：它的铁芯和绕组都不浸在任何绝缘液体中，一般用于防火要求较高的场合。小容量、低电压的特种变压器，为了便于可靠运行和正常维护，也可做成干式变压器。

本体就位：变压器经过一系列检查之后，若无异常现象，即可进行本体就位安装。对于中小型变压器一般多是在整体组装状态下运输的，或者只拆卸少量附件，所以安装工作相应地要比大型变压器简单得多。一般室内变压器基础台面均高于室外地坪，要想将变压器水平推入就位，必须在室外搭一与室内变压器基础台同样高的平台（通常使用枕木），然后将变压器吊到平台上，再推入室内。

2. 三相变压器和单相变压器：开箱检查，本体就位，器身检查，附件安装，检查接线、垫铁及止轮器制作、安装，补充注油及安装后整体密封试验，接地、补漆，单体调试。

【释义】 变压器：利用电磁感应的原理，将某一数值的交流电压转变成频率相同的另一种或几种不同数值交流电压的电气设备，可以升压也可以降压。变压器是电力系统和供电系统不可缺少的重要电气设备。变压器在改变电压的同时，也改变了线路中的电流，所以从这个意义上讲，变压器也是变流器。另外，变压器还可以用来变换阻抗、改变相位等。通常将变压器分为电力变压器和特种变压器两大类。

电力变压器按照用途可分为升压变压器、降压变压器、配电变压器、联络变压器和厂用变压器、照明变压器等。

按照绕组数、相数、冷却方式和调压方式的分类见表 2-1。

表 2-1 电力变压器的分类和型号

型号中代表符号排列顺序	分类	类别	代表符号
1	绕组耦合方式	自耦	O
2	相数	单相	D
		三相	S
3	绕组外绝缘介质	变压器油	—
		空气	G
		成型固体	C
4	冷却方式	油浸自冷式	J（也可不表示）
		空气自冷式	G（也可不表示）
		风冷式	F
		水冷式	W（S）
5	油循环方式	自然循环	—
		强迫油导向循环	D
		强迫油循环	P
6	绕组数	双绕组（双卷）	—
		三绕组（三卷）	S
7	导线材质	铜	—
		铝	L
8	调压方式	无励磁调压	—
		有载调压	Z

特种变压器根据冶金、矿山、化工、交通等部门的不同要求提供各种电源或其他的用途，如电炉变压器、矿用变压器、船用变压器、调压变压器等，见表 2-2。

表 2-2 特种变压器的用途及特征型号

序号	名称	用途	特征型号
1	接地变压器	系统中性点接地	DK（JD）
2	整流变压器（附平衡电抗器）	将交流电转换为直流电	Z K
3	电炉变压器（附串联电抗器）电阻炉变压器	将电能转换为热能	H K ZU
4	实验变压器	高压实验用	Y
5	矿用变压器	矿井下配电用	K
6	船用变压器	船舶配电用	S
7	中频变压器	1000～8000Hz 交流系统用	R
8	大电流变压器	大电流试验用	D

3. 箱式变压器安装：开箱检查，本体就位，箱内设备调整，安装固定，联锁装置检查，导体接触面检查，接地，单体调试。

【释义】 组合式变压器（俗称美式箱变也叫箱式变压器）是将变压器、高压受电部分的负荷开关及保护装置、低压配电装置、低压计量系统和无功补偿装置组合在一起的成套变配电设备。

4. 电抗器安装：开箱检查，本体就位，安装、固定，阻尼器安装，接地，单体调试。

【释义】 电抗器：有干式和油浸式两种，干式电抗器一般又分为干式空心和水泥浇注式两种。

电抗器实质上是一个大电流空心线圈，没有铁芯。油浸式电抗器类似于变压器，用变压器油绝缘，干式空心电抗器内外线圈间用空气绝缘，而水泥式电抗器内外线圈间由水泥浇注绝缘。水泥电抗器结构简单、体积大、比较笨重，在运行中产生的热量也较大，所以电抗器置于屋内时多布置在第一层。

电抗器的型号表示为：

① ② ③ ④ ⑤-⑥/⑦-⑧ ⑨

代表含义如下。

①：型号，F—分裂绕组，NK—水泥柱式电抗器，CK—串联电抗器，BK—并联电抗器，XK—限流电抗器，LK—滤波电抗器，QK—启动电抗器；

②：S—三相、D—单相；

③：C—浇注成型固体、G—干式；

④：K—空心；

⑤：L—铝线（铜线不表示）；

⑥：额定三相容量，kV·A；

⑦：额定电压，kV；

⑧：额定百分电抗率，%；

⑨：W—户外，户内不标注。

例如：CKSCKL-1200/10-12 表示三相浇注成型固体空心串联电抗器（铝芯），额定容量1200kV·A，额定低压10kV，额定百分电抗率12%，户内安装。

又如：BKDCKL-10000/35 表示单相并联浇注成型固体空心串联电抗器（铝芯），额定容量10000kV·A，额定低压35kV，户内安装。

经过对变压器检测，如果因受潮而使绝缘电阻不符合规定要求时，需进行干燥处理，并计算变压器干燥处理费。区分容量等级，以"台"为计量单位计算。其工作内容参见该项定额的有关说明。在变压器干燥时，如果需要搭拆干燥棚可以按实际情况计算。

主要分为串联电抗器、限流电抗器、并联电抗器和滤波电抗器及启动电抗器等。

(1) 串联电抗器（CK）。串联电抗器与电力系统无功补偿装置的并联电容器串联，抑制系统谐波，限制合闸涌流和操作过电压，改善系统供电质量，保证电网经济安全运行。串联电抗器有普通式和干式空心式两种。

(2) 并联电抗器（BK）。电力系统的高压架空线路和电缆线路，存在相间和对地的电容，会产生相当数量的无功功率，对系统电压的影响很大。在高压线路上接入并联电抗器就是为了吸收输电线路电容产生的无功功率，提高系统传输能力和效率，限制系统的操作过电压。此外，并联电抗器还有限制线路的潜供电流、提高线路单相重合闸成功率的作用。

并联电抗器一般连接在110～500kV变电站6～63kV低压侧。并联电抗器有油浸式和干式空心式两种。

(3) 限流电抗器（XK）。限流电抗器串接于电力系统中，在系统发生故障时限制短路电流值，使之降低以满足其后所接设备的短路电流容许值的要求。如图2-1所示，限流电抗器有出线电抗器和母线电抗器两种。

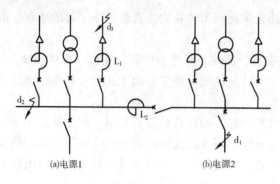

图 2-1　电抗器的作用和接法
L_1—出线电抗器；L_2—母线电抗器；d_1、d_2、d_3—短路点

出线电抗器（XDK）：在发电厂，为了限制电缆馈线支路短路电流，一般在电缆出线端加装出线电抗器，称为线路电抗器。

母线电抗器（MDK）：装设在母线分段的地方，目的是让发电机出口断路器、变压器低压侧断路器、母联断路器等都能按各回路额定电流来选择，不因短路电流过大而升级。限流电抗器有干式空心和水泥柱式两种。

（4）滤波电抗器（LK）。滤波电抗器与并联电容器组串联使用，组成谐振回路，滤除指定谐波或为特定谐波提供一个通道，通常用于系统载波通信。

（5）启动电抗器（QK）。启动电抗器串联于电机启动回路中，用于限制电动机的启动电流。

5. 消弧线圈安装：开箱检查，本体就位，器身检查，附件安装，垫铁及止轮器制作、安装，接地，补漆，单体调试。

【释义】 消弧线圈：一个具有铁芯的电感线圈，电抗很大，电阻很小，其电抗值可通过改变消弧线圈的匝数和铁芯的气隙大小来调节。消弧线圈应按额定电压、补偿容量、分接头允许电流、中性点位移电压和型式进行选择和校验。

消弧线圈上设有主触头和辅助触头，主触头用来通断主电路，辅助触头用来通断小电流回路，在正常情况下，电磁线圈不带电时处于断开状态的触头为常开触头，处于闭合状态的触头称为常闭触头，电磁线圈的铁芯端面都嵌有灭弧回路，迅速熄灭主触头及断路器断开时产生的电弧。

在10kV、35kV等中性点不直接接地系统中，中性点经消弧线圈接地。当系统发生单相接地时，消弧线圈中产生电感电流以补偿线路对地电容产生的电容电流，使流经故障点的接地电流减小，消除接地短路点电弧，避免系统出现过电压，提高供电系统的安全可靠性。在中性点不接地系统发生单相接地故障时，有很大的电容性电流流经故障点，使接地电弧不易熄灭，有时会扩大为相间短路。因此，常在系统中性点加装消弧线圈，用电感电流补偿电容电流，使故障电弧迅速熄灭。

消弧线圈又称为消弧电抗器或接地电抗器，其型号表示为：

① ② ③ ④-⑤/⑥

其代表含义：

①：X（XH）为消弧线圈；

②：D—单相，S—三相；

③：J—油浸，C—浇注成型固体；

④：L—铝线（铜线不表示）；

⑤：额定容量，kV·A；

⑥：额定电压，kV。

例如：XDJL-600/10 表示单相油浸式（铝线）消弧线圈，额定容量为600kV·A，额定电压为10kV；

XHDC-1520/6.3 表示单相浇注成型固体（铜线）消弧线圈，额定容量为1520kV·A，额定电压为 6.3kV。

6. 绝缘油过滤：过滤前的准备，油过滤设备安装拆除，油过滤，取油样，过滤后的清理。

【释义】 需要进行处理的变压器油基本上有两类：一类是老化了的油，所谓油的老化，是由于油受热、氧化、水分以及电场、电弧等因素的作用而发生油色变深、黏度和酸值增大、闪点降低、电气性能下降，甚至生成黑褐色沉淀等现象。老化了的油，需采用化学方法处理，把油中的劣化产物分离出来，即所谓油的"再生"。

第二类是混有水分和脏污的油。这种油的基本性质未变，只是由于混进了水分和脏污，使绝缘强度降低。这种油采用物理方法便可把水分和脏污分离出来。即油的"干燥"和"净化"。我们在安装现场常碰到的主要是这种油。因为对新出厂变压器，油箱里都是注满的新油，不存在油的老化问题。只是可能由于在运输和安装中，因保管不善造成与空气接触，或其他原因，使油中混进了一些水分和杂物。对这种油，常采用的净化方法为压力过滤法。

压力式滤油机仍是安装现场使用较多的油净化设备。其工作原理比较简单，电动油泵从污油罐中抽出脏污油，使其经过滤网，除去其中较大的杂质之后，再经过滤器处理水分和细微的杂质，出来的油则通过管路引进净油罐。如此进行多遍，变压器油便得到净化和干燥。压力式滤油机的操作比较简单，在启动油泵时，应先把出油管路上的阀门打开，启动油泵，再打开进油管路上的阀门。停止油泵时，则应先关闭进油管路上的阀门，然后停止油泵，再关闭出油管路上的阀门。滤油机运行中要经常检查，正常滤油时其压力为 294~490kPa。

滤油纸在使用前应事先进行干燥，它对滤油的质量有决定性的作用，一般将滤油纸放于烘箱内在 70~80℃下烘烤 24h 即可使用。烘箱上应开孔，使空气流通。干燥滤油纸时，要经常检查烘箱温度（即使是恒温干燥箱也要经常检查），切勿使受热过高，以防烘坏或燃烧。滤油纸从烘箱中取出后应立即装用或放于变压器油中，以免返潮。每个滤板或滤框间通常铺放 2~5 张滤油纸，待全部滤油纸夹好后，旋转把手将滤板滤纸夹紧。

油过滤一定时间后，滤油纸上已有很多杂质和水分，应进行更换，更换的次数应随油的质量不同而异。对于轻度脏污的油，2h 左右更换一次；脏污较重的油，0.5~1h 更换一次。如果压力达 490kPa 以上时，说明滤纸被杂质所堵塞，滤油机不能再运行，必须停下来更换滤纸。在过滤的初期，每次要把滤纸全部更换，以后只需要更换一张滤纸就可以了，即取出进油侧的一张滤纸，在出油侧增添一张新的。这样，每张滤纸可以得到充分的利用。已经吸湿的滤纸，经过烘干除去水分以后还可以继续使用。表面黏附有杂质的滤纸，应当放进干净的油中洗涤，去掉杂质之后再进行干燥。干燥之前应尽量把残油滴尽，以免干燥时发生火灾。一般一张滤纸可以使用 2~4 次。

在滤油过程中，当滤过器的螺旋夹具压得不紧时，常常有油从滤板、滤框和滤纸之间的间隙挤出，积存在滤油机的集油箱内，这部分油需要通过箱底的放油阀门送回到油泵，再次滤过。由于压力式滤油机的箱盖不是封闭的，运行中，空气和潮气可能进入，因此，这种设备最好安放在室内或工作棚内，而且保持室内温度高于周围温度 5~10℃，最好能把要处理的油加温到 50~60℃，因为油的温度升高之后，其黏度降低，流动性变好，从而可提高过滤的效率。

在滤油过程中应每隔一定时间取出油样作耐压试验，以检查了解油的质量好坏和滤油效果，直到符合规定要求为止。如果油的耐压强度提高很慢或者不能稳定上升，那么，除了勤换滤纸之外，还要考虑环境的影响。

二、本章定额未包括的工作内容

1. 变压器基础、轨道及母线铁构件的制作、安装。

【释义】 见一、2释义。

2. 变压器防地震措施的制作、安装。

【释义】 当强烈地震作用在变压器上，会发生静态损坏、动态损坏和保护装置误动作等三种损坏形式，变压器可能会发生不同程度的整体移位、倾倒或套管等结构构件的损坏；同时还会造成火灾、断电等灾害的发生，因此对变压器进行耐震强度设计是非常重要的。

3. 变压器的中性点设备安装。

【释义】 ENR-JXB型中性点接地组合设备专用于110kV、220kV、330kV、500kV电力变压器中性点，以实现变压器中性点接地运行或不接地运行两种不同的运行方式；从而避免由于系统故障，引发变压器中性点电压升高造成对变压器的损害。

4. 端子箱、控制柜的制作、安装。

【释义】 端子是指用来连接导线的端头金属导体，它可以使导线更好地与其他构件连接。端子箱是用于保护诸多接线端子而设置的电气箱。
变压器是利用电磁感应原理制成的，用来满足电力的经济输送、分配与安全使用中升高或降低电压要求的一种电气设备。

5. 变压器、消弧线圈、电抗器的干燥，如发生按实计算。

【释义】 消弧线圈：见说明释义一、5释义。

6. 二次喷漆。

【释义】 二次喷漆是指对防腐要示较高或绝缘要求较高的设备，在进行了第一道喷漆工序之后，待喷漆干凝后进行第二道喷漆。二次喷漆主要是加强设备的防腐功能或绝缘性能。

7. 铁构件的制作与安装，执行本册第五章相应定额子目。

【释义】 各种铁构件制作，均不包括镀锌、镀锡、镀铬、喷塑等其他金属防护费用，发生时应另行计算。

8. 变压器的局部放电试验、交流耐压试验、变形试验。

【释义】 在电场作用下，绝缘系统中只有部分区域发生放电，但尚未击穿（即在施加电压的导体之间没有击穿），这种现象称之为局部放电。变压器和互感器的感应耐压试验是保证变压器质量符合国家标准的一项重要试验。变压器绕组的匝间、层间、段间及相间绝缘的纵绝缘感应耐压试验，则是变压器绝缘试验中的重要项目。

9. SF_6气体和绝缘油试验。

【释义】 绝缘油是电气设备常用的绝缘、灭弧和冷却介质。为保证它在运行过程中具有良好的性能，必须定期对其进行各项试验，尤其是耐压试验。

三、工程量计算规则

绝缘油过滤部分次数，至油过滤合格为止。

（1）变压器绝缘油过滤，按照制造厂提供的油量计算。

（2）油断路器及其他充油设备绝缘油过滤，按照制造厂规定的充油量计算。

（3）绝缘油按照设备供货考虑，油过滤定额中包括过滤损耗量。

【释义】 母线：也叫干线或汇流排。它是电路中的主干线，在供用电工程中，一般把电源送来的电流汇集在母线上然后按需要从母线送到各分支的电路上分配出去，因此，母线就是一段汇总和分配电流的导体，是变电所里的主接线的主要组成部分。变电所主接线（或称作一次接线）表示用电单位接受和分配电能的路径和方式，它是由电力变压器、断路器、隔离开关、避雷器、互感器、移相电容器、母线或电力电缆等电气设备，按一定次序连接起来的电路，通常采用单线图表示。主接线的确定与完善对变电所电气设备的选择、变配电装置的合理布置、可靠运行、控制方式和经济性等有密切关系，是供配电设计的重要环节。

变电所内电力变压器与馈线之间的连接，常采用铜母线、铝母线或CCX1型密集绝缘母线等。母线也称汇流排，在原理上就是电路中的一个电气节点，起着集中变压器电能和向用户馈线分配电能的作用。母线制分为单母线不分段接线、单母线分段接线和双母线接线等接线方法。

（1）单母线不分段接线方式 单回电源只能采用单母线不分段接线方式，在每条引入、引出线路中都装设有断路器和隔离开关。其中断路器用来切断负荷电流或短路电流，隔离开关有明显的断开点，所以将隔离开关装于靠近母线侧，即母线隔离开关，在检修断路器时用来隔离母线电源；将隔离开关装于线路侧，即线路隔离开关，在检修断路器时用来防止用户侧反向馈电或防止雷电过电压线路侵入，以确保检修人员的安全。

显而易见，单母线不分段接线方式电路简单，使用电气设备少，变配电装置造价低，但其可靠性与灵活性较差。当母线、母线隔离开关发生故障或检修时，必须停止整个系统的供电。因此，单母线不分段接线方式只适用于对供电连续性要求不高的用电单位。如果把母线隔离开关间的母线分为两段及以上，这样当某段母线故障或检修时，在分断后，打开隔离开关，再合上另一部分隔离开关继续对非故障段负荷供电，即把故障限制在故障段之内，或在某段母线检修时不影响另一段母线继续运行，从而提高了供电系统的灵活性。

（2）单母线分段接线方式。

①两回进线单母线分段接线 在两回进线条件下，可采用单母线分段主接线，以克服单母线不分段主接线存在的问题。根据电源数目和功率。电网的接线情况来确定单母线的分段数。通常每段母线要接1或2回电源，引出线再分别从各段上引出。应使各母线段引出线的电能分配尽量与电源功率平衡，以减少各段间的功率交换。单母线的分段可采用隔离开关或断路器来实现，选用的分段开关不同，其作用也不完全一样。

用隔离开关分段的单母线接线方式，适用于双回电源供电，且允许短时停电的二级负荷用户。它可以分段单独运行，也可以并列同时运行。采用分段单独运行时，各段就相当于单母线不分段接线的运行状态，各段母线的电气系统互不影响。这样，当某段母线故障或检修时，仅对该母线段所带用电负荷停止供电；当某回电源故障或检修时，如其余回电源容量能担负全部引出线负荷，则可经"倒闸操作"恢复对全部引出线负荷的供电。可见，在"倒闸操作"过程中，需对母线作短时停电。采用并列同时运行时，当某回电源故障或检修时则无须母线停电，只须切断该回电源的断路器及其隔离开关，并对另外电源的负荷作适当调整即可。但是，如果母线故障或检修时，也会使正常母线段短时停电。用断路器分段的单母线接线方式，分段断路器除具有分段隔离开关的作用外，还具有相应的保护，当某段母线发生故障时，分段断路器与电源进线断路器将同时切断，非故障段母线仍保持正常工作。当对某段母线检修时，可操作分段断路器、相应的电源进线断路器、隔离开关按程序切断，而不影响其余各段母线的正常运行。所以采用断路器分段的单母线接线方式的供电可靠性较高。但是，不管是用断路器还是隔离开关分段的单母线接线方式，在母线故障或检修时，都会使接在该母线段上的用户停电。为此通常采用单母线加旁路的接线方法解决。例如当对引出线断路器检修时，须先切断该引出线断路器，再使故障电路隔离开关切断；合上其他隔离开关，最后合上旁路母线断路器，即可为线路继续供电，从而确保用户不停电。

②三回进线单母线分段接线 二回进线单母线分段接线存在主受电回路在检修时，备用受电回路投入运行后又发生故障，而导致用户停电的可能性。因此，对用电负荷要求高的用户，采用此种供电方式还不易满足某些工级负荷的用电要求。《民用建筑电气设计规范》(JGJ/T16—92)中规定："对于特等建筑应考虑一些电源系统检修或故障时，另一电源系统又发生故障的严重情况，此时应从电力系统取得第三电源或自备电源。"以保证特等建筑所

要求的供电可靠性，避免产生重大损失和有害影响。

从电力系统或由工业企业总降压变电所取得第三电源，可构成三回三受电断路器供电方式，用断路器或隔离开关将单母线分为三段，三个供电回路由正常运行时断开的母联断路器或母联隔离开关互为备用。其操作和保护、自动装置较简单，但负荷调配能力较差，一般适用于供电回路按短路电源选择的导线截面，即足以能承担 2PC/3 以上负荷要求的变电所。

如改接成三回四受电断路器供电方式，同样有三个供电回路，四台受电断路器，在供电回路正常运行时，供电回路中的一个为备用状态（可由电力系统或自备柴油发电机组获得）。这样，当两个主供电回路的受电断路器故障跳闸时，备用供电回路的断路器经人工或备用电源自动投入装置合上，以保证正常供电。当主供电回路维修时，备用电源可作为临时正常运行供电回路。此时若其中之一供电回路又发生故障，而被维修的供电回路尚未完工，则只有一段母线断电，而不会发生全部母线断电的情况，提高了供电的可靠性。这种供电方式的第一供电回路，均可按 PC/2 选择供电线路的导线截面及电气设备。可见，这种供电方式的供电可靠性很高，完全避免了两回进线单母线分段接线方式所存在的供电停电事故，保证了供电的可靠性，并具有负荷调配灵活的优点。

(3) 双母线接线方式　当用电负荷大、重要负荷多、对供电可靠性要求高或馈电回路多而采用单母线分段存在困难时，应采用双母线接线方式。双母线接线方式多应用于大型工业企业总降压变电所的 35~110kV 母线系统和有重要高压负荷的 6~10kV 母线系统中。由于工厂或高层建筑变电所内馈电线路并不多，对于 Ⅰ 级负荷，采用三回进线单母线分段接线也可满足其供电可靠性高的要求，所以一般 6~10kV 变电所不推荐使用双母线接线方式。双母线接线方式中任一供电回路或引出线都经一台断路器和两台母线隔离开关接于双母线上，其中一组母线为工作母线，其他母线为备用母线，其工作方式有两种。

① 两组母线分别为运行与备用状态。其中一组母线运行，一组母线备用，即两组母线互为运行与备用状态。与工作母线连接的母线隔离开关闭合，与备用母线连接的母线隔离开关断开，两组母线间装设的母线联络断路器在正常运行时处于断开状态，其两侧与之串接的隔离开关为闭合状态。其某组母线故障或检修时，经"倒闸操作"即可由备用母线继续供电。

② 两组母线并列运行。两组母线同时并列运行，但互为备用。按可靠性和电力平衡的原则要求，将电源进线与引出线路同两组母线连接，并将所有母线隔离开关闭合，母线联络断路器在正常运行时也闭合。当某母线故障或检修时，仍可经"倒闸操作"，将全部电源和引出线路均接于另一组母线上，继续为用户供电。

由此可见，由于双母线两组互为备用，所以大大提高了供电可靠性，也提高了主接线工作的灵活性。如轮流检修母线时，经"倒闸操作"而不会引起供电的中断；如上述工作母线发生故障时，也可通过备用母线迅速对用户恢复供电；检修引出馈电线路上的任何一组母线隔离开关，仅会使该引出馈电线路上的用户停电，而对其他引出馈电线路上的用户供电不受影响。故双母线接线具有单母线分段接线方式所不具备的优点，向无备用电源用户供电时更有其优越性。但是，由于"倒闸操作"程序较复杂，而且母线隔离开关被用作操作电器，在负荷情况下进行各种切换操作时，如误操作会产生强烈电弧而使母线短路，造成极为严重的人身伤亡和设备损坏事故。为了克服这一问题，保证 Ⅰ 级负荷用电的可靠性要求，可采用双母线接线方式。只需对工作母线分段，在正常运行时只有一工作母线组投入工作，而另一母线组为固定备用。这样，当某段工作母线故障或检修时，可使"倒闸操作"程序简化，减少误操作，使供电可靠性得到提高。

控制柜：是一种多档式控制开关，适合于控制按顺序操作的多个控制回路。常配合由接触器、继电器构成的磁力控制屏对绕线式电动机的启动、制动、调速及换向实行远距离控制,广泛用于各类起重机械的拖动电动机的控制系统中。常用的有直、交流凸轮控制器,交流鼓形控制器等。其中凸轮控制器是一种档位较多、触头数量较多的手动电器。它与万能转换开关比较,其触点的动作原理相似,只是触头容量较大,所以体积也大。常用来控制小型电动机的启动、制动、调速和反转,尤其是小型绕线式电动机应用较多。凸轮控制器的性能由转换能力(接通、分断能力)、操作频率、机械寿命和额定功率等决定。

四、其他说明

1. 三相变压器和单项变压器安装同样适用于油浸式变压器、自耦变压器安装;带负荷调压变压器执行同电压、同容量变压器安装定额,其人工费乘以系数 1.10;电炉变压器安装执行同容量变压器定额乘以系数 1.6;整流变压器安装执行同容量变压器定额乘以系数 1.2。

【释义】 自耦变压器:一般变压器的一、二次绕组是分开的,它们之间没有电的直接联系,通过电磁感应的作用,靠磁耦合把一次侧的电能传到二次侧去。自耦变压器只有一个绕组,高压绕组的一部分兼作为低压绕组,它们的匝数分别为 N_1、N_2。这时一、二次绕组之间既有磁的耦合,又有电的直接联系。

自耦变压器的工作原理与普通变压器是相同的。当一次绕组两端接上交流电压时,绕组线圈中通过电流,在铁芯中产生交变磁通,因而在一、二次绕组中产生感应电动势。

如果将自耦变压器二次绕组的分接点做成滑动的触头,就可以改变二次绕组的匝数,方便地得到不同的输出电压。因此,自耦变压器常作为调压器使用。使用自耦变压器时,必须注意一、二绕组不能接错。在接电源前,应先将手柄旋转到零位,接通电源后再转动手柄,使输出电压从零平滑地调到所需要的电压值。由于一、二次绕组有电的直接联系,必须注意过电压保护。在需要调节三相电压时,可由三个单相自耦调压器组装成三相自耦调压器。

调压变压器:一般的变压器都有固定的电压比,其二次电压不能随意调节,但有些情况下我们需要能随时改变和调节电压的变压器,如试验用的电源就需用这种随意平滑地调节电压的变压器,这种变压器就叫调压变压器。

油浸电抗器:油浸式电抗器外形与配电变压器相似,但内部结构不同。电抗器是一个磁路带气隙的电感线圈,其中抗值在一定范围内恒定。其铁芯用冷轧硅钢片叠成,线圈用铜线绕制并套在铁芯柱上,整个器身装于油箱内,并浸于变压器油中。型号含义如下。

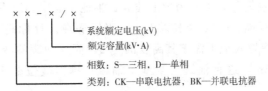

目前 CK 类有 3~63kV 产品,BK 类有 10kV、15kV、35kV、63kV、330kV、500kV 产品。

整流变压器是将交流电转变为直流电的变压器,概略地讲整流变压器是由交流变压器和整流装置构成。发电厂电除尘的电场就是由整流变压器提供的直流电源形成,通常整流变压器输出侧电压较高。

2. 变压器的器身检查,4000kV·A 以下按吊芯考虑,4000kV·A 以上按吊罩考虑,如果 4000kV·A 以上的变压器需要吊芯检查时,机械定额乘以系数 2.0。

【释义】 变压器到达现场后应进行器身检查。其方法可为吊芯、吊罩或不吊罩直接进入油箱内进行。凡变压器满足条件之一时,才可不进行器身检查。条件是:

①制造厂规定可不作器身检查者；

②容量为1000kV·A及以下，运输中无异常情况；

③就地产品作短距离运输时，器身总重量符合要求，运输中无异常情况。

3. 干式变压器如果带有保护外罩时，其安装定额中的人工和机械都乘以系数1.20。

【释义】 人工、机械。预算定额中人工耗用量系指完成定额计量单位所需的全部工序用工量。一般包括基本用工和其他用工，以"工日"为单位计算。并确定其相应的工资等级。各种用工量应根据定额项目综合取定的工程量所占比例来确定。工资标准就是定额中的人工工日单价，是以八级工资制度和工资标准为依据，以定额适用范围内的安装工人平均工资等级为基础算出基本工资，再加上附加工资和工资性的津贴而得。用人工消耗指标乘以人工工日单价就是预算定额中相应的人工费，即：人工费＝人工消耗指标×工日单价。基本用工是指完成定额计量单位的主要用工量，以及按劳动定额规定应增加的用工量。其他用工包括材料人工运输、辅助工和人工幅度差。预算定额各种用工量，一般通过编制定额项目劳动力计算表进行计算。

预算定额中施工机械耗用量，以台班为单位计算。机械台班耗用量是根据安装工程定额相应的各种机械施工项目所规定的台班产量结合实测资料进行计算后，增加机械幅度差确定的。施工机械的配备是按正常合理需要和当前一般水平考虑的。凡未注明机械规格者，其机械使用费系按适当规格计算。实际所用机械的品种、规格不同时，均不作换算。各种机械在现场的搬运、安装、移动、拆卸、试运行及负荷试验费用等均已摊入台班单价中。机械操作所需人工，除在人工定额中已列出的以外，其余均已包括在机械台班单价中。

干式变压器：见说明释义一、1释义。

4. 变压器的散热器外置时人工费乘以系数1.20。

【释义】 见说明释义四、2释义。

5. 电抗器安装适用于混凝土电抗器、铁芯干式电抗器和空心电抗器等干式电抗器安装，油浸式电抗器按同容量干式电抗器定额乘以系数1.20。

【释义】 电抗器：见说明释义一、4释义。

6. 变压器安装过程中放注油、油过滤所使用的油罐等设施，已摊销入油过滤定额内。

【释义】 油罐是用来储油的金属罐体。油罐可根据油罐所处位置和不同结构形式两方面来分类。

(1) 按油罐所处位置划分，可分为地上油罐、半地下油罐和地下油罐三种。地上油罐是指油罐的罐底位于设计标高±0.00及其以上；或者罐底在设计标高±0.00以下但不超过油罐高度的1/2；如果油罐埋入地下深于其高度的1/2，而且油罐的液位的最大高度不超过设计标高±0.00以上0.2m，这种油罐属半地下油罐；罐内液位处于设计标高±0.00以下0.2m，称为地下油罐。

(2) 按不同结构形式划分，可分为地上拱顶油罐、无力矩顶油罐、浮顶油罐和卧式油罐。地上拱顶油罐的拱顶为球面体，拱顶本身就是承重结构，他支承于罐体上，罐内设有桁架或立柱。拱顶由圆弧扇形板搭接拼装而成，圆弧面的曲率半径一般等于油罐内径的1～1.2倍；无力矩顶油罐的顶板纵断面呈悬链曲线状。由于这种形式的罐顶板只受拉力作用而不产生弯矩，所以称为无力矩顶油罐。这种油罐的顶板周边钢固圈与罐壁相连，钢固圈是由四根角钢组成的，截面为方形的框架，用来承受顶板传来的拉力。无力矩顶油罐结构简单，施工方便，节约钢材，与同体积的桁架油罐相比，可节约钢材10%左右。由于顶板弯曲处容易积水，易腐蚀，再加上罐顶运动易造成疲劳损坏，因而较少采用；浮顶油罐有单盘式和双盘式之分。单盘式浮顶在浮顶周围建造环形浮船，用隔板将浮船分隔成若干个不渗漏的舱室，环形浮船范围内的面积以单层钢板覆盖。双盘式浮顶油罐的双盘浮顶也叫双甲板型，即浮顶的骨架由型钢制成框架，纵横隔板焊于框架分隔的尺寸上，框架的顶点及底点分别焊上排板覆盖。这样整个浮顶由径向与环向隔板隔成若干个互不渗漏的舱室。浮顶油罐的优点是贮油的密封性能好，除浮顶边缘与罐壁之间存在少量而恒定的气体空间之外，浮顶下面并不存在气体空间，因此有效地防止油罐进油和贮油的挥发，由于气体空间非常小，因温度变化而引起的"呼吸"也大大减少了。浮顶的油罐也有缺点，他需要对密封装置进行经常性的维护保养；卧式油罐的容积一般都在 $150m^3$ 以下，它是预先制成整体，然后用起重机具安装于钢结构支座或混凝土基础之上。

此外，在变压器安装定额内未考虑变压器油的耐压试验，如果需要进行变压器油试验，则无论是由施工单位自检，或者委托电力试验研究部门代检，均可按实际发生额计算之。

7. 110kV 及以上设备安装在户内时人工费乘以系数 1.30。

【释义】 建一个110kV的变电站需要的电气设备如下。

一次设备：主变（中性点隔离开关、间隙保护、消弧线圈成套设备）、断路器（或开关柜、GIS等）、电压互感器（含保险）、电流互感器、避雷器、隔离开关、母线、母排、电缆、电容器组（电容、电抗、放电线圈等）、站用变压器（或接地变压器），有的变电站还有高频保护装置。

二次设备：综合自动化、五防闭锁、逆变、小电流接地选线、站用电、直流（蓄电池）、逆变、远动通信等。

其他：支持瓷瓶、悬垂、导线、接地排、穿墙套管等，消防装置、SF_6 在线监测装置等。

五、未计价材料

设备连接导线、金具，接地下引线、接地材料。

【释义】 金具送电线广泛使用的铁制或铝制金属附件，统称为金具。大部分金具在运行中需要承受较大的拉力，有的还要同时保证电气方面接触良好。

第二部分　定额释义

2.1　20kV 干式变压器安装

定额编号　YD2-1～YD2-7　容量（kV·A 以下）　P_{28}～P_{29}

【应用释义】 干式变压器：见第一章变压器第一部分说明释义第2条释义。

钢垫板：用钢板制成的垫板，一般为防止附件与主体间摩擦过大损坏主件而设置在附件与主件间。

钢管脚手架：由钢管和扣件组成，特点是装拆方便、搭设灵活，能适应各种高度的变化，除用于搭设脚手架，还可用于搭设井架、上料平台架、栈桥等；强度高，能搭设较高高度；坚固耐用。钢管脚手架也分单排和双排，构造形式与竹木脚手架大致相同。钢管脚手架型号为直径 4.8cm，长度为 3.5m。

扣件主要有以下三种形式。

（1）直角扣件：又称十字扣，用于两根呈垂直交叉钢管的连接。

（2）旋转扣件：又称回转扣，用于两根呈任意角度交叉钢管的连接。

（3）对接扣件：又称筒扣、一字扣，用于两根钢管对接连接。

砂轮切割片：磨刀具和零件用的工具，用磨料和胶结物质混合后，在高温下烧结制成，多作轮状，也叫磨轮。

汽车式起重机：属于臂架型移动式起重机。按臂架结构形式可分为桁架式和箱形伸缩臂式两种，按传动装置形式分为机械传动、电传动和液压传动3种形式；按起重量的大小可分为四类，轻型、中型、重型和特重型。

汽车式起重机采用载重汽车底盘或专用特制的汽车式底盘，有两个驾驶室，一个从事下车的操纵，另一个负责上车的操纵。

在建筑工程上，采用的主要是轻型液压汽车式起重机，如8t、12t、16t级液压汽车式起重机。这些起重机大多用于构件和设备的装卸、工业建筑结构吊装和一些中型塔吊的安装。

我国一些大型建筑企业，特别是机械化施工单位多装备了20t、25t、40t或50t级的液压伸缩臂起重机，主要用于大型建筑构件、大型机电设备的装卸和安装就位，以及一些大型塔式起重机基础塔的拆卸和安装，见表2-3。

表2-3 中型（25～50t）液压汽车起重机主要技术性能表

型号 生产厂家		QY25B 北起	QY32 徐州重型	QY40 长江起重型	QY40 锦州重型	QY50 徐州重型	TL1040 利勃海尔 —长江	QY50(TG500E) 多田野—北起
最大起重量/t		25	32	40	40	50	40	50
最大起重力矩/kN·m		707	990	1560	1520	1530		1530
工作速度	起升（单绳）/(m/min)	主钩10	80	128	70	70.8		92
	回转（空车）/(r/min)	2	2.5	1.5	2.5	2	2.2	2.2
	变幅（起/落）/s	40/28	80/40	76/80	112/	92/53	50/	65/
	臂杆伸缩/s	62/40	163/130	84/50	180/	104/82		12
	支腿收放/s	22/31	20/25	11.9/27.2	14/40	19/28		
最大行驶速度/(km/h)		65	64	65	60	71	70	71
最大爬坡能力/%		28	30		24	37		24
最小转弯半径/m		9.5	10.5	12.5	11.5	13.7	13.5	
底盘	型号 驱动形式	K203LB25 6×4	 8×4	CQ40D 8×4	自制 8×4	自制 8×4		KG35T×L 8×4
	轴距/m	4.7	4.94	5.225	5.5	5.25 /15.2 /1.35		
	轮距（前）/m	2.02	2.05		2.227	2.040		
	轮距（后）/m	1.865	1.875		2.101	2.055		
	支腿跨距/m	4.63/5.2	5.33/5.9	5.175/6.1	4.85/6	5.45/6.6	5.1/5.3	5.45/6.6
	轮胎规格	10.00-20		12.00-20	12.00-20		12.00-20	12.00-20
发动机功率/kW		165		216.3	238.7		上车88 下车188	224
液压系统最高压力/MPa		21		21	32			
外形尺寸（长×宽×高）/m		12.35 ×2.5 ×3.35	12.45 ×2.5 ×3.53	13.7 ×2.5 ×3.34	12.7 ×2.77 ×3.45	13.655 ×2.75 ×3.47	12.93 ×3.2 ×2.5	13.26 ×2.82 ×3.7
自重/t		24.57	32.46	40	44	38.91	37.2	38.35

交流电焊机：是进行手工电弧焊的焊接设备。手工电弧焊机根据电流种类可分为直流电焊机与交流电焊机两大类。交流电焊机按提供给焊工使用的人数分为单头交流电焊机与多头

交流电焊机。单头交流电焊机只能供一个焊工一定时间内使用。多头交流电焊机可在同一时间供 6~12 个焊工使用。在实际工程中使用较多的是单头交流电焊机。交流电焊机的品种很多，应用较广的是 BX1-330 型交流电焊机。这种交流电焊机是一台具有三只铁芯柱的单相漏磁式降压变压器，其中两边为固定的主铁芯，中间为动铁芯。变压器的初级线圈绕在一个主铁芯柱上。次级线圈分为两部分：一部分绕在初级线圈外面；另一部分兼作电抗线圈绕在另一个主铁芯柱上。次级接线板上有Ⅰ和Ⅱ两种不同接法，用来对电流进行粗调节。转动焊机的电流调节手柄，可使动铁芯前后移动，进行焊接电流的细调节。焊机的降压特征是由动铁芯的漏磁作用而得到的。空载时，由于次级线圈无电流通过，电抗线圈不产生电压降，故空载电压较高，便于引弧。当焊接时，次级线圈有电流通过，同时在铁芯内产生磁通，使动铁芯中的漏磁显著增加，这样次级电压下降，从而获得了降压的特性。短路时，由于很大的短路电流通过电抗线圈，产生了很大的电压降，使次级线圈的电压接近于零，这样就限制了短路电流。

2.2 三相电力变压器

2.2.1 35kV 变压器安装

定额编号　YD2-8~YD2-14　容量（kV·A 以下）　P_{30}~P_{33}

【应用释义】变压器：根据介质的不同可分为油浸式变压器和干式变压器，大容量的变压器多数采用油浸式，其构成如下所示：

变压器
- 器身
  - 铁芯
  - 绕组
  - 绝缘
  - 引线及分接开关等
- 油箱
  - 油箱本体
  - 附件（包括油阀门、滚轮、活门、接地螺栓）
- 冷却装置：散热器、冷却器
- 保护装置：储油柜、油表、安全气道、释压阀、吸湿器、测温元件、净油器、气体继电器等
- 出线装置：高、低套管

电焊条：焊接用焊条根据钢筋级别和接头型式选用。常用的有 E43x、E45x 等，第 1、2 位数表示焊缝金属拉伸强度，第 3 位数指药皮类型，符号 x 表示没有规定焊药类型，酸性、碱性均可以，但对重要结构物的钢筋接头，宜用低氢型碱性焊条。

防锈漆：可分为油性防锈漆和树脂防锈漆两种。在实际操作中，最常用的油性防锈漆有红丹油性防锈漆和铁红油性防锈漆，树脂防锈漆有红丹酚醛防锈漆、锌黄醇酸防锈漆。这两类防锈漆均有良好的防锈性能，主要用于涂刷钢筋结构表面，用来防锈。

酚醛磁漆：涂膜坚硬，耐水性良好，纯酚醛磁漆具有耐化学腐蚀性良好，有一定的绝缘性，附着力好等优点，但涂膜易变深，耐大气性较差，易粉化，不能制成白色或浅色涂料。

调和漆：质地均匀，稀稠适度，漆膜耐蚀、耐晒、经久不裂、遮盖力强、施工方便，适用于室内外钢铁、木材等材料表面，常用的有油性调和漆和磁性调和漆等。

汽车式起重机完成起重工作时，其作业循环通常是起吊—回转—卸货—返回，有时还要作间歇短距离的行驶。汽车式起重机根据这个特点主要由以下几个部分组成。

(1) 起重装置　完成货物的提升和降落作业，包括提取装置（如吊钩爪斗等）、钢丝绳、滑轮组、起重绞车、吊臂。

(2) 回转装置　用以完成吊臂的转动作业。

(3) 传动装置 指动力由发动机到起重装置和回转装置的传动机构。

(4) 行走装置 包括汽车的底盘、汽车驾驶室和支腿装置等。

2.2.2 110kV 双绕组变压器安装

定额编号 YD2-15～YD2-20 容量（kV·A 以下） P_{34}～P_{36}

【应用释义】 双绕组变压器：双绕组变压器的高、低压绕组是分开绕制的，虽然每相高、低绕组都装在同一个铁芯柱上，但相互之间是绝缘的。高、低压绕组之间只有磁的耦合，没有电的联系。电功率的传送全是由两个绕组之间的电磁感应完成的。

真空泵：是一种液压泵，它是一种能量转换装置，它将机械能转换为液压能，是传动中的动力元件。该泵由缸体、偏心轮、柱塞、弹簧、吸油阀和排油阀等组成。缸体固定不动；柱塞和桩塞孔之间有良好的密封，而且可以在柱塞孔中做轴向运动；弹簧总是使柱塞顶在偏心轮上。吸油阀的右端（即液压泵的进口）与油箱相通，左端与缸体内的柱塞孔相通，左端与系统相连。当柱塞处于偏心轮的下死点时，柱塞底部的密封容积最小；当偏心轮按一定方向旋转时，柱塞不断外延，密封容积不断扩大，形成真空，油箱中的油液在大气压力作用下，推开吸油阀内的钢球而进入密封容积，这就是泵的吸油过程，此时排油阀内的钢球在弹簧的作用下将出口关闭；当偏心轮转至上死点与柱塞接触时，柱塞伸出缸体最长，柱塞底部的密封容积最大，吸油过程结束。偏心轮继续旋转，柱塞不断内缩，密封容积不断减小，其内油液受压，吸油阀关闭，并打开排油阀，将油液排到出口，输入系统。当偏心轮转至下死点与柱塞接触时，柱塞底部密封容积最小，排油过程结束。

2.2.3 110kV 三绕组变压器安装

定额编号 YD2-21～YD1-25 容量（kV·A 以下） P_{37}～P_{39}

【应用释义】 变压器：见说明释义一、2 释义。

镀锌六角螺栓：螺栓是有螺纹的圆杆和螺母组合而成的零件，用来连接并紧固构件，可以拆卸。螺母是组成螺栓的零件，中心有圆孔，孔内有螺纹，跟螺栓的螺纹相啮合，用来使两个零件固定在一起。

交流电焊机：见 2.1 释义。

2.2.4 220kV 双绕组变压器安装

定额编号 YD2-26～YD2-35 容量（kV·A 以下） P_{40}～P_{45}

【应用释义】 变压器：其应用十分广泛，种类也很多，一般按用途、结构特点等进行分类，具体见说明释义一、2 释义。

2.2.5 220kV 三绕组变压器安装

定额编号 YD2-36～YD2-44 容量（kV·A 以下） P_{46}～P_{51}

【应用释义】 变压器的额定参数如下：

(1) 额定容量（P_e） 单位为千伏安或兆伏安（kV·A 或 MV·A）。容量为 630kV·A 以下的称为小型变压器；800～6300kV·A 之间称为中型变压器；8000～63000kV·A 之间称为大型变压器；90000kV·A 及以上变压器统称为特大型变压器。

(2) 额定电压（U_e） 一般以高压出线侧电压作为额定电压，单位为伏或千伏（V 或 kV）。

(3) 额定电流（I_e） 单位为安或千安（A 或 kA）。

(4) 额定频率（f） 单位为赫兹（Hz），我国电力系统使用的额定频率为 50Hz。

氮气：氮的通称。无色，无臭，不能燃烧，也不能助燃，化学性质很不活泼。氮在空气中约占 4/5，是植物营养的重要成分之一。用来制造氨、硝酸和氮肥，也用来填充灯泡。

醇酸磁漆：磁漆是在清漆的基础上加入无机颜料而制成的。因为漆膜光壳、坚硬，酷似瓷（磁）器，所以称为磁漆。磁漆色泽丰富，附着力强，用于室内装饰和家具，也可用于室外的钢铁和木材表面。醇酸磁漆是指在清漆中加入醇酸等而制成的。

2.2.6　330kV双绕组变压器安装

定额编号　YD2-45～YD2-47　双绕组容量（kV·A以下）　$P_{52}～P_{54}$

【应用释义】　双绕组变压器的释义见本章2.2.2节。

2.2.7　330kV三绕组变压器安装

定额编号　YD2-48～YD2-52　三绕组容量（kV·A以下）　$P_{55}～P_{57}$

【应用释义】　三绕组变压器一般都在高、中压侧装有分接开关，改变高压侧分接开关的位置能改变中、低压两侧的电压，若改变中压侧分接开关位置，只能改变中压侧的电压。例如：因系统电压波动或因负荷变化需要调整电压时，只改变高压侧分接开关位置即可达到中、低压侧需要的电压。如果只是低压侧需要调整电压，而中压侧仍需维持原来的电压，此时除改变高压侧分接开关外，中压侧亦需改变。

2.2.8　500kV双绕组变压器安装

定额编号　YD2-53～YD2-56　双绕组容量（kV·A以下）　$P_{58}～P_{60}$

【应用释义】　双绕组变压器的释义参阅本章2.2.2节。

2.2.9　500kV三绕组变压器安装

定额编号　YD2-57～YD2-61　三绕组容量（kV·A以下）　$P_{61}～P_{63}$

【应用释义】　三绕组变压器：三绕组变压器任何一侧停止运行，其他两侧均可继续运行。但应注意以下几点。

（1）若低压侧为三角形接线，停止运行后应投入避雷器，以防传递过电压，若为星形连接，可将中性点接地。

（2）高压侧停止运行时，为避免静电感应对绕组绝缘的危害，中点性接地隔离开关必须投入。

（3）应根据运行方式考虑继电保护的运行方式和整定值，此外还应注意容量比，运行中监视负荷情况。

2.3　单相变压器

2.3.1　220kV单相双绕组变压器安装

定额编号　YD2-62～YD2-66　双绕组容量（kV·A以下）　$P_{64}～P_{66}$

【应用释义】　单相双绕组变压器：其原理如图2-2所示，在铁芯上绕有相互绝缘的绕组，忽略一些微小的可变因素，当一次绕组施加频率 f 的正弦电压 U_1 后，有交流电流 I_1 流过，通过励磁作用，在铁芯中建立交变主磁通 ϕ，主磁通穿过一、二次绕组感应出一次电动势 E_1 和二次电动势 E_2，这时如二次绕组与外电路负载 z 接通，便有电流 I_2 流入负载，于是就有电能输出。

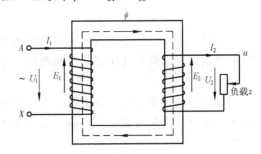

图2-2　单相双绕组变压器原理图

$$k = U_1/U_2 = N_1/N_2$$

式中　k——变压器的变比；

U_1、U_2——一、二次侧电压；

N_1、N_2——一、二次绕组匝数。

通过变换匝数，就可以在二次侧得到不同的电压，这就是变压器的基本工作原理。

$N_1 < N_2$ 即为升压变压器，$N_1 > N_2$ 即为降压变压器。

螺栓：分为普通螺栓和高强螺栓两类，普通螺栓一般用 A_3F 钢材制成，也有用16锰、40硼或40铬钢材制成。螺栓分粗制（C级）、精制（A级、B级）两种。粗制螺栓C级由未经加工的圆钢压制而成，螺杆直径较螺孔直径小1.0~2.0mm，螺孔多用冲孔制成，孔的质量较差，螺杆与螺孔之间存在着较大的空隙，故受剪时工作性能较差，螺栓群中各螺栓受力不均匀。粗制螺栓宜用于承受拉力的连接中，或用在不重要的受剪连接和作为安装时临时固定之用。粗制螺栓的优点是安装方便，能有效地传递力。在拉剪联合作用的安装连接上，可设计成螺栓只受拉力，另由支托来传递剪力。

精制螺栓（A级、B级）是由毛坯车床上切削加工精制而成。螺杆直径只比孔径小0.3~0.5mm，螺孔采用导板钻孔，孔壁质量较好（Ⅰ类孔），螺栓可以承受剪力和拉力。由于对螺杆和螺孔均有较高的要求，A级、B级螺栓的制造和安装比较复杂，造价较高，在应用上受到一定限制。

2.3.2　220kV单相三绕组变压器安装

定额编号　YD2-67~YD2-69　三绕组容量（kV·A 以下）　P_{67}~P_{69}

【应用释义】　三绕组变压器：一般说来，相互之间传递功率多的绕组应当靠得近些，这样阻抗较小，可降低运行中的电能损失和电压波动。所以用于发电机的升压变压器，因是从低压侧向高、中压侧传递功率，故采用图2-3所示的排列方式；而用于变电所的降压变压器，因是从高压侧向中、低压侧传递功率，最理想的排列方式是把高压绕组放在中间，但这样将增加绝缘方面的困难，故采用图2-4所示的方式排列，仍把高压绕组放在最外层。

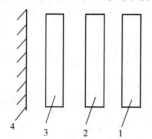
图2-3　升压变压器的组排列方式
1—高压绕组；2—低压绕组；3—中压绕组；
4—铁芯

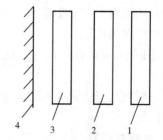
图2-4　降压变压器的绕组排列方式
1—高压绕组；2—低压绕组；3—中压绕组；
4—铁芯

显然，由于升压变压器的高压绕组与中压绕组之间的漏磁通较大，故相应的短路电压百分数就较大；而降压变压器的高压绕组与中压绕组之间的漏磁通较小，故相应的短路电压就较小。

变压器油在变压器、电抗器、互感器中主要起绝缘和散热冷却作用，但在上述设备中有电弧发生时，也起灭弧作用。在充油套管中主要起绝缘作用，在油断路器中起灭弧和绝缘作用。

2.3.3　330kV单相双绕组变压器安装

定额编号　YD2-70~YD2-74　双绕组容量（kV·A 以下）　P_{70}~P_{72}

【应用释义】　变压器几乎在所有的电子产品中都要用到，它原理简单但根据不同的使用场合（不同的用途）变压器的绕制工艺会有所不同的要求。变压器的功能主要有：电压变换；阻抗变换；隔离；稳压（磁饱和变压器）；保护人身安全等，变压器常用的铁芯形状一般有E型和C型。

2.3.4　330kV单相三绕组变压器安装

定额编号　YD1-75～YD1-79　三绕组容量（kV·A 以下）　P_{73}～P_{75}

【应用释义】　变压器：见 2.3.2 释义。

2.3.5　500kV 单相双绕组变压器安装

定额编号　YD2-80～YD2-83　双绕组容量（kV·A 以下）　P_{76}～P_{78}

【应用释义】　变压器主要是初级线圈（输入），次级线圈（输出）。双绕组变压器：一个输入和一个输出的变压器就是双绕组变压器。例如：110kV 变电站里的主变压器，110kV 输入，10kV 输出。为了输入不同的电压，输入绕组也可以用多个绕组以适应不同的输入电压。同时为了输出不同的电压也可以用多个绕组。

2.3.6　500kV 单相三绕组变压器安装

定额编号　YD2-84～YD2-88　三绕组容量（kV·A 以下）　P_{79}～P_{81}

【应用释义】　变压器安装是一项大型工作，开工后一般连续进行，不宜停顿。变压器的基本施工步骤如下。

（1）变压器的绝缘检查　包括油箱的密封检查、油样实验和线圈绝缘测量。

（2）排氮　充氮运输的变压器，在器身检查前需要排氮，排氮有注油法和抽真空法。

（3）吊器身、吊钟罩　大型变压器一般吊钟罩检查，小型变压器采用吊器身检查，起吊由专业起重工操作，电气安装人员配合。

（4）器身检查　包括绕组检查、引线及支持装置检查、分接开关检查、铁芯检查。

（5）油箱安装　包括安装阀门和放油塞、消除渗漏，箱沿法兰密封回吊器身、钟罩。

（6）注油及整体密封检查　包括抽真空、真空注油、加注补充油、整体密封检查。

（7）本体及附件安装　变压器本体就位固定、套管安装、冷却装置安装、储油柜安装、气体继电器安装、安全气道及吸湿器安装、分接开关安装、净油器及温度计安装等。

2.3.7　750kV 单相三绕组油浸式变压器安装

定额编号　YD2-89～YD2-90　容量（kV·A 以下）　P_{82}～P_{85}

【应用释义】　油浸式变压器就是将变压器的线圈和磁芯浸泡在专用的变压器油里面，这样的好处是既可以散热又可以使线圈与空气隔绝防止空气中的湿气对变压器的磁芯造成腐蚀，同时还可以起到一定的灭弧作用，因此我国早期的电力变压器和电力开关都是泡在油中的。

2.3.8　1000kV 单相三绕组油浸式变压器安装

定额编号　YD2-91　容量（kV·A 以下）　P_{86}～P_{89}

【应用释义】　三个独立的绕组，通过不同的接法（如星形、三角形），使其输入三相交流电源，其输出亦如此，这就是三相变压器。油浸式变压器见 2.3.7。

2.4　35kV 及以下箱式变压器安装

定额编号　YD2-92～YD2-97　容量（kV·A 以下）　P_{90}～P_{93}

【应用释义】　见说明释义一、3 释义。

2.5　电抗器

2.5.1　35kV 以下干式电抗器安装

定额编号　YD2-98～YD2-99　容量（kV·A 以下）　P_{94}～P_{95}

【应用释义】　电抗器：见说明释义一、4 释义。

2.5.2　中性点小电抗器安装

定额编号　YD2-100～YD2-101　容量（kV·A 以下）　P_{96}～P_{98}

【应用释义】　中性点接地电抗器，也称消弧线圈，用来补偿输电系统对地故障时容性电流。接地变压器，用在中性点绝缘的三相电力系统中，用来为这种系统提供一个人为的中性点。该中性点可以直接接地，也可以经过电抗器、电阻器或消弧线圈接地。

2.5.3　110kV高压电抗器安装

定额编号　YD2-102～YD2-103　　容量（kV·A以下）　P_{99}～P_{101}

【应用释义】　干式电抗器（空芯或半芯）均由多个并联的包封组成。每个包封由环氧树脂浸渍过的玻璃纤维对线圈进行包封绝缘。电抗器是由于它的电感而被电力系统应用的高压电器。它属于特种变压器范畴，其区别于一般变压器的方面在于它通常只有一个励磁线圈。在有励磁电流通过时能产生一定电抗。但是其在电磁分析原理方面还是同变压器基本一致。

2.5.4　330kV高压电抗器安装

定额编号　YD2-104～YD2-105　　容量（kV·A以下）　P_{102}～P_{104}

【应用释义】　变电站的高压电抗器可分为串联电抗器、并联电抗器。并联电抗器并联在主变的低压侧母线上，通过主变向系统输送感性无功，用以补偿输电线路的电容电流，防止轻负荷线端电压升高，维持输电系统的电压稳定。串联电抗器的作用：①在母线上串联电抗器可以限制短路电流，维持母线有较高的残压；②在电容器组串联电抗器，可以限制高次谐波，降低电抗。串联电抗器是电力系统无功补偿装置的重要配套设备。电力电容器与干式铁芯电抗器串联后，能有效地抑制电网中的高次谐波，限制合闸涌流及操作过电压，改善系统的电压波形，提高电网功率因数。

2.5.5　500kV高压电抗器安装

定额编号　YD2-106～YD2-107　　容量（kV·A以下）　P_{105}～P_{107}

【应用释义】　高压电抗器安装工艺：开箱检查；组装前试验；器身检查；附件安装；抽真空；真空注油；热油循环；补充油、密封试验及静置；运行前试验。

2.5.6　750kV高压电抗器安装

定额编号　YD2-108～YD2-109　　容量（kV·A以下）　P_{108}～P_{110}

【应用释义】　安装注意事项如下。

（1）高抗在放油及滤油过程中，外壳及各侧绕组必须可靠接地。

（2）进入油箱内检查时，必须通风良好，工作人员应穿无纽扣的工作服，身上的金属物器不得带入油箱内。所用工具必须拴绳、登记、清点，严防工具及杂物遗留在器身内。

（3）储油和油处理现场必须配备足够可靠的消防器材。

（4）场地应清洁，高抗安装过程中要注意保持清洁，垃圾要运到统一地点存放或销毁，各种残油要用油桶接好，倒到指定位置。所使用的螺栓要用箱子装好。

（5）到高抗顶部作业人员要穿防滑的鞋子，系好安全带，手持工具要牢靠，工具应用白布带绑上并系在手腕上，防止工具打滑伤及人和设备。

（6）抽真空前必须检查气管是否连接牢固，抽真空过程中要注意监视油箱的变形情况，注意因停电引起的真空泵油倒流入油箱内。

（7）真空滤油机使用前应认真了解其操作说明书规定。

（8）真空滤油机使用过程中要注意观察电源线是否绝缘良好，是否有发热现象，如有此现象应及时汇报。

（9）施工中所用的梯子要架在坚实的地上，并防止滑倒和倾斜。

（10）注油时要注意观察油位，以免油位过高。

（11）吊装时要设专人指挥。

（12）吊装套管时要绑扎牢固，应用麻绳在套管的上部绑牢。

2.5.7　1000kV高压电抗器安装

定额编号　YD2-110～YD2-112　　容量（kV·A以下）　P_{111}～P_{113}

【应用释义】 电抗器的定义见2.5.4，安装工艺见2.5.5，注意事项见2.5.6。

2.6 消弧线圈安装

定额编号　YD2-113～YD2-114　10kV 容量（kV·A 以下）；YD2-115～YD2-116　35kV 容量（kV·A 以下）；YD2-117～YD2-118　60kV 容量（kV·A 以下）；YD2-119　110kV 容量；YD2-120　220kV 容量　P_{114}～P_{116}

【应用释义】 消弧线圈：在中性点不接地的电网中，当电网发生单相接地时，补偿电网总电容电流的电感线圈，称为消弧线圈。一般接于发电机或变压器的中性点上。

(1) 消弧线圈型号标注含义如下：

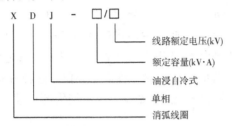

(2) 消弧线圈技术参数见表2-4。

表2-4　消弧线圈技术参数

型　号	线路电压/kV	额定电流/A	油重/t	总重/t
XDJ-175/6	6	25～50	235	645
XDJ-350/6	6	50～100		
XDJ-300/10	10	25～50	539	1252
XDJ-600/10	10	50～100	815	2320
XDJ-1200/10	10	100～200		
XDJ-275/35	35	6.25～12.5	655	1640
XDJ-550/35	35	17.5～25	900	2360
XDJ-1100/35	35	25～50	2040	4870
XDJ-2200/35	35	50～100	2620	6920
XDJ-950/60	60	12.5～25	3520	8570
XDJ-1900/60	60	25～50	4040	10250
XDJ-3800/60	60	50～100	5080	13380

当电网正常运行时，中性点位移电压很小，故作用于消弧线圈上的电压也小，因而流过中性点的电流也很小。但当电网发生单相接地或相对地电容发生事故性不平衡时，电网中的电容电流增大，作用于消弧线圈上的电压也增大，产生感性电流。电压越大，感性电流也越大。这个感性电流用来补偿电网内产生的电容电流，以限制故障点的电流在较小值，防止间歇性接地或电弧稳定性接地的产生，起到熄灭电弧的作用。

消弧线圈的外形与单相变压器相似，而内部结构实际上是一个铁芯带有间隙的电感线圈。间隙是沿着整个铁芯分布的，采用带间隙铁芯是为了避免磁路的饱和，能得到较大的电感电流，并使电感电流和所加的电压成正比，以便减少高次谐波分量，获得一个比较稳定的电抗值。在铁芯上设有主线圈和电压测量线圈。主线圈一般采用层式结构，每个芯体上的线圈分成几个部分，不同芯体的线圈连接处的电压，不应达到危及绝缘的数值；测量线圈的电压是随不同分接头位置而变化的，它和主线圈都有分接头接在分接开关上，以便在一定的范围内分级调节电感的大小。为了测量消弧线圈动作时的补偿电流，在主线圈回路上还设有电流互感器。

消弧线圈可调节它的分接头，以满足各种补偿方式。一般有三种补偿方式，即欠补偿、过补偿及全补偿。

(1) 当消弧线圈的抽头满足 $I_L<I_c$，则流过故障点的消弧线圈的电感电流小于网络的全电容电流，称为欠补偿。电网以欠补偿方式运行时，其灭弧能力与过补偿方式差不多，但因网络故障或其他原因使其线路断开后，可能构成串联谐振，产生危险的过电压。所以，在正常情况下，不宜采用欠补偿方式运行，只有在消弧线圈容量不足时，才采用欠补偿方式运行。

(2) 当消弧圈的抽头满足 $I_L>I_c$，则流过故障点的电感电流大于网络的电容电流，称为过补偿。当电网以过补偿方式运行时，中性点位移电位较小，过补偿越大，中性点位移电压就越小。但在实际中，过补偿不能选得太大，否则会影响熄灭电弧的效果。

(3) 当消弧线圈的抽头满足 $I_L=I_c$ 时，称为全补偿。这种方式很不利，如果三相不对称，则出现串联谐振，使中性点位移电位达到最高，危害网络的正常绝缘。因此，应尽量避免这种方式。

2.7 绝缘油过滤

定额编号 YD2-121 油过滤 $P_{117}\sim P_{118}$

【应用释义】 见说明释义一、6释义。

第三部分 工程量计算实例

项目编码：BA2107A12   项目名称：20kV 干式变压器安装

图2-5 某厂房的变电输送图

【例 2-1】 某开发区新建工厂厂房如图2-5，该厂房的配电由附近的配电所提供，到厂房需要安装干式变压器，采用单体调试，试求该变压器的工程量。

【解】 (1) 清单工程量 变压器清单工程量计算规则：按设计图示数量计算，则干式变压器的工程量为1台。

基本计价材料数据：

①镀锌扁钢（综合，kg）：4.4550

②防锈漆（kg）：0.2970

③交流电焊机 21kV·A（台班）：0.2970

④钢垫板（综合，kg）：5.9400

清单工程量计算见表2-5。

表2-5 清单工程量计算表

项目编码	项目名称	项目特征描述	计量单位	工程量
BA2107A12001	干式变压器	容量315kV·A	台	1

(2) 定额工程量 干式变压器安装1台。

根据已知条件可知，变压器采用的是 20kV 干式变压器，数量为1台，则：套用电力预算定额 YD2-3。

①人工费：438.54 元/台×1 台＝438.54 元

②材料费：100.57元/台×1台=100.57元
③机械费：266.18元/台×1台=266.18元
定额工程量计算见表2-6。

表2-6 定额工程量计算表

定额编号	项目名称	单位	数量	人工费/元	材料费/元	机械费/元
YD2-3	干式变压器	台	1	438.54	100.57	266.18

项目编码：BA2208A12   项目名称：110kV双绕组变压器安装

【例2-2】 在某县城的一个村庄进行线路的重新安装，架空线路如图2-6所示，混凝土电线杆高9m，间距35m，选用BLX-(3×70+1×35)，采用220kV·A变后杆高15m。试计算出各项工程量。

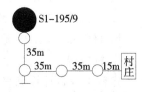

图2-6 架空线路

【解】 （1）清单工程量

$70mm^2$导线长度：[35×3+15+2.5（转角）+0.5（与设备连线）+2.5（进户线）]×3m=376.5m。

【注释】 电线杆间距为35m，有3个这样的间距，最后一段间距长15m，由于选用BLX-(3×70+1×35)，故用总长度乘以3。

$35mm^2$导线长度：[35×3+15+2.5（转角）+0.5（与设备连线）+2.5（进户线）]×1m=125.5m。

【注释】 电线杆间距为35m，有3个这样的间距，最后一段间距长15m，由于选用BLX-(3×70+1×35)，故用总长度乘以1。

清单工程量计算见表2-7。

表2-7 清单工程量计算表

序号	项目编码	项目名称	项目特征描述	计量单位	工程量
1	BA2208G19001	电杆组立	混凝土电线杆	根	4
2	BA2208A12001	三相电力变压器	容量2780kV·A	台	1
3	BA2208G11001	导线架设	$70mm^2$导线架设	km	0.38
4	BA2208G11002	导线架设	$35mm^2$导线架设	km	0.13

（2）定额工程量

①三相电力变压器 1台。

套用电力预算定额：YD2-15。

a. 人工费：2719.86元/台×1台=2719.86元

b. 材料费：1184.94元/台×1台=1184.94元

c. 机械费：2790.00元/台×1台=2790.00元

②电杆组立 4根。

套用电力预算定额：YX4-1。

a. 人工费：184.45元/根×4根=737.8元

b. 材料费：4.9元/根×4根=19.6元

c. 机械费：110.87元/根×4根=443.48元

③导线架设 70mm²   0.38 (100m)

参考《电力建设工程预算定额（2013年版）第三册 电气设备安装工程》。

套用电力预算定额：YD8-42。

a. 人工费：245.23 元/(100m)×0.38km=93.17 元

b. 材料费：87.19 元/(100m)×0.38km=33.13 元

c. 机械费：11.62 元/(100m)×0.38km=4.42 元

④导线架设 35mm²   0.13 (100m)

参考《电力建设工程预算定额（2013年版）第三册 电气设备安装工程》。

套用电力预算定额：YD8-41。

a. 人工费：149.53 元/(100m)×0.13km=194.38 元

b. 材料费：65.25 元/(100m)×0.13km=84.82 元

c. 机械费：11.62 元/(100m)×0.13km=15.11 元

定额工程量计算见表 2-8。

表 2-8　定额工程量计算表

序号	定额编号	项目名称	单位	数量	人工费/元	材料费/元	机械费/元
1	YD2-15	三相电力变压器	台	1	2719.86	1184.94	2790.00
2	YX4-1	电杆组立	根	4	737.8	19.6	443.48
3	YD8-42	导线架设 70mm²	米	3.8	931.87	331.32	44.16
4	YD8-41	导线架设 35mm²	米	1.3	194.38	84.82	15.11

项目编码：BA2107A12　　**项目名称：单相变压器安装**

【例 2-3】 某印刷厂出现故障，经电器人员检查，需要重新安装个变压器才可以正常工作，求计算出安装此单相变压器的工程量。

【解】 (1) 清单工程量　变压器清单工程量计算规则：单相变压器的工程量为 1 台。

基本计价材料数据：

①电焊条 J507 综合 (kg)：0.2010

②钢垫板综合 (kg)：7.4630

③钢管脚手架，包括扣件 (kg)：22.5000

④醇酸磁漆 (kg)：0.3740

清单工程量计算见表 2-9。

表 2-9　清单工程量计算表

项目编码	项目名称	项目特征描述	计量单位	工程量
BA2107A12001	单相变压器	容量 36000kV·A	台	1

(2) 定额工程量　单相电力变压器　1 台。

根据已知条件可知，变压器采用的是单相变压器，数量为 1 台，则套用电力预算定额 YD2-62。

①人工费：3494.63 元/台×1 台=3494.63 元

②材料费：2500.99 元/台×1 台=2500.99 元

③机械费：15410.79 元/台×1 台=15410.79 元

定额工程量计算见表 2-10。

表 2-10 定额工程量计算表

定额编号	项目名称	单位	数量	人工费/元	材料费/元	机械费/元
YD2-62	单相电力变压器	台	1	3494.63	2500.99	15410.79

项目编码：BA2106A12　　项目名称：变压器安装

【例 2-4】 郑州市某新建住宅小区利用附近的配电所提供的电，但需要在小区内安装一台箱式变压器，如图 2-7 所示，试计算出该工程量。

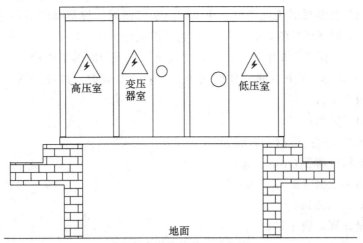

图 2-7　箱式变压器箱体示意图

【解】（1）清单工程量　变压器清单工程量计算规则：箱式变压器的工程量为 1 台。
基本计价材料数据：
①绝缘胶带 20mm×20m（卷）：0.1770
②铜带综合（kg）：0.0280
③高电压电缆（AC 50kV）(m)：0.1120
④电力复合脂（kg）：0.0940
⑤普通调和漆（kg）：0.1880
清单工程量计算见表 2-11。

表 2-11　清单工程量计算表

项目编码	项目名称	项目特征描述	计量单位	工程量
BA2106A12001	箱式变压器	容量 500kV·A	台	1

（2）定额工程量　箱式变压器安装　1 台。
根据已知条件可知，变压器采用的是箱式变压器，数量为 1 台，则套用电力预算定额 YD2-94。
①人工费：440.13 元/台×1 台＝440.13 元
②材料费：87.49 元/台×1 台＝87.49 元
③机械费：1224.94 元/台×1 台＝1224.94 元
定额工程量计算见表 2-12。

表 2-12　定额工程量计算表

定额编号	项目名称	单位	数量	人工费/元	材料费/元	机械费/元
YD2-94	箱式变压器	台	1	440.13	87.49	1224.94

项目编码：BA3303A14   项目名称：消弧线圈安装

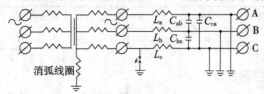

图 2-8 消弧线圈原理接线示意图

【例 2-5】 20 世纪 50 年代编写的电力运行规程要求电容电流大于一定数值时须加装消弧线圈。但是随着电力系统的发展电缆出线越来越多，消弧线圈已经满足不了当前的电力运行要求，消弧线圈在电缆线路中不能消弧防止过电压。本题从流过故障点的电流成分、绝缘可恢复性和燃弧长度考虑，建议铁路系统使用一种新型的消弧过电压保护设备。图 2-8 为消弧线圈原理接线图，L_a、L_b、L_c 为线路电感，C_a、C_b、C_c 为线路对地分布电容，C_{ab}、C_{bc}、C_{ca} 为线路相间分布电容。试计算出安装该消弧线圈的工程量。

【解】 （1）清单工程量 消弧线圈清单工程量计算规则：按设计图示数量计算，则消弧线圈的工程量为 1 台。

基本计价材料数据：
①电焊条 J507 综合 (kg)：1.8460
②聚氯乙烯塑料薄膜 8mm (kg)：0.1460
③钢锯条各种规格 (根)：1.0450
④汽油 (kg)：0.3140

清单工程量计算见表 2-13。

表 2-13 清单工程量计算表

项目编码	项目名称	项目特征描述	计量单位	工程量
BA3303A14001	消弧线圈	容量 450kV·A	台	1

（2）定额工程量 消弧线圈 1 台。

根据已知条件可知，变压器采用的是箱式变压器，数量为 1 台，则套用电力预算定额 YD2-115。

①人工费：463.39 元/台×1 台＝463.39 元
②材料费：65.64 元/台×1 台＝65.64 元
③机械费：722.62 元/台×1 台＝722.62 元

定额工程量计算见表 2-14。

表 2-14 定额工程量计算表

定额编号	项目名称	单位	数量	人工费/元	材料费/元	机械费/元
YD2-115	消弧线圈	台	1	463.39	65.64	722.62

【例 2-6】 某一配电安装工程，配电设备安装的情况，三相变压器两台，高压开关柜 8 台；低压柜 8 台，高低压主母线均采用铝母线，截面为 250mm^2。试计算各项的工程量（电缆及管线暂不列项）。

清单工程量计算见表 2-15。

表 2-15 清单工程量计算表

序号	项目编码	项目名称	项目特征描述	计量单位	工程量
1	BA1801A11001	变压器安装	35kV、容量 4000kV·A 以下	台	2
2	BA2106B11001	高压柜安装	少油断路器 6000A 以下	台	8
3	BA3303B19001	电容柜安装	200kvar 以上	台	2

定额工程量计算见表 2-16。

表 2-16 定额工程量计算表

序号	定额编号	项目名称	定额单位	工程数量
1	YD2-10	变压器安装	台	2
2	YD3-10	高压柜安装	台	8
3	YD3-200	电容柜安装	台	2

第3章 配电装置

第一部分 说明释义

本章定额适用于各类配电装置的安装。

一、工作内容

1. 真空断路器安装：开箱清点检查，安装及调整，动作检查，接地，单体调试。

【释义】 真空断路器主要包含三大部分：真空灭弧室、电磁或弹簧操作机构、支架及其他部件。具有体积小、重量轻、适用于频繁操作、灭弧不用检修的优点，在配电网中应用较为普及。

2. 少油断路器安装：开箱检查，组合，安装及调整，传动装置安装及调整，动作检查，消弧室干燥，注油，接地，单体调试。

【释义】 油断路器：用绝缘油作灭弧介质的一种断路器。按断路器油量分为多油断路器和少油断路器。多油断路器油量多，油有三个作用：一是作为灭弧介质；二是在断路器跳闸时作为动、静触头间的绝缘介质；三是作为带电导体对地（外壳）的绝缘介质。多油断路器历史最长，但体积大、维护麻烦，除频繁通断负荷外，不太受用户欢迎。少油断路器油量少（一般只有几 kg），油只作为灭弧介质和动、静触头间的绝缘介质用。其对地绝缘靠空气、套管及其他材料来完成，故不适用于频繁操作。少油断路器因其油量少，体积相应减小，所耗钢材等也少，价格便宜、维护方便，所以目前我国主要生产少油断路器。

(1) 高压断路器的操作机构分类。

①手力式（手动）操作机构（CS_2） 用于就地操作合闸，就地或近距离操作分闸。

②电磁式（电动）操作机构（CD_{10}） 用于远距离控制操作断路器。

③弹簧储能操作机构（CT_6） 用于进行一次自动重合闸。

④压缩空气操作机构（CY_3） 用于控制操作 kW 型高压空气断路器。

(2) 断路器的选择。

①参数选择 断路器及其操作机构应按表 3-1 所列技术条件选择，并按表中使用环境条件校验。

表 3-1 断路器参数选择

项 目		参 数
技术条件	正常工作条件	电压、电流、频率、机械荷载
	短路稳定性	动稳定电流、热稳定电流和持续时间
	承受过电压能力	对地和断口间的绝缘水平，泄漏比距
	操作性能	开断电流、短路关合电流、操作循环、操作次数、操作相数、分合闸时间及周期性、对过电压的限制、某些特需的开断电流、操作机构

续表

项	目	参 数
环境条件	环境	环境温度、日温差①、最大风速①、相对湿度②、污秽①、海拔高度、地震烈度
	环境保护	噪声、电磁干扰

① 当在屋内使用时，可不校验。
② 当在屋外使用时，可不校验。

②型式选择 断路器型式的选择，除应满足各项技术条件和环境条件外，还应考虑便于施工调试和运行维护，并经技术经济比较后确定。一般可按表3-2所列原则选型。

表3-2 断路器的选型

安装使用场所		可选择的主要型式	需注意的技术特点
发电机回路	中小型机组	少油断路器	额定电流、短路电流和非周期分量均较大，无重合闸要求，注意国产少油断路器达到的实际水平
	大型机组	专用断路器	额定电流、短路电流大，非周期分量可能超过周期分量，要求开断电流大，热稳定、动稳定要求高
配电装置	35kV及以下	少油断路器 真空断路器 多油断路器	用量大，注意经济实用性，多用于屋内或成套高压开关柜内，采用多油或老型号少油断路器需注意产品质量和重合闸影响，电缆线路开断应无重燃
	35~220kV	少油断路器 六氟化硫断路器 空气断路器	开断220kV空载长线时，过电压水平不应超过允许值，开断无重燃，有时断路器的两侧为互不联系的电源
	330kV及以上	六氟化硫断路器 空气断路器 少油断路器	当采用单相重合闸或综合重合闸时，断路器应能分项操作，考虑适应多种开断的要求，断路器要能在一定程度上限制操作过电压，开断无重燃，分合闸时间要短，技术条件要求较轻的场合可用少油型
并联电容器组		真空断路器 六氟化硫断路器 SN10型少油断路器	操作较频繁，注意校验操作过电压倍数，开断无重燃
串联电容器组		与配电装置同型	断口额定电压与补偿装置容量有关
高压电动机		少油断路器 真空断路器	注意校验操作过电压倍数或采取其他限压措施

(3) 断路器的配置。

①火电厂 容量为125MW及以下的发电机与双绕组变压器为单元连接时，在发电机与变压器之间不宜设置断路器；发电机与三绕组变压器或自耦变压器为单元连接时，在发电机与变压器之间宜装设断路器和隔离开关，厂用分支线应接在变压器与断路器之间。

容量为200~300MW的发电机厂与双绕组变压器为单元连接时，在发电机与变压器之间不宜装设断路器、负荷开关或隔离开关，但应有可拆连接点。

技术经济合理时，容量为600MW机组的发电机出口可装设断路器或负荷开关，此时，主变压器或高压厂用工作变压器应采用有载调压方式。

当两台发电机与一台变压器作扩大单元连接或两组发电机双绕组变压器作联合单元连接时，在发电机与变压器之间应装设断路器和隔离开关。

②水电厂

a. 下列各回路在发电机出口处宜装设断路器：
a）需要倒送厂用电，且接有公共厂用变压器的单元回路；
b）开、停机频繁的调峰水电厂，需要减少高压侧断路器操作次数的单元回路；
c）联合单元回路。
b. 以下各回路在发电机出口处必须装设断路器：
a）扩大单元回路；
b）三绕组变压器或自耦变压器回路。

（4）油断路器安装　油断路器在运输吊装过程中不得倒置、碰撞或受到剧烈振动。油断路器在运输时应处于合闸状态。运到现场后，应按规范要求进行全面检查，包括基础的中心距离及高度的误差，预埋螺栓中心的误差。断路器应垂直安装并固定牢靠，底座或支架与基础的垫片按要求各片间应焊接牢固。

二次灌浆：指电气设备在指定位置放置好后，再浇灌混凝土设备与基础固定。

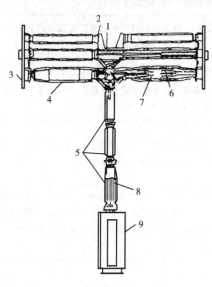

图 3-1　330kV 敞开式 SF₆ 断路器
1—上部箱体；2—并联电容；3—端子；
4—灭弧室瓷套；5—支持瓷套；6—合闸电阻；
7—灭弧室；8—绝缘拉杆；9—操作机构箱

3. SF₆ 断路器安装：开箱检查，底架安装，断路器组合及吊装，相间管路连接，操作箱安装，液压管路连接，设备本体连接电缆安装，检漏试验，充 SF₆ 气体，接地，补漆，单体调试。

【释义】　SF₆ 断路器：是利用 SF₆ 气体作为灭弧介质和绝缘介质的断路器，简称 GCB（Gas Circuit Breaker），属于气吹式断路器，其特点是工作气压较低，在吹弧工况中，气体不排向大气，而在封闭系统中循环使用。SF₆ 具有良好的绝缘和灭弧性能，断口耐压高、容许断路次数多，检修周期长，断路性能好且工作可靠，性能稳定，而且具有体积小、占地少，噪声小，无火花危险等特点。目前在电压等级、开断能力等方面都已赶上和超过其他类型的断路器，在高压和超高压领域中应用越来越广泛。但是工艺精度要求很高，对密封性能要求严格，而且造价较高。目前，110kV 及以上线路中广泛采用 SF₆ 断路器。

SF₆ 断路器按照结构形式可分为以下几种。

（1）敞开式　如图 3-1 所示，其灭弧装置装在支持绝缘子的顶部，由绝缘杆进行操动。与其他户外型高压断路器类似，其优点是可以用不同个数的标准灭弧单元和支柱瓷套，组装不同电压等级的产品，其缺点是稳定性差，不能加装电流互感器。

（2）落地罐式　如图 3-2 所示，它的灭弧系统用绝缘件支撑在接地金属罐的重心，借助于套管引线，可以用在全封闭组合电器中。这种结构已加装了电流互感器，抗震性能好，但系列性差。

110kV 及以上电压等级的 SF₆ 断路器基本都采用以上两种结构。

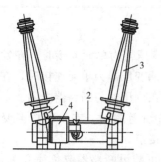

图 3-2　500kV 落地罐式 SF₆ 断路器
1—套管式电流互感器；2—灭弧室；
3—套管；4—操作机构箱

中压级的 SF_6 断路器有旋转式、气吹式、压气式三种。旋弧式灭弧室原理结构图如图 3-3、图 3-4 所示。其总结构在 3～35kV 等级的配电开关柜中，常常作成小车式，外形与少油和真空小车开关相似。

灭弧室：灭弧室常采用长短不同的钢片交叉组成灭弧栅，装在由缘材料制成的灭弧室内。在主触头分断时，被拉长的电弧被灭弧栅分割成若干小段电弧，灭弧栅对电弧的吸热、散热作用使电弧迅速冷却，也使电弧的总压降增加。这样，由于电源电压不足以维持电弧燃烧而迅速熄弧。在灭弧室内壁一般用钢板制成，以产生帮助灭弧的气体而增强灭弧效果。为了进一步使游离气体冷却，在栅片上方还设有灭焰栅片，以降低弧距离，以免造成相间灭弧系统灭弧短路。

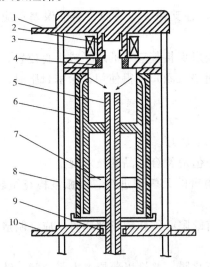

图 3-3 旋弧式灭弧室原理结构图（一）
1—上出线板；2—静触头；3—吹弧线圈；
4—环形触头；5—导电杆（动触头）；
6—内绝缘圈；7—压气活塞；8—灭弧室外壳；
9—中间触头；10—下出线板

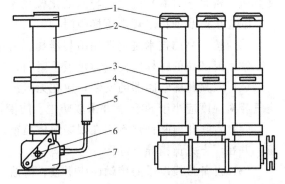

图 3-4 旋弧式灭弧室原理结构图（二）
1—上出线座；2—上绝缘筒；
3—下出线座；4—下绝缘筒；
5—电触点压力表；6—主轴；7—底箱

六氟化硫断路器到达现场后的检查应符合下列要求。
(1) 开箱前检查包装应无残损。
(2) 设备的零件、备件及专用工具应齐全、无锈蚀和损伤变形。
(3) 绝缘件应无变形、受潮、裂纹和剥落。
(4) 瓷件表面应光滑、无裂纹和缺损，铸件应无砂眼。
(5) 充有六氟化硫等气体的部件，其压力值应符合产品的技术规定。
(6) 出厂证件及技术资料应齐全。

六氟化硫断路器的安装如下。
(1) 六氟化硫断路器安装前应进行的检查有以下几项。
①断路器零部件应齐全、清洁、完好。
②灭弧室或罐体和绝缘支柱内预充的六氟化硫等气体的压力值和六氟化硫气体的含水量应符合产品技术要求。
③均压电容、合闸电阻值应符合制造厂的规定。
④绝缘部件表面应无裂缝、无剥落或破损，绝缘应良好，绝缘拉杆端部连接部件应牢固可靠。
⑤瓷套表面应光滑无裂纹、缺损，外观检查有疑问时应探伤检验；瓷套与法兰的结合面

黏合应牢固，法兰结合面应平整，无外伤和铸造砂眼。

⑥传动机构零件应齐全，轴承光滑无刺，铸件无裂纹或焊接不良。

⑦组装用的螺栓、密封垫、密封脂、清洁剂和润滑脂等的规格必须符合产品的技术规定。

⑧密度断电器和压力表应经检验。

(2) 六氟化硫断路器的组装，应符合下列要求。

①按制造厂的部件编号和规定顺序进行组装，不可混装。

②断路器的固定应牢固可靠，支架或底架与基础的垫片不宜超过三片，其总厚度不应大于10mm；各片间应焊接牢固。

③同相各支柱瓷套的法兰面宜在同一水平面上，各支柱中心线间距离的误差不应大于5mm，相间中心距离的误差不应大于5mm。

④所有部件的安装位置正确，并按制造厂规定要求保持其应有的水平或垂直位置。

⑤密封槽面应清洁，无划伤痕迹；已用过的密封垫（圈）不得使用；涂密封脂时，不得使其流入密封垫（圈）内侧而与六氟化硫气体接触。

⑥应按产品的技术规定更换吸附剂。

⑦应按产品的技术规定选用吊装器具、吊点及吊装程序。

⑧密封部位的螺栓应使用力矩扳手紧固，其力矩值应符合产品的技术规定。

(3) 六氟化硫断路器的安装，应在无风沙，无雨雪的天气下进行；灭弧室检查组装时，空气相对湿度应小于80%，并采取防尘、防潮措施。

(4) 六氟化硫断路器不应在现场解体检查，当有缺陷必须在现场解体时，应经制造厂同意，并在厂方人员指导下进行。

(5) 设备接线端子的接触面应平整、清洁、无氧化膜，并涂以薄层电力复合脂；镀银部分不得挫磨；载流部分的可挠连接不得有折损、表面凹陷及锈蚀。

4. SF_6 全封闭组合电器（GIS）安装：开箱检查，基础平整，底架安装校平，组合吊装及封闭筒连接，操作柜安装，液压管路敷设及连接，设备本体连接电缆敷设，真空处理，检漏试验，开关调整，充 SF_6 气体，接地，补漆，单体调试。

【释义】 SF_6 全封闭组合电器（GIS）：封闭式 SF_6 断路器与其他特殊设计制造的高压电器元件一起，分别装在不同压力的 SF_6 气体的金属壳内，依照电气接线顺序，将各元件连接成一个整体电路，组成 SF_6 封闭式组合电器，简称GIS。

SF_6 全封闭式组合电器是以 SF_6 气体作为绝缘和灭弧介质，以优质环氧树脂绝缘子为支撑的一种成套高压电器。

组成 SF_6 全封闭式组合电器的标准元件有：母线、隔离开关、负荷开关、断路器、接地开关、快速接地开关、电流互感器、电压互感器、避雷器和电缆终端（或出线套管）。上述各元件可制成不同连接形式的标准独立结构，再辅以一些过渡元件（如弯头、三通、伸缩节等），可适应不同形式主接线的要求，组成成套配电装置。

SF_6 全封闭式组合电器与常规的配电装置相比，有以下优点。

(1) 大量节省配电装置所占地面和空间。全封闭电器占用空间与敞开式的比率可近似估算为 $10/U_N$ [U_N 为额定电压（kV）]，电压越高，效果越显著。

(2) 运行可靠性高。SF_6 封闭电器由于带电部分封闭在金属外壳中，故不会因污秽、潮湿、各种恶劣气候和小动物而造成接地和短路事故。SF_6 为不燃的惰性气体，不致发生火灾，一般不会发生爆炸事故。

(3) 土建和安装工作量小，建设速度快。

（4）检修周期长，维护工作量小。全封闭电器由于触头很少氧化，触头开断时烧损也甚微，一般可以运行10年或切断额定开断电流15～30次或正常开断1500次。由于漏气量小，每年只有1％～3％，且用吸附器保持干燥，补气和换过滤器工作量也很小。

（5）由于金属外壳的屏蔽作用，消除了无线电干扰、静电感应和噪声，减少了短路时作用到导体上的电动力；另外也使工作人员不会偶然触及带电导体。

（6）抗振性能好。

缺点如下。

（1）SF_6全封闭式组合电器对材料性能、加工精度和装配工艺要求极高，工件上的任何毛刺、油污、铁屑和纤维都会造成电场不均，使SF_6抗电强度大大下降。

（2）需要专门的SF_6气体系统和压力监视装置，且对SF_6的纯度和水分都有严格的要求。

（3）金属消耗量大。

（4）造价较高。

5. SF_6全封闭组合电器（GIS）主母线及进出线套管安装：主母线及套管吊装，连接，封闭检漏试验，充SF_6气体，接地，单体调试。

【释义】SF_6全封闭式组合电器应用范围为110～500kV，并在下列情况下采用。

（1）地处工业区、市中心、险峻山区、地下、洞内、用地狭窄的水电厂及需要扩建而缺乏场地的电厂和变电所。

（2）位于严重污秽、海滨、高海拔以及气象环境恶劣地区的变电所。

SF_6气体：SF_6分子是以硫原子为中心、六个氟原子对称地分布在周围形成正八面体结构。其氟原子有很强的吸附外界电子的能力，SF_6分子在捕捉电子后成为低活动性的负离子，对去游离有利；另外，SF_6分子的直径较大（0.456nm），使其电子的自由行程减小，从而减少碰撞游离的发生。

SF_6具有极为良好的绝缘性能和灭弧能力。

（1）绝缘性能。SF_6气体的绝缘性能稳定，不会老化变质。当气压增大时，其绝缘能力也随之提高。在0.1MPa下，SF_6的绝缘能力超过空气的2倍；在0.3MPa时，其绝缘能力和变压器油相当。

（2）灭弧性能。SF_6在电弧作用下接受电能而分解成低氟化合物，但需要的分解能却比空气高得多，因此，SF_6分子在分解时吸收的能量多，对弧柱的冷却作用强。当电弧电流过零时，低氟化合物则急速再结合成SF_6，故弧隙介电强度恢复过程极快。另外，SF_6中电弧的电压梯度比空气中的约小3倍，因此，SF_6气体中电弧电压也较低，即燃弧时的电弧能量较小，对灭弧有利。所以，SF_6的灭弧能力相当于同等条件下空气的100倍。

封闭式组合电器运到现场后的检查应符合的要求如下。

（1）包装应无残损。

（2）所有元件、附件、备件及专用工器具应齐全，无损伤变形及锈蚀。

（3）瓷件及绝缘件应无裂纹及破损。

（4）充有六氟化硫等气体的运输单元或部件，其压力值应符合产品的技术规定。

（5）出厂证件及技术资料应齐全。

封闭式组合电器元件装配前，应进行的检查如下。

（1）组合电器元件的所有部件应完整无损。

（2）瓷件应无裂纹，绝缘件应无受潮、变形、剥落及破损。

（3）组合电器元件的接线端子、插接件及载流部分应光洁，无锈蚀现象。

（4）各分隔气室气体的压力值和含水量应符合产品的技术规定。
（5）各元件的紧固螺栓应齐全、无松动。
（6）各连接件、附件及装置性材料的材质、规格及数量应符合产品的技术规定。
（7）支架及接地引线应无锈蚀或损伤。
（8）密度继电器和压力表应经检验合格。
（9）母线和母线筒内壁应平整无毛刺。
（10）防爆膜应完好。

组合电器元件的装配，应符合的要求如下。
（1）装配工作应在无风沙、无雨雪、空气相对湿度小于80%的条件下进行，并采取防尘、防潮措施。
（2）应按制造厂的编号和规定的程序进行装配，不得混装。
（3）使用的清洁剂、润滑剂、密封脂和擦拭材料必须符合产品的技术规定。
（4）密封槽面应清洁、无划伤痕迹；已用过的密封垫（圈）不得使用；涂密封脂时，不得使其流入密封垫（圈）内侧而与六氟化硫气体接触。
（5）盆式绝缘子应清洁、完好。
（6）应按产品的技术规定选用吊装器具及吊点。
（7）连接插件的触头中心应对准插口，不得卡阻，插入深度应符合产品的技术规定。
（8）所有螺栓的紧固均应使用力矩扳手，其力矩值应符合产品的技术规定。
（9）应按产品的技术规定更换吸附剂。

六氟化硫气体的充注应符合下列要求。
（1）充注前，充气设备及管路应洁净、无水分、无油污；管路连接部分应无渗漏。
（2）气体充入前应按产品的技术规定对设备内部进行真空处理；抽真空时，应防止真空泵突然停止或因误操作而引起倒灌事故。
（3）当气室已充有六氟化硫气体，且含水量检验合格时，可直接补气。

6. 复合式组合电器（HGIS）安装：开箱检查，基础平整，设备就位，底架安装校平，对接安装，设备常规检查，设备本体连接电缆安装，抽真空，检漏试验，注 SF_6 气体，附件安装，接地，单体调试。

【释义】 复合式组合电器是针对电力系统的高安全可靠性要求设计开发的，近年来因其工程适用性广，运行可靠，安装维修便捷，使用经济性好，有利于环保等一系列突出优点，受到电力部门的重视和青睐。

7. 空气外绝缘高压组合电器（COMPASS）安装：开箱检查，基础平整，底架安装校平，模块吊装、固定，机箱安装，设备调整，接触面处理，隔离开关装配及连锁调整，设备本体连接电缆安装，密度计安装，充 SF_6 气体，检漏试验，补漆，接地，单体调试。

【释义】 组合电器是将两种或两种以上的电器，按接线要求组成一个整体而各电器仍保持原性能的装置。

8. 户内隔离开关安装：开箱检查，本体就位，设备安装，操作机构安装，连杆配制，辅助接点安装，调整，接地，补漆，单体调试。

【释义】 隔离开关：在无负载情况下开断或接通高压线路的输电设备，以及对被检修的高压母线、断路器等电气设备与带电的高压线路进行电气隔离、造成明显可见的空气绝缘间隙的设备，保证检修工作安全进行。

隔离开关一般由底座、支柱绝缘子、导电闸刀、动触头、静触头和传动机构等组成。

隔离开关没有灭弧装置，必须与断路器串联使用。隔离开关和断路器在操作时，必须有一定的操作顺序，电路投入运行，应先合上隔离开关再合上断路器；电路退出工作时，应先拉开断路器再拉开隔离开关，避免带负荷拉开关。如果操作顺序颠倒，就会造成设备和人身事故，一般在隔离开关和断路器之间都设有电气和机械的连锁装置，以防止误操作。隔离开关也具有一定分、合小电流和电容电流的能力。

隔离开关没有灭弧装置，因而不能接通和切断负荷电流。其主要用途如下。

（1）隔离高压电源，用隔离开关把检修的电器设备与带电部分可靠地断开，使其有一个明显的断开点，确保检修、试验工作人员的安全。

（2）倒闸操作，在双母线接线的配电装置中，可利用隔离开关将设备或供电线路从一组母线切换到另一组母线。

（3）接通或断开较小电流，如励磁电流不超过 2A 的空载变压器、电容电流不超过 5A 的空载线路及电压互感器和避雷器等回路。

隔离开关按照布置地点可分为户内、户外型，每种又分为单相、三相。按照支柱绝缘子数目又可分为单柱式、双柱式和三柱式；按照有无接地刀闸，可分为无接地、单接地和双接地三种；按隔离开关的运动方式，又可分为水平旋转、垂直旋转、摆动式和插入式；按操作机构不同分为手动、电动等形式。

隔离开关的型号按下列方式组成：

①　②　③-④　⑤　⑥　⑦/⑧

其代表含义如下。

①：产品字母代号，G—隔离开关、J—接地开关；

②：安装场所代号，N—户内、W—户外、D—独立安装；

③：设计系列顺序号，以数字 1、2、3…表示；

④：额定电压，kV；

⑤：其他标志，如 G—改进型、T—统一设计；

⑥：D—带接地刀闸，Ⅰ—带单接地刀闸，Ⅱ—带双接地刀闸，K—快速分闸；

⑦：W—防污型；

⑧：额定电流，A。

例如 GW4-220ⅡDW/2000 型表示为 220kV 第 4 次设计的户外带双接地防污染隔离开关，额定电流 2000A。

图 3-5 是 GN19-10/400 型户内隔离开关。

户内隔离开关安装施工程序如下。

（1）户内高压隔离开关为整组包装运输到现场，在安装前应进行下列检查。

①开关的型号、规格、电压等级等与设计相符。

②所有的部件、附件、备件应齐全，无损伤变形及锈蚀。

③闸刀无变形，接线端子及载流部分应清洁，且接触良好，触点部分镀银层无脱落。

④绝缘子表面应清洁，无裂纹、破损、焊接残留斑点等缺陷，瓷铁黏合应牢固。

（2）开关安装

①用人力或其他起吊工具将开关本体吊到安

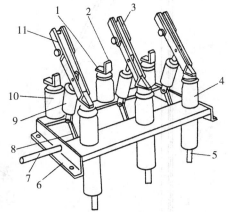

图 3-5　GN19-10/400 型户内隔离开关外形图
1—上接线座；2—静触头；3—动触头；
4—套管绝缘子；5—下接线座；6—框架；
7—转轴；8—拐臂；9—升降绝缘子；
10—支柱绝缘子；11—钢片

装位置（开关转轴中心线距地面高度一般为2.5m），并使开关底座上的安装孔套入基础螺栓，找正找平后拧紧螺母。

② 安装操作机构。

③ 配置延长轴。

④ 配装操作拉杆。

(3) 开关调整　开关本体和操作机构安装后，应进行联合调试，使开关分、合闸符合以下质量标准。

① 将开关慢慢合闸。

② 观察开关动触头有无侧向撞击现象，如有，可改变固定触头的位置，以使刀片刚好进入插口。

③ 调整隔离开关的辅助触点。

④ 开关操作机构的手柄位置应正确，合闸时，手柄向上；分闸时，手柄向下。

⑤ 开关调整完毕，应经3～5次试操作，完全合格后，将开关转上轴上轴臂位置固定，将所有螺栓拧紧，开口销分开。

隔离开关操作机构如下。

(1) 手动操作机构　采用手动操作机构时，必须在隔离开关安装地点就地操作。手动操作机构结构简单、价格低廉、维护工作量少，而且在合闸操作后能及时检查触头的接触情况，因此被广泛应用。

手动操作机构有杠杆式和蜗轮式两种，前者一般适用于额定电流小于3000A的隔离开关，后者一般适用于额定电流大于3000A的隔离开关。

① 杠杆式。CS6型手动杠杆式操作机构示意图如图3-6所示。图中实线为合闸位置，虚线为分闸位置。

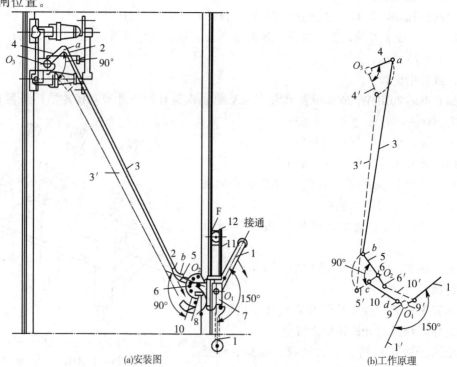

图3-6　CS6型手动杠杆式操作机构示意图

1—手柄；2—牵引杆端接头；3—牵引杆；4—拐臂；5，9，10—连杆；6—扇形杆；
7—前轴承；8—后轴承；11，12—辅助触点盒连杆；F—辅助触头盒它的前轴承 7 的 O_1 轴上,装有硬性连接的手柄 1 和杆 9,杆 9、10 绞接于 d;图(a)中,杆 10 的一部分和杆 9 被装在操作机构内部;后轴承 8 的 O_2 轴上,装有硬性连接的扇形杆 6,杆 6、10 绞接于 c;扇形杆 6 的弧形边缘开有一排孔,可用螺栓穿入某孔内,将杆 5 与扇形杆 6 做不同角度的硬性连接,以便调整,牵引杆 3 与杆 5 及拐臂 4 之间,分别用接头 2 绞接于 b 和 a,而拐臂 4 则与隔离开关主轴 O_3 硬性连接。另外,O_1 轴处装有带弹簧的销子,在合、分闸位置销子均插入锁定。

图 3-6 (b) 所示隔离开关在合闸位置时,杆 9、10 的绞接轴 d 处于死点位置以下,因此,可防止短路电流通过隔离开关时,刀闸因电动力作用而自行分闸。分闸操作时,拔出 O_1 轴处的销子,使手柄 1 顺时针向下旋转 150°则杆 9 随之顺时针向上旋转 150°,通过杆 10 带动扇形杆 6 逆时针向下旋转 90°,牵引杆 3 被拉向下,并带动拐臂 4 顺时针向下旋转 90°,使隔离开关分闸,O_1 轴处的销子自动弹入锁定。合闸操作顺序相反。

辅助触点盒 F 内有若干对触点,其公共小轴经杆 11、12 与手柄 1 联动。这些触点用于信号、联锁等二次回路。

②蜗轮式。CS9 型手动蜗轮式操作机构安装图如图 3-7 所示。图中连杆 6 与窄板 7 绞接,窄板 7 与牵引杆 5 硬性连接。操作时摇动摇把 1,经蜗杆 3 带动蜗轮转动,通过连杆系统使隔离开关分、合闸。顺时针摇动摇把 1,使蜗轮 4 转过 180°,隔离开关即完全合闸;逆时针摇动摇把 1,使蜗轮 4 反转过 180°,隔离开关即完全分闸。

(2) 动力式操作机构　动力式操作机构结构复杂、价格贵、维护工作量大,但可实现远方操作,主要用于户内式重型隔离开关及户外式 110kV 及以上的隔离开关。动力式操作机构有电动机操作机构(CJ 系列)、电动液压操作机构(CY 系列)及气动操作机构(CQ 系列),主要是采用电动机操作机构。

CJ2 型电动机操作机构安装图如图 3-8 所示。它的传动原理与上述手动蜗轮式操作机构相同,相当于用电动机来代替摇把。当操作机构的电动机 1 转动时,通过齿轮、蜗杆使蜗轮 2 转动,经连杆 3、牵引杆 4 及传动杆 5 驱动隔离开关主轴转动,从而实现分、合闸。电动机的接触器由联锁触点控制,在每次操作完成后,电动机的电源自动断开,电动机停止转动。

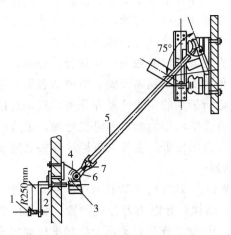

图 3-7　CS9 型手动蜗轮式操作机构安装图
1—摇把;2—轴;3—蜗杆;4—蜗轮;
5—牵引杆;6—连杆;7—窄板

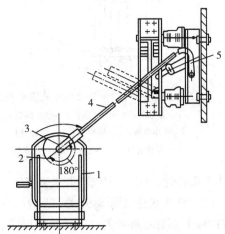

图 3-8　CJ2 型电动机操作机构安装图
1—电动机;2—蜗轮;3—连杆;
4—牵引杆;5—传动杆

9. 户外隔离开关与接地开关安装： 开箱检查，本体就位，安装，操作机构安装，连杆配置，辅助开关安装，调整，接地，补漆，单体调试。

【释义】 操作机构：隔离开关的操作机构分为手动的和动力的。手动的又分为手动杠杆式和手动蜗轮式。动力的有电动机蜗轮机构和气动机构。额定电流较小的隔离开关都是用手动杠杆式操作机构。图 3-9 为 CS6-1T 型手动操作机构，用于操作户内隔离开关，其中 C 表示操作机构，S 表示手动，6 表示设计序号，T 表示全国统一设计。

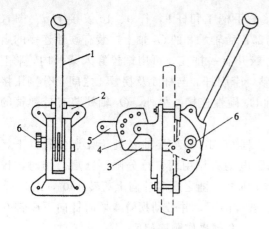

图 3-9 CS6-1T 型手动操作机构
1—手柄；2—底座；3—板片；
4—扇形板；5—杠杆；6—定位器

与户内型隔离开关比较，户外型隔离开关的工作条件恶劣，并承受母线或线路拉力，因而对其绝缘及机械强度要求较高，要求其触头应制造得在操作时有破冰作用，并且不致使支持绝缘子损坏。户外型隔离开关一般均制成单极式。

(1) 户外单柱式隔离开关。GW6-220GD 型单柱式户外隔离开关（一相）如图 3-10 所示。它可单相或三相联动操作，分相直接布置在母线的正下方，大大节省占地面积。每相有一个支持瓷柱 6 和一个较细的操作瓷柱 7；静触头 1 固定在架空硬母线或悬挂在架空软母线上，动触头 2 固定在导电折架 3 上。操作时，操作机构使操作瓷柱 7 转动，通过传动装置 4 使导电折架 3 像剪刀一样上下运动，使动触头夹住或释放静触头，实现合、分闸，所以俗称剪刀式隔离开关。图中动触头 2 和导电折架 3 的实线位置为分闸位置，直接将垂直空间作为断口的电气绝缘；虚线位置为合闸位置。主开关与接地开关之间设有

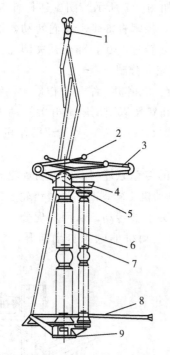

图 3-10 GW6-220GD 型单柱式隔离开关
1—静触头；2—动触头；3—导电折架；
4—传动装置；5—接线板；6—支持瓷柱；
7—操作瓷柱；8—接地开关；9—底座

机械连锁装置。GW6 型隔离开关有 220～500kV 系列。

(2) 户外双柱式隔离开关（GW4、GW5、GW11、GW12、GW17）。图 3-11、图 3-12 为 GW4-110 型隔离开关（单相）外形图，是双柱式结构，导电闸刀分成两段，分别固定在两个绝缘支柱的顶端。当进行操作的时候，操作机构的交叉连杆带动两个绝缘支柱向相反方向各转动 90°角，于是闸刀便断开。这种隔离开关结构简单紧凑、尺寸小、重量轻，但由于闸刀在水平面内转动，导致相间距离较大。图 3-13 是 GW5-110D 型隔离开关（单相）示意图，两个棒式绝缘子成 "V" 形布置，是双柱式隔离开关进一步改进而成。它的闸刀长度更短，使导电系统更加稳定。

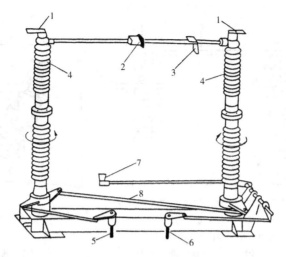

图 3-11　GW4-110D 型 110kV 双柱式隔离开关外形图

1—接线座；2—主触头；3—接地刀闸触头；4—棒形支柱绝缘子；5—隔离开关传动轴；
6—接地刀闸传动轴；7—接地刀闸；8—交叉连杆

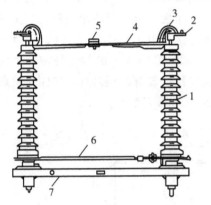

图 3-12　GW4-110 型双柱式隔离开关

1—绝缘支柱；2—接线端；3—挠性连接导体；
4—闸刀；5—触头；6—连杆；7—底座

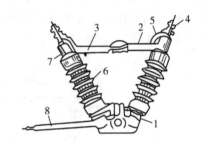

图 3-13　GW5-110D 型 V 式隔离开关

1—底座；2、3—闸刀；4—连接端子；
5—挠性连接导体；6—棒式绝缘子；7—支承座；
8—接地刀闸

图 3-14 所示是 GW2-35G/600 型户外隔离开关，额定电压 35kV，额定电流 600A，G 表示改进型。图 3-14 只画出其中的一相。每相有两只绝缘子，两端的绝缘子用以支持接线座及动触头等，中间的一个绝缘子在操作机构作用下可以转动，转动时通过框架使动、静触头接通或断开。动触头（工作闸刀）的端部为扁平形，合闸时，它以窄面插入静触头，然后绕自身的轴转动，使宽面平放，以撑开静触头。这样，动、静触头之间获得较大的接触压力，并在转动过程中，通过接触处的摩擦而破坏了氧化层。分闸时，动触头先转动，后打开。这样可获得较大的破冰力。动触头的转动是靠框架的运动来实现的。

在动触头断开小电流后，产生电弧，通过引弧角使电弧向上运动，因此在电流某次经过零值时电弧自然熄灭，可以避免电弧烧坏动触头和静触头。

图 3-15 为 GW5-110D 型 V 形双柱式户外隔离开关（一相）。它也是水平开启式结构，每相的两个瓷柱 6 成 V 形布置在底座 1 的轴承上，夹角为 50°；轴承座由伞形齿轮啮合。工作时，两个瓷柱以相同速度作相反方向（一个顺时针，另一个反时针）转动，于是刀闸 3 便向同一侧方向分闸或合闸。

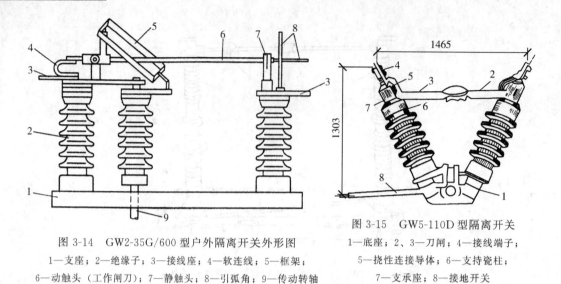

图 3-14 GW2-35G/600 型户外隔离开关外形图
1—支座；2—绝缘子；3—接线座；4—软连线；5—框架；
6—动触头（工作闸刀）；7—静触头；8—引弧角；9—传动转轴

图 3-15 GW5-110D 型隔离开关
1—底座；2、3—刀闸；4—接线端子；
5—挠性连接导体；6—支持瓷柱；
7—支承座；8—接地开关

（3）三柱式隔离开关。GW7-330D 型三柱式户外隔离开关（一相）如图3-16所示。它为水平开启式双断口结构，可单相或三相操作，并可分相布置。每相有三个瓷柱，边上两个瓷柱 3 是静止不动的，其顶上各有一个静触头 5；中间瓷柱 7 用来支持主刀闸 6，同时是一个操作瓷柱，可在水平面上转动 70°。操作时，操作机构通过底座 1 上的传动杆带动中间瓷柱转动，实现分闸或合闸。为了改善电场分布，每个瓷柱顶部装有均压环 4。三柱式隔离开关主要缺点是：绝缘子较多、体积较大。GW7 型有 220～500kV 系列。

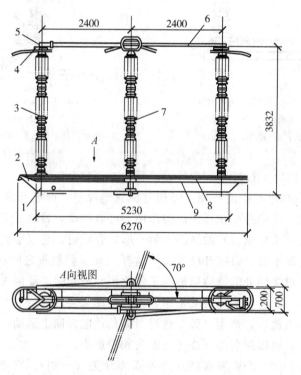

图 3-16 GW7-330D 型三柱式隔离开关
1—底座；2—接地刀支架；3—支持瓷柱；
4—均压环；5—静触头；6—主刀闸；7—操作瓷柱；
8—接地刀闸；9—拉杆

图 3-17 为 GW7-220D 型隔离开关（单相）外形图，是三柱式结构，两端瓷柱静止不动，瓷柱顶部装有静触头，中间瓷柱可以转动，带动顶部的导电杆在水平面内转动，实现隔离开关的分闸和合闸。

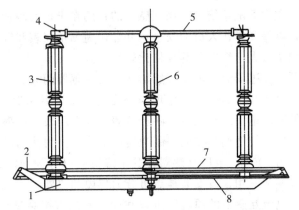

图 3-17　GW7-220D 型三柱式隔离开关
1—底座；2—接地刀闸支架；3—支持瓷柱；4—静触头；
5—导电杆；6—操作支柱；7—接地刀闸；8—拉杆

户外三柱式隔离开关又可分为三相式、三相带单接地式和三相带双接地式。

10. 敞开式组合电器安装：开箱检查，基础找平，本体安装、固定，触头安装，拉杆配置、调整，操作机构、联锁开关、信号装置的检查、调整，接地，补漆，单体调试。

【释义】 敞开式组合电器是由隔离开关、电流互感器、电压互感器、电缆头组合而成的户外装置，通常以隔离开关为主，可作为户外 220kV、330kV、500kV 电压等级线路有电压无负载时切断和闭合之用。敞开式组合电器有隔离开关与其他装置的多种组合，具有结构紧凑简单、易于维修等特点，可以减少占地面积和使用空间。

如图 3-18 所示，ZH1 系列敞开式组合电器是由 GW7 型隔离开关与电流互感器、电压互感器、电缆头组合而成的单相户外装置；ZH2 系列敞开式组合电器是由两组 GW12 系列隔离开关采用静触头方式组合而成，适用于 3/2 接线方式。

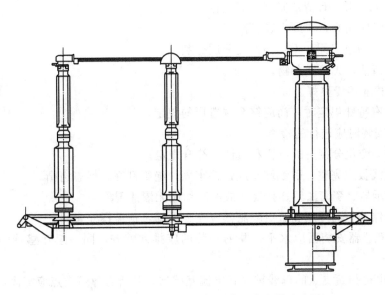

图 3-18　ZH1-220/GL 型敞开式组合电器示意图

接地：电气装置的某一部分与地做良好的连接，称为接地。

11. 电流、电压互感器安装：开箱检查，本体就位，安装、固定、接地、补漆，单体调试。

【释义】 互感器：在供配电系统中使用互感器的目的在于扩大测量仪表的量程和使测量仪表与高压电路绝缘，以保证工作人员的安全，并能避免测量仪表和继电器直接受短路电流的危害。同时也可使测量仪表、继电器等规格比较统一。

按互感器的用途可将互感器分为电压互感器和电流互感器两大类。

(1) 电压互感器。电压互感器的构造原理与小型电力变压器相似。原绕组为高压绕组，匝数较多；副绕组为低压绕组，匝数较少。各种仪表（如电压表、功率表等）的电压线圈皆彼此并联地与副绕组相接，使他们都受同一副边电压的作用。为使测量仪表标准化，电压互感器的副边额定电压均为100V。电压互感器按其绝缘形式可分为油浸式、干式和树脂浇注式等；按相数可分为单相和三相；按安装地点可分为户内和户外。

(2) 电流互感器。电流互感器的原绕组匝数甚少（有的直接穿过铁芯，只有一匝），而副绕组匝数较多，各种仪表（如电流表、功率表等）的电流绕圈皆彼此串联接在副绕组回路上，使他们都通过同一大小的电流。为使仪表统一规格，电流互感器副边额定电流大多为5A。由于各种仪表电流线圈的阻抗很小，因此电流互感器的运行状态和电力变压器的短路情况相似。电流互感器的种类很多。按安装地点分，有户内式和户外式；按原绕组的匝数分有单匝式和多匝式；按整体结构及安装方法分，有穿墙式、母线式套管式和支持式；按一次电压高低分，有高压和低压；按准确度级分，有0.2、0.5、1、3、10等级；按绝缘形式分，有瓷绝缘、浇注树脂绝缘和塑料外壳等。

① 互感器到达现场后的外观检查。
a. 互感器外观应完整，附件齐全，无锈蚀或机械损伤。
b. 油浸式互感器油位应正常，密封应良好，无渗油现象。
c. 电容式电压互感器的电磁装置和谐振阻尼器的封铅应完好。

② 互感器可不进行器身检查，但在发现有异常情况时，应按下列要求进行检查。
a. 螺栓应无松动，附件完整。
b. 铁芯应无变形，且清洁紧密，无锈蚀。
c. 绕组绝缘应完好，连接正确、紧固。
d. 绝缘支持物应牢固，无损伤，无分层分裂。
e. 内部应清洁，无油垢杂物。
f. 穿心螺栓应绝缘良好。
g. 制造厂有特殊规定时，尚应符合制造厂的规定。

③ 互感器安装时应进行的检查。
a. 互感器的变化分接头的位置和极性应符合规定。
b. 二次接线板应完整，引线端子应连接牢固，绝缘良好，标志清晰。
c. 油位指示器、瓷套法兰连接处、放油阀均应无渗油现象。
d. 隔膜式储油柜的隔膜和金属膨胀器应完整无损，顶盖螺栓紧固。

④ 油浸式互感器安装面应水平；并列安装的应排列整齐，同一组互感器的极性方向应一致。

⑤ 具有等电位弹簧支点的母线贯穿式电流互感器，其所有弹簧支点应牢固，并与母线接触良好，母线应位于互感器中心。

⑥ 具有吸湿器的互感器，其吸湿剂应干燥，油封油位正常。

⑦互感器的呼吸孔的塞子带有垫片时,应将垫片取下。

⑧电容式电压互感器必须根据产品成套供应的组件编号进行安装,不得互换。各组件连接处的接触面,应除去氧化层,并涂以电力复合脂;阻尼器装于室外时,应有防雨措施。

⑨具有均压环的互感器,均压环应安装牢固、水平,且方向正确。具有保护间隙的,应按制造厂规定调好距离。

⑩零序电流互感器的安装,不应使构架或其它导磁体与互感器铁芯直接接触,或与其构成分磁回路。

⑪互感器的下列各部位应良好接地。

a. 分级绝缘的电压互感器,其一次绕组的接地引出端子,电容式电压互感器应按制造厂的规定执行。

b. 电容型绝缘的电流互感器,其一次绕组末屏的引出端子、铁芯引出接地端子。

c. 互感器的外壳。

d. 备用的电流互感器的二次绕组端子应先短路后接地。

e. 倒装式电流互感器二次绕组的金属导管。

互感器安装:互感器安装过程包括互感器本体就位安装和安装后的试验。

(1) 互感器安装。

①电压互感器安装。电压互感器一般多装在成套配电柜内或直接安装在混凝土台上。装在混凝土台上的电压互感器要等混凝土硬化并达到一定强度后,才能进行安装工作,且应对电压互感器本身作仔细检查。但一般只作外观检查,如经试验判断有不正常现象时,则应作内部检查。电压互感器外部检查可按下列各项进行:检查瓷套管有无裂缝,边缘是否毛糙或损坏,瓷套管与上盖间的胶合是否可靠,用手轻轻扳动套管,套管不应活动;附件应齐全,无锈蚀或机械损伤,油浸式互感器油位应正常、密封应良好,无渗油现象;互感器的变比分接头位置应符合设计规定;二次接线板应完整,引出端子应连接牢固,绝缘良好,标志清晰。

互感器安装应水平,并列安装的互感器应排列整齐,同一组互感器的极性方向应一致,二次接线端子及油位指示器的位置应位于便于检查的一侧。具有均压环的互感器,均压环应装置牢固、水平,且方向正确。接线时应注意,接到套管上的母线,不应使套管受到拉力,以免损坏套管。并应注意接线正确:电压互感器二次侧不能短路,一般在一、二次侧都应装设熔断器作为短路保护;极性不应接错;二次侧必须有一端接地。以防止一、二次线圈绝缘击穿,一次侧高压串入二次侧,危及人身及设备安全。互感器外壳亦必须妥善接地。

②电流互感器安装。电流互感器的安装应视设备配置情况而定,一般有以下几种情况:安装在金属构架(如母线架)上;在母线穿过墙壁或楼板的地方,将电流互感器直接用基础螺栓固定在墙壁或楼板上,或者先将角钢做成矩形框架,埋入墙壁或楼板中,再将与框架同样大小的铁板(厚度约4mm)用螺栓固定在框架上,然后将电流互感器固定在钢板上;安装在成套配电柜内。

电流互感器在安装之前亦应像电压互感器一样进行外观检验,符合要求之后再进行安装。安装时应注意:电流互感器安装在墙孔或楼板孔中心时,其周边各应有2~3mm的间隙,然后塞入油纸板以便于拆卸,同时也可以避免外壳生锈;每相电流互感器的中心应尽量安装在同一直线上,各互感器的间隔应均匀一致;当电流互感器二次线圈的绝缘电阻低于10~20MΩ时,必须干燥,使其恢复绝缘;接线时应注意不使电流互感器的接线端子受到额外拉力,并保证接线正确。对于电流互感器应特别注意:极性不应接错,避免出现测量错误或引起事故;二次侧不应开路,且不应装设熔断器;二次侧的一端和互感器外壳应妥善接地，以保证安全运行。互感器安装结束后即可进行交接试验，试验合格即可投入运行。

（2）互感器试验　互感器的交接试验应按规范要求进行，其试验项目及要求如下。

① 测量线圈的绝缘电阻，其值不作规定，但与出厂试验值比较无明显差别。

② 线圈对外壳的交流耐压试验。试验方法同变压器试验。串级式电压互感器的一次线圈可不进行交流耐压试验，当对绝缘性能有要求或怀疑时，宜按《电气装置安装工程电气设备交接试验标准》（GB 50150—2006）的规定进行倍频感应耐压试验。二次线圈之间及其对外壳的工频耐压试验标准为 2000V，可与二次回路一起进行。

③ 测量 35kV 及以上互感器一次线圈连同套管一起的介质损耗角正切值 $\tan\delta$（%）。35kV 油浸式电压互感器的 $\tan\delta$（%）不应大于有关标准。35kV 以上电压互感器，在试验电压为 10kV 时，按制造厂试验方法测得的 $\tan\delta$（%）值不应不大于出厂试验的 130%。电流互感器在 20℃ 时的 $\tan\delta$（%）不应大于有关标准。测量时二次线圈应接地，对于串级式电压互感器其二次线圈的接地可按试验方法而定。

④ 油浸式互感器的绝缘油试验。主要进行电气强度试验。35kV 以下的互感器当主绝缘试验合格时，可不做。

⑤ 测量电压互感器一次线圈的直流电阻。所测数值与产品出厂值或同批相同型号产品的测得值相比，应无明显差别。

⑥ 测量电流互感器的励磁特性曲线。该项试验当继电保护对电流互感器的励磁特性有要求时才进行。当电流互感器为多抽头时，可在使用抽头或最大抽头测量。同型式电流互感器的特性相互比较，应无明显差别。

⑦ 测量 1000V 以上电压互感器的空载电流和励磁特性。应在互感器的铭牌额定电压下测量空载电流，所测值与同批产品测得值或出厂数值比较，应无明显差别。

⑧ 检查三相电压互感器的接线组别和单相互感器引出线的极性。必须与铭牌及外壳上的标志相符合。

⑨ 检查互感器的变压比。应与制造厂铭牌值相符，对多抽头互感器，可只检查使用分接头的变化。

⑩ 测量铁芯夹紧螺栓的绝缘电阻。在作器身检查时应对外露的或可接触到的铁芯夹紧螺栓进行测量，绝缘电阻值不作规定。采用 2500V 兆欧表进行测量，试验时间为 1min，应无闪络及击穿现象。应注意，当穿芯螺栓一端与铁芯连接者，测量时应将接连片断开，不能断开的可不进行测量。

12. 避雷器安装：开箱检查，本体吊装、固定，均压环安装，并联电阻安装，放电记录器安装（不包括支架制作及安装）、引线，接地，刷漆，单体调试。

【释义】　避雷器：用来防护雷电产生的过电压波沿线路侵入变配电所或其他建筑物内，以免危及被保护设备的绝缘。避雷器应与被保护设备并联，在被保护设备的电源侧。

管型避雷器：由产气管、内部间隙和外部间隙组成，管型避雷器具有残压小的突出优点，且简单经济，但动作时有气体吹出，因此只用于室外线路。

当线路上遭到雷击或发生感应雷时，大气过电压使管式避雷器的外部间隙和内部间隙击穿，强大的雷电流通过接地装置入地。随之而来的是供电系统的工频续流，其值也很大，雷电流和工频续流在管内间隙发生的强烈电弧，使管内的产气材料产生大量灭弧气体，这些气体压力很大，从环形电极的开口处喷出，形成纵吹作用，使电弧电流过零熄灭，这时外部间隙的空气恢复了绝缘，使管型避雷器与系统隔离，恢复系统的正常运行。

管式避雷器一般只用来保护架空线路的个别绝缘弱点和发电厂的出线段以及变电所的进线段。管式避雷器在安装前应进行外观检查，绝缘管壁应无破损、裂痕、漆膜无脱落、管口无堵塞、配件应齐全；应进行必要的试验，且试验合格。安装时不得任意拆开调整其灭弧间隙。安装要求如下。

（1）安装避雷器应在管体的闭口端固定，开口端指向下方。当倾斜安装时，其轴线与水平方向的夹角：对于普通管式避雷器应不小于15°，无续流避雷器应不小于45°，装于污秽地区时，尚应增大倾斜角度。

（2）避雷器安装方向，应使其排出的气体不致引起相间或对地闪络，也不得喷及其他电气设备，动作指示盖应向下打开。

（3）避雷器及其支架必须安装牢固，防止因受反冲力而导致变形和移位，同时应便于观察和检修。

（4）无续流避雷器的高压引线与被保护设备的连接线长度应符合产品的技术规定。

氧化锌避雷器：金属氧化物避雷器（MOA），其阀片电阻是以氧化锌（ZnO）为主要材料，掺以少量其他金属氧化物等添加剂经高温烧结制成的具有良好非线性特性的压敏电阻，又称压敏避雷器。

阀式避雷器：是性能较好的一种避雷器，使用比较广泛，它的基本元件是装在密封瓷套中的火花间隙和非线性电阻（阀片）。阀片是由金刚砂（SiC）和结合剂在一定的温度下烧结而成。阀片的电阻值随通过的电流值而变，当很大的雷电流通过阀片时，它将呈现很大的电导率，这样，将使避雷器上的残压不高；当在阀片上加以电网电压时，它的电导率会突然下降，而将工频续流限制到很小的数值，为间隙切断续流创造了良好条件。

阀式避雷器安装要求。

（1）避雷器安装前，应进行下列检查。

①瓷件应无裂纹、破损，瓷套与铁法兰间的黏合应牢固，法兰泄水孔应通畅。

②磁吹阀式避雷器的防爆片应无损坏和裂纹。

③组合单元应经试验合格，底座和拉紧绝缘子绝缘应良好。

④运输时用以保护金属氧化物避雷器防爆片的上下盖子应取下，防爆片应完整无损。

⑤金属氧化物避雷器的安全装置应完整无损。

（2）避雷器组装时，其各节位置应符合产品出厂标志的编号。

（3）带串、并联电阻的阀式避雷器安装时，同相组合单元间的非线性系数的差值应符合现行国家标准《电气装置安装工程电气设备交接试验标准》的规定。

（4）避雷器各连接处的金属接触表面，应除去氧化膜及漆膜，并漆一层电力复合脂。

（5）并列安装的避雷器三相中心应在同一直线上；铭牌应位于易观察的同一侧。避雷器应安装垂直，其垂直度应符合制造厂的规定，如有歪斜，可在法兰间加金属片校正，但应保证其导电良好，并将其缝隙用腻子抹平后涂漆。

（6）拉紧绝缘子串必须紧固；弹簧应能伸缩自如，同相各拉紧绝缘子串的拉力应均匀。

（7）均压环应安装水平，不得歪斜。

（8）放电计数器应密封良好、动作可靠，并应按产品的技术规定连接，安装位置应一致，且便于观察；接地应可靠，放电计数器宜恢复至零位。

（9）金属氧化物避雷器的排气通道应通畅；排出的气体不致引起相间或对地闪络，并不得喷及其它电气设备。

（10）避雷器引线的连接不应使端子受到超过允许的外加应力。

13．电容器、熔断器、阻波器、综合滤波器安装：开箱检查，本体就位，安装、固定，接地，补漆，单体调试。

【释义】 电容器：由两个金属电极中间夹一层绝缘（又称电介质）构成。当在两个金属电极上施加电压时，电极上就会储存电荷，所以它是一种储能元件。电容器具有阻止直流电流通过，而允许交流通过（有一定的阻抗）的特性。因此，电容器常用于隔离直流电流、滤波或耦合交流信号、信号调谐等电路中。

(1) 电容器安装的设备及材料要求。

①电容器应有额定容量、接线方式、电压等级等技术数据。备件应齐全，其型号、规格必须符合设计要求。并应有产品质量合格证及随带技术文件。

②电容器及电气元件应完好、无损伤现象。

③套管芯棒应无弯曲及滑扣现象，引出线端附件齐全、压接紧密。外壳无机械损伤及渗油现象。

④型钢的型号、规格应符合设计要求，并无明显锈蚀，紧固件均应是镀锌制品标准件。

⑤其他材料型号、规格和材质均应符合设计要求，并应有产品出厂合格证。

(2) 电容器安装的工艺流程：

设备验收 → 基础制作与安装 → 二次搬运 → 安装 → 送电前检查 → 试运行验收

(3) 电容器安装

①设备验收。

a. 开箱验收。依据装箱单，核对电容器、备件的型号、规格及数量，必须与装箱单相符。随带技术文件应完整、齐全。并应有产品质量出厂合格证。

b. 受检的电容器、备件的型号、规格必须符合设计要求，并应完好无损。

c. 绝缘电阻测试。对500V以下电容器，应用1000V摇表进行绝缘测试，3～10kV的电容器应采用2500V绝缘摇表进行测试，并应做好记录。

②基础制作安装。

a. 型钢基础制作、安装必须符合设计要求。

b. 组装式电容器安装之前，首先，按施工图纸要求预制好框架，设备分层安装时，其框架的层间不应加设隔板，构架应采用阻燃性材料制作，分层布局常规不宜超过三层。底部距地坪不应小于300mm，架间的水平距离不小于500mm，母线对上层构架的距离不应小于200mm，每台电容器之间的距离不应小于50mm。上述安装数据系为参考数据，施工过程应按设计要求和随带的相关技术文件的规定执行。

c. 基础型钢及构架，必须按设计要求涂刷涂料和做好接地。

③二次搬运。电容器搬运全过程应轻拿轻放，要对瓷瓶加以保护，壳体不得遭受任何机械损伤。确保设备、配件完整性。

④电容器安装。

a. 电容器通常安装在干燥、洁净的专用电容器室内，不应安装在潮湿、多尘、高温、易燃、易爆及有腐蚀性气体的场所。

b. 电容器的额定电压应与电网电压相符。一般应采用角形连接。

c. 电容器组应保持三相平衡电流，三相不平衡电流不大于5%。

d. 电容器必须设置有放电环节。以保证停电后迅速将储存的电能放掉。

e. 电容器安装时铭牌应向通道一侧。

f. 电容器的金属外壳必须有可靠接地。

⑤接线。

a. 电容器连接线应采用软导线的型号、规格必须符合设计要求，接线应对称一致，整齐美观，线端应加线鼻子，并压接牢固可靠。

b. 电容器组用母线连接时，不要使电容器套管（接线端子）受机械应力，压接应严密可靠，坚固时应采用力矩扳手，紧固力矩值应符合有关规定。母线排列整齐，并应涂刷好相色。

c. 电容器组控制导线的连接应符合盘柜配线设计要求，二次回路配线应符合随带文件安装配线的要求。

熔断器：用来切断设备短路电流或长期严重过载电流，具有断路功能的保护元件。它由金属熔件和支持熔件的接触结构组成。常见的熔断器有瓷插式熔断器、螺旋式熔断器、封闭式熔断器、填充料式熔断器、自复熔断器等。

瓷插式熔断器：瓷插式熔断器构造简单，如图3-19所示。国产熔体规格有0.5A、1A、1.5A、2A、3A、5A、7A、10A、15A、20A、25A、30A、35A、40A、45A、50A、60A、70A、75A、80A、100A等。

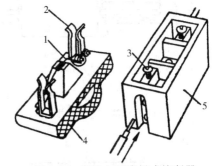

图3-19　RC1A型瓷插式熔断器
1—熔丝；2—动触头；3—静触头；4—瓷盖；5—瓷座

型号含义如下：

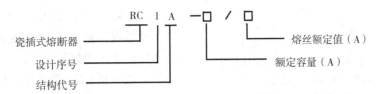

螺旋式熔断器：其构造简单，如图3-20所示。RL1型螺旋式熔断器的特点是：当熔丝熔断时，色片被弹落，需要更换熔丝管，常用于配电柜中。

封闭式熔断器：其构造如图3-21所示。它用耐高温的密封保护管，内装熔丝或熔片，当熔丝熔化时，管内气压很高，能起到灭弧的作用，还能避免相间短路。这种熔断器常用在容量较大的负载上作短路保护。大容量的能达到1kA。

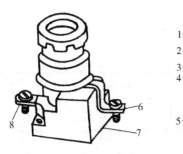 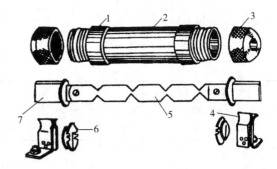

图3-20　RL1型螺旋式熔断器　　　　图3-21　RM-10型封闭式熔断器
1—瓷帽；2—金属管；3—色片；4—熔丝管；5—瓷套；　　1—黄铜圈；2—纤维管；3—黄铜帽；
6—上接线端；7—底座；8—下接线端　　　　　　　　　4—刀座；5—熔片；6—特种垫圈；7—刀形接触片

填充料式熔断器：其构造如图3-22所示。这种熔断器是我国自行设计的，它的主要特点是具有限流作用及较高的极限分断能力。所谓限流是指线路短路时，在电流尚未达到最大值时就迅速切断电流，这种作用称为限流作用，这种熔断器常用于具有较大短路电流的电力系统和成套配电装置中。

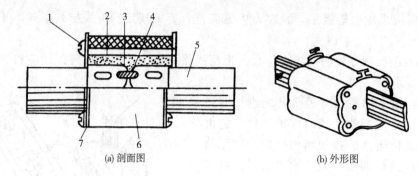

图 3-22 RTO-1 填充料式熔断器

1—指示器；2—熔丝指示器；3—石英砂；4—熔体；5—闸刀；6—瓷管；7—盖板

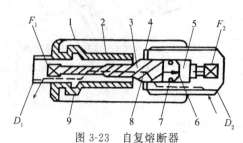

图 3-23 自复熔断器

D_1、D_2—端子；F_1、F_2—阀门；

1—金属外壳；2—陶瓷圆筒（BeO）；3—钠；4—垫圈；

5—高压气体 Ar；6—活塞；7—环；

8—电流通路；9—特制陶瓷

自复熔断器：由于近代低压电器容量逐渐增大，低压配电线路的短路电流也越来越大，要求用于系统保护开关元件的分断能力也不断提高，为此而出现了一些新型限流元件，如自复熔断器等，如图 3-23 所示。自复熔断器应用时和外电路的断路器配合工作，效果很好。

常用熔断器和熔体额定电流见表 3-3。

表 3-3 常用熔断器和熔体额定电流

熔断器型号	熔断器额定电流/A	熔体的额定电流/A
RC1-A	5	2、3、5
	10	2、3、5、10
	15	5、10、15
	30	20、25、30
	60	40、50、60
	100	80、100
	200	120、150、200
RL-1	15	2、3、5、6、10、15
	60	20、25、30、35、40、50、60
	100	60、80、100
RM-10	15	6、10、15
	60	15、20、35、45、60
	100	60、80、100
	200	100、125、160、200（两片并用）
	350	200、225、260、300、350
	600	350、430、500、600
RTO	50	5、10、15、30、40、50
	100	30、40、50、60、80、100
	200	120、150、200
	400	250、300、350、400
	600	450、500、550、600

选择熔断器类型时，主要依据负载的保护特性和短路电流的大小选择熔断器的类型。对于容量小的电动机和照明支线，常采用熔断器作为过载及短路保护，因而希望熔体的熔化系数适当小些。通常选用铅锡合金熔体的 RCA 系列熔断器。对于较大容量的电动机和照明干线，则应着重考虑短路保护和分断能力。通常选用具有较高分断能力的 RM-10 和 RL-1 系列熔断器。

熔断器的主要构成部分有熔体、熔断体和底座，还有熔管、载熔体、熔断指示器等。熔体是预定熔化部分，熔体固定在熔断体内，熔体的周围充以石英砂，用以熄灭熔体熔断时所形成的电弧。熔体熔化后，整个熔断体一起更换，故熔断体是预定要更换部件。熔断体通过接触部分固定在底座上，底座与外部电路连接。有的熔断器熔体固定在称为熔管的绝缘管内，管内无填充物质，熔体熔断后可以更换。这种熔断器没有熔断体。载熔件是用于装、拆熔断体的熔断器可动部件。熔断指示器能示出熔断体内的熔体熔断与否。

熔断器的结构及灭弧方式主要有三种。

(1) 开启式　在结构上没有限制熔体熔化时电弧和金属微粒喷出的装置，仅适用于短路电流不大的回路中。

(2) 半封闭式　在结构上把熔体装入管内，管的一端或两端开启，熔体熔断时电弧和金属气体按一定方向喷出管外，从而避免了相间弧光短路和对附近人员的伤害。

(3) 封闭式　在结构上把熔体封闭在熔管内，限制了电弧和金属气体的外喷，管内压力增高有利于灭弧，使用比较安全可靠。

14. 集合式并联电容器安装：开箱检查，基础找平，本体就位，组合安装，调整，接地，补漆，单体调试。

【释义】 并联电容器：并联连接于工频交流电力系统中，补偿感性负荷无功功率，提高功率因数，改善电压质量，降低线路损耗的一种电容器。其型号表示如下：

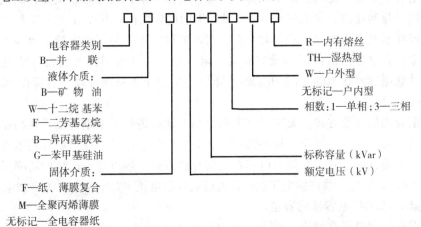

电容器由外壳和芯子组成。外壳用薄钢板密封焊接而成，外壳盖上装有出线瓷套，在两侧壁上焊有供安装的吊耳。一侧吊耳上装有接地螺栓。外形如图 3-24 所示。

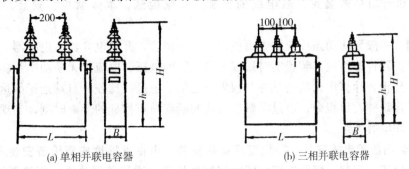

(a) 单相并联电容器　　(b) 三相并联电容器

图 3-24　并联电容器外形

芯子由若干个元件和绝缘件叠压而成。元件用电容器纸或膜纸复合或线薄膜作介质和铝铂作极板卷制而成。为适应各种电压，元件可接成串联或并联。

电容器内部设有放电电阻，电容器自电网断开能自行放电。一般情况下，10min 后即可降至 75V 以下。

常用电容器的型号见表 3-4。

表 3-4 常用并联电容器

型 号	额定电压 /kV	额定容量 /kvar	额定电容 /μF	相数
BW0.23 BKMJ0.23 BCMJ0.23	0.23	2, 3.2, 5, 10, 15, 20	40, 64, 100, 200, 300, 400	1, 3
BW0.4 BKCMJ0.4 BCMJ0.4	0.4	3, 4, 5, 6, 8, 10, 15, 20, 25, 30, 40, 50, 60, 80, 100, 120	60, 80, 100, 120, 160, 200, 300, 400, 500, 600, 800, 1000, 1200, 1600, 2000, 2400	3
BW3.15	3.15	12, 15, 18, 20, 25, 30, 40, 50, 60, 80, 100, 200	3.86, 5.1, 5.78, 6.42, 8, 9.6, 12.8, 16, 19.2, 25.6, 32.1, 64.2	1

电力电容器通常是元件、箱壳、出线套管、绝缘件、电气连接件和机械固定件等零部件组成。

电力电容器的芯子是由若干个元件和绝缘体叠压成的，元件用膜纸复合成纯薄膜作介质和铝箔作极板卷制而成。在电压 1.05kV 及以下的电容器内，每个元件上都串有一个熔丝。

电容器在断电后再次投入运行时会产生很高的过电压，为了电容器不致烧毁和操作人员的人身安全，在电容器的内部都设有放电电阻。电容器自电网断开能自行放电，一般情况下，高压并联电容器在 600s 后电压能够下降到 75V 以下，低压并联电容器在 180s 后电压可以降到 75V 以下。

并联电容器的补偿方式主要有对线末端大型电动机进行的个别补偿，在高压或低压配电母线处进行的集中补偿，以及两种补偿相结合的混合补偿。其中在供电线路末端的感应电动机的端子上直接或通过开关并接的电容器组的补偿方式，可以使电动机的功率因数始终保持在 95%～100%，降低了线路的电压损耗，通过电容器电流（I_c）为电动机空载电流的 85%～95%，根据 I_c 来选择电容器的容量。

电容器的常用温度类别有 -40/A、-25/A、-25/B、-5/A、-5/C。斜线左侧的数字表示电容器的下限温度值，斜线右侧的字母表示电容器的上限温度代号。

15. 自动无功补偿装置、放电线圈安装：开箱检查，本体就位、安装，接地，单体调试。

【释义】 一般无功动态补偿装置由控制器、晶闸管、并联电容器、电抗器、过零触发模块、放电保护器件等组成。装置实时跟踪测量负荷的电压、电流、无功功率和功率因数，通过微机进行分析，计算出无功功率并与预先设定的数值进行比较，自动选择能达到最佳补偿效果的补偿容量并发出指令，由过零触发模块判断双向可控硅的导通时刻，实现快速、无冲击地投入并联电容器组。

16. 成套高压配电柜安装、接地变压器柜安装、中性点接地成套设备安装：开箱检查，本体就位、找正、固定，柜间连接，断路器解体检查，联锁装置检查，断路器调整，注油，

其他设备检查，导体接触面检查，二次元件拆装，校接线，接地，补漆，单体调试。

【释义】 高压配电柜：主要用于工矿企业变配电站作为接收和分配电能之用。

成套高压配电柜的安装过程包括基础型钢的加工和埋设、配电柜的搬运和检查、配电柜的安装等。

(1) 基础型钢的加工和埋设 配电柜的安装通常是以角钢或槽钢作基础。为了便于今后维修拆换，则多采用槽钢。埋设之前应将型钢调直，除去铁锈，按图纸要求尺寸下料钻孔（不采用螺栓固定者不钻孔）。型钢的埋设方法，一般有以下两种。

①直接埋设法 此种方法是在土建浇筑混凝土时，直接将基础型钢埋设好。先在埋设位置找出型钢的中心线，再按图纸的标高尺寸测量其安装高度和位置，并做上记号。将型钢放在所测量的位置上，使其与记号对准，用水平尺调好水平，并应使两根型钢处在同一水平面上，且应平行。当水平尺不够长时，可用一平板尺放在两根型钢上面，再把水平尺放在平板尺上，水平低的型钢可用铁片垫高，以达到要求值。水平调好后即可将型钢固定。固定方法一般是将型钢焊在钢筋上，也可用钢丝绑在钢筋上。为了防止型钢下沉而影响水平，可在型钢下面支一些钢筋，使其稳固。完成后即可浇筑混凝土。

②预留沟槽埋设法 此种方法是在土建浇筑混凝土时，先根据图纸要求在型钢埋设位置预埋固定基础型钢用的铁件（钢筋或钢板）或基础螺栓，同时预留出沟槽。沟槽宽度应比基础型钢宽30mm；深度为基础型钢埋入深度减去两次抹灰层厚度，再加深10mm作为调整余度。待混凝土凝固后（二次抹灰之前），将基础型钢放入预留的沟槽内，加垫铁调平后与预埋铁件焊接或用基础螺栓固定。型钢周围用混凝土填充并捣实。

(2) 配电柜的搬运和检查 搬运配电柜应在较好天气，以免柜内电器受潮。由于配电柜的柜体高大，且重心较高，所以容易翻倒。因此，在搬运过程中，要防止配电柜倾倒。应采取防振、防潮、防止柜架变形和漆面受损等安全措施，必要时可将装置性设备和易损元件拆下单独包装运输。吊装、运输配电柜一般使用吊车和汽车。起吊的吊绳角度通常小于45°。配电柜放到汽车上应直立，不得侧放或倒置，并应用绳子进行可靠固定。

配电柜运到现场后应进行开箱检查。开箱时应小心谨慎，不要损坏设备。开箱后用抹布把配电柜擦干净，检查其型号、规格应与工程设计相符，制造厂的技术文件、附件及备件应齐全、无损伤。整个柜体应无机械损伤，柜内所有电器应完好。仪表、继电器可以从柜上拆下送交试验室进行检验和调校，等配电柜安装固定完毕后再装回。

(3) 配电柜安装 在浇筑基础型钢的混凝土凝固之后，即可将配电柜就位。就位时应根据图纸及现场条件确定就位次序，一般情况是以不妨碍其他柜就位为原则，先内后外，先靠墙处入口处，依次将配电柜放在安装位置上。配电柜就位后，应先调到大致的水平位置，然后再进行精调。当柜较少时，先精确地调整第一个柜，再以第一个柜为标准逐个调整其余柜，使其柜面一致、排列整齐、间隙均匀。当柜较多时，宜先安装中间一个柜，再调整安装两侧其余柜。调整时可在下面加垫铁（同一处不宜超过3块），才可进行固定。

配电柜的固定多用螺栓固定。若采用焊接固定时，每台柜的焊缝不应少于4处，每处焊缝长约100mm左右。为保持柜面美观、焊缝宜放在柜体的内侧。焊接时，应把垫于柜下的垫片也焊在基础型钢上。值得注意的是，主控制柜、继电保护盘、自动装置盘等不宜与基础型钢焊死。装在振动场所的配电柜，应采取防振措施。一般是在柜下加装约为10mm厚的弹性垫。柜体安装固定完毕之后，即可对柜内设备、二次回路接线及仪表进行调整，使之达到电气设计规范要求。

断路器：高压断路器是电力系统最重要的控制和保护设备，它在电网中起两方面的作用。在正常运行时，根据电网的需要，接通或断开电路的空载电流和负载电流，这时起控制作用。而当电网发生故障时，高压断路器和保护装置及自动装置相配合，迅速、自动地切断故障电流，将故障部分从电网中断开，保证电网无故障部分的安全运行，以减少停电范围，防止事故扩大，这时起保护作用。

（1）断路器可按灭弧介质进行分类：液体介质断路器、气体介质断路器、真空断路器及磁吹断路器。在液体介质断路器中，有多油断路器和少油断路器。所谓多油断路器，就是其中的变压器油不但是灭弧介质，而且还担负着相间、相对地的绝缘作用。所谓少油断路器就是其中的油仅作灭弧介质，而相间、相对地的绝缘一般由空气等其他介质承担。气体介质断路器有压缩空气断路器和SF_6气体断路器。真空断路器是利用真空作为绝缘和灭弧手段的断路器。磁吹断路器是在外加磁场力作用下将电弧吹入灭弧室进行灭弧的。高压断路器的结构由基座、绝缘支柱、开断元件及操作机构组成。开断元件是断路器用来进行接通或断开电路的执行元件，它包括触头、导电部分及灭弧室等。触头的分合动作是靠操作机构来带动的。开断元件放在绝缘支柱上，使处于高电位的触头及导电部分与低电位部分绝缘。绝缘支柱则安装在基座上。

（2）在高压断路器上通常标有下列参数：产品型号、额定电压、额定电流、额定短路开断电流、额定操作顺序、额定短时耐受电流、额定峰值耐受电流等。另外，对于63～220kV电压等级，还要标注额定雷电冲击电压；对于330kV及以上电压等级，要进一步标注额定操作冲击耐压水平；对有特殊要求的，应标明额定线路充电开断电流、额定电缆充电开断电流、额定电容器组开断电流等参数。

①型号。高压断路器的全部型号包括以下几部分：第一个拼音文字表示断路器的种类，即S—少油，D—多油，K—压缩空气，Z—真空，L—六氟化硫，Q—自产气，C—磁吹；第二拼音文字表示使用场合，即N—户内，W—户外；拼音文字后数字依次表示设计序列、额定电压、额定电流和额定开断电流；在额定电压后面有时增加一个拼音文字，用来表示某种特殊性能，如G—改进型，D—增容，W—防污，Q—耐振。

高压断路器的机构型号表示如下：第一位字母代表操作机构的拼音（即C）；第二位字母代表机构的类型，如S—手动，D—电磁，J—电动机，T—弹簧，Q—气动，Z—重锤，Y—液压；第三位数字表示设计序列；第四部分的数字代表最大合闸力矩以及其他特征标志。

②额定电压。指断路器在运行中所承受的正常工作电压。它与断路器的最高工作电压所代表的意义是不同的，最高工作电压是指断路器在运行中应能承受的最高电压。当额定电压小于330kV电压等级时，最高工作电压的大小为额定电压的1.10～1.15倍；当额定电压在330～500kV之间的电压等级时，最高工作电压的大小为额定电压的1.10倍。

③额定电流。指在规定的环境温度下，断路器长时间允许通过的最大工作电流。当长期通过额定电流时，断路器导电回路各部分发热不超过规定的温升标准。

④额定短路开断电流。指在规定条件下，断路器能保证正常开断的最大短路电流。规定条件（包括恢复电压、非周期分量、短路功率因数等）都应符合标准规定。通常，断路器开断短路电流时还包括非周期分量，所以一般情况下，额定短路开断电流是用触头分离瞬间电流交流分量有效值和直流分量百分数表示。若直流分量不超过20%，则额定开断电流仅以交流分量有效值来表示，并简称为额定短路电流。

⑤额定操作顺序。额定操作顺序分为两种，一是自动重合闸操作顺序，即分—θ—合分—t—合分；另一种为非自动重合闸操作顺序，即分—t—合分—t—合分（或合分—t—合分）。对于第一种顺序，θ为无电流时间（指从断路器所有极的电弧最终熄灭起到随后重新

合闸时任一极首先通过电流时为止的时间间隔），取值为 0.3s 或 0.5s；t 为 180s（有时可称为强送时间）；合分时间（又称金属短接时间）为合闸操作过程中从首合相触头接触瞬间起到随后的分闸操作时所有相中弧触头都分离瞬间为止的时间间隔。对于第二种顺序，通常 t 取 15s。如有必要，断路器可分别标出不同操作顺序下对应的开断能力。由此可见，操作顺序是指在规定时间间隔的一连串规定的操作，它与操作循环的含义是不同的。

操作循环是指从一个位置转换到另一个位置，并再返回到初始位置的连续操作，具体就是指合分或分合的操作，如机械试验时应包括主回路不带电时所进行的数千次的操作循环。

⑥额定短时耐受电流（额定热稳定电流）。在规定的额定短路持续时间内，流过机械式断路器使其各部分发热不超过短时容许温度的最大短路电流，以有效值表示。额定短路持续时间最长不得超过 5s。

⑦额定峰值耐受电流（额定动稳定电流）。在规定的使用和性能条件下，机械式断路器能够承受的额定短时耐受电流的第一个大半波峰值电流，它所产生的电动力应不致使断路器损坏。规定额定峰值受电流标准为 2.5 倍额定短时耐受电流，并且等于额定短路关合电流。进行动稳定电流试验时，其流通时间不得小于 0.3s。

二、本章定额未包括的工作内容

1. SF_6 气体质量检验；金属平台和爬梯的安装，组合电器的整体油漆。

【释义】 见第 3 章说明释义一、7 释义。

2. 电容式电压互感器抽压装置支架及防雨罩的制作、安装。

【释义】 见第 3 章说明释义一、11 释义。

3. 成套高压配电柜的基础槽钢或角钢的安装、埋设，主母线与隔离开关之间的母线配置，柜的二次油漆或喷漆。

【释义】 见第 3 章说明释义一、16 释义。

4. 端子箱安装、设备支架制作与安装、铁构件制作安装、预埋地脚螺栓、设备二次灌浆。

【释义】 见第 2 章二、4 释义。

5. 绝缘油过滤。

【释义】 见第 2 章二、9 释义。

6. 110kV 及以上的配电装置的交直流耐压试验或高电压测试。

【释义】 交流耐压试验是鉴定电力设备绝缘强度最有效和最直接的方法，是预防性试验的一项重要内容。

7. 局部放电试验。

【释义】 见第 2 章二、8 释义。

8. SF_6 气体和绝缘油试验。

【释义】 见第 2 章二、9 释义。

三、工程计算规则

1. 断路器三相为一台。

【释义】 见第 3 章说明释义一、16 释义。

2. 组合电器三相为一台；SF_6 全封闭组合电器（带断路器）以断路器数量计算工程量，SF_6 全封闭组合电器（带断路器）以母线电压互感器和避雷器计算工程量，每组为一台。为远景扩建方便预留的组合器，前期先建母线及母线侧隔离开关，套用 SF_6 全封闭组合电器（带断路器）定额，每间隔为一台，SF_6 全封闭组合电器（GIS）主母线安装按中心线长度计量。

【释义】 见第 3 章说明释义一、5 释义。

3. 隔离开关三相为一组。单相接地开关一相为一台。

【释义】 见第 3 章说明释义一、9 释义。

4. 敞开式组合电器三相为一组。

【释义】 见第 3 章说明释义一、10 释义。

5. 互感器一相为一台。

【释义】 见第 3 章说明释义一、11 释义。

6. 避雷针三相为一组。

【释义】 避雷针是用来保护建筑物等避免雷击的装置。在高大建筑物顶端安装一个金属棒，用金属线与埋在地下的一块金属板连接起来，利用金属棒的尖端放电，使云层所带的电和地上的电逐渐中和为防雷起到很好的作用。

7. 电容器一只为一台。耦合电容器一相为一台。集合式电容器三相为一组。

【释义】 耦合电容器：目前电力系统的调度通信、高频保护、遥控遥测等高频弱电系统，广泛使用高压输电线路作为电力载波通道，从而避免架设专用的线路作为通道。耦合电容器是使弱电和强电两个系统通过电容耦合，给高频信号构成通路，并且阻止高压工频电流进入弱电系统，使强电与弱电系统隔离，保证人身和弱电系统设备的安全。另外带有电能抽取装置的耦合电容器，还可抽取 50Hz 的功率和电压，供继电保护及重合闸用，起到电压互感器的作用。

8. 熔断器三相为一组。

【释义】 见第 3 章说明释义一、13 释义。

9. 放电线圈一只为一台。

【释义】 放电线圈用于电力系统中与高压并联电容器连接，使电容器组从电力系统中切除后的剩余电荷迅速泄放。因此安装放电线圈是变电站内并联电容器的必要技术安全措施，可以有效地防止电容器组再次合闸时，由于电容器仍带有电荷而产生危及设备安全的合闸过电压和过电流，并确保检修人员的安全。本产品带有二次绕组，可供线路监控、监测和二次保护用。

10. 阻波器一相为一台。组合滤波器定额包括接地开关安装。

【释义】 阻波器是载波通信及高频保护不可缺少的高频通信元件，它阻止高频电流向其他分支泄漏，起减少高频能量损耗的作用。在高频保护中，当线路故障时，高频信号消失，高频保护无时限启动，立即切除故障。

11. 成套高压配电柜、接地电压器安装、中性点接地成套设备一面柜为一台，已包含其中设备的单体调试。

【释义】 相关解释详见前面各释义。

四、其他说明

1. 罐式断路器安装按 SF_6 断路器安装定额乘以系数 1.20。

【释义】 见第 3 章说明释义一、16 释义。

2. GIS 安装高度在 10m 以上时，人工定额乘以系数 1.05，机械定额乘以系数 1.20。

【释义】 见第 3 章说明释义一、5 释义。

3. 户外隔离开关传动装置需配延长轴时，人工定额乘以系数 1.1。户外隔离开关按中型布置考虑，如安装高度超过 6m 时，无论三相带接地或带双接地均执行"安装高度超过 6m"定额；如操作机构为地面操作时另加垂直拉杆主材费；操作机构按手动、电动、液压综合取定，使用时不作调整。

【释义】 见第 3 章说明释义一、9 释义。

4. SF_6 电流互感器安装时人工定额乘以系数 1.08，SF_6 电压互感器安装时按油浸式人工定额乘以系数 1.05。油浸式互感器如需吊芯检查，人工费与机械费乘以系数 2.0。

【释义】 见第 3 章说明释义一、11 释义。

5. 电压等级为 110kV 及以上设备安装在户内时，其人工定额乘以系数 1.30。

【释义】 电气设备一般按工作任务和工作性质进行分类。

（1）按工作任务分类　发电厂和变电所的主要工作是生产和输配电能，根据负荷变化的要求启动、调整和停止机组；对电路进行必要的切换；不断地监视主要设备的工作；周期性地检查和维护主要设备；定期检修设备以及迅速消除发生的故障等。根据上述要求，发电厂和变电所应装设以下主要设备。

①生产和变换电能的设备，如发电机、变压器、调相机、电机等。

②开关电器，如断路器、隔离开关、接触器等。

③保护电器，如熔断器、保护装置等。

④限流限压设备，如抗电器、避雷器等。

⑤测量和监察设备，如各种电测仪表、绝缘监察装置、仪用互感器等。

此外，还有直流设备，如蓄电池、硅整流设备等。

（2）按工作性质分类　上述电气设备可分为一次设备和二次设备两种。我们把直接生产和输配电能的设备，如发电机、变压器、断路器、母线、互感器等称为一次设备。对一次设备的工作进行监察、测量、保护、控制和操纵的设备，如仪表、继电器、控制电缆、自动装置、信号灯等称为二次设备。

五、未计价材料

接地引下线、接地材料，设备间连线、金具。

【释义】 详见第 2 章 五、未计价材料的释义。

第二部分　定额释义

3.1　断路器

3.1.1　真空断路器安装

定额编号　YD3-1～YD3-4　20kV(户内)；YD3-5　35kV(户内)；YD3-6　20kV(户外)；YD3-7　35kV(户外)　P_{124}～P_{127}

【应用释义】 真空断路器：用量大，注意经济实用性，多用于屋内或成套高压开关柜内，采用时需注意产品质量。

3.1.2　少油断路器安装

定额编号　YD3-8～YD3-12　户内(电流 A 以下)；YD3-13　延长轴配置增加　P_{128}～P_{129}

【应用释义】 少油断路器：少油式相对于多油式，用油量少、体积小、重量轻、钢材消耗量小、火灾的危险性少且检修方便，如图 3-25 所示。而多油断路器用油量较大，体积大而笨重，检修维护工作量大，但运行方便，且断路器内部带有电流互感器，配套性强，用于户外时受大气条件影响较小。

电焊条 J422：表示焊缝金属拉伸强度不低于 420MPa，钛钙型药皮、交直流两用的结构钢电焊条。

定额编号　YD3-14～YD3-18　户外少油断路器(电压 kV)　P_{130}～P_{131}

【应用释义】 少油断路器：我国生产的20kV及以下的少油断路器为户内式，35kV电压级有户内式和户外式，35kV以上电压级为户外式。

少油断路器主要由绝缘部分（相间绝缘和对地绝缘）、导电部分（灭弧触头、导电杆、接线端头）、传动部分和支座、油箱等组成。

少油断路器的作用原理为少油断路器合闸后，导电杆与静触头接触，整个油箱带电。绝缘油仅作灭弧介质用，分闸后，导电杆与静触头分断，导电杆借助瓷套管与油箱绝缘。

3.1.3 SF_6 断路器安装

定额编号　YD3-19～YD3-20　户内电压(kV)；
YD3-21～YD3-28　电压(kV)　P_{132}～P_{136}

【应用释义】 SF_6 断路器：见第3章说明释义一、3释义。

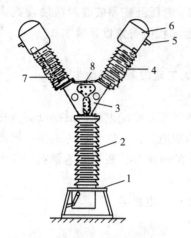

图 3-25　SW6-25 型少油断路器
1—底座；2—支柱式瓷套管；3—中间机构箱；
4—灭弧室；5—接线板；6—铝帽油气分离器；
7—均压电容器；8—中间导电板

3.1.4 SF_6 全封闭组合电器（GIS）安装

定额编号　YD3-29～YD3-44　电压(kV)　P_{137}～P_{148}

【应用释义】 SF_6 全封闭组合电器（GIS）：在电站里除主变压器、高压电抗器以外的高压一次元件都可含在GIS中，有断路器CB、隔离开关DS、接地开关（包括检修接地ES、故障关合接地开关FES）、电流互感器CT、电压互感器PT、避雷器LA、母线BUS（包括主母线和分支母线）和终端（包括空气/SF_6套管BSG、油/SF_6套管BSG和电缆终端CSE）。

GIS的功能单元是GIS的一部分，它包括共同完成其一部分功能的主回路及辅助回路的所有元件。

间隔是指功能单元的空间结构，常用其宽度的主要元件的布置来表征间隔，一般包括一个功能单元，有时按功能单元的功能称作进线间隔、出线间隔等。

GIS的断路器一般配用气动弹簧/液压/液压弹簧/马达储能弹簧操作机构。GIS的隔离开关一般配用气动/电动（马达）/电动弹簧操作机构。故障接地开关一般选用气动/电动弹簧操作机构。检修接地开关一般选用电动马达操作机构。

定开距压气式灭弧室其优点为耐烧、满容量开断次数多、额定电流比较大。其缺点为存在死区、金属短接时间长、石墨弧触头易损坏。

变开距自能式用电弧产生的能量熄弧。其优点：操作用功小。缺点：结构复杂、静弧触头没有离开喷口，不利于散热。

空气压缩机：空气压缩机是将自然状态下的空气压缩到具有一定能量的高压气体，作为风动机具的动力。空气压缩机可分为以下几类。

(1) 按工作原理可分为：活塞式、螺杆式、滑片式等。

(2) 按驱动方式可分为：电力驱动、内燃驱动等。

(3) 按冷却方式可分为：风冷、水冷和油冷等。

(4) 按移动方式可分为：移动式、半移动式和固定式等。

(5) 按排气压力可分为：高压（大于10MPa）、中压（1～10MPa）和低压（0.2～1MPa）等。

(6) 按排气量可分为：大型（60m³/min以上）、中型（10～40m³/min之间）、小型（10m³/min以下）等。

（7）按气缸排列形式可分为：直角式、V 型、W 型、立式、卧式等。

（8）按压缩次数可分为：一级式、多级式等。

空气压缩机型号的表示方法如下。

（1）活塞式空气压缩机型号表示方法：

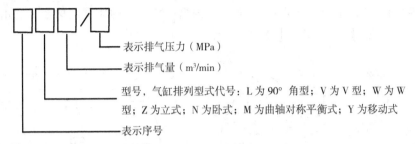

（2）螺杆式空气压缩机型号表示方法：

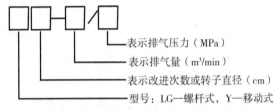

电动空气压缩机指以电力驱动的空气压缩机。

3.1.5　SF_6 全封闭组合电器（GIS）主母线安装

定额编号　YD3-45～YD3-50　电压(kV)　P_{149}～P_{150}

【应用释义】　GIS 主母线连接：①首先打开对接部位的包装保护盖板和吸附剂盖板，其绝缘件严禁用手直接接触，必须戴洁净的白尼龙手套进行清扫（用细砂纸或百洁布将导体及母线筒毛刺清理干净）；②绝缘件及母线筒内部，用无毛纸蘸高纯度工业乙醇擦拭，然后用吸尘器清理（绝缘件需用无毛纸蘸高纯度丙酮擦拭，且擦拭过其它部位的无毛纸不得用于绝缘件擦拭）；③用无毛纸蘸高纯度工业乙醇清洗对接面法兰的密封面和密封槽，检查并确认没有划痕、毛刺；④用无毛纸蘸高纯度工业乙醇清洗密封圈，若密封圈变形或已使用过，不得再使用；⑤将清洗好的规定尺寸和材料密封圈暂时放置，母线筒法兰密封槽内，使导电杆从中穿过；⑥用千斤顶或导链配合吊车小心地移动母线单元，使其靠拢，当波纹管法兰面与其连接面间距在 300～400mm 时，在母线筒法兰面上涂密封胶并安装 O 形密封圈；⑦主母线导电杆触头对接时应涂抹一层导电接触脂，触头中心应对准插口，不得卡阻；⑧对接完毕后，立即测量母线的回路电阻（做好试验记录），合格后拧紧母线筒连接螺栓，并且要达到规定的力矩值。

3.1.6　复合式组合电气（HGIS）及空气外绝缘高压组合电器（COMPASS）安装

定额编号　YD3-45～YD3-50　P_{149}～P_{150}；YD3-51～YD3-55　复合式组合电器（HGIS）P_{151}～P_{153}；定额编号　YD3-56～YD3-57　空气外绝缘高压组合电器（COMPASS）　P_{151}～P_{153}

【应用释义】　相关释义参阅前面的释义内容 3.1.5 SF_6 全封闭组合电器（GIS）主母线安装。

3.1.7　SF_6 全封闭组合电器进出线套管安装

定额编号　YD3-58～YD3-63 P_{154}～P_{155}

【应用释义】　国产电力变压器 110kV 及以上进出线套管多数采用油浸纸绝缘电容式套管。这类套管往往由于结构或制造工艺不良，漏油渗水，或者运行中维护不当，使电气绝缘性能下降，造成电力变压器烧毁或停运，危及电力系统的安全。

3.2 隔离开关

3.2.1 户内隔离开关安装

定额编号 YD3-64～YD3-68 10～20kV 电流（A）以下 P_{156}～P_{157}

定额编号 YD3-69～YD3-71 35kV 电流（A）以下 P_{158}～P_{159}

【应用释义】 户内隔离开关：图 3-26 为户内型隔离开关的典型结构图。它由导电部分、支持绝缘4、操作绝缘子2（或称拉杆绝缘子）及底座5组成。

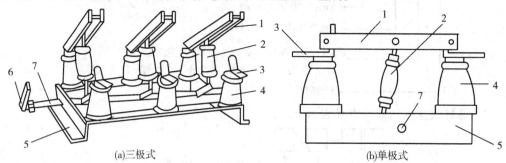

图 3-26 户内型隔离开关典型结构图
1—刀闸；2—操作绝缘子；3—静触头；4—支持绝缘子；5—底座；6—拐臂；7—转轴

导电部分包括可由操作绝缘子带动而转动的刀闸1（动触头），以及固定在支持绝缘子上的静触头3。刀闸及静触头采用铜导体制成，一般额定电流为3000A及以下的隔离开关采用矩形截面铜导体，额定电流为3000A以上则采用槽形截面铜导体，使铜的利用率较好。刀闸由两平行刀片组成，电流平均渡过两刀片且方向相同，产生相互吸引的电动力，使接触压力增加。支持绝缘子4固定在角钢底座5上，承担导电部分的对地绝缘。

操作绝缘子2与刀闸1及轴7上对应的拐臂铰接，操作机构则与轴端拐臂6连接，各拐臂均与轴硬性连接。当操作机构动作时，带动转轴转动，从而驱动刀闸转动而实现分、合闸。

3.2.2 户外双柱式隔离开关安装

定额编号 YD3-72 20kV P_{160}～P_{161}

定额编号 YD3-73～YD3-76 35kV P_{160}～P_{161}

【应用释义】 户外双柱式隔离开关：见第一部分一、9 释义。

定额编号 YD3-77～YD3-81 110kV P_{162}～P_{163}

【应用释义】 户外双柱隔离开关：见第一部分一、9 释义。

定额编号 YD3-82～YD3-86 220kV P_{164}～P_{165}

【应用释义】 隔离开关：主要由闸刀片、闸刀嘴、支持绝缘子、底盘及其附件等构成。其作用如下。

(1) 隔离电路，使电路有明显的断开点，保证检修人员安全工作。

(2) 可拉合小电流、110kV 以下空载变压器，但一般不可拉合电容电流。

(3) 转换接线，增加运行灵活性，即实现倒闸操作。

定额编号 YD3-87～YD3-89 330kV P_{166}～P_{167}；**定额编号** YD3-90～YD3-93 500kV P_{168}～P_{169}；**定额编号** YD3-94～YD3-97 750kV P_{170}～P_{171}

【应用释义】 隔离开关是高压开关电器中使用最多的一种电器，在电路中起隔离作用。它本身的工作原理及结构比较简单，但是由于使用量大，工作可靠性要求高，对变电所、电厂的设计、建立和安全运行的影响均较大。刀闸的主要特点是无灭弧能力，只能在没有负荷电流的情况下分、合电路。隔离开关用于各级电压，用作改变电路连接或使线路或设备与源隔离，它没有断流能力，只能先用其它设备将线路断开后再操作。一般带有防止开关带负荷时误操作的联锁装置，有时需要销子来防止在大的故障的磁力作用下断开开关。

3.2.3 户外三柱式隔离开关安装

定额编号 YD3-98～YD3-99　35kV　P_{172}～P_{173}

【应用释义】 户外三柱式隔离开关：见第一部分一、9 释义。

定额编号 YD3-100～YD3-103　110kV　P_{174}～P_{175}

【应用释义】 隔离开关：见第一部分一、8 释义。

定额编号 YD3-104～YD3-107　220kV　P_{176}～P_{177}

【应用释义】 见定额编号 YD3-82～YD3-86 释义。

定额编号 YD3-108～YD3-111　330kV　P_{178}～P_{179}

【应用释义】 隔离开关：用隔开关可以进行以下操作。

(1) 接通或断开电压互感器。

(2) 接通或断开阀型避雷器。

(3) 可以拉合励磁电流不超过 2A 的空载变压器。

(4) 拉、合电容电流不超过 5A 的空载线路，但在 20kV 及以下者应使用三联隔离开关。

(5) 用屋外三联隔离开关，可以拉、合电压在 10kV 以下、电流在 15A 以下的负荷。

(6) 拉合 10kV 以下、70A 以下的环流。

(7) 可以拉、合闭路断路器的旁路电流。

(8) 接通或断开电力变压器中性点的接地线（系统中有接地故障不允许操作）。

(9) 接通或断开连接在母线设备上的电容电流。

定额编号 YD3-112～YD3-116　500kV　P_{180}～P_{181}

【应用释义】 隔离开关：与高压断路器配合使用的设备。它无熄弧机构，主要功能是起隔离电压作用，以保证变压所电气设备检修时与电源系统隔离。隔离开关必须在高压断路器断开后才允许拉开，而合闸时，隔离开关应先闭合才能将高压电路器接通。

操作隔离开关前首先应注意检查开关确在断开位置。

(1) 合隔离开关时的操作要领。

①无论是用手还是用传动装置或绝缘操作杆操作，均须果断而迅速，但在合闸终了时用力不可太猛，以避免发生冲击。

②隔离开关操作完毕后，应检查是否合上，隔离开关刀片应完全进入固定触头，并检查接触良好。

(2) 拉开隔离开关时的操作要领。

①开始时应慢而谨慎，当刀片离开固定触头时应迅速，特别是切断变压器的空载电流、架空线路及电缆的充电电流、架空线路的小负荷电流以及切断环路电流时，拉闸应迅速果断，以便消弧。

②拉开隔离开关后，应检查隔离开关三相均在断开位置，并应使刀片尽量拉到头。

定额编号 YD3-117～YD3-120　750kV　P_{182}～P_{183}

定额编号 YD3-121～YD3-124　1000kV　P_{184}～P_{185}

【应用释义】 三柱式隔离开关是由三个垂直布置的绝缘支柱及其他部件组成的隔离开关，中间支柱的顶部安装水平导电臂，随着中间支柱的旋转而改变位置。两个边侧支柱固定不动，其顶部均安装静触头，合闸时，水平导电份擂入两端的静触头，分闸时，中间支柱带动水平导电仲旋转 60°，在两侧静触头之间分别形成空气间隙，其隔离作用是由两个串联空气间隔形成的。三柱式隔离开关由于支柱较多，加大了擦洗支柱绝缘子的工作量，中间支柱需要同时操作两个水平活动导电臂，其操作力较大。

3.2.4 户外单柱式隔离开关安装

定额编号 YD3-125～YD3-126　110kV　P_{186}～P_{187}

定额编号 YD3-127～YD3-128　220kV　P_{186}～P_{187}

【应用释义】 户外单柱式隔离开关（GW6）：相关释义见第一部分一、9相关内容。

定额编号 YD3-129～YD3-130　330kV　P_{188}～P_{189}

【应用释义】 隔离开关一般是开启式，特定条件下也可以订制封闭式隔离开关。隔离开关有带接地刀闸和不带接地刀闸两种；按绝缘情况又可分为普通型及加强绝缘型两种。

额定电流不够大的隔离开关使用手动操作机构。额定电流超过8000A，或电压在220kV以上者，应考虑使用电动操作机构或液压、气压操作机构。

隔离开关的正常巡视检查项目如下。

(1) 瓷质部分应完好无破损。
(2) 各接头应无发热、松动。
(3) 刀口应完全合入并接触良好。
(4) 传动机构应完好，销子应无脱落。
(5) 联锁装置应完好。
(6) 液压机构隔离开关的液压装置应无漏油，机构外壳应接地良好。

定额编号 YD3-131～YD3-132　500kV　P_{188}～P_{189}

【应用释义】 选择隔离开关时，首先应根据安装地点选择户内型（GN）或户外型（GW），然后根据工作电压或工作电流选择额定值，校验其动、热稳定值。一般均采用三极联动的三相隔离开关，只有在高压系统中性点接地回路中，采用GW9-10型单极隔离开关。选用35kV及以上断路器两侧隔离开关和线路隔离开关，宜选用带接地刀闸的产品。往往出于安装或运行上的需要，把较高额定电压或较大额定电流的隔离开关用在低电压或小电流的电路中，如变压器低压出口采用GN2型。选择时，还要结合工作环境和配电装置的布置特点，计算开关接线端的机械负荷。机械负荷是指母线（或引下线）的自重、张力和覆冰风雪等造成的最大水平静拉力。10kV级开关不应大于250N，35～60kV级不应大于50N，110kV级要小于750N。

隔离开关是一种断开或闭合电路的电气设备，它的断开点没有灭弧能力，只能在不产生电弧或电弧不延续的情况下才能断开电路。隔离开关安装在墙上的支架上，应先把支架预埋在墙上，待土建专业的装饰工程完毕后，再安装隔离开关，操作机构与隔离开关应同时安装，拉杆的内径与操作机构轴的直径相配合，两者的间隙不大于1mm，连接部分的销子不应松动。隔离开关合闸后，触头间的相对位置、备用行程以及分闸状态时触头间的净距离或拉开角度，应符合产品的技术规定，操作机构手柄要求距地面1.2m。隔离开关也可直接安装在墙上。需要增加延长轴时两轴承间的距离不应小于1000mm。额定电流在600A以下的隔离开关装在支架上，在600A以上的隔离开关装在墙上。

3.2.5 敞开式组合电器安装

定额编号 YD3-133～YD3-134　电流互感器与隔离开关组合（220kV）　P_{190}～P_{191}

【应用释义】 敞开式组合电器：见第3章第一部分说明释义第10条释义。

电流互感器：是电能变换元件，将大电流变换成小电流（一般为5A），供计量检测仪表和继电保护装置使用。

隔离开关：见第3章第一部分说明释义第8条释义。

定额编号 YD3-135～YD3-136　隔离开关与隔离开关组合（220kV）　P_{190}～P_{191}

【应用释义】 隔离开关见定额编号 YD3-131～YD3-132 的应用释义。

定额编号　YD3-137～YD3-138　电流互感器与隔离开关组合（330kV）　P_{192}～P_{193}

【应用释义】 电流互感器的作用是可以把数值较大的一次电流通过一定的变比转换为数值较小的二次电流，用来进行保护、测量等用途。电流互感器原理是依据电磁感应原理。电流互感器由闭合的铁芯和绕组组成。它的一次绕组匝数很少，串接在需要测量的电流的线路中，因此它经常有线路的全部电流流过，二次绕组匝数比较多，串接在测量仪表和保护回路中。电流互感器在工作时，它的二次回路始终是闭合的，因此测量仪表和保护回路串联线圈的阻抗很小，电流互感器的工作状态接近短路。电流互感器是把一次大电流转换成二次小电流来使用，二次不可开路。

定额编号　YD3-139～YD3-140　隔离开关与隔离开关组合（330kV）　P_{192}～P_{193}

【应用释义】 敞开式组合电器：外绝缘暴露在大气中的组合电器。它是将几种常规的高压电器按电气主接线要求有机地结合为一体，在结构上相互依托借用，各电器元件仍保持原有的技术性能和结构特点，但拆开以后部分设备不能独立运行。

定额编号　YD3-141～YD3-142　电流互感器与隔离开关组合（550kV）　P_{194}～P_{195}

【应用释义】 见定额编号 YD3-137～YD3-138 电流互感器与隔离开关组合（330kV）里说明。

定额编号　YD3-143～YD3-144　隔离开关与隔离开关组合（550kV）　P_{194}～P_{195}

【应用释义】 隔离开关参阅前文释义。电流互感器参阅前文释义。

3.2.6　单相接地开关安装

定额编号　YD3-145～YD3-150　电压（kV）　P_{196}～P_{198}

【应用释义】 参照定额编号 YD1-25～YD1-28 镀锌六角螺栓。

3.3　互感器

3.3.1　电压互感器安装

【应用释义】 电压互感器在三相电路中的安装方法有：①一个单相电压互感器接线，供仪表、继电器接于一个线电压；②两个单相电压互感器接成 V/V 型，供仪表、继电器接于三相三线制电路的各个线电压；③三个单相电压互感器接成 Y_0/Y_0 型，供电给要求线电压的仪表，继电器，并供电给接相电压的绝缘监察电压表；④三个单相三绕组电压互感器或一个三相五芯柱三绕组电压互感器接成 $Y_0/Y_0/\triangle$（开口三角）形，接成 Y_0 的二次绕组，供电给需线电压的仪表、继电器及作为绝缘监察的电压表；辅助二次绕组，构成零序电压过滤器，供电给监察线路绝缘的电压继电器。针对电压互感器的特点，在使用时应特别注意其二次侧不得短路，且二次侧必须有一端接地，端子极性应正确。

定额编号　YD3-151～YD3-154　油浸式（kV）　P_{199}～P_{200}

【应用释义】 电压互感器：根据安装地点分为户内和户外型；按相数分为单相和三相；按绕组数为分双绕组和单绕组；按绝缘分为浇注式和油浸式，一般浇注式用于 3～35kV，油浸式用于 110kV 及以上的电压互感器。

电压互感器型号说明如下：

①　②　③　④　⑤-⑥

第一个字母，J 或 Y 表示电压互感器；

第二个字母，表示相数，其中：D 为单相，S 为三相；C 为串级；

第三个字母，表示绝缘形式，其中：J 为油浸式，G 为干式，C 为瓷绝缘；Z 为浇注式；R 为电容式；

第四个字母，表示结构形式，其中：W 为五柱三绕组；J 为接地保护；

第五个字母，表示设计序号（下标）；

第六个字母，表示额定电压，kV。

电压互感器的作用如下。

（1）变压。按一定比例把高压变成适合二次设备应用的低电压（一般为100V），便于二次设备标准化。

（2）隔离。将高电压与低压系统实行电气隔离，以保证工作人员和二次设备的安全。

（3）用于特殊用途。

定额编号　YD3-155～YD3-161　电容式（kV）　P_{201}～P_{202}

【应用释义】 电容式电压互感器：简称CVT，电容式电压互感器结构简单、重量轻、体积小、成本较低，且电压越高越显著。

CVT为单相单柱式结构，它由电容分压器和电磁单元两部分组成，另外，分压电容还可以兼作载波通信的耦合电容，因此广泛用于110～500kV中性点直接接地系统，其缺点是输出容量小、误差较大。

电容式电压互感器结构见图3-27(a)，电气连接图见图3-27(b)，实质上电容式电压互感器是一个电容分压器，在被测装置的相和地之间接有电容C_1和C_2，按反比分压：

$$U_{2C}=K_C U_1=[C_1/(C_1+C_2)]U_1$$

式中，K_C为电压互感器分压比。

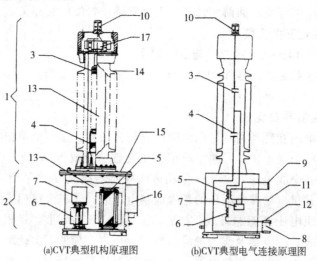

图3-27　电容式电压互感器

1—电容分压器；2—电磁电源；3—电压电容（C_1）；4—中压电容（C_2）；5—中压变压器（T_r）；6—谐振抗器（L）；7—阻尼器（ZD）；8—电容分压器低压端对地保护间隙；9—阻尼器连接片；10——次侧接线端子；11——、二次绕组输出端子；12—接地端；13—绝缘油；14—磁套管；15—油箱；16—端子箱；17—外置式金属膨胀器

3.3.2　户内型电流互感器安装

定额编号　YD3-162～YD3-166　电流（A以下）　P_{203}～P_{204}

【应用释义】 电流互感器：一次绕组匝数很少（有的直接穿过铁芯只有一匝），导体较粗；而二次绕组匝数很多，导体较细。工作时，一次绕组串联在供电系统的一次电路中，而二次绕组则与仪表、继电器等的电流线圈串联，形成一个闭合回路。由于这些电流线圈的阻抗很小，所以电流互感器工作时二次回路接近于短路状态。电流互感器二次绕组的额定电流一般都为5A，这样就可以有一只5A的电流表，通过电流互感器测意任意大的电流，从而

使电流表、继电器的规格统一。

电流互感器应按安装地点的条件及额定电压、一次电流、二次电流（一般为5A）、准确度等条件进行选择，并校验其短路时的动稳定度和热稳定度。

对于保护用电流互感器来说，通常采用10p准确级。其复合误差限值为10%。

由于电流继电器是由电流互感器二次线圈供电的，所以继电保护装置的工作与互感器的准确度有密切的关系。按我国规程规定，用于继电保护的电流互感器的变化误差（简称比差）不得大于±10%，相位误差（简称角差）不得大于7°。对于同一个电流互感器来说，在保证其误差不超过允许值的前提下，如果二次负荷阻抗 Z_2 较大，则允许的一次电流倍数 K_1（互感器实际的一次电流 I_1 与其额定一次电流 I_{1N} 的比值）就较小。如果二次负荷阻抗 Z_2 较小，则允许的一次电流倍数 K_1 就较大。生产厂按照试验所绘制的允许比差为10%，角差为7°的电流互感器的一次电流倍数（通称10%倍数）K_1 与最大允许的二次负荷阻抗 $Z_{2 \cdot al}$（Ω）的关系曲线称为电流互感器的10%误差曲线，如图3-28所示。

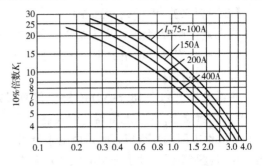

图3-28 某型电流互感器的10%误差曲线

如果已知电流互感器的一次电流倍数，就可从对应的10%误差曲线查得允许的二次负荷阻抗 $Z_{2 \cdot al}$。只要实际的二次负荷阻抗 $Z_2 \leqslant Z_{2 \cdot al}$ 就满足要求。如果不满足要求，就应改选互感器，选具有较大 I_{1N} 的互感器，或选具有较大的 $Z_{2 \cdot al}$ 的互感器。

3.3.3 户外型电流互感器安装

定额编号 YD3-167～YD3-174 电压（kV 以下） P_{205}～P_{206}

【应用释义】 在测量大电流时，使用电流互感器将大电流变为小电流后进行测量或保护。

(1) 按安装地点可分为户内式和户外式。

(2) 按安装方式分穿墙式、支持式和装入式。穿墙式装在墙壁或金属结构的孔中，可节约穿墙套管；支持式多安装在户外配电装置的构架上；装入式是套在35kV及以上变压器或多油断路器油箱的套管上。

(3) 按绝缘可分为干式、浇注式、油浸式和 SF_6 式。干式用绝缘胶浸渍，适用于低压户内电流互感器；浇注式利用环氧树脂作绝缘，目前仅使用于35kV及以下的电流互感器；油浸式多为户外型。

(4) 按一次绕组匝数可分单匝和多匝式。

电流互感器的型号表示为：

① ② ③ ④ ⑤-⑥ ⑦ ⑧ ⑨

其代表含义如下：

①：L—电流互感器；

②：D—单匝贯穿式，F—复匝贯穿式，M—母线贯穿式，R—装入式，Q—线圈式，C—磁箱式，Z—支柱式，A—套管式，V—倒立式，Y—低压型；

③：Z—浇注绝缘，C—瓷绝缘，Q—气体绝缘，L—电容式绝缘；

④：L—电缆型，W—户外式，D（B）—差动保护用（最后一个字母），B—过流保护用，J—接地保护或加大容量，S—速饱和，G—改进型，Q—加强型；

⑤：设计系列序号，以数字 1、2、3…表示；

⑥：额定电压，kV；

⑦：W—污秽地区，GY—高原地区，TA—干热带地区，TH—湿热带地区；

⑧：二次组合，表示二次绕组的数量及相应的准确级；

⑨：额定电流比。

例如：LCWB-220W、5P/5P/5P/5P/0.2/0.2　2×1250/5 型，表示为污秽地区用220kV 户外磁绝缘带保护级电流互感器，4 个 5P（保护级）和 2 个 0.2 级（测量级），产品可以满足 1250/5A 和 2500/5A 两种变化要求。

3.3.4 电子式互感器安装

定额编号　YD3-175～YD3-182　电压（kV 以下）　P_{207}～P_{208}

【应用释义】电子式互感器：一种装置，由连接到传输系统和二次转换器的一个或多个电压或电流传感器组成，用以传输正比于被测量的量，供给测量仪器、仪表和继电保护或控制装置。在数字接口的情况下，一组电子式互感器共用一台合并单元完成此功能。

3.4 避雷器安装

定额编号　YD3-183～YD3-185　普通阀式（kV）　P_{209}～P_{210}

【应用释义】阀式避雷器：阀式避雷器结构简图如图 3-29 所示，阀式避雷器由有火花间隙和非线性电阻阀片组成，阀片由电工金刚砂 SiC 用黏合剂黏合经低温烧制而成。当外加的冲击电压超过避雷器的冲击击穿电压时，火花间隙击穿，大部分电流经非线性电阻流入地中。

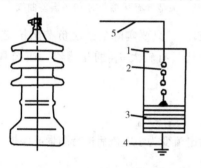

图 3-29　阀式避雷器外形及结构简图
1—瓷套；2—间隙；3—阀片；
4—接地线；5—进线；

其型号组成为：

① ②-③/④

其代表含义如下。

①：F—普通阀式避雷器；

②：S—配电用（10kV 以下配电系统），Z—电站用（发电厂、变电站配电装置用）；

③：额定电压，kV；

④：标称放电电流下残压，kV。

例如：FZ-110 表示额定电压为 110kV 的阀式避雷器。

阀式避雷器安装注意事项。

(1) 避雷器应垂直安装，每一个元件的中心线与避雷器安装点中心线的垂直偏差不应大于该元件高度的 1.5%。如有斜片可在法兰间加金属片校正，但应保证其导线良好，并将其缝隙用腻子抹平后涂以涂料。避雷器各连接处的金属接触平面，应除去氧化膜及涂料，并涂一层凡士林或复合脂。室外避雷器可用镀锌螺栓将上部端子接到高压母线上，下部端子接至接地线后接地。但引线的连接，不应使避雷器结构内产生超过允许的外加应力，接地线应尽可能短而直，以减少电阻；其截面应根据接地装置的规定选择。

(2) 避雷器在安装前应进行下列检查：避雷器型号符合设计要求；瓷件应无裂纹、破损，瓷套与铁法兰间的结合应良好；组合元件应试验合格等。

(3) 避雷器在安装前还应进行绝缘电阻测定、直流泄漏电流测量、工频放电电压测和和检查放电记录器动作情况及其基座绝缘。

定额编号　YD3-186～YD3-190　磁吹式（kV）　P_{211}～P_{212}

【应用释义】磁吹式避雷器：是改良保护特性的阀式避雷器，与普通阀式避雷器的区别主要是灭弧方式不同，阀片由电工金刚砂 SiC 用黏合剂黏合经高温烧制而成。在过电压作用下，主间隙、辅助间隙击穿，放电电流经过两个辅助间隙、主间隙、阀片电阻而入地，将过电压限压。

其型号组成为：

① ②-③/④

其代表含义如下。

①：FC—磁吹式避雷器；

②：X—线路用，Z—电站用，D—旋转电机用；

③：额定电压，kV；

④：标称放电电流下残压，kV。

例如：FC2-110 表示额定电压为 110kV 的磁吹式避雷器，2 是产品设计序号。

又如：FCD-10 表示额定电压为 10kV 的旋转电机用磁吹式避雷器。

定额编号   YD3-191～YD3-198   氧化锌式（kV） P_{213}～P_{214}

【应用释义】 氧化锌避雷器分带间隙和无间隙两种。

为了氧化锌避雷器在工频过电压下的稳定性，不得不大大增加氧化锌阀片的数量，从而使氧化锌避雷器的成本显著上升，因此，经常采用串联一个放电间隙，用来隔离作用在氧化锌阀片上的电网工作电压，使避雷器只能在雷电过电压下工作。

其型号组成为：

① ② ③ ④ ⑤-⑥/⑦

其代表含义如下。

①：Y—磁外套氧化锌避雷器，YH—合成绝缘外套氧化锌避雷器；

②：数字，标称放电电流，kA；

③：W—无间隙放电，C—有间隙，B—有并联间隙；

④：R—电容器组用，F—封闭电器用，S—变电所用，Z—电站用、X—线路用，R—电气化铁路用；

⑤：数字，产品设计序号；

⑥：额定电压，kV；

⑦：标称放电电流下残压，kV。

例如：Y5W2-200/496，表示额定电压为 200kV 的无放电间隙的磁外套氧化锌避雷器；YH5W-100/260 表示额定电压为 100kV 的无放电间隙的合成绝缘外套氧化锌避雷器。

3.5 电力电容器

3.5.1 电容器安装

定额编号   YD3-199   电容器 200kvar 以下 P_{215}～P_{216}

定额编号   YD3-200   电容器 200kvar 以上 P_{215}～P_{216}

【应用释义】 电容器

(1) 电容器的种类 种类很多，按其结构、介质材料分类如下。

①固定式电容

a. 有机介质：可分为纸介（普通纸介、金属化纸介）和有机薄膜（涤纶、聚碳酸酯、聚苯乙烯、聚四氟乙烯、聚丙烯、漆膜等）。

b. 无机介质：可分为云母、瓷介（瓷片、瓷管）和玻璃（玻璃膜、玻璃釉）等。

c. 电解：可分为铝电解、钽电解和铌电解等。

②可变式，可分为空气、云母、薄膜式电容器。

③半可变式，可分为瓷介、云母电容器。

(2) 电容器的安装 首先应根据每个电容器铭牌上所示的电容量按相分组，应尽量将三相电容量的差值调配到最小，其最大与最小的差值不应超过三相平均电容值的 5%，然后将电容器放在构架上。电容器构架应按水平及垂直安装。固定应牢靠,涂膜应完整。电容器水平放置行数一般为一行,同一行电容器之间的距离一般不应小于100mm;上下层数不得多于3层,上中下三层电容器的安装位置应一致,以保证散热良好,切忌层与层之间放置水平隔板,避免阻碍通风。电容器的放置应使其铭牌面向通道一侧,并应有顺序编号。电容器端子的连线宜采用软导线,注意接线应对称一致,整齐美观。电容器组与电网连接可采用铝母线,但应注意连接时不要使电容器出线套管受到机械应力。

移相电容器:把电容器与负荷或供电设备并联运行,能够补偿电网的无功功率不足,该电容器称为移相电容器,又叫并联补偿。它的功用是减少线路的无功输出,可提高电网的输送能力,改善电网的功率因数,降低电能损耗,从而改善电网和用户的电压质量。

3.5.2 耦合电容器安装

定额编号 YD3-201～YD3-205 耦合电容器 (kV) $P_{217} \sim P_{218}$

【应用释义】 电力系统经常采用的电容器有以下几种。

(1) 并联电容器(又称为移相电力电容器) 并联接于35kV及以下高低压配电网上,用以补偿电力系统感性负荷,提高功率因数,改善电压质量,降低线路损耗。当单台并联电容器的额定电压不能满足电网正常工作电压要求时,需由两台或多台并联电容器串联;为了达到预定要求的补偿容量,又需要用若干台并联电容器并联组成并联电容器组。

集合式并联电容器是由多个带铁壳的单元电容器组合而成,其容量大小、一次接线方式及继电保护型式根据需要而定。

(2) 串联电容器 串联接于高压、超高压远距离输电线路中,用以补偿线路电感电抗,提高输电能力,保证电网稳定运行,改善电压质量,但随着远距离输电电压等级的提高和直流高压输电的应用,目前采用串联电容器补偿方式的较少。

(3) 耦合电容器 高压端接于输电线路上,低压端经耦合线圈接地,使高频载波装置和测量装置在低电压下与高压输电线路相耦合,用于载波通信、线路高频保护及电压测量等。

(4) 均压电容器 并联接于多断口断路器的每个断口上,使断口的开断位置的电压分布和过断过程的恢复电压分配均匀,充分发挥每个灭弧室的作用。

(5) 防护电容器 接于线、地之间,以降低大气过电压波前陡度和波峰峰值,配合避雷器保护电机。

正常巡视耦合电容器应注意以下几点。

(1) 电容器瓷套部分有无破损或放电痕迹。

(2) 上、下引线是否牢固;接地线是否良好,接地隔离开关是否在指定状态。

(3) 引线及各部分有无放电响声。

(4) 无渗漏油现象。

(5) 放电灯泡不应发亮。

3.5.3 集合式电容器安装

定额编号 YD3-206～YD3-209 电压 (kV) $P_{219} \sim P_{220}$

【应用释义】 集合式电容器由多个带小铁壳的单元电容器组成,单元电容器是全密封的,其内部主要是多个并联的、装有内熔丝的小电容元件和液体浸渍剂。单元电容器按设计要求并联和串联联接,固定在支架上,装入大油箱,注入绝缘油,组成集合式电容器。

3.5.4 自动无功补偿装置安装

定额编号 YD3-210～YD3-211 电压 (kV) $P_{221} \sim P_{222}$

【应用释义】 见第3章说明释义一、14。

3.5.5 110kV并联电容器安装

定额编号 YD3-212　并联电容器组（kV）　$P_{223}\sim P_{224}$

【应用释义】　单相并联电容器主要由芯子、外壳和出线结构等几部分组成。用金属箔（作为极板）与绝缘纸或塑料薄膜叠起来一起卷绕，由若干元件、绝缘件和紧固件经过压装而构成电容芯子，并浸渍绝缘油。

3.6　熔断器、放电线圈

3.6.1　熔断器安装

定额编号　YD3-213～YD2-214　户内（kV）　$P_{225}\sim P_{226}$

【应用释义】　硅酸盐水泥主要由硅酸盐水泥熟料、适量石膏和混合材料配制而成。硅酸盐水泥 42.5 级指用硅酸盐水泥做成的标准试块在标准条件下养护 28d 的抗压强度为 42.5MPa。

熔断器：是最简单的一种保护电器，它串联在电路中，利用热熔断原理，当过载、短路电流通过电路时，保护电器装置和线路安全。

熔断器的分类如下。

（1）按电压等级可分为高压、低压。
（2）按有无填充料可分为有填充料式和无填充料式。
（3）按结构形式可分为螺旋式、插入式、管式，以及开敞式、半封闭式、封闭式。
（4）按使用环境分户内式和户外式。
（5）按熔体的更换情况可分为易拆换式和不易拆换式。
（6）按是否有限电作用可分为限流式和不限流式。

定额编号　YD3-215～YD3-216　户外（kV）　$P_{225}\sim P_{226}$

【应用释义】　熔断器：最简单和最早使用的一种保护电器，用来保护电路中的电器设备，使其在短路或过负荷时免受损坏。

在功率较小和对保护性能要求不高的地方，可以与闸刀开关配合代替自动空气断路器，与负荷开关配合代替高压断路器。多用于电压为 1000V 及以下的装置中。电压为 3～35kV 的高压装置中，熔断器主要用作小功率辐射形电网和小容量变电所等电路的保护电器，也常用来保护电压互感器。

熔断器的优点是结构简单，体积小，重量轻，使用和维护方便。

熔断器主要由金属熔件、支持熔件的触头和外壳（熔管）构成，有的熔断器内还装有特种灭弧物质，如产气纤维管、石英砂等，用来熄灭熔件熔断时形成的电弧。

熔断器的技术参数如下。

（1）熔断器的额定电流　熔断器壳体的载流部分和接触部分所允许的长期工作电流。当长期通过额定电流时，不致损坏熔断器。

（2）熔件的额定电流　长期通过熔件，而熔件不会熔断的最大电流。熔断器的额定电流与熔件的额定电流不一定相同，但熔件的额定电流不能大于熔断器的额定电流。

（3）熔断器的极限断路电流　熔断器所能切断的最大电流。若切断大于此电流值的电流，可以使熔断器损坏，或由于电弧而引起相间短路。

3.6.2　放电线圈安装

定额编号　YD3-217～YD2-219　户内（kV）　$P_{227}\sim P_{228}$
定额编号　YD3-220～YD3-222　户外（kV）　$P_{227}\sim P_{228}$

【应用释义】　见第一部分二、9 释义。

3.7　阻波器、结合滤波器安装

定额编号　YD3-223～YD3-229　悬挂式（kV）　$P_{229}\sim P_{230}$

【应用释义】　见第一部分三、10 释义。

定额编号　YD3-230～YD3-235　支撑绝缘台上（kV）　P_{231}～P_{232}

【应用释义】　线路阻波器一般由主线圈，调谐装置和保护装置三部分组成。

定额编号　YD3-236　结合滤波器　P_{233}

【应用释义】　电容器见第一部分一、14释义。

电力电容器在正弦电压作用下能"发"无功，如果把电容器并接在负荷或供电设备上运行，叫并联补偿，即负荷或供电设备要吸收的无功，正好由电容器供给。这样，线路上就避免了无功的输送，减少线路能量的损耗，减少线路路压降，改善电压质量，提高系统供电能力。

如果把电力电容器与线路串联，补偿线路电抗，即为串联补偿。串联补偿可以改善电压质量，提高系统稳定性和增加输电能力。

滤波电容器：

①用于倍压或串级高压直流装置中；

②用于高压整流滤波装置中；

③用于交流滤波装置中，包括直流输电的滤波装置均压电容器，电容器接于线、地之间，降低大气过电压的波前陡度和波峰峰值，配合避雷器保护发电机和电动机标准电容器用在工频高压测量介质损耗回路中，作为标准电容，或用作测量高压的电容分压装置。

3.8　成套高压配电柜

3.8.1　20kV以下成套高压配电柜安装

定额编号　YD3-237～YD3-243　20kV配电柜　P_{234}～P_{237}

【应用释义】　配电柜：高压配电柜有固定式和手车式之分。主要用于变配电站作为接收和分配电能之用。近年来，新型产品越来越多，如JYN-10型 KYN-10型和KGN-10型等，但GG-1A型由于柜内宽大，便于维修，加之内部电器不断更新，所以一直使用比较广泛。

油断路器：当绝缘油与高温的电弧接触时，就产生氢、乙炔、甲烷、乙烷等分解气体，氢气占大部分，它的热导率非常高，有利于对电弧的冷却和熄灭，灭弧室一般采用绝缘材料制成圆筒形，在侧面开设数个喷口。当动静触头分离时，电弧使灭弧室的一部分油分解，当灭弧室内压力达到一定数值以上时，侧面喷口打开，由于分解气体的绝热膨胀而产生强烈的灭弧作用。

真空断路器：利用稀薄的空气（真空度为 10^{-4} mmHg以下）的高绝缘强度为熄灭电弧。因为在稀薄的空气中，中性原子很少，较难产生电弧且不能稳定燃烧。

真空断路器能适应频繁操作的负载，并具有开距小、动作快、燃弧时间短、开断能力强、结构简单、重量轻、体积小、寿命长、无噪声、维修容易、无爆炸危险等优点。近些年来发展迅速，特别是在10kV及以下领域更为显著，完全可以取代多油断路器。但真空断路器不足之处是分断电感性负载的性能不如分断电容性负载，为限制过高的操作过电压，对经常分断高压电动机或电弧炉变压器等电感性负载的真空断路器必须配置专用的R-C吸收装置或金属氧化物避雷器。

真空断路器以真空作为灭弧和绝缘介质。零部件都密封在用绝缘的玻璃等材料制成的外壳内，动触杆与动触头的密封靠金属波纹管来实现，真空无弧室的原理结构如图3-30所示。真空断路器有以下特点：

（1）结构轻巧。触头开距小（10kV，只有10mm）、动作迅速、操作轻便、体积小、重量轻。

（2）燃弧时间短。因为触头处于真空中，基本上不发生电弧，极小的电弧一般只需半周波（0.1s）就能熄灭，故有半周波断路器之称，而且燃弧时间与电流大小无关。

（3）触头间隙介质恢复速度快。

(4) 寿命长。

(5) 维修工作量少,能防火防爆。

目前真空断路器已越来越广泛应用,尤其是10kV领域应用真空断路器越来越多。

SF₆断路器:SF₆断路器利用SF₆气体特异的热化学特性和显著的负电性,对于产生的等离子体空间尽可能地供给多量的新鲜SF₆气体,促进SF₆气体分子与电弧的接触反应,从而达到快速熄灭电弧的目的。

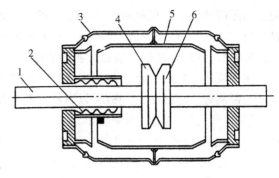

图 3-30　真空灭弧室的原理结构图
1—动触杆;2—波纹管;3—外壳;
4—动触头;5—屏蔽罩;6—静触头

3.8.2　35kV以下成套高压配电柜安装

定额编号　YD3-244～YD3-250　35kV成套高压配电柜　P_{238}～P_{241}

【应用释义】　成套配电柜:高压配电柜俗称高压开关柜。

3～35kV的高压开关柜,按照开关柜的结构形式可分为手车式和固定式两种。

手车式高压开关柜,为单母线结构,一般由下列几个部分组成。

(1) 手车室。柜前正中部分为手车室,断路器及操作机构均装在小车上,断路器手车正面上部为推进机构,用脚踩手车下部联锁脚踏板,插入手柄,转动蜗杆,母线室挡板提起,可使手车平稳前进或后移。当手车在工作位置时,断路器通过隔板插头与母线及出线相通。检修时,将小车拉出间隔,一次动静插头分离,手车室挡板自动关闭,起安全隔离作用。如急需恢复送电,可换上备用小车,既方便检修,又可减少停电时间。手车与柜相连的二次线采用二次插头连接,当断路器离开工作位置后,其一次插头虽然断开,而二次线仍可接通,以便调试断路器。手车推进机构与断路器操作机构之间有防止带负荷推拉小车的安全联锁装置。手车两侧及底部没有接地滑道、定位销和位置指示等附件。柜门外设有观察窗,运行时可观察内部情况。

(2) 仪表继电器室。测量仪表、信号继电器和继电保护用的连接片装在小室的仪表门上,小室内有继电器、端子排、熔断器和电能表。

(3) 主母线室。位于开关柜的后上部,室内装有母线和隔离静触头。母线为封闭式,不易积灰和短路,可靠性高。

(4) 出线室。位于柜后部下方,室内装有出线侧静隔离触头、电流互感器、引出电缆(或硬母线)等。

(5) 小母线室。在柜顶的前部设有小母线室,室内装有小母线和接线座。

手车式结构具有良好的互换性,可缩短用户停电时间,检修方便,并能防尘和防止小动物侵入造成的短路,运行可靠,维护工作量小。

固定式高压开关柜有双母线和单母线结构,断路器固定装在柜内。固定式与手车式相比,体积大,封闭性能较差,现场安装工作量大,检修不够方便,但制造工艺简单,消耗钢材少,价廉。

真空断路器:在高真空中绝缘强度非常高。同时,在真空中金属蒸气和带电离子扩散形成的灭弧作用是很显著的。真空断路器就是利用此种特点,在真空容器内进行电流的开断与关合。

3.8.3　66kV以下成套高压配电柜安装

定额编号　YD3-251～YD3-257　66kV成套高压配电柜安装　P_{242}～P_{245}

【应用释义】　高压配电柜又可称为高压开关柜,是指用于电力系统发电、输电、配电、电能转换和消耗中起通断、控制或保护等作用。电压等级在3.6～550kV的电器产品,主要包括高压断路器、高压隔离开关与接地开关、高压负荷开关、高压自动重合与分段器、高压操作机构、高压防爆配电装置和高压开关柜等几大类。

3.8.4 接地变压器、消弧线圈柜安装。

定额编号　YD3-258　20kV以下接地变压器、消弧线圈柜　$P_{246} \sim P_{247}$

定额编号　YD3-259　35kV以下接地变压器、消弧线圈柜　$P_{246} \sim P_{247}$

【应用释义】 接地变压器简称接地变，根据填充介质，接地变可分为油式和干式；根据相数，接地变可分为三相接地变和单相接地变。我国电力系统中的6kV、10kV、35kV电网中一般都采用中性点不接地的运行方式。电网中主变压器配电电压侧一般为三角形接法，没有可供接地电阻的中性点。接地变是人为地制造一个中性点，用来连接接地电阻。当系统发生接地故障时，对正序、负序电流呈高阻抗，对零序电流呈低阻抗性使接地保护可靠动作。

3.8.5 中性点接地成套设备安装

定额编号　YD3-260　中性点接地成套设备　$P_{248} \sim P_{249}$

【应用释义】 变压器中性点成套装置一般有：中性点接地隔离开关（含操作机构）、中性点避雷器及泄漏电流监测仪、中性点CT、中性点放电间隙以及中性点的后备保护（零序电压和零序电流及间隙保护）等。

第三部分　工程量计算实例

【例3-1】 随着工业化的飞速发展，某市需新建一110kV变电所来供给该市工业用电和城市居民生活用电。该新建变电所采用屋内成套配电装置，其配电工程平面图如图3-31所示。要求列出概算工程项目，并计算各工程量。

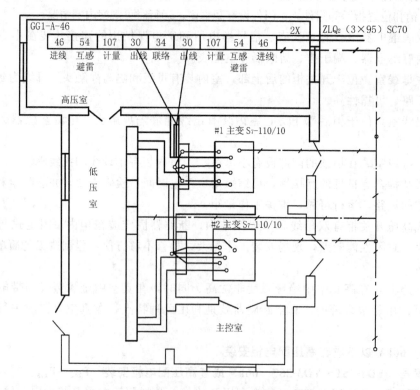

图3-31　某市110kV降压变电所工程平面图

已知，采用2台主变，为三相电力变压器，型号为 S_7-31.5/110kV。高压开关柜共有9台，其中少油断路器柜 GG-1A-30（出线柜）2台；GG-1A-46（进线柜）2台；GG-1A-54（互感器、避雷柜）2台；GG-1A-34（联络柜）1台；GG-1A-107（计量柜）2台。低压柜共8台，其中 PGL-06.07 有7台；电容器柜 BT（F）-3-03 有1台。其高低压主母线均采用铝母线，直径为90mm，平面图中的电缆和管线可暂不列项，主母线采用支持式管型硬母线，两台主台间母线长为30m，由于导线接于端子箱和仪表之间，可定为补偿导线。

【解】 分析，由于本题套用电力定额，且各工程量已在已知条件中给出，故只需列项，套定额列表即可。清单工程量见表3-5。

表 3-5 清单工程量计算表

序号	项目编码	项目名称	项目特征描述	计量单位	工程量
1	BA6103G22001	铝管 DN90	型号：管径 50mm	m	30
2	BA1601A11001	110kV 双绕组变压器 S_N＝31.5MW	容量 10000kV·A 以下	台	2
3	BA2104B11001	户内少油断路器安装	电流 6000A 以下	台	2
4	BA2104B17001	电容式电压互感器安装	型号：110kV	台	2
5	BA2104B16001	户内型电流互感器	电流 1000A 以下	台	2
6	BA2104B18001	普通阀式避雷器安装	型号：110kV	组/三相	2
7	BA2104B20001	耦合电容器安装	型号：110kV	台	1
8	BA2104A13001	干式联络电抗器安装	容量 6000kvar 以下	组/相	2
	BA2104C11001	悬垂绝缘子双串安装	型号：110kV	串	4

定额工程量计算见表3-6。

表 3-6 定额工程量计算表

序号	定额编号	项目名称	计量单位	工程数量
1	YD8-24	铝管 DN90	m	30
2	YD2-16	110kV 双绕组变压器 S_N＝31.5MW	台	2
3	YD3-10	户内少油断路器安装	台	2
4	YD3-156	电容式电压互感器安装	台	2
5	YD3-162	户内型电流互感器	台	2
6	YD3-184	普通阀式避雷器安装	组/三相	2
7	YD3-202	耦合电容器安装	台	1
8	YD2-98	干式联络电抗器安装	组/相	2
9	YD4-9	悬垂绝缘子双串安装	串	4

上题中，由于只有2个电压等级，主变只需选双绕组即可，所用电可从低压侧引进。与母线相连的绝缘子串采用双串形式。从现场到主控室的电缆敷设在此不议。

【例 3-2】 如图 3-32 所示，有一条6kV三线式单回路架空线路，试计算工程量并套用定额（杆塔简图如图 3-33 所示，杆塔型号见表 3-7）。

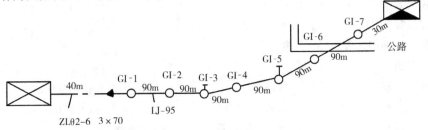

图 3-32 三线式单回路架空线路

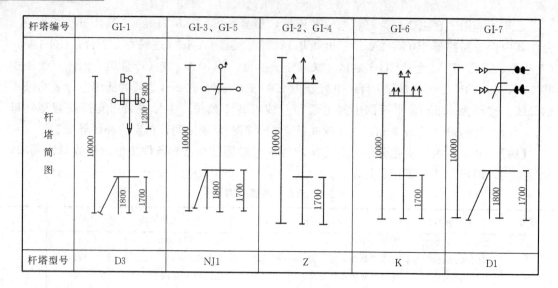

图 3-33 杆塔简图

表 3-7 杆塔型号

杆塔型号	D3	NJ1	Z	K	D1
组装图页次	D162（二）31 页	D162（二）26 页	D162（二）22 页	D162（二）23 页	D162（二）29 页
电杆	ϕ190-10-A	ϕ190-10-A	ϕ190-10-A	ϕ190-10-A	ϕ190-10-A
横担	1500 2×L75×8（2Ⅱ$_3$）	1500 2×L63×6（2Ⅰ$_3$）	1500 L63×6（Ⅰ$_3$）	1500 L63×6（Ⅰ$_3$）	1500 2×L75×8 2（Ⅱ$_3$）
底盘/卡盘	DP6	DP6	DP6 KP12	DP6 KP12	DP6
拉线	GJ-35-3-Ⅰ$_2$	GJ-35-3-Ⅰ$_2$			GJ-35-3-Ⅰ$_2$
电缆盒					

【解】 （1）计算工程量

①杆坑、拉线坑、电缆沟等土方计算

a. 杆坑：$7×3.39=23.73(m^3)$

（查表得电杆的每坑土方量为 3.39，拉线与此相同）

b. 拉线坑：$4×3.39=13.56(m^3)$

c. 电缆沟：$(40+2×2.28)×0.45=20.05(m^3)$

土方总计为：$23.73+13.56+20.05=57.34(m^3)$

②底盘安装 DP6　　　$7×1=7(个)$

　卡盘安装 KP12　　　$3×1=3(个)$

③立电杆 ϕ190-10-A　　　7 根

④横担安装

△排列：双根　　　　4 根　　　　75mm×8mm×1500mm

　　　　单根　　　　3 根　　　　63mm×6mm×1500mm

　　　　杆号　　　　耐张绝缘子　　针式绝缘子

　　　　GI-1　　　　6 个　　　　1 个 P-15（10）T

GI-3 GI-5	12个×2	1×2
GI-2 GI-4		3×2
GI-6		6个
GI-7	6个	
	共36个	共15个

⑤钢绞线拉线制安

普通拉线 GJ-35-3-I_2 4组

计算拉线长度：L＝KH＋A

$$= 1.414 \times (10 - 0.6 - 1.7) + 1.2 + 1.5$$
$$= 1.414 \times 7.7 + 1.2 + 1.5$$
$$= 13.59(m)$$

四组拉线总长为 13.59×4＝54.36(m)

⑥导线架设长度计算

按单线延长米计算：$[(90 \times 6 + 30) \times (1 + 1\%) + 2.5 \times 4] \times 3$
$$= (575.7 + 10) \times 3$$
$$= 1757.1(m)$$

⑦导线跨越计算 根据图纸查看有跨越公路一处。

⑧引出电缆长度计算 引出电缆长度计算约分六个部分。

a. 引出室内部分长度（设计无规定按 10m 计算）。

b. 引出室外备用长度（按 2.28m 计算）。

c. 线路埋设部分（按图计算为 40m）。

d. 从埋设段向上引至电杆备用长度（按 2.28m 计算）。

e. 引上电杆垂直部分为 10－1.7－0.8－1.2＋0.8＝7.1(m)。

f. 电缆头预留长度（按 1.5～2m 计算）

电缆总长为 10＋2.28＋40＋2.28＋7.1＋1.5＝63.16(m)

电缆的敷设分三种方式：

沿室内电缆沟敷设	10m
室外埋设	44.56m
沿电杆卡设	8.6m
室内电缆头制安	1个
室外电缆头制安	1个

⑨杆上避雷器安装   1组

⑩进户横担安装   1根

⑪绝缘子安装   12个

(2) 进户线架设只计算终端预留长度。

(3) 清单工程量计算见表 3-8。

表 3-8　清单工程量计算表

序号	项目编码	项目名称	项目特征描述	计量单位	工程量
1	BT9202A12001	杆坑等土石方	坑深 4m 以内	m³	23.73
2	SK2102B15001	底盘安装 DP6	每块重量 200kg 以内	块	7
3	SK2102B17001	卡盘安装 KP12	每块重量 200kg 以内	块	3

续表

序号	项目编码	项目名称	项目特征描述	计量单位	工程量
4	SK3101C11001	混凝土电杆	ϕ190-10-A	根	7
5	SK3101C11002	1kV以下横担	四线双根	组	4
6	SK3101C11003	1kV以下横担	四线单根	组	3
7	BA2208C12001	户外式支持绝缘子	额定电压20kV	10个	5.1
8	SK3101C11004	钢绞线拉线制安	50mm² 以内	根	4
9	SK4101D12001	裸铝绞线架设	95mm² 以内	km	1.7571
10	SK4101D13001	导线跨越公路	35kV	处	1
11	BA6101G11001	电缆敷设	铝芯截面35mm²	100m	0.6316
12	BA6101G11002	室内电缆头制安	截面35mm²	个	1
13	BA6101G11003	室外电缆头制安	截面35mm²	个	1
14	BA2208B18001	杆上避雷器安装	普通阀式	台	1
15	SK3101C11005	进户横担	针式单串	根	1
16	BA2208C12002	户内式支持绝缘子	额定电压20kV	10	1.2

定额工程量计算见表3-9。

表3-9 定额工程量计算表

序号	定额编号	项目名称	定额单位	工程数量
1	YX2-10	杆坑等土石方	m³	23.73
2	YX3-2	底盘安装 DP6	块	7
3	YX3-18	卡盘安装 KP12	块	3
4	YX4-1	混凝土电杆	根	7
5	YX6-20	1kV以下横担（四线双根）	组	4
6	YX6-19	1kV以下横担（四线单根）	组	3
7	YD4-19	户外式支持绝缘子	10个	5.1
8	YX4-153	钢绞线拉线制安	根	4
9	YX5-8	裸铝绞线架设	km	1.7571
10	YX5-84	导线跨越公路	处	1
11	YD8-41	电缆敷设	100m	0.6316
12	YD8-75	室内电缆头制安	个	1
13	YD8-94	室外电缆头制安	个	1
14	YD3-183	杆上避雷器安装	台	1
15	YX6-19	进户横担	根	1
16	YD4-15	户内式支持绝缘子	10	1.2

项目编码：BA2106B11   项目名称：真空断路器安装

【例3-3】 某工矿企业因安全需要安装真空断路器，真空断路器是3～10kV，50Hz三相交流系统中的户内配电装置，可供工矿企业作为电器设备的保护和控制之用。试列出该清单工程量与定额工程量。

【解】 (1) 清单工程量 清单工程量计算规则：断路器包括油过滤，三相为一台，按"台"为计量单位。

基本计价材料数据：

开关特性测试仪（综合，台班）：0.2730

开关端口耐压试验装置（3kV·A/100 kV）（台班）：0.1580

交直流高压分压器（100 kV）（台班）：0.2280

乙醇（酒精），工业用 99.5%（kg）：0.0230

镀锌六角螺旋，综合（kg）：3.3650

清单工程量计算见表 3-10。

表 3-10 清单工程量计算表

项目编码	项目名称	项目特征描述	计量单位	工程量
BA2106B11	真空断路器	3～10kV，50Hz 三相交流	台	1

（2）定额工程量　定额工程量计算规则：由已知题干可知真空断路器是 3～10kV，50Hz 三相交流系统。工程量为 1 台。则套用电力预算定额 YD3-2。

①人工费：256.81 元/台×1 台＝256.81 元

②材料费：61.74 元/台×1 台＝61.74 元

③机械费：315.34 元/台×1 台＝315.34 元

定额工程量计算见表 3-11。

表 3-11 定额工程量计算表

定额编号	项目名称	单位	数量	人工费/元	材料费/元	机械费/元
YD3-2	真空断路器安装	台	1	256.81	61.74	315.34

项目编码：**BA2107C13**　　　项目名称：SF$_6$ 全封闭组合电器进出线套管安装

项目编码：**BA2107B12**　　　项目名称：SF$_6$ 全封闭组合电器（GIS）安装

【例 3-4】 气体绝缘封闭装置（GIS）是由断路器和隔离开关、接地开关、电流互感器、电压互感器、避雷器、电缆终端及进出线套管等组合形成，并注入绝缘且消弧能力很强的 SF$_6$ 气体的封闭式组合电器。实现了小型化，模块化；绝缘不受外界影响；对周围不产生电磁场，杂音和无线电干扰，合乎环保要求；具有可靠性高，安全性能好，配置灵活，安装周期短，维护方便和检修周期长等优点的开关装置。鉴于这些优点，某工业园区决定安装全封闭组合电器（GIS），供用电系统作接收和分配电能之用，可以大大提高供电可靠性。配以户外箱即可用于户外，供环网供电或开闭所用，如图 3-34 所示。试计算出该工程量。

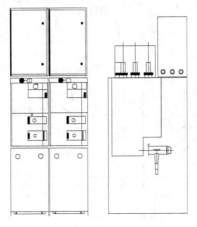

图 3-34　SF$_6$ 气体绝缘环网柜剖面图

【解】 (1) 清单工程量　清单工程量计算规则：按设计图示数量计算，组合电器三相为一台，按"台"为计量单位。

清单工程量计算见表3-12。

表3-12　清单工程量计算表

序号	项目编码	项目名称	项目特征描述	计量单位	工程量
1	BA2107B12	SF$_6$全封闭组合电器	气体绝缘封闭装置，额定电压20kV	台	1
2	BA2107B13	隔离开关	GN6-12/630	台	1

(2) 定额工程量　电力定额工程量计算规则：组合电器三相为一台；SF$_6$全封闭组合电器（带断路器）以断路器数量计算工程量。

①SF$_6$断路器1台　套用电力预算定额：YD3-31。

a. 人工费：3290.91元/台×1台＝3290.91元

b. 材料费：601.76元/台×1台＝601.76元

c. 机械费：5938.57元/台×1台＝5938.57元

②隔离开关2组　套用电力预算定额：YD3-65。

a. 人工费：130.42元/组×2组＝260.84元

b. 材料费：52.38元/组×2组＝104.76元

c. 机械费：83.15元/组×2组＝166.30元

定额工程量计算见表3-13。

表3-13　定额工程量计算表

序号	定额编号	项目名称	单位	数量	人工费/元	材料费/元	机械费/元
1	YD3-31	SF$_6$断路器安装	台	1	3290.91	601.76	5938.57
2	YD3-65	隔离开关	组	2	260.84	104.76	166.30

项目编码：BA2106B13　　项目名称：单相接地开关安装

【例3-5】 家用设备使用出现漏电状况，人们为安全需要都会安装接地开关，连杆的配置，辅助接点安装，以确保人身安全。如图3-35所示，试计算出该安装的工程量。

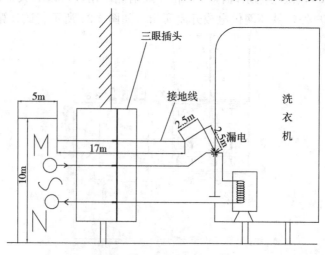

图3-35　金属壳开关接地图

【解】 (1) 清单工程量 如图所示工程量为：

①接地开关 1 组；

②三眼插头 1 个；

③接地线缆 (10＋5＋17＋2.5＋2.5)m＝37m。

清单工程量计算规则：接地开关的安装按"组"为计量单位。按设计图示数量计算，则接地开关安装的工程量为：1 组。根据已知条件可知，接地开关采用的是单相接地开关，数量为 1 组。

清单工程量计算见表 3-14。

表 3-14 清单工程量计算表

项目编码	项目名称	项目特征描述	计量单位	工程量
BA2106B13001	接地开关安装	JN15-12/31.5 接地开关	组	1

(2) 定额工程量 电力定额工程量计算规则：单相接地开关一相为一台。

①隔离开关 1 组 套用电力预算定额：YD3-145。

a. 人工费：316.22 元/组×1 组＝316.12 元

b. 材料费：328.42 元/组×1 组＝328.42 元

c. 机械费：560.00 元/组×1 组＝560.00 元

②接地线 3.7(10m) 套用电力预算定额：YD4-75。

a. 人工费：7.00 元/(10m)×3.7(10m)＝25.90 元

b. 材料费：5.49 元/(10m)×3.7(10m)＝20.31 元

c. 机械费：5.43 元/(10m)×3.7(10m)＝20.09 元

定额工程量计算见表 3-15。

表 3-15 定额工程量计算表

序号	定额编号	项目名称	单位	数量	人工费/元	材料费/元	机械费/元
1	YD3-145	接地开关安装	组	1	316.12	328.42	560.00
2	YD4-75	接地线	m (10)	3.7	25.90	20.31	20.09

项目编码：BA2106B16 **项目名称：电流互感器安装**

【例 3-6】 如图 3-36 所示为一过电压保护应用实例，通过过压保护器、熔断器的保护、电流表的检测、信号灯的指示作用等实现该项功能的调整更新。试计算出该项实例的工程量。

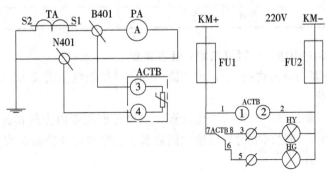

图 3-36 过电压保护示意图

【注释】 TA 为电流互感器；PA 为电流表；ACTB 为过电压电流保护器；FU1、FU2 为熔断器；HY、HG 为信号灯；KM+/KM- 为顶柜小母线。

【解】 (1) 清单工程量 清单工程量计算规则：电流互感器的安装以"台"为计量单位；按设计图示数量计算。

电流互感器 1 台

电流表 1 个

过电压电流保护器 1 台

熔断器 1 组

信号灯 2 个

清单工程量计算见表 3-16。

表 3-16 清单工程量计算表

序号	项目编码	项目名称	项目特征描述	计量单位	工程量
1	BA2106B16001	户外电流互感器	型号：JDJJ2-35 规格：$\phi110mm \times \phi50mm \times H52mm$	组	1
2	BA2106B22001	熔断器	RT14-20/6A	组	1

(2) 定额工程量 套用电力定额工程量计算规则：互感器一相为一台；熔断器三相为一组；根据已知条件和图示可知，熔断器采用户外型熔断器（20kV）进行安装，电流互感器采用户外型电流互感器（35kV）进行安装，数量分别为 1 组和 1 台，则套用电力预算定额 3-215 和 3-168。

①熔断器 1 组 套用电力预算定额：YD3-215。

a. 人工费：50.83 元/台×1 台=50.83 元

b. 材料费：28.06 元/台×1 台=28.06 元

c. 机械费：24.87 元/台×1 台=24.87 元

②电流互感器 1 台 套用电力预算定额：YD3-168。

a. 人工费：75.41 元/台×1 台=75.41 元

b. 材料费：12.49 元/台×1 台=12.49 元

c. 机械费：188.10 元/台×1 台=188.10 元

定额工程量计算见表 3-17。

表 3-17 定额工程量计算表

序号	定额编号	项目名称	单位	数量	人工费/元	材料费/元	机械费/元
1	YD3-215	熔断器	组	1	50.83	28.06	24.87
2	YD3-168	户外电流互感器	台	1	75.41	12.49	188.10

项目编码：BA3106B18　　项目名称：避雷装置

【例 3-7】 有一高层建筑物高 4m，屋檐高 95m，外墙轴线总周长为 84m，计算设在圈梁中的避雷带的工程量。

【注释】 均压环敷设以"米"为单位计算，主要考虑圈梁内主筋作为均压环接地连线，焊接按两根主筋考虑，超过两根时，可按比例调整。长度按设计需要做均压接地的圈梁中心线长度，以延长米计算。

圈梁在墙体内沿墙四周布置钢筋混凝土梁，用以提高整体的整体刚度和抗震烈度。一般是每一层设置一道圈梁。

【解】 (1) 清单工程量 清单工程量计算规则：因为均压环焊接每3层焊一圈，即每12m焊一圈，因此40m以下可以设3圈，即 3×84m＝252m。三圈以上（即 4m×3层×3圈＝36m以上）每两层设避雷带，工程量为：(95－36)÷6圈＝9圈，84×9m＝756m。

清单工程量计算见表3-18。

表 3-18 清单工程量计算表

项目编码	项目名称	项目特征描述	计量单位	工程量
BA3106B18001	避雷装置、均压环	利用圈梁内主筋作均压环接地连线	m	252

(2) 定额工程量

①均压环焊接工程量为 25.2 (100m)。

②设在圈梁中的避雷带的工程量为 75.6 (100m)。电力预算定额工程量计算规则：避雷器三相为一组。接地线 75.6 (100m)。套用电力预算定额：YD9-29。

a. 人工费：2389.89元/(100m)×75.6(10m)＝18067.57元
b. 材料费：419.63元/(100m)×75.6(10m)＝3172.40元
c. 机械费：69.23元/(100m)×75.6(10m)＝523.38元

定额工程量计算见表 3-19。

表 3-19 定额工程量计算表

定额编号	项目名称	单位	数量	人工费/元	材料费/元	机械费/元
YD9-29	避雷线安装	m	75.6	18067.57	3172.40	523.38

项目编码：BA3106B18　　项目名称：避雷器安装

【例3-8】 某工程设计图示有一小区住宅楼，高25m，长40m，宽20m，屋顶四周有避雷网，沿拆板支架敷设，分4处引下与接地网连接，设4处断接卡。地梁中心标高－0.5m，土质为普通土。避雷网采用 φ10mm 的镀锌圆钢，引下线利用建筑物柱内主筋（二根），接地母线为 40×4 的镀锌扁钢，埋设深度为 0.6m，接地极共五根，为 50mm×5mm×2.5m 的镀锌圆钢，距离建筑物 3m，如图 3-37 所示，编制该避雷接地工程的分部分项工程清单。

【释义】 接地极制作安装以"根"为计量单位，其长度按设计长度计算，设计无规则时，每根长度按 2.5m 计算；若设计有官帽时，官帽另按加工件计算。

接地母线敷设，按设计长度以"米"为计量单位计算工程量。接地母线、避雷线敷设，均按延长米计算，其长度按施工图设计水平和垂直规定长度另加 3.9% 的附加长度计算。

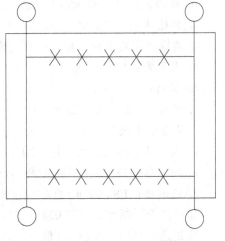

图 3-37 动力配线柜引出管线图

【解】 (1) 清单工程量

①避雷网敷设（φ10mm 的镀锌圆钢）：(40+20)×2m＝120m。

【注释】 避雷网沿建筑物四周敷设，其长度为建筑物的周长，40 为建筑物的长，20 为建筑物的宽。

②引下线敷设（利用建筑物柱内主筋两根）：(25+0.1+0.4)×4m＝102m。

【注释】 25为引下线沿建筑物敷设的长度,0.1为地面以下引下线的长度,即地梁中心的标高,4为引下线的个数。

③断接卡子制作、安装4套。

④接地极制作、安装（50mm×5mm×2.5m 的镀锌角钢）5根。

⑤接地母线敷设 L40×4 的镀锌扁钢。

{[(30+6)+(25+6)]×2+3×4+(0.6－0.4)×4} m＝166.8m。

【注释】 6为接地母线距建筑物的距离,接地母线围绕建筑物 6m 以外敷设一周,故其周长为[(30+6)+(25+6)]×2；3为接地母线与引下线连接的水平长度,4为引下线的个数；(0.6－0.4)×4为接地母线与引下线连接的竖直长度,0.6为接地母线的埋设深度,0.4为接地面以下引下线的长度,即地梁中心的标高,4为引下线的个数。

清单工程量计算见表 3-20。

表 3-20 清单工程量计算表

序号	项目编码	项目名称	项目特征描述	计量单位	工程量
1	BA3106C14001	接地装置	接地级 50mm×50mm×2.5m 的镀锌钢管	组	1
2	BA3106B18001	避雷器	避雷网敷设（φ10mm 的镀锌圆钢）接地极制作、安装（50mm×5mm×2.5m 的镀锌角钢）	m	120

(2) 定额工程量 电力定额工程量计算规则：避雷器三相为一组。

①避雷线敷设 1.67(100m) 套用电力预算定额：YD9-29。

a. 人工费：2389.89 元/(100m)×1.67(100m)＝3991.12 元

b. 材料费：419.63 元/(100m)×1.67(100m)＝700.78 元

c. 机械费：69.23 元/(100m)×1.67(100m)＝115.61 元

②避雷器安装 1 台 套用电力预算定额：YD3-184。

a. 人工费：450.13 元/台×1 台＝450.13 元

b. 材料费：75.98 元/台×1 台＝75.98 元

c. 机械费：989.64 元/台×1 台＝989.64 元

③避雷引下线敷设 10.2(100m) 套用电力预算定额：YD4-61。

a. 人工费：51.32 元/(组/三相)×4 组/三相＝205.28 元

b. 材料费：38.09 元/(组/三相)×4 组/三相＝152.36 元

c. 机械费：100.09 元/(组/三相)×4 组/三相＝400.36 元

④断接卡子制作、安装 0.4（100m）。

⑤接地极制作、安装 5（根） 套用电力预算定额：YD9-17。

a. 人工费：10.28 元/根×5 根＝5140.00 元

b. 材料费：7.66 元/根×5 根＝38.30 元

c. 机械费：7.35 元/根×5 根＝36.75 元

⑥接地电阻测量：4（次）。

定额工程量计算见表 3-21。

表 3-21 定额工程量计算表

序号	定额编号	项目名称	单位	数量	人工费/元	材料费/元	机械费/元
1	YD9-29	避雷线敷设	m (100)	1.67	3991.12	700.78	115.61

续表

序号	定额编号	项目名称	单位	数量	人工费/元	材料费/元	机械费/元
2	YD3-184	避雷器安装	台	1	450.13	75.98	989.64
3	YD4-61	避雷引下线敷设	组/三相	4	205.28	152.36	400.36
4	YD9-17	接地极制作、安装	根	5	5140.00	38.30	36.75

项目编码：BA3303B19　　项目名称：并联电容器的安装

项目编码：BA3403A13　　项目名称：电抗器的安装

项目编码：BA3503B16　　项目名称：电流互感器的安装

项目编码：BA3503B17　　项目名称：电压互感器的安装

【例3-9】　如图3-38所示为TBBZ高压无功自动补偿装置图（额定电压：6～35kV；额定频率：50Hz；分组数量：1～5组；额定容量：100～10000kvar），主要适用于工频交流（50Hz）电力系统中，用来提高母线功率因数、改善电压质量、降低设备及线路损耗。试计算出图示中各工程量。

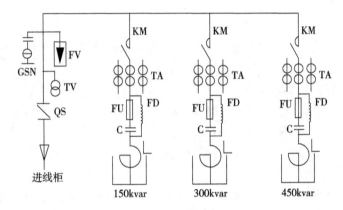

图3-38　TBBZ高压无功自动补偿装置图

【注释】　GSN—带电显示器

TA—电流互感器（35kV）

L—电抗器

QS—高压隔离开关

FU—熔断器（20kV）

C—高压电容器

TV—电压互感器，油浸式（35kV）

FD—放电线圈

FV—避雷针

KM—高压真空接触器

【解】　(1) 清单工程量　清单工程量计算规则：隔离开关的安装按"组"为计量单位；电流互感器的安装按"台"为计量单位；电抗器的安装按"组/三相"为一"台"计量单位。

按设计图示数量计算，清单工程量为：

①隔离开关1组；

②电流互感器3台；

③电抗器3台；

④无功补偿电容器（BFM6.6/√3-100-1）3台；

⑤熔断器 3 组；

⑥高空接触器 3 台；

⑦避雷针 1 个。

清单工程量计算见表 3-22。

表 3-22　清单工程量计算表

序号	项目编码	项目名称	项目特征描述	计量单位	工程量
1	BA3403B13001	隔离开关	GN19-12/400 高压隔离开关	组	1
2	BA3503B16001	电流互感器	LZZBJ9-20B	台	3
3	BA3503B17001	电压互感器	JDZX71-35	台	1
4	BA3403A13001	电抗器	混凝土电杆，丘陵山区架设	台	3
5	BA3205B22	熔断器	RT14-20/6A	组	3
6	BA3303B19001	并联电容器	BFM6.6/√3-100-1	台	3

（2）定额工程量

①电流互感器：3 台

定额工程量计算规则：电流互感器一相为一台；根据已知条件和图示可知电流互感器采用户外型电流互感器（35kV）进行安装，数量为 3 台；

套用电力预算定额：YD3-168。

a. 人工费：75.41 元/台×3 台＝226.23 元

b. 材料费：12.49 元/台×3 台＝37.47 元

c. 机械费：188.10 元/台×3 台＝564.30 元

②电压互感器：3 台

定额工程量计算规则：电压互感器一相为一台；电压互感器一相为一台；

根据已知条件可知，电压互感器采用油浸式（35kV），数量分别为 3 台；

套用电力预算定额：YD3-152。

a. 人工费：74.51 元/台×3 台＝223.53 元

b. 材料费：18.45 元/台×3 台＝55.35 元

c. 机械费：184.17 元/台×3 台＝522.51 元

③熔断器：3 组

定额工程量计算规则：熔断器三相为一组；根据已知条件和图示可知熔断器三相为一组；熔断器采用户外型熔断器（20kV）进行安装，数量为 3 组；

套用电力预算定额：YD3-215。

a. 人工费：50.83 元/组×3 组＝152.49 元

b. 材料费：28.06 元/组×3 组＝84.18 元

c. 机械费：24.87 元/组×3 组＝74.61 元

④电抗器：3 台

根据已知条件可知，电抗器采用的是 20kV 干式电抗器，数量为 3 组；

套用电力预算定额：YD2-98。

a. 人工费：401.86 元/台×3 台＝1205.58 元

b. 材料费：611.70 元/台×3 台＝1835.10 元

c. 机械费：521.91 元/台×3 台＝1565.73 元

⑤隔离开关：1组

定额工程量计算规则：隔离开关三相为一组；根据已知条件和图示可知隔离开关为一组；

套用电力预算定额：YD3-64。

a. 人工费：108.66元/组×1组＝108.66元

b. 材料费：51.59元/组×1组＝51.59元

c. 机械费：74.91元/组×1组＝74.91元

⑥并联电容器：3台

定额工程量计算规则：电容器一只为一台，根据已知条件和图示可知电容器是并联电容器，数量为3台；

套用电力预算定额：YD3-211。

a. 人工费：2810.36元/台×3台＝5431.08元

b. 材料费：431.12元/台×3台＝1293.36元

c. 机械费：3153.09元/台×3台＝9459.27元

定额工程量计算见表3-23。

表3-23 定额工程量计算表

序号	定额编号	项目名称	单位	数量	人工费/元	材料费/元	机械费/元
1	YD3-168	电流互感器	台	3	226.23	37.47	564.30
2	YD3-152	电压互感器	台	3	223.53	55.35	522.51
3	YD3-215	熔断器	组	3	152.49	84.18	74.61
4	YD2-98	电抗器	台	3	1205.58	1835.10	1565.73
5	YD3-64	隔离开关	组	1	108.66	51.59	74.91
6	YD3-211	电容器	台	3	5431.08	1293.36	9459.27

项目编码：BA3205B11　　　**项目名称：熔断器的安装**

【例3-10】 某一发电厂的改善系统供电电压（35kV）电路图如图3-39所示，当发生短路或严重过负荷时，大电流使熔断器的熔丝或熔管熔断，切除故障，起到安全保障。试计算出各工程量。

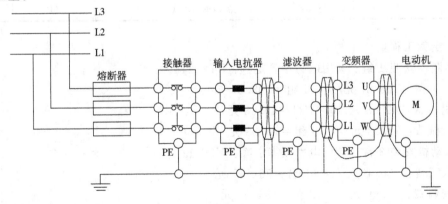

图3-39 系统供电电压改善示意图

【解】　（1）清单工程量

①熔断器（瓷插式，RC）　清单工程量计算规则：按设计图示数量计算，则熔断器的

工程量为：1组。

　　基本计价材料数据如下。

　　　电焊条J507综合（kg）：1.0920

　　　汽油（kg）：0.1200

　　　防锈漆（kg）：0.2400

　　　黄铜丝（综合，kg）：0.0110

②接触器1个。

③电抗器1台。

基本计价材料数据如下。

　　普通调和漆（kg）：4.6230

　　钢垫板（综合，kg）：9.9000

　　铜带200×0.2（m）：0.1350

　　钢管脚手架 包括扣件（kg）：50.3450

④乙醇（酒精），工业用，99.5%（kg）：0.1010。

⑤滤波器1个。

⑥变频器1台。

⑦电动机1台。

基本计价材料数据如下。

　　　电焊条J507综合（kg）：0.1010

　　　绝缘胶带20mm×40m（卷）：1.8220

　　　机械油5~7号（kg）：0.3040

　　　汽油（kg）：0.3040

清单工程量计算见表3-24。

表3-24　清单工程量计算表

序号	项目编码	项目名称	项目特征描述	计量单位	工程量
1	BA3205E14001	电动机	容量10kW	台	3
2	BA3403A13001	电抗器	干式电抗器，容量4500kvar	台	1
3	BA3205B11001	熔断器	电压等级规格：35kV	组	1
4	BA3205B19001	滤波电容器	交流，单体调试	组	1

(2) 定额工程量

①熔断器安装1组　套用电力预算定额：YD3-214。

a. 人工费：108.87元/组×1组＝108.87元

b. 材料费：49.68元/组×1组＝49.68元

c. 机械费：73.83元/组×1组＝73.83元

②电动机安装3台　套用电力预算定额：YD1-11。

a. 人工费：120.49元/台×3台＝361.47元

b. 材料费：44.99元/台×3台＝134.97元

c. 机械费：124.36元/台×3台＝373.08元

③电抗器安装1台　套用电力预算定额：YD2-98。

a. 人工费：401.86元/(组/三相)×1组/三相＝401.86元

b. 材料费：611.70元/(组/三相)×1组/三相＝611.70元

c. 机械费：521.91元/(组/三相)×1组/三相＝521.91元

④电容器安装1台　套用电力预算定额：YD3-199。

a. 人工费：25.31元/台×1台＝25.31元

b. 材料费：18.39元/台×1台＝18.39元

c. 机械费：44.56元/台×1台＝44.56元

定额工程量计算见表3-25。

表3-25　定额工程量计算表

序号	定额编号	项目名称	单位	数量	人工费/元	材料费/元	机械费/元
1	YD1-11	电动机	台	3	361.47	134.97	373.08
2	YD2-98	电抗器	组/三相	1	401.86	611.70	521.91
3	YD4-30	熔断器	组	1	440.13	87.49	1224.94
4	YD3-199	滤波电容器	组	1	25.31	18.39	44.56

项目编码：HA4203　　项目名称：送配电装置系统

【例3-11】　某车间总动力配电柜引出三路管线至三个分动力柜，如图3-40所示，至1号动力柜的供电干线（3×25+1×10）G40，管长8.2m；至2号动力柜的供电干线（3×35+1×16）G50，管长6m；至3号动力柜的供电干线（3×16+1×6）G32，管长9.2m。其中，总箱高×宽为：1800mm×700mm；1号箱：900mm×700mm；2号箱：800mm×700mm；3号箱：800mm×600mm；试列出并计算出各种截面的管内穿线数量。

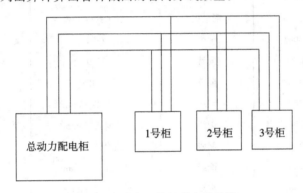

图3-40　动力配线柜引出管线图

【解】　（1）清单工程量

①25mm² 导线：(8.2+1.8+0.7+0.9+0.6)×3m＝36.60m

【注释】　8.2为总配电柜到1号配电柜的管长；(1.8+0.7)为25mm² 导线与总配电柜连接的预留长度，长+宽；(0.9+0.7)为25mm² 导线与1号柜连接的预留长度，长+宽；3为导线根数。

②35mm² 导线：(6+1.8+0.7+0.8+0.7)×3m＝30.00m

【注释】　6为总配电柜到2号配电柜的管长；(1.8+0.7)为35mm² 导线与总配电柜连接的预留长度，长+宽；(0.8+0.7)为35mm² 导线与2号柜连接的预留长度，长+宽；3为导线根数。

③16mm² 导线：(9.2+1.8+0.7+0.8+0.6)×3m+(6+1.8+0.7+0.8+0.7)×1m＝49.30m。

【注释】　9.2为总配电柜到3号配电柜的管长；(1.8+0.7)为16mm² 导线与总配电柜

连接的预留长度,长+宽;(0.8+0.6)为 16mm² 导线与 3 号柜连接的预留长度,长+宽;3 为导线根数。6 为总配电柜到 2 号配电柜的管长;(1.8+0.7)为 35mm² 导线与总配电柜连接的预留长度,长+宽;(0.8+0.7)为 35mm² 导线与 2 号柜连接的预留长度,长+宽;1 为导线根数。

④10mm² 导线:(8.2+1.8+0.7+0.9+0.7)×1m=12.30m

【注释】 8.2 为总配电柜到 1 号配电柜的管长;(1.8+0.7)为 10mm² 导线与总配电柜连接的预留长度,长+宽;(0.9+0.7)为 25mm² 导线与 1 号柜连接的预留长度,长+宽;1 为导线根数。

⑤6mm² 导线:(9.2+1.8+0.7+0.8+0.6)×1m=13.10m

【注释】 9.2 为总配电柜到 3 号配电柜的管长;(1.8+0.7)为 6mm² 导线与总配电柜连接的预留长度,长+宽;(0.8+0.6)为 25mm² 导线与 1 号柜连接的预留长度,长+宽;1 为导线根数。

(由给出的引至各个动力柜的供电干线的规格和长度,再依次加上总动力柜和分动力柜的柜长和柜宽。)

清单工程量计算见表 3-26。

表 3-26 清单工程量计算表

序号	项目编码	项目名称	项目特征	计量单位	工程量
1	HA4203B12001	配电柜	900×700×x	台	1
2	HA4203B12002	配电柜	800×700×x	台	1
3	HA4203B12003	配电柜	800×600×x	台	1
4	HA4203C13001	配管	G50	m	6
5	HA420313002	配管	G40	m	7
6	HA4203C13003	配管	G32	m	8
7	HA4203C17001	配线	管内穿芯 35mm²	m	29.40
8	HA4203C17002	配线	管内穿芯 25mm²	m	33.60
9	HA4203C17003	配线	管内穿芯 16mm²	m	45.50
10	HA4203C17004	配线	管内穿芯 10mm²	m	11.20
11	HA4203C17005	配线	管内穿芯 6mm²	m	11.90

(2) 定额工程量

①配电柜 900×700×1 台 套用电力预算定额:YD3-242。

a. 人工费:377.78 元/台×1 台=377.78 元

b. 材料费:46.04 元/台×1 台=46.04 元

c. 机械费:776.05 元/台×1 台=776.05 元

②配电柜 800×700×1 台 套用预算定额:YD3-242。

a. 人工费:377.78 元/台×1 台=377.78 元

b. 材料费:46.04 元/台×1 台=46.04 元

c. 机械费:776.05 元/台×1 台=776.05 元

③配电柜 800×600×1 台 套用电力预算定额:YD3-242。

a. 人工费:377.78 元/台×1 台=377.78 元

b. 材料费:46.04 元/台×1 台=46.04 元

c. 机械费:776.05 元/台×1 台=776.05 元

配电柜共计：

a. 人工费：377.78×3 元＝1133.34 元

b. 材料费：46.04×3 元＝138.12 元

c. 机械费：776.05×3 元＝2328.15 元

④钢管 G50 0.25(100m)　套用电力预算定额：YD8-34。

a. 人工费：196.218 元/100m×0.25(100m)＝49.05 元

b. 材料费：311.49 元/100m×0.25(100m)＝77.87 元

c. 机械费：39.93 元/100m×0.25(100m)＝9.98 元

注：不包含主要材料费

⑤钢管 G40 0.22(100m)　套用电力预算定额：YD8-34。

a. 人工费：196.218 元/100m×0.22(100m)＝43.17 元

b. 材料费：311.49 元/100m×0.22(100m)＝68.52 元

c. 机械费：39.93 元/100m×0.22(100m)＝8.78 元

注：不包含主要材料费。

⑥钢管 G32 0.18(100m)　套用电力预算定额：YD8-33。

a. 人工费：181.05 元/100m×0.18(100m)＝32.59 元

b. 材料费：311.49 元/100m×0.18(100m)＝56.07 元

注：不包含主要材料费。

⑦管内穿芯 35mm^2 0.29(100m)　套用电力预算定额：YD8-41。

a. 人工费：149.53 元/100m×0.29(100m)＝43.36 元

b. 材料费：65.25 元/100m×0.29(100m)＝18.05 元

c. 机械费：11.62 元/100m×0.29(100m)＝3.37 元

注：不包含主要材料费。

⑧管内穿芯 25mm^2 0.34(100m)　套用电力预算定额：YD8-41。

a. 人工费：149.53 元/100m×0.34(100m)＝50.84 元

b. 材料费：65.25 元/100m×0.34(100m)＝22.18 元

c. 机械费：11.62 元/100m×0.34(100m)＝3.95 元

注：不包含主要材料费。

⑨管内穿芯 16mm^2 0.46(100m)　套用电力预算定额：YD8-41。

a. 人工费：149.53 元/100m×0.46(100m)＝68.78 元

b. 材料费：65.25 元/100m×0.46(100m)＝30.01 元

c. 机械费：11.62 元/100m×0.46(100m)＝5.34 元

注：不包含主要材料费。

⑩管内穿芯 10mm^2 0.11(100m)　套用电力预算定额：YD8-40。

a. 人工费：134.38 元/100m×0.11(100m)＝14.78 元

b. 材料费：62.37 元/100m×0.11(100m)＝6.86 元

c. 机械费：9.02 元/100m×0.11(100m)＝0.99 元

注：不包含主要材料费。

⑪管内穿芯 6mm^2 0.12(100m)　套用电力预算定额：YD8-40。

a. 人工费：134.38 元/100m×0.12(100m)＝16.12 元

b. 材料费：62.37 元/100m×0.12(100m)＝7.48 元

c. 机械费：9.02 元/100m×0.12(100m)＝1.08 元

注：不包含主要材料费。

定额工程量计算见表 3-27。

表 3-27 定额工程量计算表

序号	定额编号	项目名称	单位	数量	人工费/元	材料费/元	机械费/元
1	YD3-242	配电柜	台	3	1133.34	138.12	2328.15
2	YD3-34	钢管 G50	(100m)	0.25	49.05	77.87	9.98
3	YD3-34	钢管 G40	(100m)	0.22	43.17	68.52	8.78
4	YD3-33	钢管 G32	(100m)	0.18	32.59	56.07	
5	YD8-41	管内穿芯 35mm^2	(100m)	0.29	43.36	18.05	3.37
6	YD8-41	管内穿芯 25mm^2	(100m)	0.34	50.84	22.18	3.95
7	YD8-41	管内穿芯 16mm^2	(100m)	0.46	68.78	30.01	5.34
8	YD8-40	管内穿芯 10mm^2	(100m)	0.11	14.72	6.86	0.99
9	YD8-40	管内穿芯 6mm^2	(100m)	0.12	16.12	7.48	1.08

第4章　母线、绝缘子

第一部分　说明释义

本章定额适用于绝缘子、软母线、硬母线、引下线等安装。

一、工作内容及未计价材料

1. 悬垂绝缘子串安装

（1）工作内容：绝缘子清扫，组合，安装，单体调试。

（2）未计价材料：绝缘子、金具。

【释义】　绝缘子：又称瓷瓶，它由瓷质部分和金具两部分组成，中间用水泥黏合剂胶合。瓷质部分可保证绝缘子有良好的电气绝缘强度，金具是固定瓷质部分用的。

绝缘子的作用有两个方面：一是牢固地支持和固定载流导体；二是在载流导体与地之间形成良好的绝缘。

2. 支持绝缘子及穿墙套管安装

（1）工作内容：绝缘子、穿墙套管清扫，安装固定，补漆，接地，单体调试。

（2）未计价材料：绝缘子、金具、穿墙套管、接地引下线。

【释义】　金具：指在架空线路上，用于悬挂、保护连接、固定导线和绝缘子的金属附件的统称，如U形环、均压环、连接管、线夹、防震锤等。母线与母线，母线与分支线，母线与电器接线端子搭接时，其搭接面应符合以下几点要求。

（1）铜与铜：室外、高温且潮湿或对母线有腐蚀性气体的室内，必须搪锡，在干燥的室内可直接连接。

（2）铝与铝：直接连接。

（3）钢与钢：必须搪锡或镀锌，不得直接连接。

（4）铜与铝：在干燥的室内，铜导体应搪锡，室外或空气相对湿度接近100%的室内，应采用铜铝过渡板，铜端应搪锡。

（5）钢与铜或铝：钢搭接面必须搪锡。

（6）封闭母线螺栓固定搭接面应镀银。

3. 软母线及组合软母线安装

（1）工作内容：导线测量，下料，绝缘子清扫，组装，悬挂，紧固，弛度调整，绝缘子单体调试。

（2）未计价材料：导线、绝缘子、金具。

【释义】　组合导线的安装应符合的规定如下。

（1）组合导线的圆环、固定用线夹以及所使用的各种金具必须齐全，圆环及固定线夹在导线上的固定位置应符合设计要求，其距离误差不得超过±3%，安装应牢固，并与导线垂直。

(2) 载流导线与承重钢索组合后，其弛度应一致，导线与终端固定金具的连接应符合有关规定。

软母线：软母线即为软型母线，母线也就是主干线，它是电路中的一个电气节点。通常采用的母线有铜母线、铝母线和CCXI密集绝缘母线等。

架空线路的绝缘子必须具有足够的机械强度和绝缘强度。常用的绝缘子有针式、悬式、瓷横担、蝶式及棒式5种，如图4-1所示。

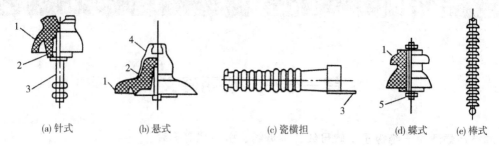

图 4-1　常用的绝缘子结构
1—瓷体；2—水泥；3—铁脚；4—钢帽；5—螺杆

常见的110kV及以下供配电架空线路绝缘子型号及片数可参见表4-1。

表 4-1　110kV及以下供配电架空线路绝缘子的型号和片数

电压/kV	直线杆		耐张杆或终端杆	
	类型和型号	每相片数	类型和型号	每相片数
110	悬式（XP-7）	7片	悬式（XP-7）	8片
35	瓷横担（CD35）	1个	悬式（X-7）	4片
	悬式（ZPDI-35）	1个		
	悬式（XP-7）	3片		
6～10	瓷横担（CD10）	1个	悬式（XP-4C）1片加蝶式［E-10(6)］1个组合或悬式（XP-4C）2片	
	针式（ZPB-10）	1个		
0.38/0.22	低压针式（PD）	1个	低压蝶式（ED）	1个

导线有多股线和单股线两种：一般截面较小的导线多制成单股线，但是和经常移动的电器连接所用的导线，虽然导线截面不大，也采用多股线，这样的导线易弯曲而不易折断。截面较大的导线，多制成多股绞线。

(1) 橡胶绝缘电线　本系列电线适用于交流500V以下或直流1000V及以下的电气设备及照明装置配线用。线芯长期允许工作温度不应超过65℃。

①棉纱编织橡胶绝缘线　这种绝缘电线有铝芯和铜芯两种。铝芯型号为BLX，铜芯型号为BX。电线的最里面是芯线，在芯线的外层包一橡胶，作为绝缘层。橡胶外层编织棉纱，并在编织层上涂蜡（主要是沥青、石蜡及蒙旦蜡等）。

②玻璃丝编织橡胶绝缘线　这种电线的结构与棉纱编织橡胶绝缘线基本相同，是用玻璃丝编织的，生产这种电线能节省大量的棉纱。但玻璃丝耐气候性差，容易破裂。这种电线也分为铝芯和铜芯两种，铝芯型号为BBLX，铜芯型号为BBX，其用途和棉纱编织橡胶线相同。但由于各地原料不一，实际生产中也是相互代替，所以将原玻璃丝编织和棉纱编织的不同型号的电线合并为一个型号BLX（BX）。

③氯丁橡胶绝缘线　氯丁橡胶绝缘线的型号，铝芯为BLXF，铜芯为BXF，芯线外包一层氯丁橡胶作为绝缘，外层不再加编织物。因为它有很好的绝缘电气性能、良好的耐气候老

化性能，并有一定的耐油、耐腐蚀性能，可以代替以上两种橡胶绝缘线，特别适用于户外敷设。使用寿命比 BLX（BX）导线高 3 倍左右。

(2) 塑料绝缘电线　本系列电线适于各种交直流电器装置、电工仪表、仪器、电信设备、动力及照明线路固定敷设用。长期允许工作温度一般应不超过 65℃，其安装温度应不低于－15℃。

①聚氯乙烯绝缘电线　这种电线是用聚氯乙烯作为绝缘层的，分铜芯和铝芯两种。铜芯型号为 BV，铝芯型号为 BLV。这种电线具有表面光滑、色泽鲜艳、外径小、不易燃等优点，且生产工艺简单，能节省大量的橡胶和棉纱，因此已被广泛使用。

②聚氯乙烯绝缘软线　这种电线适用于交流 250V 及以下的各种移动电器、电信设备、自动化装置及照明用连接软线（灯头线）。线芯为多股铜芯。其型号有 RVB（双芯平型软线）、RVA（双芯型软线）。可用来取代老产品的"花线"。

③聚氯乙烯绝缘和护套电线　这种电线与 BV 和 BLV 型电线不同之处是在聚氯乙烯绝缘层外又加一层聚氯乙烯护套。其型号为铜芯 BLVV，分单芯、双芯、三芯几种，双芯和三芯电线为扁平型。

④丁腈聚氯乙烯复合物绝缘软线　适用于交流 250V 及以下的各种移动电器、无线电设备和照明灯接线，其型号有 RFS（双绞型复合物软线）和 RFB（平型复合物软线）。长期允许工作温度为 70℃。

正确选择导线截面，对于保证供电系统安全、可靠、合理的运行有着重要意义，对于节约有色金属消耗量也是很重要的。选择配电导线时尽量采用铝芯导线，而在易爆炸、腐蚀严重的场所，以及用于移动设备、监测仪表、配电盘与二次接线等，一般采用铜线。

导线截面的大小按国家规定分级制造，配电线路常用 $1.5mm^2$、$2.5mm^2$、$4mm^2$、$6mm^2$、$10mm^2$、$16mm^2$、$25mm^2$、$35mm^2$、$70mm^2$、$95mm^2$、$120mm^2$、$150mm^2$、$185mm^2$、$240mm^2$ 等。配电线路导线截面选择应满足如下要求。

①发热条件　在通过最大连续负荷电流时，导线发热不应超过允许温度，因而不致因过热而使绝缘损坏或加速老化。

②电压损耗　导线通过最大连续负荷电流时产生的电压损失不超过允许值，以保证供电质量。

③经济电流密度　高压线路和特大电流的低压线路，应按规定的经济电流密度选择导线和电缆截面，以使线路的年运行费用接近最小，节约电能和有色金属。

④机械强度　导线的截面不应小于最小允许截面。

根据设计经验，低压动力线，因其负荷电流较大，所以一般先按发热条件来选择截面，再校验其电压损耗和机械强度。低压照明线，因其对电压水平要求较高，所以一般先按允许电压损耗条件来选择截面，然后校验其发热条件和机械强度。而高压线路则往往先按经济电流密度来选择截面，再校验其他条件。

导线截面选择方法如下。

(1) 按发热条件来选择导线截面　各类导线通过电流时，由于导线本身的电阻及电流的热效应而使导线发热，温度升高。如果线温度超过一定限度，导线绝缘就要加速老化，甚至受到损坏。为了使导线不致过分发热而损坏绝缘，对一定截面的不同材料和绝缘情况的导线有一个规定的允许电流值，称为安全载流量（或允许载流量）。这个数值是根据导线绝缘材料的种类、允许温升、表面散热情况及散热面积的大小等条件来确定的。

(2) 按机械强度条件选择　导线在敷设时和敷设后所受的拉力，与线路的敷设方式和使用环境有关。电线本身的重量，以及风雨冰雪等外加压力，使电线内部都将产生一定的应力,导线过细就容易断裂。因此,为了保障供电安全无论室内或室外的电线都必须有一定的机械强度。在各种不同敷设方式下,导线按机械强度要求来决定最小允许截面值。

(3) 按允许电压损失选择 当有电流流过导线时,由于线路存在电阻电感因素,必引起电压降落。线路电压损失的大小与导线的材料、截面的大小、线路的长短和电流的大小密切相关的,线路越长、负荷越大,线路电压损失也将越大。

导线截面的选择是根据允许载流量、机械强度和电压损失等三个方面来确定。

(1) 允许载流量。电流在导线中流动时,导线温度的升高,会使绝缘层加速老化甚至损坏。因此,各种电线电缆根据其外层绝缘的材料特性,规定了最高允许温度。如橡胶绝缘与聚氯乙烯绝缘长期最高允许温度为65℃;铜芯橡胶绝缘护套电缆为55℃。超过这个规定的温度,将使绝缘寿命严重降低。所以规定:在一定环境温度下(25℃),不超过最高允许温度时所传输的电流,称为允许载流量,又称安全电流。

(2) 按机械强度选择。导线在安装和运行过程中,要受到外力的影响。导线本身也有自重,敷设方式和支持点不同,导线也会受到不同程度的张力。如果导线不能承受这些张力时就容易折断。因此,选择导线截面时,必须考虑导线的机械强度。

(3) 按允许电压损失选择。由于路线存在阻抗,所以在负载电流通过线路时要产生电压损耗。而按规范要求,用电设备的端电压偏移,规定有一定的允许范围,因此对线路有一定的允许电压损耗要求。如线路的电压损耗值超过了允许范围,因此则应适当加大导线电缆的截面,使之满足允许电压损耗值要求。

一切用电设备都是按照在额定电压下运行的条件而制造的,当端电压与额定值不相同时,用电设备的运行就要恶化。例如白炽灯,当电压较额定值低于5%时,其光通量要减少18%,而当电压较额定值高5%时,其寿命要降低一半。因此规定在照明电路中的允许电压波动范围不应超过±5%,对于感应电动机,因为它的转矩与电压的平方成正比,当电源太低时,电动机会出现严重过载。这是因为在电动机所拖动的机械负载一定时,电动机绕组的温度升高,加速绝缘老化。因此,一般对电动机规定的允许电压波动范围不应超过±5%。

在选择导线截面时,应从以上三个方面计算出(或确定出)导线的截面后,取其中截面最大的一个作为最终选择导线的依据,这样才能同时满足对温升、电压损失和机械强度三个方面的要求。在供电设计中,对于户外的配电干线,由于一般距离较远,导线截面选择主要是依据电压损失来计算,而以温升条件来校核,易于满足三个方面的要求;对于自配电盘至动力负荷的配电线路,由于距离不会太长,一般用温升条件来选择导线截面,而以电压损失来校核即可。但无论是根据电压损失或是根据温升条件计算出的导线截面,最终都必须满足导线对机械强度的要求。

4. 引下线、跳线及设备连引线安装

(1) 工作内容:导线测量,下料,压接,安装连接,弛度调整。过渡板包括打孔,锉面,挂锡,安装。

(2) 未计价材料:导线、金具。

【释义】下料:切断工程常称为下料。下料的方法可分为手工下料和机械下料两类。手工下料主要有钢锯切断、錾断、管子割刀切断、气割;机械下料主要有砂轮机切断、套丝机切断、专用管子切割机切断等。

5. 硬母线安装

(1) 工作内容:测量、平直、下料、煨弯、钻孔、锉面、挂锡、管形母线内冲洗、拢头、打眼、配补强管、焊接、穿防振导线、封端头、安装固定、刷分相漆。悬吊式管形母线还包括绝缘子串组装,与母线连接,悬吊安装,调整固定。

(2) 未计价材料：硬母线、金具、管件、阻尼线、悬吊式管形母线绝缘子。

【释义】 硬母线：通常在高低压变配电装置中作为配电母线，在大型车间中作为配电干线以及在电镀车间中作为低压载流母线之用。

硬母线按材质分，有铜、铝、钢三种，铜的电阻率小，导电性能好，有较好的抵抗大气影响及化学腐蚀的性能，但因价格较贵，且有其它重要用途，故一般除特殊要求外较少使用。铝的电阻率仅次于铜，使用比较广泛。钢虽然价格便宜，机械强度好，但电阻率较大；又由于钢是磁性材料，当交流电通过时，会产生较大的涡流损失、功率损耗和电压降，所以不宜用来输送大电流，通常多用来作零母线和接地母线。

硬母线的安装工序主要包括母线的矫正、测量、下料、弯曲、钻孔、接触面加工、连接、安装和涂漆等。

6. 母线伸缩节头安装

(1) 工作内容：钻孔，锉面，挂锡，连接，安装固定。

(2) 未计价材料：母线伸缩节。

【释义】 常用的母线材料有铜、铝和铝合金。铜的电阻率低、机械强度大、抗腐蚀性强，是很好的母线材料。但铜在工业上有很多重要用途，而且我国铜的储量不多，价格高。因此，铜母线只用在持续工作电流较大、且位置特别狭窄的发电机、变压器出口处，以及污秽对铝有严重腐蚀而对铜腐蚀较轻的场所（例如沿海、化工厂附近等）。

铝的电阻率为铜的 1.7～2 倍，但密度只有铜的 30%，在相同负荷及同一发热温度下，所耗铝的质量仅为铜的 40%～50%，而且我国铝的储量丰富，价格低。因此，铝母线广泛用于屋内、外配电装置。铝的不足之处是：①机械强度较低；②在常温下，其表面会迅速生成一层电阻率很大（达 $10^{10}\Omega \cdot m$）的氧化铝薄膜，且不易清除；③抗腐蚀性较差，铝、铜连接时，会形成电位差（铜正、铝负），当接触面之间渗入含有溶解盐的水分（即电解液）时，可生成引起电解反应的局部电流，铝会被强烈腐蚀，使接触电阻更大，造成运行中温度增高，高温下腐蚀更会加快，这样的恶性循环致使接触处温度更高。所以，在铜、铝连接时，需要采用铜、铝过渡接头，或在铜、铝的接触表面搪锡。

7. 硬母线热缩安装

(1) 工作内容：测量，下料，安装。

(2) 未计价材料：热缩材料。

【释义】 硬母线见第一部分一、5 释义。

8. 分相封闭母线安装

(1) 工作内容：配合预埋铁件，中心线测量定位，清点检查，脚手架搭拆，设备安装调整，焊接，接地，补漆，充气，密封检查。

(2) 未计价材料：分相封闭母线、连接件。

【释义】 焊接：主要有电焊和气焊两大类。通常是指高温时被焊接熔化并连接，最后冷却成整体的一种加工工艺。

气焊是利用可燃气体与氧化混合燃烧的火焰所产生的高热熔化焊件和焊丝进行金属连接的一种焊接方法。所用的可燃气体主要有乙炔气、液化石油气、天然气及氢气等。目前常用的是乙炔气，因为乙炔在纯氧中燃烧时放出的有效热量最多。

氧气切割是利用金属在高温（金属燃点）与纯氧燃烧的原理而进行的切割。气割开始时，用氧-乙炔焰（预热火焰）将金属预热到燃点（在纯氧中燃烧的温度），然后通过切割气（纯氧），使金属剧烈燃烧生成氧化物（熔渣），同时放出大量热，熔渣被氧气流吹掉，所产生的热量和预热火焰一起将下层金属加热到燃点。因此，当氧气流将生成的氧化物吹掉并与未燃烧金属接触时，这些未燃烧金属也要开始燃烧，如此继续下去就可以将整个厚度切开。

常用的气焊（割）设备及工具有如下几种。

（1）乙炔发生器　是水与电石（CaC_2）相互作用，产生并储存乙炔的设备。按乙炔的压力可分为低压力乙炔发生器（$P<0.045MPa$）和中压力乙炔发生器（$P<0.045\sim0.15MPa$）。

（2）氧气瓶　储存和运输高压氧的高压容器，外表面呈深天蓝色。常用容积为40L，工作压力为15MPa，可容 6m^3 氧气。

（3）双气体燃料发生器　这是一种推广使用的新产品，在发生器内可将水电解成氧气和氢气，然后按最佳比例混合，从而取代氧气瓶和乙炔发生器。

（4）氧气减压器　用于显示氧气瓶内氧气及减压后氧气的压力，并将高压氧降到工作所需要的压力，且保持压力稳定。

（5）焊炬　是气焊时用来混合气体和产生火焰的工具。按可燃气体与氧气的混合方式分为射吸式焊炬和等压式焊炬两类。

（6）割炬　是氧-乙炔火焰进行切割的主要工具，火焰中心喷嘴喷射气割氧气流对金属进行切割。分射吸式和等压式焊炬两类。

气焊所用材料主要有焊丝和电石，其次是气焊粉。焊丝的化学成分直接影响焊缝金属的力学性能，应根据工件成分来选择焊丝。气焊丝的直径为2~4mm，电石可用水解法制取乙炔气。为保护熔池与提高焊缝质量采用气焊粉，其作用是除去气焊时熔池中形成的高燃点氧化物等杂质，并以熔渣形式覆盖在焊缝表面，使熔池与空气隔离，防止熔池金属氧化。在焊铸铁、合金钢及各种有色金属时必须采用气焊粉，低碳钢的气焊不必用气焊粉。

气焊规范主要指对焊丝直径、火焰能率、操作时的焊嘴倾斜角和焊接速度根据不同工件正确选用，并严格执行。

电弧焊是利用电弧把电能转化为热能，使焊条金属和母材熔化形成焊缝的一种焊接方法。电弧焊所用的电焊机，分交流电焊机和直流电焊机两种，交流电焊机多用于碳素管的焊接，直流电焊机多用于不锈耐酸钢和低合金钢管的焊接。电弧焊所用的电焊机、电焊条品种的规格很多，使用时要根据不同的情况进行适当的选择。

9．共箱母线安装

（1）工作内容：配合基础铁件安装，吊装，调整，箱体连接固定，母线连接，箱体接地，补漆。

（2）未计价材料：共箱母线、连接件。

【释义】　共箱母线：共箱式封闭母线主要用于单机容量为200~300MW的发电厂的厂用回路，用于厂用高压变压器低压侧至厂用高压配电装置之间的连线，也可用作交流主励磁机出线端至整流柜的交流母线和励磁开关至发电机转子滑环的直流母线。

10．电缆母线安装

（1）工作内容：检查清点，安装，焊接，找正，电缆敷设，上卡，挂牌，做头，接地。

（2）未计价材料：电缆母线。

【释义】　母线：发电厂和变电所中各种电压等级配电装置的主母线，发电机、变压器与相应配电装置之间的连接导体，统称为母线，其中主母线起汇集和分配电能的作用。工程上应用的母线分软母线和硬母线两大类。

发电机：发电机是将其他能量转化为电能的一种机器。发电机有直流发电机和交流发电机之分。直流发电机主要作为直流电源，为用电器提供直流电。例如用作直流电动机、同步电机的励磁以及化工、冶炼、交通运输中的某些设备的直流电源。目前，由于可控硅整流设备的大量使用，直流发电机逐步被取代。但从电源的质量与可靠性来说，直流发电机仍有其优点，所以直流发电机现仍在一定范围内使用。

11. 发电机出线箱安装

（1）工作内容：吊装，清理，做堵头，电流互感器安装，干燥，包绝缘层，配合汽机进行总体气压试验。

（2）未计价材料：出线箱。

【释义】 电流互感器：又叫变流器。在测量高压线路的电流时，为了测量人员的安全要使用电流互感器将电流表与高电压隔离开。

12. 低压封闭式插接母线槽安装

（1）工作内容：开箱检查，接头清洗处理，吊装就位，线槽连接，固定，接地。

（2）未计价材料：低压封闭式插接母线槽。

【释义】 插接式母线槽：用于工厂企业、车间作为电压500V以下，额定电流1000A以下，用电设备较密的场所作配电用。插接式母线槽由金属外壳、绝缘瓷插座及金属母线组成。插接式母线槽每段长3m，前后各有4个插接孔，其孔距为700mm。金属外壳用1mm厚的钢板压成槽后，对合成封闭型，具有防尘、散热等优点。绝缘瓷插盒采用烧结瓷。每段母线装8个瓷插盒；其中两端各一个，作为固定母线用，中间8个作插接用。金属母线根据容量大小，分别采用铝材或铜材。350A以下容量的为单排线，800～1000A的为双排线，如图4-2所示。

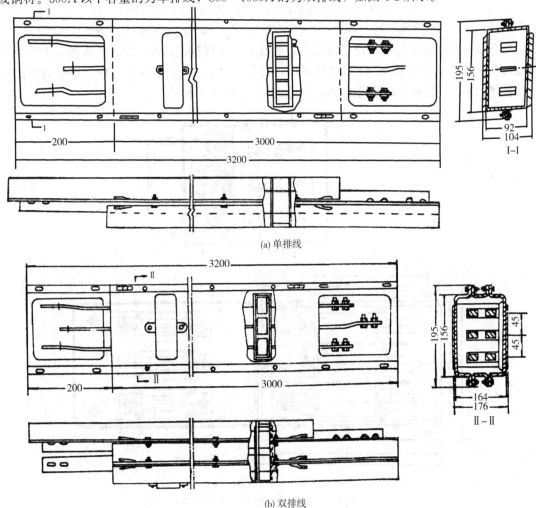

图4-2 MC-1型插接式母线槽外形图

当进线盒与插接式母线槽配套使用时，进线盒装于插接式母线槽的首端，380V以下电源通过进线盒加到母线上，如图4-3所示。

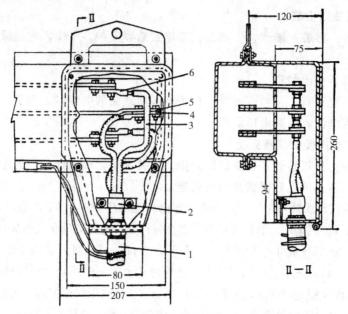

图 4-3　MC-1型插接式母线槽进线盒外形尺寸
1—电源进线套管；2—线卡；3—电源进线；4—进线连接板；5—母线；6—线鼻子

当分线盒与插接式母线槽配套使用时，分线盒装在插接式母线槽上。把电源引至照明或动力设备。分线盒内装有RTO系列熔断器，可分60A、100A、200A三种，作电力线路短路保护用。MC-1型插接式母线槽分线盒外形尺寸如图4-4所示。

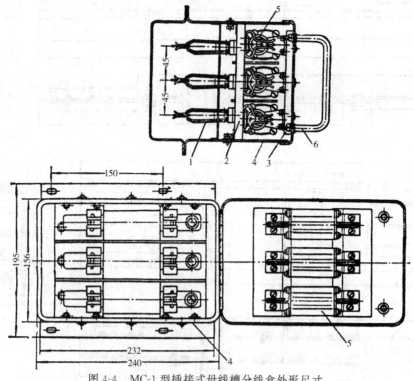

图 4-4　MC-1型插接式母线槽分线盒外形尺寸
1—插接片；2—中间绝缘隔板；3—绝缘板；
4—引进孔；5—熔断器；6—把手

二、本章定额未包括的工作内容

支架、铁构件的制作安装。

【释义】 支架：系指母线、绝缘子或其他构件支承件，支架可采用木结构或者钢铁结构。支架的作用是支承物体，所以支架必须牢固、结实、能够承受一定的重力。

铁构件：是指用钢铁制作而成的构件，铁构件一般作为母线、绝缘子安装的辅助构件，其制作应根据有关要求或图纸进行，要符合有关规定、规格等。

支架制作：目前，支架的标准化、商品化生产已逐步推广。但在实际施工中，现场制作支架的情况也很普遍，在制作支架时应注意以下问题。

(1) 支架的型式、材质、加工尺寸、精度及焊接等应符合设计要求。

(2) 下料应按图纸与实际尺寸进行划线。

(3) 支架的孔眼应采用电钻加工，其孔径应比吊杆直径大1～2mm，不得以气割开孔。

(4) 制作合格的支架应进行除锈、防腐处理，焊接变形以应予以矫正。

金属构件及母线的防腐处理方法如下。

(1) 金属构件除锈应彻底，防腐漆应涂刷均匀，黏合牢固，不得有起层、皱皮等缺陷。

(2) 母线涂漆应均匀，无起层、皱皮等缺陷。

(3) 在有盐雾、空气相对湿度接近100%及含腐蚀性气体的场所，室外金属构件应采用热镀锌。

(4) 在有盐雾及含有腐蚀性气体的场所，母线应涂防腐涂料。

封闭母线的安装应符合的规定如下。

(1) 支座必须安装牢固，母线应按分段图、相序、编号、方向和标志正确放置，每相外壳的纵向间隙应分配均匀。

(2) 母线与外壳间应同心，其误差不得超过5mm，段与段连接时，两相邻段母线及外壳应对准，连接后不应使母线及外壳受到机械应力。

(3) 封闭母线不得用裸钢丝绳起吊和绑扎，母线不得任意堆放和在地面上拖拉，外壳上不得进行其他作业，外壳内和绝缘子必须擦拭干净，外壳内不得有遗留物。

(4) 橡胶伸缩套的连接头、穿墙处的连接法兰、外壳与底座之间，外壳各连接部位的螺栓应采用力矩扳手紧固，各结合面应密封良好。

(5) 外壳的相间短路板应位置正确，连接良好，相间支撑板应安装牢固，分段绝缘的外壳应做好绝缘措施。

(6) 母线焊接应在封闭母线各段全部就位并调整误差合格，绝缘子、盘形绝缘子和电流互感器经试验合格后进行。

(7) 呈微正压的封闭母线，在安装完毕后检查其密封性应良好。

采用液压压接导线时，应符合的规定如下。

(1) 压接用的钢模必须与被压管配套，液压钳应与钢模匹配。

(2) 扩径导线与耐张线夹接时，应用相应的衬料将扩径导线中心的空隙填满。

(3) 压接时必须保持线夹的正确位置，不得歪斜，相邻两模间重叠不应小于5mm。

(4) 接线管压接后，其弯曲度不宜大于接续管全长的2%。

(5) 压接后不应使接续管口附近导线有隆起和松股，接续管表面应光滑、无裂纹，330kV及以上电压的接续管应倒棱、去毛刺。

(6) 外露钢管的表面及压接管口应刷防锈漆。

(7) 压接后六角形对边尺寸应为0.866D，当有任何一个对边尺寸超过0.866D＋0.2mm时应更换钢模（D为接续管外径）。

(8) 液压压接工艺应符合国家现行标准《架空送电线路导线及避雷线液压施工工艺规程》(试行) 的有关规定。

三、工程量计算规则

1. V 形绝缘子串按悬垂绝缘子串双串考虑。

【释义】 见第一部分、一、1 释义。

2. 引下线、设备连引线是指采用软导线制作安装的，当采用硬母线作引下线、设备连引线时，另套相应定额。

【释义】 引下线：指由 T 形线夹或并沟线夹从软母线引向设备的连接线。

软导线：分裸导线和绝缘电线、电缆。电缆包括各种电力电缆、控制信号电缆、照明用线和各种安装连接用线。绝缘导线是由导电的线芯、绝缘层和保护层所组成的。线芯按使用要求可分为硬型，软型，移动式电线、电缆和特软型四种结构。软导线是指线芯采用软型的电线或电缆。

绝缘导线按线芯材料分，有铜芯和铝芯两种；按其外皮的绝缘材料分有橡胶绝缘材料和塑料绝缘材料两种。塑料绝缘导线性能良好，价格较低，而且可节约大量橡胶和棉纱，在室内明敷和穿管敷设中可取代橡胶绝缘导线，但塑料绝缘在低温时要变硬变脆，高温时又易软化，因此，塑料绝缘导线不宜在室外使用。

3. 带形铝母线安装与带形铝母线引下线安装合并为一套定额，使用时不分母线与引下线。

【释义】 见第一部分、三、2 释义。

4. 软母线、引下线、跳线及设备连引线、组合软母线安装，已综合考虑了母线挠度和连接需要增加的工程量，不需单独计算安装损耗量。跨距的长短不同，定额不作调整。导线、金具、绝缘子等未计价材料按照安装数量加损耗量另行计算主材费。

【释义】 跳线：指连接两段导线之间的连线，线路可以改变。

5. 硬母线安装包括带形、槽形、管形母线，硬母线安装时应考虑母线挠度和连接需要增加的工程量。硬母线配置安装预留长度按设计规定计算，如设计未明确预留长度则按表 4-2 规定计算。母线和金具等未计价材料按照安装数量加损耗量另行计算主材费。

表 4-2　硬母线安装预留长度表　　　　　　　　　　　单位：m/根

序号	项目	预留长度	说明
1	带形、槽形、管形母线终端	0.3	从最后一个支持点算起
2	带形母线与分支线连接	0.5	分支线预留
3	槽形、管形母线与分支线连接	0.8	分支线预留
4	带形、槽形、管形母线与设备连接	0.5	从设备端子接口算起

【释义】 见第一部分、一、5 释义。

6. 分相封闭母线、共箱母线、电缆母线安装已综合考虑了母线挠度和连接需要增加的工程量，不需单独计算安装损耗量。母线和金具等未计价材料按照安装数量加损耗量另行计算主材费。

【释义】 见第一部分、一、5 释义。

四、其他说明

1. 110kV 及以上支持绝缘子户内安装时，人工乘以系数 1.30。

【释义】 支持绝缘子：是用来支承导线或电气设备带电部分的绝缘体。

2. 软母线架设定额是按单串绝缘子悬挂考虑的，如设计为双串时，定额人工乘以系数 1.1。

【释义】 绝缘子：又称"瓷瓶"，是支承或悬挂导线或电气设备带电部分的绝缘体，一般用瓷玻璃等绝缘材料做成。常用的绝缘子有针式绝缘子、蝶式绝缘子、悬式绝缘子和拉紧绝缘子。一般用于几个绝缘子组成绝缘子串，使用于不同电压等级的高压输配电线路上作绝缘和挂导线之用，有单串绝缘子和双串绝缘子之分。

软母线安装定额只考虑单串绝缘子，若为双串绝缘子则应乘以系数 1.08。

3. 带形铜母线、钢母线安装，执行同截面带形铝母线定额乘以系数 **1.40**。支持式管形母线中，支柱绝缘子上的托架安装执行铁构件安装定额。

【释义】 带形铝母线：是以铝为内芯的带形母线。铝的电阻率小，导电性能好，有较好的抵抗大气腐蚀的性能，价格适中，使用比较广泛。

带形铝母线引下线：是带形铝母线的接地装置，其主要作用是使带形铝母线接地避雷。带形铜母线的安装连接是用氩弧焊机将其连接起来。

钢母线：钢虽价格便宜，机械强度好，但电阻率较大，又由于钢是磁性材料，当交流电通过时，会产生较大的涡流损失、功率损耗和电压降，所以不宜作零母线和接地母线。

4. 管形母线伸缩节头安装，可执行带形母线用伸缩节头安装定额乘以系数 **1.50**。

【释义】 见第一部分、四、2 释义。

5. 封闭式插接母线槽在 **10m** 以上竖井内安装时，人工和机械定额均乘以系数 **2.0**。

【释义】 见第一部分、一、12 释义。

6. 带形母线伸缩节、铜过渡板、共箱母线、封闭式插接母线槽均按生产厂供应成品考虑，定额只考虑现场安装。

【释义】 见第一部分、一、9 释义。

7. 绝缘子、穿墙套管、母线等安装高度不同时定额不予调整。

【释义】 见第一部分、一、1 释义。

第二部分　定额释义

4.1　悬垂绝缘子串

4.1.1　悬垂绝缘子单串安装

定额编号　YD4-1～YD4-7　**定额电压（kV 以下）**　P_{256}～P_{257}

【应用释义】 悬垂绝缘子：有普通型和防污型之分。一般是用几个绝缘子组成绝缘子串，使用于不同电压等级的高压输配电线路上作绝缘和悬挂之用。

金具：在架空电力线路中用来固定横担、绝缘子、拉线及导线的各种金属连接件统称为线路金具。其品种较多，一般根据用途可分为以下几种。

（1）连接金具。用于连接导线、绝缘子与杆塔横担的金属称连接金具。它要求连接可靠、转动灵活、机械强度高、抗腐性能好和施工维护方便。属于这类金具的有耐张线夹、碗头挂板、球头挂环、直角挂板、U 型挂环等。

（2）接续金具。用于接续断头导线的金具叫做接续金具。要求其能承受一定的工作拉力，有可靠的工作接触面，有足够的机械强度等。如接续导线的各种铝压接管以及在耐张杆上连通导线的并沟线夹等。

（3）接线金具。用于接线拉线的连接和承受拉力之用。如楔形线夹、UT 线夹、花蓝螺栓等。

4.1.2 悬垂绝缘子双串安装

定额编号　YD4-8～YD4-14　定额电压（kV 以下）　P_{258}～P_{259}

【应用释义】　绝缘子：可分为瓷质悬式绝缘子、钢化玻璃式绝缘子、棒式绝缘子以及合成绝缘子。

（1）瓷质悬式绝缘子　瓷质悬式绝缘子可分为普通型和防污型两种，如图 4-5 所示。

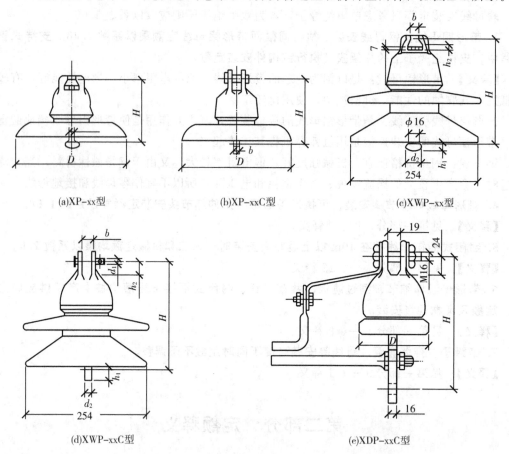

图 4-5　瓷质悬式绝缘子示意图

瓷质悬式绝缘子产品型号的表示方法如下。

①字母：X 表示悬式绝缘子，XP 为按机电破坏负荷表示的瓷质悬式绝缘子，D 表示避雷线用，W 表示防污型，字母后数字为机电破坏负荷。

②数字后，C 表示槽式。

（2）玻璃悬式绝缘子　玻璃悬式绝缘子是以钢化玻璃为介质的悬式绝缘子。它可分为普通型和防污型两种，特点是在低值与零值时能自爆，便于在运行的线路上发现它的缺陷。因此不用测量它的零值。

玻璃悬式绝缘子产品型号命名的表示方法如下。

①字母 LXP 表示玻璃悬式绝缘子，H 表示钟罩式防污型。

②字母后数字表示机械破坏负荷。

悬式绝缘子一般与金具组合成绝缘子串，根据用途不同可分为悬垂绝缘子串与耐张绝缘子串。悬垂绝缘子串以悬挂的方法支持导线，用于直线杆塔或转角跳线处。悬垂绝缘子串有单串、双串、V 形串等。悬垂串绝缘子的数量应符合 DL/T5029—1999《110～500kV 架空送电线路设计技术规程》。耐张绝缘子串以锚固的方式支持导线，用于承力杆塔。耐张串有单串，也有双串。安装时，耐张串有正挂，也有倒挂。耐张串绝缘子片数量一般比同等电压悬垂串绝缘子片多1～2片。

（3）棒形悬式合成绝缘子 棒形悬式合成绝缘子，简称合成绝缘子，是新型的绝缘子，由伞盘、芯棒及金属端头三部分组成，具有以下性能。

①由硅橡胶为基体的高分子聚合物制成的伞盘具有良好的憎水性及憎水迁移性能，因而具有很高的污闪电压。

②芯棒采用环氧玻璃纤维棒制成，具有很强的拉伸强度（大于600MPa），采用φ50mm的芯棒可制成机械负荷达100tf的合成绝缘子。此外，芯棒还具有良好的减振性、抗蠕变性及抗疲劳断裂性。

③合成绝缘子体积小，重量轻（为瓷质绝缘子串的1/7左右），具有弹性，不需测零值（对于110kV及以上的合成绝缘子使用时需配备1～2只均压环以改善电压分布）。合成绝缘子产品型号中，X表示悬式，S表示棒形，H表示合成（复合），型号数字后字母，A、B表示伞盘配装形式，且不装均压环。字母下角标1表示一端装均压环，下角标2表示两端装均压环。

（4）瓷质棒式绝缘子 瓷质棒式绝缘子有全瓷式和胶装式两种，前者直接绑扎，后者瓷头部带有带接金具，可以悬挂线夹。瓷质棒式绝缘子电气性能非常好，被称为不击穿绝缘子。优点是：不易老化，绝缘水平高；易清扫，自洁能力强，减少线路维护工作；结构简单，安装方便，能充分利用电杆高度，降低线路造价。

4.2 户内支持绝缘子安装

定额编号 YD4-15～YD4-16 额定电压20kV YD4-17～YD4-18 额定电压35kV P_{260}～P_{261}

【应用释义】 支持绝缘子：有户内支持绝缘子和户外支持绝缘子之分。高压户内支持绝缘子（支柱绝缘子）用于额定电压6～35kV户内电站、变配电所配电装置及电器设备，用以绝缘和固定支撑导电体。按其金属附件对瓷件的胶装方式，分为内胶装、外胶装及联合胶装3种。所谓内胶装是将金属附件装在瓷件孔内，这就缩小了绝缘子高度。与相同等级的外胶装（金属件装在瓷件之外）绝缘子相比，具有尺寸小、重量轻、电气性能好等优点，但对机械强度有所影响，因此对机械强度要求高的场所，宜采用外胶装或联合胶装类型。所谓联合胶装，即上附件为内胶装，下附件为外胶装。

导线在绝缘子上的固定方法，通常有顶绑法、侧绑法、终端绑扎法和用耐张线夹固定法。导线在直线杆针式绝缘子上的固定多采用顶绑法。导线在转角杆针式绝缘子上的固定采用侧绑法，有时由于针式绝缘子顶槽太浅，在直线杆上也可采用侧绑法。其绑扎方法可参照有关规定。蝶式绝缘子的绑扎方法用于终端杆、耐张杆及耐张型转角杆上。

导线的固定应牢固、可靠；绑扎时应在导线的绑扎处（或固定处）包缠铝包带，一般铝包带宽为10mm，厚度为1mm，包带不应相互重叠。包缠长度应超出绑扎部分20～30mm。所用绑线应为与裸导线材料相同的裸绑线。当导线为绝缘导线时，应使用带包皮的绑线。

4.3 户外支持绝缘子安装

定额编号 YD4-19～YD4-26 额定电压（kV以下） P_{262}～P_{265}

【应用释义】 支持绝缘子的安装方法如下。

（1）在变配电所中，支持绝缘子大多安装在墙上、金属支架上或混凝土平台上，这就需要根据绝缘子安装孔尺寸埋设螺栓或加工支架。

（2）螺栓埋设位置应正确，且应垂直埋设。支架焊接应平整，孔眼位置正确且应钻成长形孔，以便于绝缘子的调整，整个支架的埋设应牢固正确。

（3）将绝缘子法兰孔套入基础螺栓或对准支架上的孔眼，穿入螺栓，套上螺帽拧紧即可。拧紧螺帽时，应注意各个螺栓轮流均匀地拧紧，以防底座受力不均而损坏。如果安装的绝缘子是在同一直线上时，一般应先安装首尾两个，然后拉一直线，再按此直线安装其它绝缘子，以保证各个绝缘子都在同一中心线上。

（4）为使母线安装得平直和每个绝缘子承受均匀的机械负荷，应使所有绝缘子的顶面在同一平面上或垂直面上，其误差不应超过3mm，当不能满足要求时，可以在绝缘子底架下面垫以垫片来调整。但垫片的厚度不应超过5mm。支持绝缘子的法兰盘均应接地。

（5）安装绝缘子时应多加小心，尽量采取一些保护措施，避免将绝缘子损坏。安装完毕，其底座、顶盖以及金属支架应刷一层绝缘漆，颜色一般为灰色。

4.4 穿墙套管装设

定额编号　YD4-27　20kV；YD4-28　35kV；YD4-29～YD4-30　110kV；YD4-31～YD4-32　220kV；YD4-33～YD4-34　330kV；YD4-35～YD4-36　500kV　P_{266}～P_{269}

【应用释义】　穿墙套管安装：本定额穿墙套管的安装适用于工频交流电压为10kV及以下电厂、变电站的配电装置或成套封闭式柜中，作为导电部分穿过接地隔板、墙壁、封闭式配电装置的绝缘、支持和与外部母线的连接。

（1）角钢框架要用混凝土埋牢，若安装在墙外，其垂面应略有斜坡，使套管安好后屋外一端稍低；若套管两端均在屋外，角钢支架仍需保持垂直，套管仍需水平，安装时法兰应在外，当套管垂直安装时，法兰应在上。

（2）法兰套管的孔径应比嵌入部分至少大5mm。当采用混凝土安装板时，其最大厚度不得超过50mm。

（3）电流在1500A及以上的套管直接固定在钢板上时，套管周围应不成闭合磁路。

（4）角钢框架必须良好接地，以防发生意外事故。

（5）套管表面清洁，无裂纹或破碎现象，应做交流耐压试验，其试验标准应符合相关规定。

高压穿墙套管按安装地点可分为户内型和户外型两大类，均由瓷套、安装法兰及导电部分装配而成。变配电所中高压架空接户线均需采用穿墙套管。其安装方法一般有两种：一种是在施工时将螺栓直接预埋在墙内，并预留3个套管孔，将套管穿入孔洞直接固定在墙上。另一种方法是根据设计图纸，施工时在墙上预留一长方形孔洞，在孔洞内装设一角钢框架用以固定钢板。钢板上钻孔，将套管固定在钢板上，以此固定套管。

等边角钢：角钢有等边角钢（如图4-6所示）和不等边角钢（如图4-7所示）两类。不等边角钢（也叫不等肢角钢）用两边肢宽和厚度表示，如L100×70×6等。等边角钢（也叫等肢角钢）用肢宽和厚度表示，如L100×20mm为肢宽100mm，厚20mm的角钢。我国目前生产的不等边角钢的肢宽为（25mm×16mm）～（200mm×125mm），等边角钢的肢宽为20～200mm。

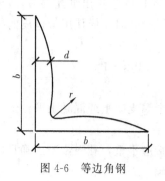

图4-6　等边角钢

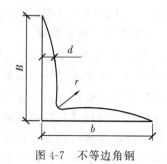

图4-7　不等边角钢

4.5 软母线安装

定额编号 YD4-37～YD4-42 35kV(截面 mm^2); YD4-43～YD4-49 110kV(截面 mm^2); YD4-50～YD4-53 220kV(截面 mm^2); YD4-54～YD4-56 330kV(截面 mm^2); YD4-57～YD4-58 500kV(截面 mm^2); YD4-59 750kV(截面 mm^2); YD4-60 1000kV(截面 mm^2) P_{270}～P_{279}

【应用释义】 套管的中心线应与支持绝缘子中心线在同一直线上,尤其是母线式套管更应注意,否则母线穿过时会发生困难,同时也不美观。

软母线安装:指直接由耐张绝缘子串悬挂部分、按母线截面大小分别以"跨/三相"为计量单位。设计跨距不同时,不得调整。导线、绝缘子、线头、弛度调整金具等均按施工图设计用量加定额规定的损耗率计算。

软母线分 35～220kV、330～500kV 两种要求的安装定额。导线跨距综合一般情况按 60m 一跨考虑,定额单位为"跨/三相",是指每跨三相,其跨距为 60m。设计跨距不同时一般不作换算。

每跨软母线定额是按 6 个耐张线夹,3 个 T 型线夹考虑的,如果需要增加线夹,可按设计要求增加主材料费。

每跨软母线两端均按单串绝缘子考虑,如设计要求采用双串绝缘子,按定额另加项套用。

软母线悬挂金具的材料已包括在定额内,不再另计材料费用。

4.6 引下线、跳线及设备连引线安装

定额编号 YD4-61～YD4-66 35～220kV(截面 mm^2); YD4-67～YD4-69 330～500kV(截面 mm^2); YD4-70～YD4-71 750kV(截面 mm^2); YD4-72～YD4-73 1000kV(截面 mm^2) P_{280}～P_{285}

【应用释义】 引下线:是一段设备连接,每三相为一组,母线上接下来的、与地连接的线,主要起接地避雷的作用。

设备连引线:设备的连接是通过导线来完成的。导线连接前,必须把导线端头的绝缘层剥掉,绝缘层的剥切长度,随接头方式和导线截面的不同而不同。绝缘层的剥切方法要正确,通常有单层剥法、分段剥法和斜削法 3 种。导线连接单股铜线一般采用绞接法、绑接法等;多股导线可采用直接绞接和分支绞接等;单股导线还可采用压接法。

铜过渡板:铜过渡板就是以铜作为原材料制作而成的过渡板。过渡板的作用是作为母线接头的一种支承结构。

4.7 组合软母线安装

定额编号 YD4-74 架空避雷线安装 P_{286}

【应用释义】 组合式软母线包括软母线引下线、跳线及设备连线。跳线是母线的一种连接方式,在母线的接头部位,一般采取跳线的连接方式。避雷线:其一般用截面不小于 $25mm^2$ 的镀锌钢绞线,架设在架空线路的上边,以保护架空线路免遭直接雷击。避雷带和避雷网普遍用来保护高层建筑免遭直接雷击和感应雷击。

4.8 带形铝母线

4.8.1 每相一片带形铝母线安装

定额编号 YD4-75～YD4-78(截面 mm^2) P_{287}～P_{288}

【应用释义】 带形母线就是铜排,每相一片、两片、三片是指每一相线铜排的数量,例如总闸下只有一个分闸,那就是每相一片,如果有两个分闸,就是每相二片,以此类推。

4.8.2 每相多片带形铝母线安装

定额编号 YD4-79～YD4-80 每相二片(截面 mm^2); YD4-81～YD4-82 每相三片(截

面 mm²）；YD4-83～YD4-84　每相四片（截面 mm²）　P_{289}～P_{290}

【应用释义】见第一部分、四、3 释义。

4.9　母线伸缩节安装

定额编号　YD4-85～YD4-88　每相（片）　P_{291}

【应用释义】伸缩接头：在架设各类型母线时，经常会遇到母线长度不合适的情况。因此，需要在母线端点处安装一个可以连接另一条母线的伸缩接头，将两条母线连接成一条母线。带形母线伸缩接头是母线的一种连接方式。母线的连接应满足一定的规定和要求，母线伸缩接头是用于连接母线的，可以进行调节，以避免母线由于热胀冷缩而拉断。

4.10　带形硬母线热缩安装

定额编号　YD4-89～YD4-90　绝缘热缩套　P_{292}

定额编号　YD4-89～YD4-90　接头热缩安装　P_{292}

【应用释义】热缩套管又名热收缩保护套管，为电线、电缆和电线端子提供绝缘保护。具有高温收缩、柔软阻燃、绝缘防蚀等性能，广泛用于各种线束、焊点、电感的绝缘保护和金属管、棒的防锈、防蚀等。带形母线伸缩节：补偿母线因温度变化引起的变形和振动变形的伸缩性连接件。

4.11　槽形母线

4.11.1　槽形母线安装

定额编号　YD4-93　2(100×45×5)以下　YD4-94　2(150×65×7)以下；YD4-95　2(200×90×12)以下；YD4-96　2(250×115×12.5)以下；P_{293}

【应用释义】槽形母线：是将铜材或铝材轧制成槽形截面，使用时，每相一般由两根槽形母线相对地固定在同一绝缘子上。其集肤效应系数较小，机械强度高，与利用几条矩形母线比较，在相同截面下允许载流量大得多。例如，h 为 175mm、b 为 80mm，壁厚为 8mm 的双槽形铝母线，截面积为 4880mm²，载流量为 6600A；而每相采用 $4×(125×10)$ mm² 的矩形铝母线，截面积为 5000mm²，其竖放的载流量仅为 4960A。槽形母线一般用于 35kV 及以下、持续工作电流为 4000～8000A 的配电装置中。它的安装要经过平直、下料、煨弯、锯头、钻孔、对口、焊接、安装固定、刷分相漆等过程。

4.11.2　槽形母线与设备连接

定额编号　YD4-97　2(100×45×5)以下；YD4-98　2(150×65×7)以下；YD4-99　2(200×90×12)以下　YD4-100　2(250×115×12.5)以下；P_{294}

【应用释义】槽形母线与设备的连接主要是指与发电机、变压器连接以及与断路器、隔离开关连接，其连接主要采用镀锌精制带帽螺栓。

4.12　管形母线

4.12.1　支持式管形母线安装

定额编号　YD4-101～YD4-107　铝管（直径 mm 以下）　P_{295}～P_{296}

【应用释义】管形母线：管形母线一般采用铝材。管形母线的集肤效应系数小，机械强度高；管内可通风或通水改善散热条件，其载流能力随通入冷却介质的速度而变；由于其表面圆滑，电晕放电电压高（即不容易发生电晕）；与采用软母线相比，其有占地少、节省钢材和基础工程量小、布置清晰、运行维护方便等优点。

4.12.2　悬吊式管形母线安装

定额编号　YD4-108～YD4-110　220kV　铝管（直径 mm 以下）；YD4-111～YD4-113　500kV　铝管（直径 mm 以下）　P_{297}～P_{298}

【应用释义】悬吊式管形母线：悬吊式管形母线的支持结构如图 4-8 所示，是将母线悬

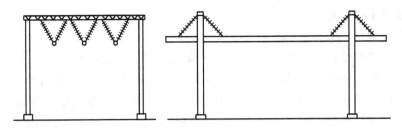

图 4-8 管形母线的支持结构示意图（悬吊式）

吊在悬式绝缘子下。

4.13 分相封闭母线安装

定额编号 YD4-114～YD4-117 主母线（外壳/母线）；YD4-118～YD4-119 分支母线（外壳/母线） P_{299}～P_{302}

【应用释义】 分相封闭式母线：分相封闭母线支持结构如图 4-9 所示。母线导体用支柱绝缘子支持，一般有单个、两个、三个和四个绝缘子四种方案。国内设计的封闭母线几乎都采用三绝缘子方案，三个绝缘子在空间彼此相差120°。绝缘子顶部有橡胶弹力块和蘑菇形铸铝合金金具。对母线导体可实施活动支持或固定支持。作活动支持时，母线导体不需作任何加工，只夹在三个绝缘子的蘑菇形金具之间；作固定支持时，需在母线导体上钻孔并改用顶部有球状突起的蘑菇形金具，将该突起部分插入钻孔内。

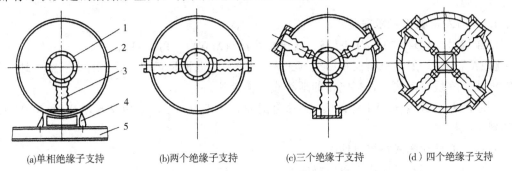

(a)单相绝缘子支持　　(b)两个绝缘子支持　　(c)三个绝缘子支持　　(d)四个绝缘子支持

图 4-9 分相封闭母线结构示意图

1—母线；2—外壳；3—绝缘子；4—支座；5—三相支持槽钢

4.14 共箱母线安装

定额编号 YD4-120～YD4-127 外壳(宽×高)/铝母线(mm 以内) P_{303}～P_{306}

【应用释义】 共箱母线：共箱式封闭母线结构如图 4-10 所示。

其三相母线分别装设在支柱绝缘子上，并共有一个金属（一般是铝）薄板制成的箱罩保护，有三相母线之间不设金属隔板和设金属隔板两种形式。在安装方式上，有支持式和悬吊式 2 种。图 4-10 为支持式，悬吊式相当于将图翻转180°。

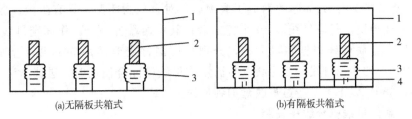

(a)无隔板共箱式　　(b)有隔板共箱式

图 4-10 共箱式封闭母线结构示意图

1—外壳；2—母线；3—绝缘子；4—金属隔板

4.15 电缆母线安装

定额编号 YD4-128 箱式通道 $P_{307} \sim P_{308}$

【应用释义】 电缆：一般由导电线芯、绝缘层、护层组成。导电线芯是用来传导电流的。线芯材料通常是铜或铝。线芯截面形状有圆形、半圆形、扇形和椭圆形等。绝缘层是用来保证线芯之间、线芯与外界的绝缘，使电流沿线芯传输。绝缘层包括分相绝缘和统包绝缘，统包绝缘在分相绝缘之外。绝缘层所用材料有油浸纸、橡胶、聚氯乙烯、聚乙烯和交联聚乙烯等。电力电缆的保护层分内护层和外护层两部分。内护层主要是保护电缆统包绝缘不受潮湿和防止电缆浸渍剂外流以及轻度机械损伤，所用材料有铅包、铝包、橡套、聚氯乙烯套和聚乙烯套等。外护层是用来保护内护层的，防止内护层受机械损伤或化学腐蚀等，包括铠装层和外被层两部分。

定额编号 YD4-129～YD4-132 铜芯 500mm^2 以下 $P_{307} \sim P_{308}$

【应用释义】 电缆：常用电线和电缆分为裸线、电磁线、绝缘电线电缆和通信电缆等。

裸线是没有绝缘层的电线，包括铜、铝平线、架空绞线、各种型材如型线、母线、铜排、铝排等。它主要用于户外架空、作室内汇流排和开关箱。

绝缘电线电缆包括各种电气电缆、控制信号电缆、照明用线和各种安装连接用线。它一般由导电的线芯、绝缘层和保护层所组成。线芯按使用要求可分为硬型、软型、移动式电线电缆和特软型四种结构。按材料又可分为铜芯线、铝芯线，按线芯数又可分为单芯、双芯、三芯以及四芯等。

4.16 发电机出线箱安装

定额编号 YD4-133～YD4-135 发电机容量（MW） $P_{309} \sim P_{310}$

【应用释义】 发电机是三相四线（三火一零），配电柜是三相五线（三火一零一地），火线对火线、零线对零线后，配电柜的地线直接接地线。

铜芯塑料绝缘线 500VBV-240：指标称截面积为 240mm^2，采用交流电压为 500V 的铜芯塑料绝缘导线。

4.17 低压封闭式插接母线槽

4.17.1 低压封闭式插接母线槽安装

定额编号 YD4-136～YD4-140 电流（A） $P_{311} \sim P_{312}$

【应用释义】 插接式母线槽：由金属外壳，绝缘瓷插座及金属母线组成。是一种用组装插接方式引接电源的低压配电线路装置。

低压封闭式插接母线槽：低压封闭式插接母线槽安装的金属部件均应镀锌，夹板与母线接触处应清除母线表面氧化层，并涂以工业凡士林油。

插接母线槽的种类很多，其中 MC-1 型插接式母线槽用于工厂企业、车间，作为电压 500V 以下，额定电流 1000A 以下，用电设备较密集的场所作配电用。CM-2A 型、BM1 型还可用于高层建筑配电。MC-1 型插接式母线槽每段长 3m，前后各有 4 个插接孔，其孔距为 700mm。金属外壳用 1mm 厚的钢板压成槽后，对合成封闭型，具有防尘、散热等优点。绝缘瓷盒采用烧结瓷。每段母线装 10 个瓷插盒；其中两端各一个，作固定母线用，中间 8 个，作插接用。金属母线根据容量大小，分别采用钢材或铜材。350A 以下容量的为单排线。800～1000A 的为双排线。当进线盒与插接式母线槽配合使用时，进线盒装于插接式母线槽的首端，380V 以下电源通过进线盒加到母线上。

4.17.2 封闭母线槽分线箱安装

定额编号 YD4-141～YD4-144 电流（A） $P_{313} \sim P_{313}$

【应用释义】 封闭母线槽分线箱：在分线箱及配电盘内导线应采用接线端子进行连接，

而不应焊成"鸡爪"形。各导线的接线端头应配接相适应的接线端子。接线端子及矩形母线板所用材料,铜芯导线时应为铜制品,铝芯导线时应为铝制品,如为铜和铝端子相接时,应将铜制接线端子做漏锡处理。

第三部分 工程量计算实例

【例4-1】 已知,某新建110kV降压变电所有两台主变,采用三相双绕组电力变压器。低压侧为10kV,采用单母分段的接线形式来提高可靠性和经济性。如图4-11所示,母线安装采用支持式管形铝母线 D114,分段的母线两端需采用绝缘子,现给母线端配户外支持绝缘子,每端双柱式。试计算其低压侧绝缘子、母线工程量。

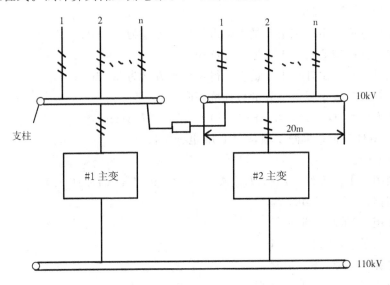

图4-11 主变电站示意图

【解】 工程量计算:由于为三相,图中导线为3,对应母线也为3。
① 母线工程量:$L=(20\times2)\times3=120(m)$
② 绝缘子柱数:$n=(2\times2\times2)\times3=24(个)$
清单工程量计算见表4-3。

表4-3 清单工程量计算表

序号	项目编码	项目名称	项目特征描述	计量单位	工程量
1	BA2206C17001	支持式管形铝母线 DN114	铝管直径120mm	m	120
2	BA2206C12001	户外支持绝缘子	额定电压110kV	柱	24

定额工程量计算见表4-4。

表4-4 定额工程量计算表

序号	定额编号	项目名称	计量单位	工程数量
1	YD4-102	支持式管形铝母线 DN114	m	120
2	YD4-21	户外支持绝缘子	柱	24

【例4-2】 图4-12所示为某单位供电外线线路施工图,线路自供电开关站出线至N8号电

杆为新设计线路。导线采用 LGJ-70 钢芯铝绞线，线路长度为 481m，试计算工程量及套用定额。

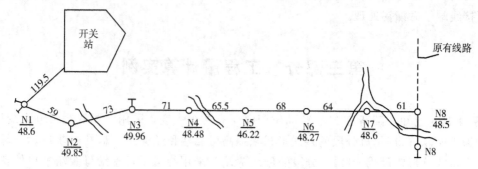

图 4-12　某单位供电外线线路施工图

【解】　（1）计算工程量

① 12m 电杆 8 根，由杆坑土方量表查得每坑土方量为 $4.6 m^3$；
　　12m 电杆安拉线 5 根，土方量与杆坑相同。

② 11m 电杆 1 根，由杆坑土方量表查得每坑土方量为 $3.76 m^3$；
　　11m 电杆安拉线 1 根，土方量与杆坑相同。

　　总的土方量为 $(8+5) \times 4.6 + (1+1) \times 3.76 = 67.32 (m^3)$

③ 立 12m 电杆 8 根；拆除 1 根，立 11m 电杆 1 根。

④ 安底盘 9 个。

⑤ 安装横担：I_3　5 组　$L = KH + A = 1.414 \times 9.45 + 2.7 = 16(m)$

　　安装横担：$2I_3$　2 组

　　安装横担：$2III_3$　3 组

　　针式绝缘子　P-36T　34 个

　　悬式绝缘子　X-4.5　30 个

⑥ 安装拉线　GJ-50-5-I_3　3 根

　　　　　　 GJ-35-3-I_3　2 根

　　按水平拉线　GJ-35-3-I_3　1 根

　　　　$L = KH + A = 1.414 \times 9 + 1.2 + 15 + 2 = 31(m)$

⑦ 导线架设　$(119.5 + 59 + 73 + 71 + 65.5 + 68 + 64 + 61 + 2.5 \times 5 + 1 \times 7) \times 3 = 1801.5(m)$

⑧ 导线跨越 4 条马路

（2）清单工程量计算见表 4-5。

表 4-5　清单工程量计算表

序号	项目编码	项目名称	项目特征描述	计量单位	工程量
1	BT9202A12001	杆坑等土石方量	坑深 4m 以内	m^3	67.32
2	SK2102B15001	底盘安装	每块重量 200kg 以内	块	9
3	SK3101C11001	混凝土电杆	φ190-10-A	根	8
4	SK3101C11002	横担	四线单根	组	5
5	SK3101C11003	横担	四线双根	组	5
6	BA2208C12001	户外式支持绝缘子	额定电压 20kV	10 个	6.4
7	SK3101C11004	钢绞线拉线制安	截面 $50mm^2$ 以内	根	5
8	SK4101C12001	裸铝绞线架设	截面 $70mm^2$	km	1.8015
9	SK4101D13001	导线跨越马路	35kV	处	4

定额工程量计算见表 4-6。

表 4-6 定额工程量计算表

序号	定额编号	项目名称	定额单位	工程数量
1	YX2-10	杆坑等土石方量	m³	67.32
2	YX3-2	底盘安装	块	9
3	YX4-1	混凝土电杆	根	8
4	YX6-19	横担	组	5
5	YX6-20	横担	组	5
6	YD4-19	户外式支持绝缘子	10 个	6.4
7	YX4-153	钢绞线拉线制安	根	5
8	YX5-8	裸铝绞线架设	km	1.8015
9	YX5-84	导线跨越马路	处	4

项目编码：HT2202C12　　项目名称：户外支持绝缘子安装

【例 4-3】 在某户外架空输电线路（其额定电压 110kV）中为了支撑导线和保证电流回地安全，需进行绝缘子安装。在两个村落之间共需安装 12 个绝缘子，并进行安装固定、接地、单体调试。工程安装示意图见图 4-13。试计算该项安装工程的清单工程量与定额工程量。

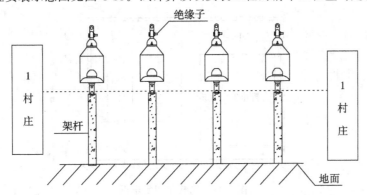

图 4-13 户外架空线路绝缘子安装示意图

【解】 （1）清单工程量　清单工程量计算规则：户外支持绝缘子安装以"个"为计量单位来计算工程量。

基本计价材料数据：

镀锌六角螺栓，综合（kg）：0.7040

电焊条 J507，综合（kg）：0.1460

乙醇（酒精），工业用 99.5%（kg）：0.1620

交流耐压仪（设备耐压用 35kV 及以下）（台班）：0.0120

绝缘电阻测试仪（2500～10000V、>2mA）（台班）：0.0120

清单工程量计算见表 4-7。

表 4-7 清单工程量计算表

项目编码	项目名称	项目特征描述	计量单位	工程量
HT2202C12001	户外支持绝缘子安装	额定电压为 220kV	串	12

（2）定额工程量　定额工程量计算规则：户外支持绝缘子的安装为一个；根据已知条件

可知，绝缘子采用的是额定电压为110kV的户外支持绝缘子安装，数量为12个，则：套用电力预算定额：YD4-21。

①人工费：64.97元/个×12个＝779.64元

②材料费：11.59元/个×12个＝139.08元

③机械费：83.92元/个×12个＝1007.04元

定额工程量计算见表4-8。

表4-8 定额工程量计算表

定额编号	项目名称	单位	数量	人工费/元	材料费/元	机械费/元
YD4-21	户外支持绝缘子安装	个	12	779.64	139.08	1007.04

项目编码：HT1706C13　　项目名称：熔断器的安装

【例4-4】 某家用仓库如图4-14所示，它的内部安装有一台照明配电箱（箱高0.3m，箱宽0.4m，箱深0.2m），嵌入式安装；套防水防尘灯，GC1-A-150；采用3个单联跷板暗开关控制；单相三孔暗插座两个；室内照明线路为刚性阻燃塑料管PVC暗配，管内穿线BV-2.5导线，照明回路为2根线，插座回路为3根线，穿墙套管中有3个水平装设套管，而竖直装设套管有4个。经计算，室内配管（PVC15）的工程量为：照明回路（2个）共42m，插座回路（1个）共12m。试编制配管、配线的分部分项工程量清单。

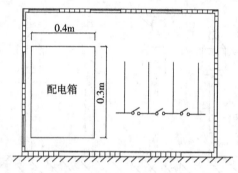

图4-14 电气照明配电图

【解】 （1）清单工程量　此例题中工程量计算如下（清单工程量不包括预留量）。

①电气配线管（PVC15）：(42＋12)m＝54m

【注释】 根据题中的室内配管所包含的工程量为两项之和。经计算，室内配管（PVC15）的工程量为：照明回路（2个）共42m，插座回路（1个）共12m。

②管内穿线（BV-2.5）(42×2＋12×3)m＝120m

（管内照明回路为2根线，插座回路为3根线）

③穿墙套管（水平装设）3个　基本计价材料数据：

平垫铁，综合（kg）：2.2000

交流电焊机21kV·A（台班）：0.4400

塑料袋，黑色20mm×40m（卷）：0.0040

钢锯条，各种规格（根）：0.5500

④穿墙套管（竖直装设）4个　基本计价材料数据：

醇酸磁漆（kg）：0.3300

交流电焊机21kV·A（台班）：0.4400

塑料袋，黑色20mm×40m（卷）：0.0030

钢锯条，各种规格（根）：0.5500

清单工程量计算见表4-9。

表4-9 清单工程量计算表

序号	项目编码	项目名称	项目特征描述	计量单位	工程量
1	HT1706C21001	电气配管	材质、规格：刚性阻燃塑料管PVC暗配；配置形式及部位：砖、混凝土结构暗配；管路敷设，灯头盒、开关盒插座盒安装	m	54
2	HT1706C16001	电气配线	配线形式：管内穿线；导线型号、材质、规格：BV-2.5；照明线路管内穿线	m	120
3	HT1706C13001	穿墙套管	电压35kV，水平装设	个	3
4	HT1706C13002	穿墙套管	电压35kV，竖直装设	个	4

（2）定额工程量

①电气配管 0.54(100m) 套用电力预算定额：YD8-34。

a. 人工费：196.21元/100m×0.54(100m)＝105.95元

b. 材料费：311.49元/100m×0.54(100m)＝168.20元

c. 机械费：39.93元/100m×0.54(100m)＝21.56元

注：不包含主要材料费。

②电气配线 1.2(100m) 套用电力预算定额：YD8-42。

a. 人工费：245.23元/100m×1.2(100m)＝294.28元

b. 材料费：87.19元/100m×1.2(100m)＝104.63元

c. 机械费：11.62元/100m×1.2(100m)＝13.94元

注：不包含主要材料费。

③穿墙套管（水平装设）3个 套用电力预算定额：YD4-29。

a. 人工费：99.59元/个×3个＝298.77元

b. 材料费：102.97元/个×3个＝308.91元

c. 机械费：144.00元/个×3个＝432.00元

④穿墙套管（竖直装设）4个 套用电力预算定额：YD4-30。

a. 人工费：49.85元/个×4个＝199.40元

b. 材料费：87.90元/个×4个＝351.60元

c. 机械费：125.58元/个×4个＝502.32元

定额工程量计算见表4-10。

表4-10 定额工程量计算表

序号	定额编号	项目名称	单位	数量	人工费/元	材料费/元	机械费/元
1	YD8-34	电气配管	100m	0.54	105.95	168.20	21.54
2	YD8-42	电气配线	100m	1.2	294.28	104.63	13.94
3	YD4-29	穿墙套管（水平装设）	个	3	298.77	308.91	432.00
4	YD4-30	穿墙套管（竖直装设）	个	4	199.40	351.60	502.32

项目编码：BA2208C2　　项目名称：导线架设

【例4-5】 某地区有一线外新建工程，平面图如图4-15所示。电杆10m，间距均为45m，丘陵地区施工，室外杆上变压器容量不能超过315kV·A，变压器台杆高16m。试计

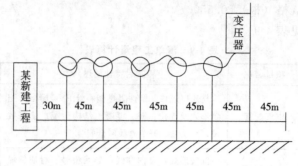

图 4-15　某新建工程平面图

算出各项工程量。

【解】（1）清单工程量　清单工程量计算规则：接地开关的安装按"组"为计量单位。按设计图示数量计算，则接地开关安装的工程量为 1 台。

清单工程量为：

① 变压器 1 台；

② 电杆组立 5 根；

③ 拉线制作安装 3 组；

④ 70mm^2 导线长度：$(30+45+45+45+45+45)×3m=900m$。

【注释】　30 和 50 分别为导线架设各段的长度，3 为 70mm^2 导线的根数。

⑤ 35mm^2 导线长度：$(30+45+45+45+45+45)×2m=600m$。

【注释】　30 和 50 分别为导线架设各段的长度，2 为 35mm^2 导线的根数。

清单工程量计算见表 4-11。

表 4-11　清单工程量计算表

序号	项目编码	项目名称	项目特征描述	计量单位	工程量
1	BA2208G11001	导线架设	70mm^2	m（100）	9
2	BA2208G11002	导线架设	35mm^2	m（100）	6
3	BA2208G19001	电杆组立	混凝土电杆，丘陵山区架设	根	6
4	BA2208A12001	变压器	S7-315/12	台	1

（2）定额工程量

① 70mm^2 的导线：9(100m)

套用电力预算定额：YD8-42。

a. 人工费：245.23 元/100m×9(100m)=2207.70 元

b. 材料费：87.19 元/100m×9(100m)=784.71 元

c. 机械费：11.62 元/100m×9(100m)=104.58 元

注：不包含主要材料费。

② 35mm^2 的导线：6(100m)

套用电力预算定额：YD8-41。

a. 人工费：149.53 元/100m×6(100m)=897.18 元

b. 材料费：65.25 元/100m×6(100m)=391.50 元

c. 机械费：11.62 元/100m×6(100m)=69.72 元

注：不包含主要材料费。

③立混凝土杆:6根

套用电力预算定额:YD9-41。

a. 人工费:71.06元/根×6根=426.36元

b. 材料费:40.30元/根×6根=241.80元

c. 机械费:85.06元/根×6根=510.36元

注:不包含主要材料费。

④拉线制作安装:3组

套用电力预算定额:YD4-38。

a. 人工费:437.50元/组×3组=1312.50元

b. 材料费:47.17元/组×3组=141.51元

c. 机械费:193.44元/组×3组=580.32元

⑤杆上变压器安装315kV·A:1台

套用电力预算定额:YD2-45。

a. 人工费:10138.60元/台×1台=10138.60元

b. 材料费:6202.20元/台×1台=6202.20元

c. 机械费:46302.43元/台×1台=46302.43元

定额工程量计算见表4-12。

表4-12 定额工程量计算表

序号	定额编号	项目名称	单位	数量	人工费/元	材料费/元	机械费/元
1	YD8-42	70mm²的导线	100m	9	2207.70	784.71	104.58
2	YD8-41	35mm²的导线	100m	6	897.18	391.50	69.72
3	YD9-41	立混凝土杆	根	6	426.36	241.80	510.36
4	YD4-30	拉线制作安装	组	3	1312.50	141.51	580.32
5	YD2-45	杆上变压器安装	台	1	10138.60	6202.20	46302.43

项目编码:HA3114C17   项目名称:组合软母线安装

【例4-6】 某工程35kV高压电缆,组合软母线3根,跨度58m,进行导线测量,下料,紧固。求定额材料的消耗量。

【解】 (1)清单工程量 清单工程量计算规则:按设计图示尺寸以单线长度计算,单位为"m"。

清单工程量计算见表4-13。

表4-13 清单工程量计算表

项目编码	项目名称	项目特征描述	计量单位	工程量
HA3114C17	组合软母线	组合软母线安装	m	58

(2)定额工程量 由定额工程量计算规则:组合软母线安装,按三相为一组计算。组合软母线安装定额不包括两端铁构件制作、安装盒支架瓷瓶、带形母线的安装,发生时应执行相应定额。其跨距(包括水平悬挂部分和两端引下部分之和)是以45m以内考虑,跨度的长与短不得调整。导线、绝缘子、线夹、弛度调节金具按施工图设计用量加定额规定的损耗率计算。工程量为58m。则:套用电力预算定额YD4-37。

a. 人工费:389.69元/m×58m=22602.02元

b. 材料费:46.25元/m×58m=2682.5元

c. 机械费：163.48元/m×58m＝9481.84元

定额工程量计算见表4-14。

表4-14 定额工程量计算表

定额编号	项目名称	单位	数量	人工费/元	材料费/元	机械费/元
YD4-37	组合软母线	m	58	22602.02	2682.5	9481.84

项目编码：HA3114C16　　项目名称：带形母线安装

项目编码：HA3114C13　　项目名称：配管安装

【例4-7】 图4-16所示为某局部工程线缆、管道图，图中箱高为1m，楼板厚度为0.3m，对于局部工程，工作内容包括带形母线（采用铝母线）测量、平直、下料；母线伸缩接头钻孔、连接、安装固定。试计算出垂直部分明敷管长和管内安装的带形铝母线的长度以及垂直部分暗敷管长和管内安装的带形铝母线的长度，并列出其工程量。

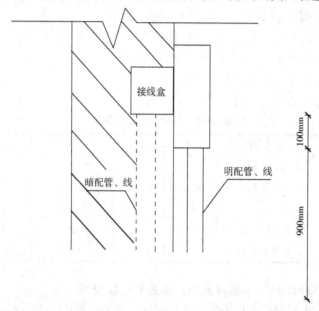

图4-16 某局部工程线缆、管道图

【解】 （1）清单工程量　清单工程量计算规则：按设计图示数量计算，以"单相米"为计量单位。

①当采用明配管时，管道垂直长度：(0.9＋0.1＋0.3)m＝1.3m。

【注释】 0.9为配电箱箱底距地面高度，0.1为箱内竖直管道的长度，0.3为楼板的厚度。

②铝母线安装长度：(0.9＋0.1＋0.5＋0.3)m＝1.8m。

【注释】 0.9为配电箱箱底距地面高度，0.1为箱内竖直管道的长度，0.5为带形母线与分支接线连接的预留长度，0.3为楼板的厚度。

③当采用暗配管时，管道垂直长度：(0.9＋1/2×1＋0.3)m＝1.7m。

【注释】 0.9为配电箱箱底距地面高度，1/2×1为配电箱的半高度，0.3为楼板的厚度

④铝母线安装长度：(0.9＋1/2×1＋0.5＋0.3)m＝2.2m。

【注释】 0.9为配电箱箱底距地面高度，1/2×1为配电箱的半高度，0.5为带型母线与分支接线连接的预留长度，0.3为楼板的厚度。清单工程量计算见表4-15。

表 4-15 清单工程量计算表

序号	项目编码	项目名称	项目特征描述	计量单位	工程量
1	HA3114B46001	配电箱	1000mm×800mm×X	台	1
2	HA3114C13001	配管安装	额定电压为35kV，明配管ϕ30mm	m	1.3
3	HA3114C13002	配管安装	额定电压为35kV，暗配管ϕ30mm	m	1.7
4	HA3114C16001	母线线缆安装	每相一片安装，截面积300 mm^2	m	1.8
5	HA3114C16002	母线线缆安装	每相一片安装，截面积300 mm^2	m	2.2

(2) 定额工程量　电力定额工程量计算规则：考虑母线挠度和连接需要增加的工作量，不需单独计算安装损耗量。跨距的长短不同时，定额不做调整。

①配电箱 1000×800×1 台　套用电力预算定额：YD3-242。

a. 人工费：377.78 元/台×1 台＝377.78 元

b. 材料费：46.04 元/台×1 台＝46.04 元

c. 机械费：776.05 元/台×1 台＝776.05 元

②配管 0.03(100m)

[注解：1.3 为明配管长度，1.7 为暗配管长度，故管总长度为(1.3＋1.7＝3.0)]

套用电力预算定额：YD8-34。

a. 人工费：196.218 元/100m×0.03(100m)＝5.89 元

b. 材料费：311.49 元/100m×0.03(100m)＝9.34 元

c. 机械费：39.93 元/100m×0.03(100m)＝1.19 元

注：不包含主要材料费。

③母线线缆 300mm^2 4.0(1m)

[注解：1.3 为明配管长度，1.7 为暗配管长度，故管总长度为(1.8＋2.2＝4.0)]

套用电力预算定额：YD4-75。

a. 人工费：7.00 元/m×4m＝28.00 元

b. 材料费：5.49 元/m×4m＝21.96 元

c. 机械费：5.43 元/m×4m＝21.72 元

注：不包含主要材料费。

定额工程量计算见表 4-16

表 4-16 定额工程量计算表

定额编号	项目名称	单位	数量	人工费/元	材料费/元	机械费/元
YD3-242	配电箱	台	1	377.78	46.04	776.05
YD8-34	配管	100m	0.03	5.89	9.34	1.19
YD4-75	母线线缆	m	4	28.00	21.96	21.72

项目编码：HA3114C20　　**项目名称：母线伸缩节安装**

【例 4-8】　某站用变电系统进行母线伸缩节安装，采用型号为 MS·80×8（其伸缩节尺寸示意图见图 4-17）的铝母线伸缩节 3 个，采取母线与母线的伸缩，母线间的铝质实质就是采用铝-铝伸缩节，试计算出该工程量，并列出定额工程量。

【解】　(1) 清单工程量　工程量计算如下（清单工程量不包括预留量）：伸缩节以"个"为计量单位。基本计价材料数据：

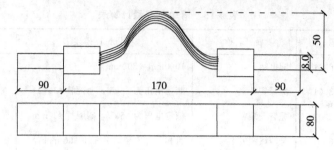

图 4-17 铝母线伸缩节示意图

钢锯条，各种规格（根）：1.2510

镀锌六角螺栓，综合（kg）：1.1430

电力复合脂（kg）：0.0540

清单工程量计算见表 4-17。

表 4-17 清单工程量计算表

项目编码	项目名称	项目特征描述	计量单位	工程量
HA6101C20 001	母线伸缩节安装	型号：MS·80×8 连接；母线与母线的连接	个	3

（2）定额工程量 母线伸缩节安装 3 个。

由定额工程量计算规则：母线伸缩节安装，按每相（片）为一个计量计算。

套用电力预算定额：YD4-87。

a. 人工费：27.97 元/个×3 个＝83.91 元

b. 材料费：15.60 元/个×3 个＝46.80 元

定额工程量计算见表 4-18。

表 4-18 定额工程量计算表

定额编号	项目名称	单位	数量	人工费/元	材料费/元	机械费/元
YD4-87	母线伸缩节安装	个	3	83.91	46.80	

项目编码：HA6101C16　　项目名称：带形硬母线热缩安装

项目编码：HA6101C19　　项目名称：共箱母线安装

【例 4-9】 某站用变压器进行线缆的安装工程，需要安装共箱母线（其母线规格为：GXFM-1600/10-Z，额定电压范围为：6.3～10kV，外形尺寸为：870mm×550mm，共需 10m）。还进行母线接头的热缩（800mm²）安装 7m，包括绝缘热缩套（横截面积 800mm²）和接头的伸缩节（5 个）安装。试计算出该工程量并列出该定额工程量。

【解】 （1）清单工程量 工程量计算如下（清单工程量不包括预留量），伸缩节以"个"为计量单位。

①接头热缩安装

②共箱母线 基本计价材料数据：

电焊条 J507，综合（kg）：1.3850

镀锌六角螺栓，综合（kg）：0.4320

电力复合脂（kg）：0.0830

钢管脚手架，包括扣件（kg）：3.7210

交流电焊机 21kV·A（台班）：0.1980

清单工程量计算见表 4-19。

表 4-19 清单工程量计算表

序号	项目编码	项目名称	项目特征描述	计量单位	工程量
1	HA6101C19001	共箱母线安装	规格为：GXFM-1600/10-Z，额定电压范围为：6.3～10kV，外形尺寸为870mm×550mm	m	10
2	HA6101C16001	绝缘热缩套	横截面积 800mm^2	m	7
3	HA6101C16002	接头热缩安装	带形母线接头的伸缩节	个	5
4	HA6101C16003	接头热缩安装	套管	个	5

(2) 定额工程量

①共箱母线 (870mm×550mm) 10m 套用电力预算定额：YD4-122。

a. 人工费：100.50 元/m×10m=1005.00 元

b. 材料费：58.23 元/m×10m=5823.00 元

c. 机械费：112.78 元/m×10m=11278.00 元

②绝缘热缩套 7m 套用电力预算定额：YD4-89。

a. 人工费：4.62 元/m×7m=32.34 元

b. 材料费：4.38 元/m×7m=30.66 元

③接头热缩：套管 5 个。

套用电力预算定额：YD4-91。

a. 人工费：5.87 元/个×5 个=29.35 元

b. 材料费：7.67 元/个×5 个=38.35 元

④接头热缩：带形母线接头的伸缩节 5 个

套用电力预算定额：YD4-92。

a. 人工费：10.83 元/个×5 个=54.15 元

b. 材料费：4.75 元/个×5 个=23.75 元

定额工程量计算见表 4-20。

表 4-20 定额工程量计算表

序号	定额编号	项目名称	单位	数量	人工费/元	材料费/元	机械费/元
1	YD4-122	共箱母线	m	10	1005.00	5823.00	11278.00
2	YD4-89	绝缘热缩套	m	7	32.34	30.66	
3	YD4-91	接头热缩：套管	个	5	29.35	38.35	
4	YD4-92	带形母线接头的伸缩节	个	5	54.15	23.75	

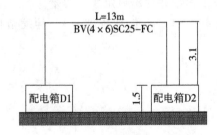

图 4-18 某工程设备配线安装简易设计图

项目编码：HA3114C21

项目名称：槽形母线与设备安装

【例 4-10】 如图 4-18 所示为某工程设备配线安装简易设计，层高 3.2m，配电箱安装高度为 1.5m，线缆采用 BV（4×6）SC25-FC，求其线缆母线安装工程的清单工程量与定额工程量。

【解】 (1) 清单工程量

[13+(3.2-1.5)×3] m=18.1m

BV6：18.1×4=72.4m（BV6 有 4 根，故需乘以 4）

【注释】 13 为两个配电箱之间的水平距离,3.2 为层高,1.5 为配电箱的安装高度,(3.2-1.5)为从屋顶道配电箱的竖直长度,2 条为从配电箱 D1、配电箱 D2 到屋顶的竖管个数,1 条为从屋顶到配电箱 2 地面的竖直长度个数,共计 3 条。因为配电箱 D2 有两根树立管,垂直部分有 3 根管,层高 3.2m,配电箱高为 1.5m,所以垂直部分为(3.2-1.5)×3m=5.1m。

清单工程量计算见表 4-21。

表 4-21 清单工程量计算表

序号	项目编码	项目名称	项目特征描述	计量单位	工程量
1	HA3114B46001	配电箱	安装高度1.5米	台	2
2	HA3114C21001	电力线缆	BV(4×6)SC25-FC	m	72.4

(2)定额工程量

①配电箱 2 台 套用电力预算定额:YD5-37。

a. 人工费:87.13 元/台×2 台=174.26 元

b. 材料费:31.63 元/台×2 台=63.26 元

c. 机械费:51.45 元/台×2 台=102.90 元

②槽形母线线缆 72.9m 按照电力定额计算规则:槽形母线安装以"米/单相"为计量单位,槽形母线与设备连接根据连接不同的设备以"台"或"组"为计量单位,槽形母线按设计用量加损耗率计算。

套用电力预算定额:YD4-93。

a. 人工费:15.45 元/m×72.9m=1126.30 元

b. 材料费:3.08 元/m×72.9m=224.53 元

c. 机械费:2.33 元/m×72.9m=169.86 元

定额工程量计算见表 4-22。

表 4-22 定额工程量计算表

序号	定额编号	项目名称	单位	数量	人工费/元	材料费/元	机械费/元
1	YD5-37	配电箱	台	2	174.26	63.26	102.90
2	YD4-93	槽形母线线缆	m	72.9	1126.30	224.53	169.86

项目编码:HA3114C17 **项目名称:管形母线安装**

【例 4-11】 某额定电压 35kV 屋外配电装置安装工程,采用支持式管形母线(16m,采用铝管,直径 ϕ80mm),进行母线伸缩节头安装(2 个)、绝缘热缩套安装(7m,横截面积 750)、套管接头热缩安装(1 个)等项目,试计算出该工程量并列出该定额工程量。

【解】 (1)清单工程量 工程量计算如下(清单工程量不包括预留量),伸缩节以"个"为计量单位。

①管形母线伸缩节头安装

②管形母线的安装 基本计价材料数据:

砂轮切割片 ϕ400mm(片):0.0220

镀锌六角螺栓,综合(kg):0.2000

铝焊丝(kg):0.0220

氩弧焊机,电流 500A(台班):0.0180

清单工程量计算见表 4-23。

表 4-23 清单工程量计算表

序号	项目编码	项目名称	项目特征描述	计量单位	工程量
1	HA3114C17001	管形母线安装	直径 $\phi 80mm$	m	16
2	HA6101C16001	绝缘热缩套	横截面积 $750mm^2$	m	7
3	HA6101C16002	套管接头热缩安装	管形母线接头的伸缩节，铝质材料	个	2

(2) 定额工程量

①管形母线 16m　套用电力预算定额：YD4-101。

a. 人工费：4.85 元/m×16m＝77.60 元

b. 材料费：5.51 元/m×16m＝88.16 元

c. 机械费：14.40 元/m×16m＝230.40 元

②接头热缩：管形母线接头的伸缩节 2 个。

按电力定额计算规则：管形母线伸缩节头安装可执行带形母线用伸缩节头安装定额乘以系数 1.50。套用电力预算定额：YD4-92。

a. 人工费：16.25 元/个×2 个＝32.50 元

b. 材料费：7.13 元/个×2 个＝14.26 元

③绝缘热缩套 7m　套用电力预算定额：YD4-89。

a. 人工费：4.62 元/m×7m＝32.34 元

b. 材料费：4.38 元/m×7m＝30.66 元

定额工程量计算见表 4-24。

表 4-24 定额工程量计算表

序号	定额编号	项目名称	单位	数量	人工费/元	材料费/元	机械费/元
1	YD4-101	管形母线	m	16	77.60	88.16	230.40
2	YD4-92	管形母线接头的伸缩节	m	72.9	32.50	14.26	
3	YD4-89	绝缘热缩套	m	7	32.34	30.66	

项目编码：HA6201H14　　**项目名称：发电机出线箱安装**

【例 4-12】某站用变压器进行安装接线。某学徒试着做发电机出线箱的安装，发电机出电功率的大小可由出线箱调控；此发电机容量为 280MW，一共安装 200 台。如图 4-19 所示，试列出该工程量、清单工程量和定额工程量。

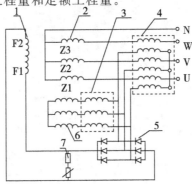

图 4-19　发电机出线箱的安装图

1—发电机励磁绕组；2—电枢绕组；3—带气隙三相电抗器；4—三相变流器；

5—三相桥式硅整流桥；6—发电机谐波绕组；7—整定电阻

【解】 (1) 清单工程量 发电机出线箱清单工程量计算规则:按设计图示数量和题干知,发电机出线箱的工程量为 200 台。

基本数据:
① 镀锌扁钢,综合 (kg):172.7000;
② 电焊条 J507 综合 (kg):15.3850;
③ 绝缘胶带 20mm×20m (卷):4.4000;
④ 交流电焊机 (台班) 2.2000;
⑤ 电动空气压缩机排气量 $0.3m^3/min$ (台班):1.1000;
⑥ 汽车式起重机 16t (台班):0.5500。

清单工程量计算见表 4-25。

表 4-25 清单工程量计算表

项目编码	项目名称	项目特征描述	计量单位	工程量
HA6201H14	发电机出线箱	发电机容量为 280MW	台	200

(2) 定额工程量 由题干可知发电机采用的容量为 280MW/台,数量为 200 台,则套用电力预算定额 YD4-133。

人工费:1269.99 元/台×200 台=253998 元
材料费:1729.58 元/台×200 台=345916 元
机械费:1687.81 元/台×200 台=337562 元

定额工程量计算见表 4-26。

表 4-26 定额工程量计算表

定额编号	项目名称	单位	数量	人工费/元	材料费/元	机械费/元
YD4-133	发电机出线箱	台	200	253998	345916	337562

第5章 控制、继电保护屏及低压电器

第一部分 说明释义

本章定额适用于各种控制、保护屏柜、低压电器、表盘附件、铁构件等设备安装。

一、工作内容

1. 屏（柜）、箱安装

（1）工作内容：本体就位，找正、找平，固定，屏、柜内元器件安装及校线，接地，补漆。

（2）未计价材料：接地材料。

【释义】 继电保护屏：是控制和保护各支路的电能及运行安全的工作台面。继电保护屏中装有控制设备、保护设备、测量仪表和漏电安全器等。

2. 变频器安装

（1）工作内容：本体就位，找平，固定，模块插件安装，内部电缆连接，接地。

（2）未计价材料：接地材料。

【释义】 变频器：一般是利用电力半导体器件的通断作用将工频电源变换为另一频率的电能控制装置。变频器的主电路可分为两类：电压型是将电压源的直流变换为交流的变频器，直流回路的滤波是电容；电流型是将电流源的直流变换为交流的变频器，其直流回路的滤波是电感。

3. 端子箱安装

（1）工作内容：设备就位，固定安装，接地。

（2）未计价材料：接地材料。

【释义】 见第2章二、4释义。

4. 表盘附件及二次回路配线安装

（1）工作内容：测量，下料，敷设，压端子，接线；表计、电器元件等的拆装，送交试验，安装，单体调试。

（2）未计价材料：接地材料、小母线。

【释义】 下料：将材料按设计要求进行切割。钢材下料的方法有氧割、机切、冲模落料和锯切等。

5. 穿通板制作安装

（1）工作内容：划线、下料、钻孔、固定，涂料，接地。

（2）未计价材料：穿通板、接地材料。

【释义】 划线：检查核对材料；在材料上划出切割、刨、钻孔等加工位置；打孔标出零件编号等工艺。

钻孔:将经过划线的材料利用钻机在作有标记的位置制孔。有冲击和旋转两种制孔方式。

焊接:将金属熔融后对接为一个整体构件。

涂料:是指用矿物颜料(如铅白、锌白)和干性油、树脂等制成的涂料,将其涂于器物的表面,能保护器物,并增加光泽。

6. 低压电器安装

(1)工作内容:设备就位,固定安装,接线,接地,单体调试。

(2)未计价材料:接地材料。

【释义】 低压电器:一般低压电器设备是指380V/220V电路中的设备。选择低压电器设备的原则是满足安全用电的要求,保证其可靠地运行,并且在通过最大可能的短路电流时不致受损,有时还需要按短路电流产生的电动力即热效应对电器设备进行校验。因此,按正常运行情况选择、按短路条件进行校验是选择电器设备的一般原则。

7. 铁构件制作安装

(1)工作内容:平直、划线、下料、钻孔、组对、焊接、安装。

(2)未计价材料:铁构件、网门、接地材料。

【释义】 铁构件是以钢铁为原材料经机械加工而成的具有某种功能的装置。

平直:利用矫正机将钢材的弯曲部分矫正调平。

二、本章定额未包括的工作内容

1. 喷漆及喷字。

2. 设备基础(包括支架、底座、槽钢等)制作及安装。

【释义】 设备基础:基础是承受房屋和构筑物、设备等本身的重量、人和物的重量、屋顶积雪重量以及其他风压力、覆土压力等荷载并将之传到地基上。基础和地基之间有着不可分割的关系,共同为上部房屋结构服务,保证房屋和构筑物的坚固、耐久和安全。对于基础本身来说,所选用的材料和形状都尽可能使房屋的荷载能够均匀地传到地基上,并能够经受地下水的侵蚀等,所以要求地基和基础同样都要有足够的强度和稳定性。建筑安装工程中的基础可分为桩基础、砖石基础、混凝土和毛石混凝土基础、钢筋混凝土基础等。按设备类型分,在化工厂里,各种性质、各种类型的设备很多,因此设备相应的基础种类也很多,大体可分为三类:机泵基础、小型工艺设备基础以及塔基础。

机泵基础:机泵基础如压缩机基础、泵基础及其他机械设备基础。压缩机基础体积庞大,构造复杂,震动很大,所以基础的钢筋配备很多,施工也较复杂些。

小型工艺设备基础:小型工艺设备基础如容器、换热器、反应器等,这些基础体积小,可用砖砌、混凝土及钢筋混凝土等。

塔基础:塔基础可分为落地式、构架式两种类型。落地式又分为圆筒形与圆柱形。构架式又分为柱形、方形与环形。

支架:用来支承和固定的钢制、铁制或木制架。支架的结构形式,按不同的设计要求分很多种,常用的有滑动支架、固定支架和吊架等。

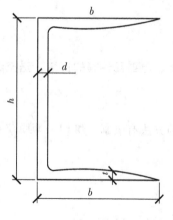

图 5-1 槽钢

槽钢(如图 5-1 所示)也分普通槽钢和轻型槽钢两种。用符号"C"和号数表示,号数也代表截面高度的厘米数。14号和20号以上的普通槽钢同一号数又分a、b和a、b、c类型，其腹板厚度和翼缘宽度均分为递增2mm。如I36a表示截面高度为360mm，腹板厚度为a类的槽钢。我国生产的最大槽钢为40号，长度为5～19m。同样，轻型槽钢的翼缘相对于普通槽钢的宽而薄，故较经济。

3. 电气设备及元件的干燥工作。

【释义】 见第3章一、16释义。

4. 扩建工程在原有屏上安装电气元件的开孔工作。

【释义】 电气元件有三大类：控制元件、感测元件和驱动元件。

三、工程量计算规则

1. 继电器保护屏已综合考虑保护、自动装置、计量等类型屏（柜）。控制屏（柜）、保护屏（柜）安装适用于发电机、变压器、线路、母联、旁路及中央信号等的安装。定额中对屏柜中控制装置、保护装置的类型、套数均作了综合考虑，执行时不再换算或增减。模拟屏已按各种材质屏面综合考虑。智能汇控柜按照就地自动控制屏定额乘以系数 **2.0**。

【释义】 控制屏：建筑电气设备安装工程中不可缺少的重要设备。它里面装的有控制设备、保护设备、测量仪表和漏电保安器等。它在电气系统中起的作用是分配和控制各支路的电能，并保障电气系统安全运行。

中央信号装置：是由事故信号、预告信号及其他一些公用信号装置集中组成的一套装置。中央信号装置一般装设在主控制室的中央信号屏上。

中央信号装置按复归方式可以分为就地复归和中央复归；按动作性能可以分为能重复动作的和不能重复动作的。

事故信号：断路器事故跳闸时，灯光信号一般是分散在断路器控制开关的上方或断路器的手柄内，可以方便地查找到事故跳闸的断路器。音响信号一般是全厂或全所公用。

预告信号：当电气设备出现异常运行状态时，通过预告信号装置的音响及相应的光字牌闪亮两种形式提醒运行人员及时采取措施，以防事故扩大。

2. 屏上其他附件安装，适用于标签框、试验盒、光字牌、信号灯、附加电阻、连接片及二次回路熔断器、分流器等。低压电器设备中成套开关柜定额综合考虑了各种进线柜、出线柜、联络柜、计量柜、电容器柜等工作内容，执行时无论柜型只按台数计算即可，不作换算。本章所列变送器专指电气量变送器，热工变送器应另套有关定额。

【释义】 二次回路的作用是通过对一次回路的监察测量来反映一次回路的工作状态并控制一次系统；当一次回路发生故障时，继电保护装置能将故障部分迅速切除并发出信号，保证一次设备安全、可靠、经济、合理地运行。

分流器：由于直流电流表是磁电式的，仪表线圈导线和游丝截面很小，所以只能测量较小的电流。如果测量几十、几百、几千安培的直流电流，就要在电流表上并联一只低值电阻（这只电阻就称为分流器），使大部分电流从分流器中通过。这样就扩大了电流表的测量范围。

分流器上一般注明额定电压和额定电流。额定电压统一规定为30V、45V、75V、100V、150V、300V。当电流表测量机构的电压量程与分流器的额定电压值相等时即可配用。此时电流表的量程等于分流器上的额定电流值。量程较大的直流电流表一般都外附分流器，并在表盘上注明"外附分流器字样"。接线时要检查分流器与电流表盘所示量程是否相等。如果不等，就不能使用。附有分流器的直流电流表接线如图5-2所示。

低压电器：由于低压电器的职能、品种和规格的多样化，工作原理也各不相同，因而分类的方法很多。按其使用系统分类时，习惯上可分为两大类。

①电力拖动自动控制系统用电器　主要用于电力拖动自动控制系统。这类低压电器有接

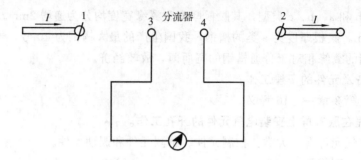

图 5-2 附有分流器的直流电流表接线图

触器、继电器、控制器及主令电器等。

②电力系统用电器 主要用于低压供配电系统。这类电器有刀开关、自动开关、转换开关及熔断器等。按使用场合的不同,控制电器还可分为一般工业用电器、特殊工矿用电器、农用电器、船舶用电器、航空用电器等。

低压配电屏:低压配电屏的屏面上部安装测量仪表,中部设有闸刀开关的操作手柄,屏面下部有两扇向外的金属门。柜内上部有断电器、二次端子和电度表。空气开关和电流互感器都装在屏后。

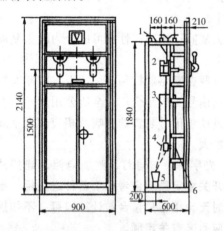

图 5-3 BSL-1 型低压配电屏
(尺寸单位:mm)

1—母线;2—闸刀开关;3—自动空气开关;
4—电流互感器;5—电缆头;6—继电器盘

抽屉式开关柜为封闭式结构,主要设备均装在抽屉内或手车上。回路故障时,可拉出检修或换上备用手车,可快速恢复供电。

低压配电屏结构简单,布置紧凑,占地面积小,检修维护方便,在发电厂和变电所中广泛应用。

低压配电屏的结构如图 5-3 所示。

3. 变频器安装不包括变频器配套的冷却系统(冷却风机、冷却器、冷却风道等)安装。

【释义】 见一、2 释义。

4. 端子箱安装中端子箱大小不同时定额不作调整。

【释义】 变压器一般分为电力变压器和特种变压器两大类。变压器的主要部件如下。

①器身 包括铁芯、绕组、绝缘部件及引线。

②调压装置 即分接开关,分为无励磁调压和有载调压装置。

③油箱及冷却装置。

④保护装置 包括储油柜、安全气道、吸湿器、气体继电器、净油器和测温装置等。

⑤绝缘套管。

5. 铁构件制作、安装适用于各类支架、底座、构件的制作、安装;轻型铁构件适用于结构厚度在 3mm 以内的构件。铁构件制作安装中的防腐处理按镀锌考虑,镀锌材料费另计。若需其他防腐处理应另计费用。

【释义】 在控制设备中,铁构件有支架、机座等。轻型铁构件一般作为各种围护结构或紧固结构。使用铁构件时要注意铁构件的防腐。腐蚀是指在生产过程中,由于酸、碱、盐及有机溶剂等介质的作用,使各类建筑材料产生不同程度的物理和化学破坏。

第二部分　定额释义

5.1　控制继电保护屏安装

定额编号　YD5-1~YD5-2　PK 型、马赛克控制屏　P$_{318}$

【应用释义】　控制屏：在电路中装设的用于监控或调节控制其他电气设备或各种开关柜的运行与通断状态，为了正确地完成任务，必须保证选择性、快速性、灵敏性和可靠性。

PK-1、PTK-1 型中央控制屏、台用于发电厂、变电站作为遥控、保护发变电中央控制屏、台。其分类如下：

（1）双屏台。一般作发电机控制用。将操作、发布命令及指示系统的设备（如控制按钮、信号灯、模拟系统等）安装在台上，测量与指示系统的仪表（如各种指示仪表，故障与指示器等）安装于前屏。将保护系统的设备（各种保护器、试验端子等）安装于后屏。前、后屏间必须留有适当宽度的过道，以便检修。

（2）双屏。一般用于遥控配电装置。其操作系统、测量与指示系统的设备安装在前屏上，保护系统的设备安装在后屏上，前后屏间需有适当宽度的过道，以便检修。

（3）单屏台。使用场合同双屏台，通常是由于场地限制不能用双屏台时而采用，但应与单屏（作为继电器屏）联合使用。

（4）单屏。一般用于遥控配电装置，其测量、指示、操作和保护系统的设备均安装在同一屏上。

定额编号　YD5-3　弱电控制返回屏　P$_{318}$

【应用释义】　弱电控制返回屏：建筑弱电工程是建筑电气工程的重要组成部分。所谓弱电是针对建筑物的动力、照明所用强电而言的。一般把动力、照明这样输送能量的电力称为强电，而把以传播信号、进行信息交换的电能称为弱电。由于弱电系统的引入，使建筑物的服务功能大大扩展，增加了建筑物内部以及内部与外界间的信息传递和交换能力。

为了控制弱电系统中各种电器的运行，设置弱电控制返回屏来控制整个回路。

建筑弱电系统主要包括：火灾自动报警和自动灭火系统、共用天线电视系统、闭路电视系统、电话通信系统、广播音响系统等。

（1）火灾自动报警系统用以监视建筑物现场的火情，当存在火患开始冒烟而还未明火之前，或者是已经起火但还未成灾之前发出火情信号，以通知消防控制中心及时处理并自动执行消防前期准备工作。火灾自动报警系统由火灾探测器、区域报警器、集中报警器、电源、导线等组成。

（2）共用天线电视系统是建筑弱电系统中应用最普通的系统，它是多台电视机共用一套天线的装置。由于系统各部件之间采用了大量的同轴电缆作为信号传输线，因而共用天线电视系统也叫电缆电视系统，也就是目前城市发展的有线电视。电缆电视系统是一个有线分配网络，除收看当地电视台的电视节目外，还可以通过卫星地面站接收卫星传播的电视节目。还可以配合一定的设备，如摄像机、录像机、调制器等，自行编制节目，向系统内各用户播放。这就是简单的但也是完备的闭路电视系统。

（3）广播音响系统是指企事业单位内部或某一建筑物内自成体系的独立有线广播系统，是一种宣传和通信工具。

定额编号　YD5-4　同期小屏　P$_{318}$

【应用释义】　同期小屏：主要是由控制器组成，电力系统实行发电机并列或电网之间并列运行而设置的设备。

定额编号　YD5-5～YD5-7　控制台（m 以内）　P_{319}

【应用释义】　控制台：是安装各种控制电气设备的台面。控制台主要由各种控制器组成，控制器是一种多位置的转换电器。可由手动、脚踏传动或电动操作，在结构上常用鼓形和凸轮式两种，但前者已趋淘汰。控制器常用来改变电动机的绕组接法，或改变外加电阻使电动机启动调速、反转或停止。

控制台的特征见表 5-1。

表 5-1　JT_1～JT_9 系列控制台特征表

结构代号	结构特征	可安装的电气设备	主要使用场合
JT_1	台面可打开	台面可装测量仪表、控制开关和信号指示元件，如信号灯、按钮、转换开关等	冶金和重型机械部门
JT_2	台前有门		冶金和重型机械部门
JT_3	台面固定，下部可打开	台面可装电器同 JT_1，台内可装变阻器、调压器，手柄装在固定台面上	冶金和重型机械部门
JT_4	台面可打开，台前有门	台面可装主令控制器，还可装少量操作开关和信号指示元件	冶金和重型机械部门
JT_5	台面可打开，台前有门	台面可装主令控制器，还可装少量操作开关和信号指示元件	冶金和重型机械部门
JT_6	同 JT_5	台面和固定板上均可装主令控制器，还可装少量元件	冶金和重型机械部门
JT_7	台面可打开，台后有门	台面可装电器同 JT_1，台内可装变阻器、调压器等	冶金和重型机械部门
JT_8	台面可打开，面板固定，台后有门，台内有安装板	台面上可装操作开关和信号指示元件，面板上装温度计、毫伏计等仪表，台内可装启动器、熔断器、继电器等	一般工矿企业
JT_9	同 JT_8	台面可装电器同 JT_8，面板上还可装蒸汽压力表	冶金和重型机械部门

JT_1～JT_9 系列控制台供工矿企业生产车间、主控制室在安装电气设备后作为控制、信号及测量之用。

集中控制台是将各种控制设备集中安装在一起，进行集中控制管理的电气装置。集中控制台主要由各种控制器组成。控制器是一种多位置的转换电器，可改变电动机的绕组接法或改变外加电阻使电动机调速等。

定额编号　YD5-8　模拟屏　P_{319}

【应用释义】　模拟屏：是利用高科技技术来模拟控制电路电能及有效保护电路安全正常运行的模拟电气控制设备。

定额编号　YD5-9　保护屏　P_{320}

【应用释义】　电源屏：电源屏也叫做配电屏。配电屏按其结构可分为柜式、台式、箱式和板式等。按其功能分有动力配电屏、照明配电屏、插座屏、电话组线屏、电视天线前端设备屏、广播分线箱等。配电屏的材质分有铁制、木制和塑料制品，现在以铁制配电屏为多。按产品生产方式分有定型产品、非定型产品和现场组装配电屏。

定额编号　YD5-10　远动装置屏　P_{320}

【应用释义】　参照定额编号 YD5-1～YD5-8 内相关释义。

定额编号　YD5-11　功角测量屏　P_{320}

【应用释义】　功角：表示发电机的励磁电势和端电压之间的相角差。功角 d 对于研究同步电机的功率变化和运行的稳定性有重要意义。功角是表征同步发电机运行状态和判别电力系统稳定性的重要参量,多年来,功角的测量得到了广泛的重视和深入的研究。

定额编号　YD5-12　特高压在线检测装置　P_{320}

【应用释义】　电力系统二次回路用控制及继电保护屏(柜、台)一般是指对高压一次设备进行操作、控制及起保护作用的系统。

定额编号　YD5-13　就地自动控制屏　P_{110}

【应用释义】　电动机控制屏设置在控制室内,一般几个电机的控制集中在一块控制屏上,以便于运行人员在控制室内对电机进行远方控制及状态测量;电动机控制柜一般设置在电机附近,便于运行人员就地对电机进行操作。

5.2　励磁、灭磁屏安装

定额编号　YD5-14　励磁屏　$P_{321} \sim P_{322}$

【应用释义】　励磁屏:励磁屏是一种励磁装置,其中自动调节励磁屏可以进行自动调节。

定额编号　YD5-15　灭磁屏　$P_{321} \sim P_{322}$

【应用释义】　灭磁屏:灭磁屏是一种灭磁装置,灭磁屏安装的作用主要是灭磁。灭磁屏安装程序同开关柜。

5.3　变频器安装

定额编号　YD5-16　1kV 变频器　$P_{323} \sim P_{324}$

定额编号　YD5-17～YD5-18　10kv 组合式、连体式变频器　$P_{323} \sim P_{324}$

【应用释义】　变频器是应用变频技术与微电子技术,通过改变电机工作电源频率方式来控制交流电动机的电力控制设备。一般是利用电力半导体器件的通断作用将工频电源变换为另一频率的电能控制装置。

5.4　端子箱、屏边安装

定额编号　YD5-19～YD5-20　端子箱　$P_{325} \sim P_{326}$

【应用释义】　户外式端子箱装设在户外进户线端的箱式控制箱柜附近,它是为了集中接线端子而设置的附件。

定额编号　YD5-21　屏边安装　$P_{325} \sim P_{326}$

【应用释义】　屏边即各种电气屏的边沿,屏边安装主要是调和漆的涂刷及镀锌精制带帽螺栓的固定。

5.5　表盘附件安装及二次配线

定额编号　YD5-22　表计及继电器　P_{327}

【应用释义】　继电器分类如下。

(1)继电器按在继电保护中的作用可分为测量继电器和辅助继电器两大类。

①测量继电器能直接反映电气量的变化,按所反映的电气量的不同,又分为电流继电器、电压继电器、功率方向继电器、阻抗继电器、频率继电器以及差动继电器等。

②辅助继电器可用来改进和完善保护的功能,按其作用的不同,可分为中间继电器、时间继电器以及信号继电器等。

(2)继电器按结构形式分类,可分为电磁型、感应型、整流型以及静态型等。

定额编号　YD5-23　组合继电器　P_{327}

【应用释义】　继电器:即控制电器,是电能的控制器具。它能对电能进行分配、控制和调节。由控制电器组成的自动控制系统,称为继电器-接触器控制系统,简称继电接触式控制系统,分为电磁式继电器和非电磁式继电器两种。

(1)电磁式继电器　电磁式继电器的结构与接触器类似,由电磁机构、触点系统和释放弹簧等部分组成。电磁式继电器与接触器在结构上的主要区别是:继电器用于通断控制电路，触点容量小，无灭弧系统；为实现继电器动作参数的改变，继电器通常具有松紧可调的释放弹簧和不同厚度的非磁性垫片；继电器的全部触点接于控制电路。电磁式继电器的吸力特性、反力特性与动作原理均与接触点类似。它根据外来电压或电流信号，利用电磁原理使衔铁产生闭合动作，从而带动触点动作，接通或断开控制电路。

常用的电磁式继电器有电流继电器、电压继电器、中间继电器和时间继电器。他们的输入信号为电流、电压和时间。中间继电器实际上也是一种电压继电器，只是其触点较多，触点容量较大，起触点容量扩大及数量扩展的作用。

①电磁式电压继电器　电压继电器用于电力拖动系统的电压保护和控制。其线圈并联接入主电路，感测主电路的线路电压；触点接于控制电路，为执行元件。按吸合电压的大小，电压继电器可分为过电压继电器和欠电压继电器。

a. 过电压继电器（FV）　过电压继电器用于线路的过电压保护，其吸合整定值为被保护线路额定电压的 1.05～1.2 倍。当被保护的线路电压正常时，衔铁不动作；当被保护线路的电压高于额定值，达到过电压继电器的整定值时，衔铁吸合，触点机构动作。控制电路失电，从而控制接触器及时分断电路。显然，过电压继电器是利用其常闭触点切断控制电路的。由于直流电路一般不会出现波动较大的过电压，所以，过电压继电器只有交流产品。

b. 欠电压继电器　欠电压继电器用于线路的欠电压保护，其释放整定值为线路额定电压的 0.1～0.6 倍。当被保护线路的电压正常时，衔铁可靠吸合；当被保护线路电压降至欠电压继电器的释放整定值时，衔铁释放，触点机构复位，从而控制接触器及时分断电路。显然，欠电压继电器是利用其常开触点切断控制电路的。

②电磁式电流继电器　电流继电器用于电力拖动系统的电流保护和控制。其线圈串联接入主电路，用来感测主电路的线路电流；接触点接于控制电路，为执行元件。按吸合电流的大小，电流继电器也可分为过电流继电器和欠电流继电器。

a. 过电流继电器（FA）　过电流继电器用于线路的过电流保护，其吸合整定值为被保护线路额定电流的 0.7～4 倍。被保护线路电流正常时，线圈中虽有负载电流而衔铁不动作；当被保护线路电流高于额定值，达到过电流继电器的吸合整定值时，衔铁吸合，触点机构动作。显然，过电流继电器是利用其常闭触点切断控制电路的。通常，直流过电流继电器的吸合电流整定范围为 $(0.7～3.5)I_Q$；交流过电流继电器的吸合电流整定范围为 $(1.1～4)I_Q$。

b. 欠电流继电器（KA）　欠电流继电器用于线路的欠电流保护，其释放电流整定值为线路额定电流的 0.1～0.2 倍。当被保护线路工作电流正常时，衔铁可靠吸合；当被保护线路工作电流降低，降至欠电流继电器的释放整定值时，衔铁释放，触点机构复位。显然，欠电流继电器是利用其常开触点切断控制电路的。在直流拖动系统中，欠电流继电器常用作直流电动机励磁回路的弱磁保护，以避免因励磁回路失磁而引起的直流电动机超速甚至"飞车"事故。同样，欠电流继电器只有直流产品。

③中间继电器　中间继电器在控制线路中主要起扩大触点容量和扩展触点数量的作用。其工作原理与小型接触器相同，但其吸引线圈的功率很小，触点容量在 5A 左右。当采用时间继电器或其他小容量的继电器控制接触器、继电器的容量或触点数量不足时，可采用中间继电器进行扩展。

④时间继电器（KT）　凡在感测元件通电或切断电源后，触点要延迟一段时间才动作的电器叫时间继电器。时间继电器在电路中起着控制时间的作用，用于继电-接触器控制系统中按时间参量变化规律进行控制。时间继电器种类很多，这里仅就常用的电磁式、空气阻尼式、电动机式、半导体式及最新产品——数字显示时间继电器加以介绍。

a. 电磁阻尼式时间继电器　这是一种短延时的断电延时继电器，与直流电磁式电压继电器相比只是在铁芯柱上套装一个阻尼铜（或铝）套。这种时间继电器结构简单，运行可靠，但延时准确度较低，一般只用于要求不高的场合。

b. 空气阻尼式时间继电器　空气阻尼式时间继电器由电磁系统、触点系统和延时机构三部分构成。电磁铁为直动双E型，触头系统则是借用LX5型微动开关，延时机构是利用空气通过小孔时产生阻尼作用的气囊式阻尼器，故它的延时范围宽，可用作通电延时，也可用作断电延时；既具有由空气室中的气动机构带动的延时触点，也具有电磁机构直接带动的瞬动触点，因此，用途比较广泛。

⑤数字式时间继电器　数字式时间继电器具有延时精度高、延时范围宽、触点容量大、调整方便、工作状态直观、指示清晰明确等特点，广泛用于程序控制系统、电力拖动系统及各种生产工艺的自动控制系统中。

（2）非电磁类继电器　非电磁类继电器的感测元件接收非电量信号（如温度、转速、水位移及机械力等）。常用的非电磁类继电器有热继电器、速度继电器、干簧继电器、永磁感应磁电器等。

①热继电器　热继电器主要用于电力拖动系统中电动机负载的过载保护。电动机在实际运行中，常遇到过载情况。若过载时间较短，电动机绕组温升不超过允许值时，这种过载是允许的。但当过载时间太长、绕组温升超过允许值时，将使绕组绝缘老化速度加快、缩短电动机的使用年限。严重时甚至会使电动机的绕组烧毁。因此，在电力拖动系统中，应当对电动机采取过载保护。通常，此保护由继电器自动完成。

②速度继电器　速度继电器用于三相鼠笼式异步电动机的反接制动电路中，配合反接制动实现快速准确停车；也可用在三相鼠笼式异步电动机的能耗制动电路中，电动机停转后自动切除制动电源。

③干簧水位信号器　干簧水位信号器适用于工业与民用建筑中的水箱、水塔及水池等开口容器的水位控制和水位报警。干簧继电器的触点容量较小，不宜直接控制交流接触器，需经中间继电器进行转换。干簧水位信号器的主要部件为干簧继电器。干簧继电器是一种具有密封触点的电磁式断电器。干簧继电器的玻璃管也称干簧管或舌簧管，其中的干簧片由铁镍合金做成，具有较大的导磁率，同时又具有一定的弹性。簧片的接触部分通常镀以贵金属，如金、铑、钯等，以保证触点具有良好的接通与分析能力，具有良好的导电性能。触点密封在充有氮气等惰性气体管中与外界隔绝，因而有效地防止了尘埃的污染，减少了触点的电腐蚀，提高了工作可靠性。

④永磁感应器　永磁感应器是用于无接触式位置控制的一种电磁元件，它由U形磁钢、封闭磁路极、JAG-5干簧管插座及尼龙盒组成。永磁感应器的典型应用是在电梯平层装置中。将他们装在轿厢的龙门架上，分上下平层感应器，其间还装有一只开门感应继电器。在井道中的规定位置上，每层设置一块隔磁板。随着轿厢的上升或下降，平层感应继电器在轿厢到达平层区域时进入井道隔磁板，此时，干簧管中触点复位，常闭触点闭合，接通平层继电器使电梯进入平层减速运行状态。

气体继电器（或称瓦斯继电器）：它常用作电力变压器本身的保护。如图5-4所示。

感应式电流继电器：我国生产的GL-10和GL-20系列感应式电流继电器如图5-5所示。它有两个系统，一个是动作具有时限的感应系统，另一个是瞬时动作的电磁式系统。

感应系统由具有短路环3的铁芯2、铝盘、框架、调节弹簧等组成。当线圈1中的电流达到启动电流的20%～40%时，铝盘在电磁力作用下开始转动，这时继电器并不动作。当电流达到一定值时活动框架转动，通过传动机构使触头接通，即继电器动作。因为铝盘转动

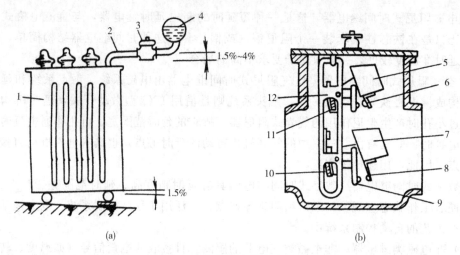

图 5-4 气体继电器原理图
1—变压器；2—联通管；3—气体继电器；4—油箱；5—上油杯；6—上动触头；7—下油杯
8—下动触头；9—下静触头；10—下油杯平衡锤；11—上油杯平衡锤；12—支架

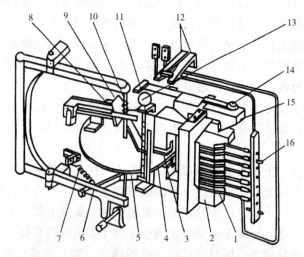

图 5-5 感应式电流继电器内部结构
1—线圈；2—铁芯；3—短路环；4—铝盘；5—钢片；6—框架；7—调节弹簧
8—制动永久磁铁；9—扇形齿轮；10—蜗杆；11—扁杆；12—继电器触头
13—时间调节螺杆；14—速断电流调节螺杆；15—衔铁；16—动作电流调节插销

速度和线圈通过的电流成正比，因此电流越大，转速越快，接通时间越短，使感应系统具有反时限特性——继电器的动作时间随电流的增加而缩短。

电磁系统由电磁铁及衔铁 15 组成。当线圈中电流达到整定值时，衔铁被电磁铁吸引，带动触头瞬时闭合。动作电流的整定借改变衔铁与电磁铁间的气隙来实现。闭合时间为 0.05~1s，可认为是速动的。

定额编号　YD5-24　电磁锁（电脑编码锁）　P_{327}

【应用释义】 电磁锁是一种利用电磁制动的锁装置，其作用是利用电磁使其开启或关闭。

定额编号　YD5-25　保护侧控装置　P_{327}

【应用释义】 保护测控装置集保护、测量、控制、监测、通信、事件记录、故障录波、操作防误等多种功能于一体。既可以和 JOYO 系列综合操作系统配合完成电站控制、保护、防误闭锁和当地功能，还可以独立成套完成110kV及以下中小规模无人值守变电站或者作为220kV及以上变电站中、低压侧的成套保护和测量监控功能。既可以就地分散安装，也可以集中组屏。是构成变电站、发电厂等电站综合自动化系统的理想智能设备装置。

定额编号　YD5-26　屏上其他附件　P_{327}

【应用释义】　屏上其他附件：指屏上除主设备以外的其他设备，这些设备主要起辅助的作用。

定额编号　YD5-27　辅助电压互感器及自整角机　P_{328}

【应用释义】　电压互感器的构造原理与小型电力变压器相似，原绕组为高压绕组，匝数较多；副绕组为低压绕组，匝数较少。各类仪表的电压线圈皆彼此并联地与副绕组相接，使它们都受同一副边电压的作用。为使测量仪表标准化，电压互感器的副边额定电压均为100V。

电压互感器按其绝缘形式可分为油浸式、干式和树脂浇注式等；按相数分为单相和三相；按安装地点分为户内和户外。辅助电压互感器顾名思义是起辅助作用的电压互感器。

定额编号　YD5-28　小母线　P_{328}～P_{329}

【应用释义】　小母线用作支线上的电气节点，所以它也就是一个小汇流排。

定额编号　YD5-29　二次回路配线　P_{328}～P_{329}

【应用释义】　二次回路：电力系统中的电气设备按作用不同可分为一次设备和二次设备。一次设备指直接进行电能的生产、输送、分配的电气设备，包括发电机、变压器、母线、架空线路、电力电缆、断路器、隔离开关、电流互感器、电压互感器、避雷器等。二次设备对一次设备起监测、控制、调节、保护的作用，包括各种测量仪表、控制和信号器具、继电保护及安全自动装置等。由二次设备按一定要求构成的电路称为二次接线或二次回路。二次回路一般包括控制回路、继电保护回路、测量回路、信号回路、计算机控制回路等。

5.6　穿通板制作

定额编号　YD5-30　石棉水泥板　P_{330}～P_{331}

【应用释义】　穿通板是作为管线的穿通过道而设置的。穿通板的主要作用是墙体和电源线之间的绝缘体，防止墙体潮湿时导电。穿通板可采用石棉水泥板、塑料板、电木板或环氧树脂板、钢板等制成。

石棉水泥板是采用水泥浇灌而成，在水泥中间夹杂有石棉的一种板材，石棉的作用是加强其连接性。

定额编号　YD5-31　复合板　P_{330}～P_{331}

【应用释义】　复合板即用塑料制成的板材。塑料板一般具有良好的防腐性能，而且重量较轻。

定额编号　YD5-32　钢板　P_{330}～P_{331}

【应用释义】　钢板即用钢制成的板材，钢板有普通薄钢板、不锈钢板、复合钢板等种类。薄钢板指厚度小于或等于4mm的钢板；不锈钢板指钢表面有一层非常稳定的铬钝化层的钢板；复合钢板是指用电镀或喷涂的方法使普通钢板表面涂上一层保护层。

定额编号　YD5-33　铝板　P_{330}～P_{331}

【应用释义】　见定额编号YD5-30的应用释义。

5.7　低压电器设备安装

定额编号　YD5-34　成套开关柜　P_{332}～P_{333}

【应用释义】　成套开关柜有高压和低压两种。高压开关柜有固定式和手车式之分。主要用于变配电站作为接受和分配电能之用。低压开关柜习惯称为低压配电屏，主要有固定式和抽屉式两大类。用于发电厂、变电站和企业、事业单位，频率50Hz、额定电压380V及以下低压配电系统，作为动力、照明配电之用。

定额编号　YD5-35　动力盘　$P_{332} \sim P_{333}$

【应用释义】　动力盘：盘面制作以整齐、美观、安全及便于检修为原则，箱体的大小主要取决于盘面尺寸，由于盘面方案是多种多样的，所以箱体的大小也是多种多样的，根据需要自行设计加工。

盘面上电器元件的布置应根据设计进行，以便于观察仪表和便于操作。通常是仪表在上，开关在下，总电源开关在上，负荷开关在下。盘面排列布置时必须注意各电器之间的尺寸。盘面上设备位置和相互之间的距离确定后，在盘上钻好穿线孔，装上绝缘管头，对需要嵌入安装的设备作好嵌入孔，再将电器用螺钉或卡子固定在盘面上。

定额编号　YD5-36　交流配电屏　$P_{332} \sim P_{333}$

【应用释义】　配电屏基本结构采用薄钢板及角钢焊接组合而成。屏前有门。屏面上方有仪表板，为可开启的小门，可装设指示仪表，维护方便。一般分为低压配电屏、高压配电屏、直流配电屏、交流配电屏。

定额编号　YD5-37　动力箱　$P_{332} \sim P_{333}$

【应用释义】　动力箱是为主轴箱的刀具提供切削主动力的驱动装置，与动力滑台和主轴箱配套使用，由动力滑台实现进给运动。

定额编号　YD5-38　照明箱　$P_{332} \sim P_{333}$

【应用释义】　照明配电箱设备是在低压供电系统末端负责完成电能控制、保护、转换和分配的设备。主要由电线、元器件（包括隔离开关、断路器等）及箱体等组成。

定额编号　YD5-39　熔断器（个）　$P_{332} \sim P_{333}$

【应用释义】　熔断器：主要用于电动机负载电路的短路保护及非电动机负载的过载及短路保护。它是一种结构简单、使用便宜的保护电器，因而在电力拖动系统和民用建筑供配电系统中都得到了广泛应用。

定额编号　YD5-40　空气开关（个）　$P_{332} \sim P_{333}$

【应用释义】　空气断路器：是一种低压断路器。它的种类很多，按灭弧介质分有油浸式、真空式和空气式，应用最多的是空气式；按动作速度分有普通型和快速型；按操作方式分有电动操作、储能操作和手动操作；按极数分有单极、二极、三极和四级等；按安装方式分有固定式、插入式和抽屉式等；按使用类别分有选择型和非选择型；按结构分有万能式和塑壳式。

定额编号　YD5-41　铁壳开关（个）　$P_{332} \sim P_{333}$

【应用释义】　铁壳开关主要由刀开关、熔断器和钢板外壳构成。铁壳开关是一种封闭式负荷开关，主要用于多灰尘场所，适宜小功率电动机的启动和分断。

定额编号　YD5-42　胶盖闸刀开关　$P_{334} \sim P_{335}$

【应用释义】　胶盖闸刀开关也属于刀开关之列，它可以防护外壳，而且带有熔断装置，应用于小容量的照明电路中，可带负荷操作，有一定的分断能力。将它适当降低容量后，亦可作小型异步电动机的手动不频繁操作的控制开关用。但胶盖开关的分断能力差，其熔断装置过于简单。

定额编号　YD5-43　刀型开关　$P_{334} \sim P_{335}$

【应用释义】　刀型开关的种类很多，按其灭弧装置可分为有灭弧罩和不带灭弧罩两种。后者只能断开空载线路作隔离电源之用，前者可以拉断少量负荷电流。刀开关按其极数分，有单极、双极和三极；按其操作方式分，有单投和双投两种；按其结构分有手柄式、操作机构式和带熔断器式。

刀形开关的表示方法为：

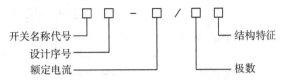

刀形开关型号中代号说明见表 5-2～表 5-4。

表 5-2 开关名称代号

代 号	含 义
HD	单投刀开关
HS	双投刀开关
HR	刀熔开关

表 5-3 设计序号

代 号	含 义
11	中央手柄式
12	侧面杠杆操作结构式
13	中间正面杠杆操作结构式
14	侧面操作手柄式

表 5-4 结构特征

代 号	含 义	代 号	含 义
0	不带灭弧罩	9	板后接线无灭弧罩
1	带有灭弧罩		无第二位数字表示只有极后接线
8	板前接线无灭弧罩		

定额编号　YD5-44　组合开关　P_{334}～P_{335}

【应用释义】　组合开关是一种结构紧凑的手动开关。它是由在可旋转的轴上装有一个或几个极片和装在壳体上的固定极片组成。组合控制开关主要用来作为电气设备的电源引入开关，进行小容量电动机的启动、多速电动机的换速，电动机的正转—停止—反转—停止的控制。此时应在电路中装上熔丝。组合控制开关的体积较小，安全可靠，移动方便，而且每小时允许的通断、转换次数较多，因而获得广泛使用。

组合开关的表示方法为：

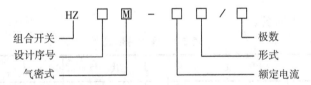

型号代号含义见表 5-5。

表 5-5 型号字母说明

代 号	型号各代号字母含义	代 号	型号各代号字母含义
P	两位转换（其中"有一位断路"的操作机构有限位装置）	R	换接两电阻单接、串联、并联用
S	三位转换	Z	控制交流鼠笼电机正反转用（操作机构有限位装置）
G	四位转换	X	星形-三角形启动用

定额编号　YD5-45　万能转换开关　P_{334}～P_{335}

【应用释义】　万能转换开关的触头容量较小，常用来控制接触器；有时可直接控制小型电动机。万能转换开关由若干个触头座组合而成，每节都装有一对触头，操作时手柄带动转轴和凸轮旋转,从而控制触头通断。

LW系列万能转换开关的表示方法为:

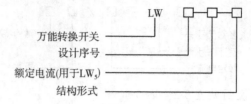

型号代号含义见表5-6。

表5-6 万能转换开关代号说明表

代 号	含 义	代 号	含 义
Y	有信号灯、有定位	W	不带自动复位机构
Z	自动复位及定位	C	有分合延时触头各一对
H	带定位可取出手柄	A	有快速定位操作机构
YZ	有信号灯和自动复位		

定额编号　YD5-46　限位开关　$P_{334} \sim P_{335}$

【应用释义】 限位开关属于保护电器,将由限位开关控制的常闭触头串联在控制电路中,当机械运动到指定地点而推动了限位开关使其常闭触头断开,使控制电路断电,电动机停车,从而限制了机械的位置移动。

限位开关是广泛应用于机床和机械上用于控制机械行程的开关,是机械移动到预定位置时推动限位开关,转换控制电路,从而使机构停止运动、变换方向或改变速度,使机械运动位置到达极限位置而停止的开关,也叫"行程开关"。见表5-7和表5-8。

LX系列行程开关型号含义:

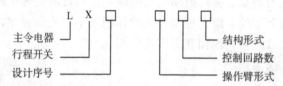

行程开关型号说明见表5-9。

表5-7 操作臂形式

代 号	含 义	代 号	含 义
1	带有滚子的垂直臂	4	带有三个操作位置的叉形臂
2	带有滚子的叉形操作臂	5	带有荷重尺杆状的操作臂
3	带有平衡重锤的荷重杠杆状操作臂	6	带有滚子的两个操作臂

表5-8 控制回路

代 号	含 义
1	单回路
2	双回路

表5-9 结构形式

代 号	含 义
K	开启式
无字母	防护式
Q	微动带防尘外壳
S	防水式
J	防溅式

定额编号　YD5-47　控制器　$P_{334}\sim P_{335}$

【应用释义】 控制器是一种多位置的转换电器。可由手动、脚踏传动或电动操作，在结构上常用鼓形和凸轮式两种，但前者已趋淘汰。控制器常用来改变电动机的绕组接法，或改变外加电阻使电动机启动、调速、反转或停止。

凸轮控制器：凸轮控制器主要用于起重设备中控制中小型绕线型转子异步电动机的启动、停止、调速、换向和制动，也适用于有相同要求的其他电力拖动的场合。

凸轮控制器触头较多，触头的闭合和断开均由手轮操纵，因为绕线型异步电动机调速时，所需要的触头很多，所以为了减少使用触头数，以减小凸轮控制器的体积，常采用不平衡截出法。为了保证起重机的运行安全，均有零位保护。

凸轮控制器型号的含义如下：

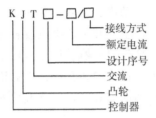

凸轮控制器的外形见图 5-6。凸轮控制器的图形符号见图 5-7。

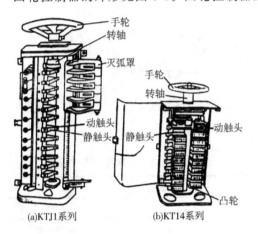

图 5-6　凸轮控制器外形图

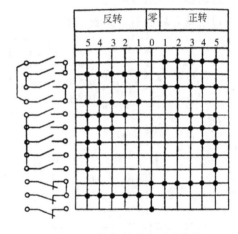

图 5-7　凸轮控制器的图形符号

凸轮控制器应根据电动机的功率、型式、额定电压、额定电流以及控制位置数目来进行选择。

控制器的表示方法如下。

(1) LA10 系列控制按钮，见表 5-10。

型号含义：

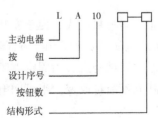

表 5-10　LA10 型字母说明见下表

代　号	结构形式字母含义
K	开启式
H	保护式
S	防水式
F	防腐式（防止化工腐蚀气体侵入）

(2) LA12、LA18、LA19、LA20 系列控制按钮，见表 5-11。

型号含义：

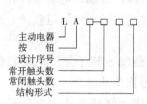

表 5-11　LA12、LA18、LA19、LA20 型号字母说明

代号	结构形式字母含义	代号	结构形式字母含义
K	胶木板开启式	Y	钥匙式
H	胶木外壳保护式	X	旋钮式
J	紧急式	DJ	带指示灯紧急式
D	带指示灯	F	带灯自复式

控制器安装应区别主令控制器（如 LK1 系列）和鼓形及凸轮控制器（如 LK4 系列），应分别计算工程量。

定额编号　YD5-48～YD5-49　启动器　P$_{336}$

【应用释义】　启动器是用来使电动机安全启动和加速到正常转速和换向的电器，如刀开关、铁壳开关、胶盖闸刀开关、自动空气开关、交流接触器、磁力启动器、启动柜等。

启动器包括磁力启动器、自耦减压启动器、星三角启动器。磁力启动器一般安装在电动机附近的墙上或机旁的操作支柱上，也可安装在盘、柜的钢板上或墙面木板上，均用螺丝固定。自耦减压启动器，一般安装在墙面支架上，也有就地安装的。星三角启动器，一般安在墙上，用螺丝固定。

启动器的表示方法为：

（1）磁力启动器，见表 5-12。

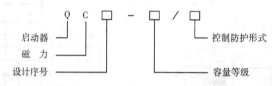

（2）自耦减压启动器

表 5-12　控制防护形式说明

代号	含义
3、5、7	不带热继电器
2、4、6、8	带热继电器

（3）无触点减压启动器

定额编号　YD5-50　电阻器（箱）　P$_{336}$

【应用释义】　电阻器：是利用具有电阻特性的金属或非金属材料制成、便于安装使用的电子元件。它在电路中的用途是阻碍电流通过，以达到降低电压、分配电压、限制电路电流、向各种电子元器件提供必要的工作条件等作用。电阻器按其结构可分为固定电阻器和半可调电阻器两大类。固定电阻器的电阻值是固定的，一经制成不能再改变。半可调电阻器的电阻值可以在一定范围内调整（但这种调整不应过于频繁）。

（1）固定电阻器

①绕线电阻器　用镍铬合金、锰铜合金等电阻丝绕在绝缘的支架上制成的。绝缘支架多

为陶瓷骨架或胶木骨架。绕成后其外面通常涂有耐热的绝缘层或绝缘漆。线绕电阻器一般可以承受较大的功率，可以在300℃左右的高温下连续工作，热稳定性好，并且工作精度高、噪声小。

②薄膜电阻器 用蒸发或沉积的方法将一定电阻率的材料镀于绝缘材料表面制成。最常用的蒸镀材料是碳或某些合金、金属化合物，绝缘材料主要是瓷管（棒）。分为碳膜电阻器、金属膜电阻器和氧化膜电阻器。碳膜电阻器造价便宜，可在70℃以下长期工作，允许额定功率较小，一般为1/8～2W。金属膜电阻器有较好的耐高温性能，可以在125℃下长期工作，温度系数低，稳定性好，精度高。在相同的额定功率下，它的体积可以比碳膜电阻器小一半。

③实心电阻器 用石墨、炭黑等导电材料及不良电材料混合并加入胶黏剂后压制而成。它的外形与薄膜电阻器相似，不过它的内部没有绝缘瓷棒，而是实心，引线从内部引出。其成本低，价格便宜，但阻值误差较大，稳定性差，噪声大，目前已较少采用。

（2）半可调电阻器，又称微调电阻器，它主要用于阻值不需要经常变动的电路中，多为可调线绕电阻器。

定额编号 YD5-51 变阻器 P_{336}

【应用释义】 变阻器：是可以调节电阻大小的装置，接在电路中能调整电流的大小。一般的变阻器用电阻较大的导线（电阻线）和可以改变接触点以调节电阻线有效长度的装置构成。

变阻器的表示方法如下。

BP_1系列频敏变阻器型号含义：

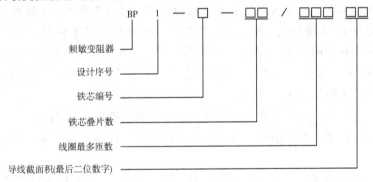

BQ系列启动变阻器型号含义：

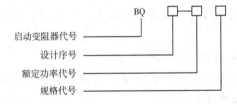

变阻器安装的工程量应区别油浸式和频敏式，以台为单位计算。

定额编号 YD5-52 按钮 P_{336}

【应用释义】 按钮：是一种手动控制电器，它的特点是发布命令控制其他电器动作，所以它属于主令电器。它的容量很小，不能直接接入大电流电路中，只能接在控制电路中。

按钮发布的指令用来控制磁力启动器的接通、分断和接触器、继电器的动作，实现远距离控制。按钮也可以实现点动或微动控制。

按钮用于交流电压500V或直流电压440V、电流为5A以下的电路中。一般情况下，它不直接操纵主电路的通断，而被用来接通和断开控制电路，它的外形如图 5-8 所示。按钮是电力拖动中一种发送指令的电器，这种用闭合和分断控制电路以发布命令的电器叫主令电器，它在控制电路中发出"指令"，去控制电磁启动器、接触器、继电器等电器，再由它们去控制主电路，也可用于电气联锁等电路中。用按钮与接触器相配合来控制电动机启动和停止有以下优点。

 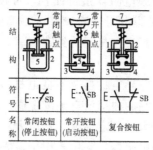 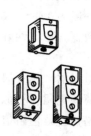

（a）LA19系列按钮　　　　（b）按钮结构及符号　　　　（c）LA10系列按钮

图 5-8　按钮

1，2—常闭静触点；3，4—常开静触点；5—动触点；
6—复位弹簧；7—按钮帽

①能对电动机实行远距离和自动控制。

②以小电流控制大电流，操作安全。

③减轻劳动强度。

按钮一般结构如图 5-8 所示，它主要由按钮帽 7、复位弹簧 6、动触点 5、常开静触点 3、4、常闭静触点 1、2 等组成。将按钮帽 7 按下，动触点 5 向下移动，先脱离常闭静触点 1、2，然后再同常开静触点 3、4 接触。当操作人员的手指离开按钮帽 7 以后，在复位弹簧 6 的作用下，动触点 5 又向上运动，恢复原来的位置。在复位过程中，先与常开静触点 3、4 分开，然后再与常闭静触点 1、2 闭合。

按钮 LA10 与 LA19 系列除单只按钮外，还有双连按钮和三连按钮。

按钮采用积木式拼接装配结构，触点数量可根据需要任意拼接，从一常开一常闭直至 6 常开和 6 常闭。

按钮根据触点的结构不同，分为启动按钮（常开按钮）、停止按钮（常闭按钮）和复合按钮（常开和常闭组合的按钮）等三种。

按钮根据结构形式不同分为：开启式、防水式、紧急式、旋钮式、保护式、钥匙式、防腐式、带灯按钮等。

定额编号　YD5-53　电磁制动器　P_{336}

【应用释义】　电磁制动器是安装在电机或其他机械上的一种制动装置，主要是利用电磁铁通电转动，断电制动来使电机停止运转。

定额编号　YD5-54　漏电保护器　P_{336}

【应用释义】　漏电保护器是一种保护性用电器。当线路漏电或出现其他故障时能够自动切断故障电路，有效保护串联在线路中的电气设备。

定额编号　YD5-55　其他小电器　P_{337}

【应用释义】　小电器：包括按钮、照明用开关、插座、电笛、电铃、电风扇、水位电气信号装置、测量表计、继电器、电磁锁、屏上辅助设备、辅助电压互感器、小型安全变压器等。

5.8 铁构件制作安装

定额编号　YD5-56～YD5-57　一般铁构件　P_{338}～P_{339}

【应用释义】　一般铁构件是指用铁制作而成的各种基础、支架等构件。一般铁构件主要是作为各种电器设备的辅助构件。

定额编号　YD54-58～YD5-59　轻型铁构件　P_{338}～P_{339}

【应用释义】　轻型铁构件是指比较轻的铁制构件,如铁(钢)丝网等。轻型铁构件一般作为各种围护结构或紧固结构。

定额编号　YD5-60　屏(柜)基础槽(角)钢　P_{338}～P_{339}

【应用释义】　槽钢是一种槽形钢板,伸出肢比工字钢大,可用作斜弯曲构件。由于槽钢的腹板较厚,所以,由槽钢组成的构件用钢量较大。槽钢分为普通槽钢和轻型槽钢两种。

槽钢作为基础构件,维修拆换比较方便。埋设前应将槽钢调直、除锈。槽钢基础的安装方法有直接埋设法和预留沟槽埋设法。

角钢分等边角钢和不等边角钢两种。等边角钢指角钢的两肢长度相等,用肢宽和厚度表示;不等边角钢指两肢不等长的角钢,以两肢宽度和厚度表示。

定额编号　YD5-61　网门(保护网)制作安装　P_{340}

【应用释义】　网门即用网制作成的门。网门根据制作材料的不同,通常用到的有铁(钢)丝网;根据网状的不同,通常有方格网、菱形网、六角网等形式。

保护网即用铁(钢)丝网制成的设备围护结构,其作用一方面保护仪器设备不受损害,另一方面保护操作人员人身安全。

冲剪机:冲剪机是进行冲孔、剪板、剪切型材的机械。

定额编号　YD5-62　喷漆　P_{340}

【应用释义】　溶剂汽油$200^{\#}$:溶剂又称为稀释剂,能调整涂料稠度,便于涂料施工。溶剂汽油$200^{\#}$指以$200^{\#}$汽油为稀释剂的溶剂。

第三部分　工程量计算实例

项目编码:BA2105D13　　项目名称:控制屏保护屏安装

【例5-1】　某电厂使用PK-10(正面无玻璃门,平齐式安装)屏体作为安装在自动化装置设备上的控制屏、保护屏,进行本体就位,屏、柜内元器件安装。PK-10的外形尺寸为2260mm×8000mm×600mm(高×宽×深),屏体骨架从U形钢板焊接转为8MF型钢结构,通用性强,起到了好的控制与保护作用。

【解】　(1)清单工程量　控制继电保护屏的安装清单工程量计算规则:控制继电保护屏以"台"为计量单位,由题干可知,控制继电保护屏的安装工程量为1台。

基本计价材料数据:

镀锌六角螺栓,综合(kg):1.3050

电焊条J507,综合(kg):0.7460

自黏性橡胶带25mm×20mm(卷):0.1050

其他材料费(元):0.3600

交流电焊机21kV·A(台班):0.1070

清单工程量计算见表5-13。

表 5-13 清单工程量计算表

项目编码	项目名称	项目特征描述	计量单位	工程量
BA2105D13001	控制屏、保护屏的安装	PK-10（正面无玻璃门，平齐式安装）屏体，外形尺寸为 2260mm×8000mm×600mm（高×宽×深）	台	1

（2）定额工程量 控制继电保护屏定额工程量计算规则：继电保护屏已综合考虑保护、自动装置、计量等类型屏柜。定额中对屏柜中控制装置、保护装置的类型、套数均做了综合考虑，执行时不再换算或增减。由题干可知控制继电保护屏采用的 PK 型控制屏，数量为 1台，则套用电力预算定额 YD5-1。

①人工费：137.46 元/台×1 台＝137.46 元；
②材料费：18.30 元/台×1 台＝18.30 元；
③机械费：70.09 元/台×1 台＝70.09 元。

定额工程量计算见表 5-14。

表 5-14 定额工程量计算表

定额编号	项目名称	单位	数量	人工费/元	材料费/元	机械费/元
YD5-17	控制屏的安装	台	1	137.46	18.30	70.09

项目编码：BA2108D13   项目名称：变频器的安装使用

【例 5-2】 由于供水公司泵站是新改建工程，用水负荷需要在实际运行时进行精确调整和测量，因此采用的是恒压供水系统，变频器内部的 PLC 采集供水压力值 V 与用户给定值 V_i 进行比较和运算，通过 PID 进行调整，将结果转换为频率调节信号送至变频器，直至达到供水压力的给定值 V_i。不管系统供水流量如何变化，供水压力值 V 始终维持在给定压力值 V_i 附近。如图 5-9 所示，试计算该工程的清单工程量与定额工程量。

说明：KM1、KM2、KM3：高压真空继电器；F：熔断器；U：高压变频器；M1、M2：高压电动机；QS1、QS2、QS3：高压隔离开关；母线采用 10kV 电压。

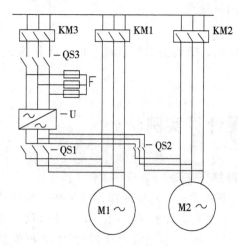

图 5-9 变频器与现场设备一次接线图

【解】 （1）清单工程量 变频器的安装清单工程量计算规则：变频器以"套"为计量单位，按设计图示数量和题干可知，变频器的安装工程量为 1 套。

基本计价材料数据：

镀锌六角螺栓，综合（kg）：4.1800；

电焊条 J507，综合（kg）：0.8800；

电力复合脂（kg）：0.3300；

其他材料费（元）：1.5900；

交流电焊机 21kV·A（台班）：0.1260；

逆变直流焊机，电流 400A 以内（台班）：0.4950。

清单工程量计算见表 5-15。

表 5-15 清单工程量计算表

项目编码	项目名称	项目特征描述	计量单位	工程量
BA2108D13001	变压器的安装	母线采用10kV电压	套	1

(2) 定额工程量 变频器1套。

变频器定额工程量计算规则：变频器安装不包括变频器配套的冷却系统（冷却风机、冷却器、冷却风道等）安装。由题干可知变频器采用的额定电压为10kV，数量为1套，则套用电力预算定额 YD5-17。

①人工费：757.79元/套×1套＝757.79元
②材料费：80.86元/套×1套＝80.86元
③机械费：501.15元/套×1套＝501.15元

定额工程量计算见表 5-16。

表 5-16 定额工程量计算表

定额编号	项目名称	单位	数量	人工费/元	材料费/元	机械费/元
YD5-17	变频器的安装	套	1	757.79	80.86	501.15

项目编码：BT3210D28   项目名称：低压开关柜安装

【例 5-3】 某水泵站电气安装工程如图 5-10 所示，配电室内设有 4 台 PGL 型低压开关柜，尺寸（宽×高×厚）为 1000mm×2000mm×600mm，安装在 10# 基础槽钢（65×40）上；电缆沟内设 15 个电缆支架，尺寸见支架详图所示。三台水泵动力电缆 D1、D2、D3 分别由 PGL2、PGL3、PGL4 低压开关柜引出，沿电缆沟内支架敷设，出电缆沟再改穿埋地钢管（钢管埋地深度为 0.2m）配至 1 号、2 号、3 号水泵电动机，水泵管口距地面 1m。其中 D1、D2、D3 回路，沟内电缆水平长度分别为 2m、3m、4m；配管长度分别为 15m、12m、13m。连接水泵电动机电缆预留长度按 0.1m 计算。嵌入式照明配电箱 MX，其尺寸（宽×高×厚）为 500mm×400mm×220mm（箱底标高＋1.40m）。水泵房内设吸顶式工厂罩灯，由配电箱 MX 集中控制，BV－5mm² 穿 φ15mm 塑料管，顶板暗配，顶管标高为＋3.00m。配管水平长度见图示括号内数字，单位为 m。

(1) 依据《输变电工程工程量清单计价规范》，计算其工程量清单。
(2) 依据《电力建设工程预算定额（2013 年版）第三册 电气设备安装工程》，计算出分部分项清单工程量和定额工程量。

【解】 (1) 清单工程量

①由图 5-10 可知，低压配电柜 PGL 为 4 台，照明配电箱 MX 为 1 台，工厂罩灯为 3 套。

②基础槽钢 12.8m
[(1.0＋0.6)×2]×4m＝12.8m

【注释】 低压配电柜安装在基础槽钢上，PGL 尺寸为（宽×高×厚）1000mm×2000mm×600mm，共 4 台 PGL 型低压配电柜，槽钢以周长作为工作量，故可得 12.8m。

③板式暗开关单控双联 1 个。
④板式暗开关单控三联 1 个。
⑤钢管暗配 DN50 15.2m。
注：由题干和图示可知 D1 回路为 15m（配管长度）＋0.2m（预留长度）＝15.2m。
⑥钢管暗配 DN32 25.4m。

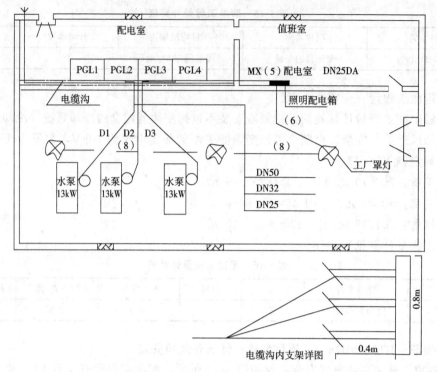

图 5-10 某水泵站电气安装工程图

注：由题干和图示可知 D2 回路为 (12+13)m(配管长度)+0.4m(预留长度)=25.4m。

⑦钢管暗配 DN25 6.8m。

注：(5+1.4+0.4)m=6.8m

【注释】 由题可知，5 为照明配电箱 MX 所在回路的钢管的水平长度，1.4 为照明配电箱 MX 箱底距地面的高度，0.4 为照明配电箱 MX 的本身高度。

⑧导线穿管敷设（BV-2.5）46.4m。

[(6+8+8)+(3-1.4-0.4)]×2=46.4m。

【注释】 由图中可以看出工厂罩灯间 BV-2.5 电缆长度为 8m，工厂罩灯和照明配电箱之间电缆 BV-2.5 的长度为 6m，竖直方向的电缆长度为 (3-1.4-0.4)，其中 3 为顶管敷管标高，1.4 为照明配电箱 MX 箱底配电标高，0.4 为照明配电箱的高度。

⑨塑料钢管暗配（ϕ15mm）23.2m。

注：(3.0-1.4-0.4+6.+8+8)m=23.2m。

⑩电缆敷设（VV-3×35+1×16）24.7m。

D1 回路：(2+0.2+1.5+1.5×2+2+15+1)m=24.7m

【注释】 2 为电缆与低压配电柜连接的预留长度，0.2 为钢管埋地深度，1.5 为电缆进入沟内的预留长度，1.5×2 为电力电缆终端端头的长度，2 为电力电缆在沟内的敷设长度，15 为 D1 回路的电缆长度，1 为电缆与水泵电动机处的预留长度。

⑪电缆敷设（VV-3×16+1×10）47.4m。

D2 回路：(2+0.2+1.5+1.5×2+3+12+1)m=22.7m。

上式中，2 为电缆与低电压配电柜拦截的预留长度，0.2 为钢管埋地深度，1.5 为电缆进入沟内的预留长度，1.5×2 为电力电缆终端端头的长度，2 为电力电缆终端头的个数，3 为电力电缆在沟内的敷设长度，12 为 D2 回路的电缆长度，1 为电缆与水泵电动机处的预留长度。

D3 回路：$(2+0.2+1.5+1.5\times2+4+13+1)\text{m}=24.7\text{m}$。

上式中，2 为电缆与低电压配电柜拦截的预留长度，0.2 为钢管埋地深度，1.5 为电缆进入沟内的预留长度，1.5×2 为电力电缆终端端头的长度，2 为电力电缆终端头的个数，4 为电力电缆在沟内的敷设长度，13 为 D2 回路的电缆长度，1 为电缆与水泵电动机处的预留长度。

合计：$(22.7+24.7)\text{m}=47.4\text{m}$。

⑫塑料铜芯线（2.5mm^2）24.1m。

$23.2+0.5+0.4=24.1\text{m}$。

【注释】 23.2 为塑料铜芯线（2.5mm^2）在塑料管内的敷设长度，$0.5+0.4$ 为塑料铜芯线（2.5mm^2）与照明配电箱 MX 连接的预留长度，高＋宽。

⑬电缆支架制作 77.46kg。

$(0.4\times3\times1.79+0.8\times3.77)\times15\text{kg}=77.46\text{kg}$。

【注释】 $0.4\times3\times1.79$ 为单个电缆支架中角钢 $30\times30\times4$ 的重量。其中，0.4 为单个电缆支架中单根横向角钢 $30\times30\times4$ 的长度，3 为单个电缆支架中角钢 $30\times30\times4$ 的个数，1.79kg/m 为角钢 $30\times30\times4$ 的理论重量。其中，0.8 为单个电缆支架中单根横向角钢 $50\times50\times5$ 的长度，3.77kg/m 为角钢 $50\times50\times5$ 的理论重量；15 为电缆支架的个数。

清单工程量计算见表 5-17。

表 5-17 清单工程量计算表

序号	项目编码	项目名称	项目特征描述	计量单位	工程量
1	BT3210D28001	低压开关柜	PGL 型、低压开关柜（宽×高×厚）1000mm×2000mm×600mm	台	4
2	BA2208G11001	电力电缆敷设	电缆敷设 VV-3×35+1×16	m	47.40
3	BA2208G11002	电力电缆敷设	电缆敷设 VV-3×16+1×10	m	24.70
4	BT3210G22001	电缆保护管	钢管暗配 DN50	m	15.20
5	BT3210G22002	电缆保护管	钢管暗配 DN32	m	25.40
6	BT3210G22003	电缆保护管	钢管暗配 DN25	m	6.80
7	BT3210D29001	小电器	板式暗开关单控双联	个	1
8	BT3210D29002	小电器	板式暗开关单控三联	个	1
9	BT3210G19001	电缆支架	角钢 50×50×5，单位重量 3.77kg/m 角钢 30×30×4，单位重量 1.79kg/m	t	0.077
10	LT2303N806001	配电箱	嵌入式照明配电箱 MX，其尺寸（宽×高×厚）为 500mm×400mm×220mm	台	1
11	HA6301H11001	工厂灯	吸顶式工厂灯罩	套	3
12	BT3210G22001	配管	ϕ15mm 塑料管暗配	m	23.20

(2) 定额工程量

①低压配电柜（PGL）4 台 套用电力预算定额 YD5-34。

a. 人工费：342.17 元/台×4 台＝1368.68 元

b. 材料费：48.27 元/台×4 台＝192.08 元

c. 机械费：403.36 元/台×4 台＝1613.44 元

② 吸顶式工厂罩灯 0.3（10 套） 套用电力预算定额 YD9-12。

a. 人工费：9.38 元/(10 套)×0.3(10 套)＝2.81 元

b. 材料费：5.14 元/(10 套)×0.3(10 套)＝1.54 元

c. 机械费：3.12 元/(10 套)×0.3(10 套)＝0.94 元

③ 基础槽钢 10#[65×40] 1.28(10m) 套用电力预算定额 YD7-35。

a. 人工费：835.49 元/10m×1.28(10m)＝1069.43 元

b. 材料费：217.46 元/10m×1.28(10m)＝278.35 元

c. 机械费：193.61 元/10m×1.28(10m)＝247.82 元

④ 钢管暗配 GN50 0.15(100m) 套用电力预算定额 YD8-28。

a. 人工费：235.57 元/100m×0.15(10m)＝35.34 元

b. 材料费：498.95 元/100m×0.15(10m)＝74.84 元

c. 机械费：295.88 元/10m×0.15(10m)＝44.38 元

⑤ 钢管暗配 GN32 0.25(100m) 套用电力预算定额 YD8-27。

a. 人工费：158.10 元/100m×0.25(100m)＝39.52 元

b. 材料费：400.43 元/100m×0.25(100m)＝100.11 元

c. 机械费：242.80 元/10m×0.25(100m)＝60.70 元

⑥ 钢管暗配 GN25 0.07(100m) 套用电力预算定额 YD8-28。

a. 人工费：235.57 元/100m×0.07(100m)＝16.49 元

b. 材料费：498.95 元/100m×0.07(100m)＝34.93 元

c. 机械费：295.88 元/100m×0.07(100m)＝20.71 元

⑦ 铜芯电力电缆敷设 35 mm² 以下 0.74(100m) 套用电力预算定额 YD8-41。

a. 人工费：149.53 元/100m×0.74(100m)＝110.65 元

b. 材料费：65.25 元/100m×0.74(100m)＝48.28 元

c. 机械费：11.62 元/100m×0.74(100m)＝8.60 元

⑧ 塑料铜芯线 2.5 mm² 0.24(100m) 套用电力预算定额 YD4-129。

a. 人工费：661.10 元/m×0.24(100m)＝158.66 元

b. 材料费：110.05 元/m×0.24(100m)＝26.41 元

c. 机械费：103.89 元/m×0.24(100m)＝24.93 元

⑨ 塑料铜芯线 6 mm² 0.32(100m) 套用电力预算定额 YD4-129。

a. 人工费：661.10 元/m×0.32(100m)＝211.55 元

b. 材料费：110.05 元/m×0.32(100m)＝35.22 元

c. 机械费：103.89 元/m×0.32(100m)＝33.24 元

⑩ 塑料管暗配(φ15) 0.23(100m) 套用电力预算定额 YD8-33。

a. 人工费：181.05 元/100m×0.23(100m)＝41.64 元

b. 材料费：311.49 元/100m×0.23(100m)＝71.64 元

⑪ 照明配电箱 1 台 套用电力预算定额：YD5-38。

a. 人工费：76.08 元/台×1 台＝76.08 元

b. 材料费：27.55 元/台×1 台＝27.55 元

c. 机械费：4.50 元/台×1 台＝4.50 元

⑫ 电缆支架 0.07(1t) 套用电力预算定额 YD8-21。

a. 人工费：1272.92 元/t×0.07(1t)＝89.10 元

b. 材料费：511.69 元/t×0.07(1t)＝35.81 元

c. 机械费：119.20 元/t×0.07(1t)＝8.34 元

⑬导线穿管敷设(BV-2.5)0.46(100m)　套用电力预算定额：YD8-23。

a. 人工费：666.59 元/(100m)×0.46(100m)＝306.63 元

b. 材料费：175.36 元/(100m)×0.46(100m)＝80.67 元

定额工程量计算见表 5-18。

表 5-18　定额工程量计算表

序号	定额编号	项目名称	单位	数量	人工费/元	材料费/元	机械费/元
1	YD5-34	低压配电柜 PGL	台	4	1368.68	192.08	1613.44
2	YD9-12	吸顶式工厂罩灯	10 套	0.3	2.81	1.54	0.94
3	YD7-35	基础槽钢 10#	10m	1.28	1069.43	278.35	247.82
4	YD8-28	钢管暗配 GN50	100m	0.15	35.34	74.84	44.38
5	YD8-27	钢管暗配 GN32	100m	0.25	39.52	100.11	60.70
6	YD8-28	钢管暗配 GN25	100m	0.07	16.49	34.93	20.71
7	YD8-41	铜芯电力电缆敷设 35 mm² 以下	100m	0.74	110.65	48.28	8.60
8	YD4-129	塑料铜芯线 2.5mm²	100m	0.24	158.66	26.41	24.91
9	YD4-129	塑料铜芯线 6mm²	100m	0.32	211.55	35.22	33.24
10	YD8-33	塑料管暗配 φ15	100m	0.23	41.64	71.64	
11	YD5-38	照明配电箱	台	1	76.08	27.55	4.50
12	YD8-21	电缆支架的安装	t	0.07	89.10	35.81	8.34
13	YD8-23	导线穿管敷设	100m	0.46	306.63	80.67	

【例 5-4】　某楼的一楼有 3 住户，现于 1 楼楼梯处的墙上安装一胶木板照明配电箱对这 3 住户进行配电控制。该配电箱胶木板厚为 10mm。其系统主接线图如图 5-11 所示，每户有两个供电回路，即照明回路与插座回路分开。楼梯照明单元配电箱供电，本配电箱不予考虑。试计算工程量并套用电力定额（设箱内配线均采用 BV-4 导线）。

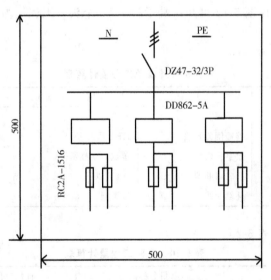

图 5-11　配电系统主接线图

【解】　根据图 5-11，可得工程量如下：

三相开关　　　　　1 个

交流电表　　　　　3 个

熔断器　　　　　　6 个

胶木电板　　　　　1 块

根据图 5-11 可以画出图 5-12 的箱内配线。

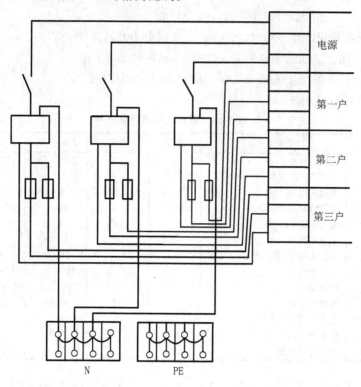

图 5-12 箱内接线示意图

由图 5-12 可计算箱内配电回路数 3×2+3×4+3+3=24（回）

这样可计算箱内配线长：(0.5+0.5)×24=24（m）

关于端子板安装，由图 5-12 可知：端子板有 20 个头，工程量为 2 组，可以选择户内小型端子箱 1 台。

清单工程量计算见表 5-19。

表 5-19 清单工程量计算表

序号	项目编码	项目名称	项目特征描述	计量单位	工程量
1	BA5201D29001	端子箱	户内式	台	1
2	BA5201D29002	胶盖闸刀开关	HK1 系列	个	1
3	BA4601D29001	数字仪表	单点数字显示仪	台	3
4	BA2108B22001	户内熔断器	20kV 以下	组	6
5	BA6102G12001	补偿导线	K 类型	100m	0.24

定额工程量计算见表 5-20。

表 5-20 定额工程量计算表

序号	定额编号	项目名称	计量单位	工程数量
1	YD5-20	端子箱	台	1
2	YD5-42	胶盖闸刀开关	个	1
3	YD10-41	数字仪表	台	3
4	YD3-213	户内熔断器	组	6
5	YD10-158	补偿导线	100m	0.24

【例5-5】 图5-13所示为某宿舍楼一层电气照明图,导线沿墙暗敷,用PVC管。配电箱MO,500mm(L)×800mm(H),中心标高1.6m(明装);暗装二、三极单相组合插座,安装高度为0.3m;空调插座安装高度为1.8m(明装),暗装三极开关安装高度为1.4m;从配电箱MO至照明采用导线ZRBVV-3×2.5,PVC20管敷设;从配电箱MO至插座采用导线ZRBVV-3×4,PVC32管敷设。试求工程量并套用电力定额。

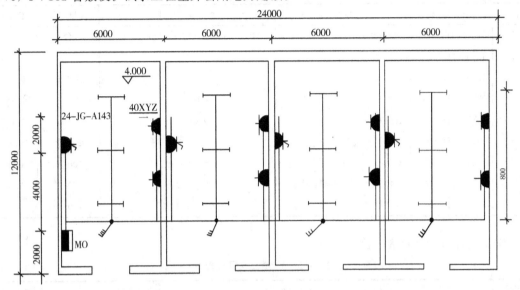

图5-13 某宿舍楼一层电气照明图(单位:mm)

【解】 (1)工程量计算
①配电箱安装:MO;500mm(L)×800mm(H);1台
②MO配电箱至插座部分。
a. PVC管暗敷:PVC32。
[4−(1.6+0.4)]m+4×4m+6×4m+6×4m+(4.0−1.8)×4m+(4−0.3)×8m
=104.4m
b. 管内穿线:ZRBVV4。
[104.4+(0.5+0.8)]m×3
=(104.4+1.3)m×3
=317.1m
注:1.3m为预留长度,3根ZRBVV4。
c. 空调插座安装:4只。
d. 暗装二、三极单相组合插座:8只。
③从配电器MO至照明灯具。
a. PVC管暗敷PVC20。
[4−(1.6+0.4)]m+3×4m+8×4m+(4−1.4)m×4
=2m+12m+32m+10.4m
=56.4m
b. 管内穿线2RBVV2.5。
[56.4+(0.5+0.8)]m×3
=57.7×3m
=173.1m

c. 照明灯具 JG-A143 $\frac{40\times Y2}{}$：12 套。

d. 暗装三极开关：4 只。

(2) 清单工程量计算见表 5-21。

表 5-21　清单工程量计算表

序号	项目编码	项目名称	项目特征描述	计量单位	工程量
1	BA5201D28001	配电箱安装	M0；500mm（L）×800mm（H）	台	1
2	BA6103G22001	PVC 管暗敷	PVC32	100m	1.044
3	BA6103G22002	PVC 管暗敷	PVC20	100m	0.564
4	BA5301H17001	管内穿线	ZRBW2.5	100m	1.731
5	BA5301H17002	管内穿线	ZRBVV4	100m	3.171
6	BA5301H11001	荧光灯具安装	JG-A143 $\frac{40\times Y2}{}$	100 套	0.12
7	BA4601D29001	暗装三极开关	组合开关	100 套	0.04
8	BA4601D29002	暗装二、三极单相组合插座	250V，10A	100 套	0.08
9	BA4601D29003	空调插座	250V，10A	100 套	0.04

定额工程量计算见表 5-22。

表 5-22　定额工程量计算表

序号	定额编号	项目名称	计量单位	工程数量
1	YD5-37	配电箱安装	台	1
2	YD8-34	PVC 管暗敷	100m	1.044
3	YD8-33	PVC 管暗敷	100m	0.564
4	YD9-14	管内穿线 ZRBW2.5	100m	1.731
5	YD9-14	管内穿线 ZRBVV4	100m	3.171
6	YD9-12	荧光灯具安装	100 套	0.12
7	YD5-44	暗装三极开关	100 套	0.04
8	YD5-55	暗装二、三极单相组合插座	100 套	0.08
9	YD5-55	空调插座	100 套	0.04

【例 5-6】　某厂矿采用架空线路，如图 5-14 所示，混凝土电杆高 10m，间距为 40m，属于丘陵地区架设施工，选用 BLX-（3×70+1×35），室外杆上变压器容量为 315kV·A，变后电杆高 15m，试计算工程量并套用定额。

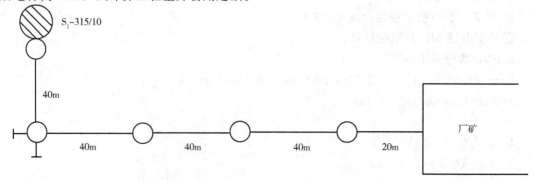

图 5-14　某外线工程平面图

【解】 (1) 计算工程量 概预算项目共分为立混凝土电杆、杆上变台组装（315kV·A）、导线架设（70mm² 和 35mm²）、普通拉线制作安装、进户线铁横担安装。

① 70mm² 导线长度为：$(40 \times 4 + 20) \times 3 = 540$ （m）

② 35mm² 导线长度为：$(40 \times 4 + 20) \times 1 = 180$ （m）

③ 普通拉线制安：3 组。

④ 混凝土电杆：5 根。

⑤ 杆上变台组装（315kV·A）：1 台。

⑥ 进户线铁横担：1 组。

(2) 清单工程量计算见表 5-23。

表 5-23 清单工程量计算表

序号	项目编码	项目名称	项目特征描述	计量单位	工程量
1	SK3101C11001	混凝土电杆	φ190-10-A	根	5
2	BA1801A11001	杆上变台组装	315kV·A	台	1
3	SK4101D12001	导线架设	截面 70mm²	km	0.54
4	SK4101D12002	导线架设	截面 35mm²	km	0.18
5	SK3101C11002	普通拉线制安	截面 50mm² 以内	根	3
6	SK3101C11003	进户线铁横担	针式单串	根	1

定额工程量计算见表 5-24。

表 5-24 定额工程量计算表

序号	定额编号	项目名称	定额单位	工程数量
1	YX4-1	混凝土电杆	根	5
2	YD2-2	杆上变台组装	台	1
3	YX5-3	导线架设	km	0.54
4	YX5-1	导线架设	km	0.18
5	YX4-153	普通拉线制安	根	3
6	YX6-19	进户线铁横担	根	1

第6章 交直流电源

第一部分 说明释义

本章定额适用于直流系统的蓄电池支架、蓄电池、整流装置等安装。

一、工作内容

1. 蓄电池支架安装

（1）工作内容：支架安装包括基础打眼装膨胀螺栓、支架安装固定、接地、补刷涂料等。

（2）未计价材料：支架、接地材料。

【释义】 蓄电池：是产生直流电流的一种装置，是一种储存电能的设备。蓄电池主要用于发、变电和自动化系统中，如操作回路、信号回路、自动装置及继电保护回路，事故照明，厂用通信。它也用于各种汽车、拖拉机、内燃机车、船舶等的启动、点火和照明等。蓄电池最大优点是当电气设备发生故障时，甚至没有交流电源的情况下，也能保证部分重要设备可靠而连续地工作。但也有缺点，与交流电相比蓄电池装置投资费用高且运行维修比较复杂。

2. 免维护蓄电池安装

工作内容：支架安装固定，电瓶就位，整组检查，安装护罩、标字、标号等。

【释义】 免维护蓄电池：是一种无须补充电解液的蓄电池，这种蓄电池使用方便、无须维护。

3. 碱性蓄电池安装

工作内容：安装固定，连接线、补充注液，标字、标号等。

【释义】 碱性蓄电池：用碱性溶液作为电解液的蓄电池，主要有碱性镉镍蓄电池和镉镍圆柱形密封碱性蓄电池。

蓄电池安装：安装前土建施工应已结束，安装内容如下。

（1）蓄电池母线安装。蓄电池使用的母线一般圆母线居多，其材质有铜、钢、铝合金等。固定方式有两种：一种用针式绝缘子固定；另一种用蝶式绝缘子固定，绝缘子总数根据图纸决定。母线支持点间距不应大于2m，支持绝缘子的钢支架应按设计图纸或标准图册制作。母线的连接应采用焊接，母线和电池正、负极柱连接时，接触应平整紧密，母线端头应涂锡，表面应用铜涂以凡士林。当母线用绑线与绝缘子固定时，铜母线应用铜绑线，绑线截面不应小于2.5 mm²；钢母线应用铁绑线，绑线截面不应小于14#铁线的截面。绑扎应牢固，并涂以耐酸漆。母线排列整齐平直，弯曲度应一致，母线间、母线与建筑物或其他接地部分之间的净距不应小于50mm。母线应沿其全长涂以耐酸相色涂料，正极为赭色，负极为蓝色。钢母线尚应在耐酸涂料外再涂一层凡士林。

（2）蓄电池引出线的准备。蓄电池引出线采用电缆时，除应符合电缆规范要求外，宜采用塑料外护套电缆。当采用钢带铠装电缆时，其室内部分应剥掉铠装。电缆的引出线应用塑料相色带标明正、负极的相色。电缆穿出蓄电池室的孔洞及保护套的管口外,应用耐酸材料密封。

(3) 穿墙出线板安装。蓄电池出线板一般用酚醛布板、塑料板、橡胶石棉水泥板,也有用钢板制作的。板的孔数应根据施工图纸母线的总根数选用,出线板的尺寸大小应根据孔数具体工程有关规定来定。

出线板安装在墙上,施工时应先安装出线板的框架,框架四周孔缝用水泥封闭。凝固后,再将出线板用螺栓固定在框架上。

从蓄电池引出的圆母线应全部接到出线板上,再从出线板上用导线或直流电缆引至整个配电盘上去。

(4) 蓄电池安装。蓄电池安装前,应对外观进行检查。蓄电池槽应无裂纹、损伤,槽盖应密封良好。蓄电池的正、负端柱应极性正确,并无变形。防酸隔爆栓等部件应齐全、无损伤,对透明的蓄电池槽,应检查极板有无严重受潮和变形现象,槽内部件应齐全无损伤。连接条、螺栓及螺母应齐全。

对于固定型开口式铜蓄电池的安装,要求蓄电池槽与台架之间用绝缘子隔开,并在槽与绝缘子之间垫有铅质或耐酸材料的软质垫片。绝缘子应按台架中心线对称安装,并尽可能靠近槽的四角。极板的焊接不得有虚焊、气孔,焊后不得弯曲歪斜,极板之间的距离应相等并相互平行、连缘对齐。要求隔板上端应高出极板,下端应低于极板。蓄电池均应有略小于槽顶面的麻面玻璃盖板。每个蓄电池应在其台座上或槽的外壳上用耐酸材料标明编号。

蓄电池组安装应符合的要求如下。

①蓄电池放置的平台、基架及间距应符合设计要求。
②蓄电池安装应平稳,间距均匀;同一排、列的蓄电池槽应高低一致,排列整齐。
③连接条及抽头的连接应正确,接头连接部分应涂以电力复合脂,螺栓应紧固。
④有抗震要求时,其抗震设施应符合有关规定,并牢固可靠。
⑤温度计、密度计、液面线应放在易于检查的一侧。
⑥镉镍蓄电池直流系统成套装置应符合国家现行技术标准的规定。

(5) 蓄电池的充放电。蓄电池的绝缘要求是:110V蓄电池组不应小于0.1MΩ;220V蓄电池组不应小于0.2MΩ。经检查绝缘合格后,补充合格的电解液进行充电,使充电容量达到或接近产品技术要求后,进行首次放电。

(6) 硅整流柜、可控硅柜安装。硅整流柜和可控硅柜按容量分为100kW、800kW、2000kW三种,均未包括基础型钢制作安装。两种柜安装完毕后都需进行直流供电系统调试。蓄电池首次放电完毕后,应立即进行充电,间隔时间不宜超过10h。硅整流柜及可控硅柜的安装要求与盘、柜的安装相同。

4. 密闭式铅酸蓄电池安装

工作内容:清洗组装,连接线,调、注电解液,标字、标号等。

【释义】 铅酸蓄电池:是以铅酸为电解液的蓄电池。

电极:是指蓄电池的外接端口,是蓄电池充电或放电的连接点。

铅蓄电池型号表示如下:

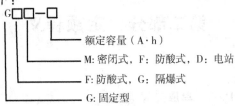

5. 蓄电池组充放电

工作内容：直流回路检查，放电设施准备及接线，初充电或补（均衡）充电、放电、再充电及充放电过程技术数据的测量，记录，整理等，单体调试。

【释义】 蓄电池充放电过程是一种完全可逆的化学反应。蓄电池充电是将电能转化为化学能；蓄电池放电是将化学能转化为电能向外输送给用电设备。

6. UPS安装

工作内容：划线定位、安装固定，固定连线等，单体调试。

【释义】 UPS 称为不间断电源，是因为停电的时候，它能快速转换到"逆变"状态，从而不会让在使用中的电脑因为突然停电未来得及存储而失去重要文件。不是用来当备用电源用的，如果你只是想在停电的时候可以用电，光买逆变器就够了。一般家用 UPS 里用的大多是免维护型铅酸蓄电池。

7. 整流电源安装

工作内容：划线定位、安装固定，调整水平，固定连线等，单体调试。

【释义】 整流电源一般多用于电解铜矿、锌矿等有色金属。还可电解水来产生氢气。是提供大直流电流、直流电压的装置。

二、本章定额未包括的工作内容

蓄电池组充放电定额中充电设备的安装。

【释义】 蓄电池抽头电缆：一般采用铜母线、铝合金母线或钢母线等。将水平长度、垂直长度、预留长度三者相加的总长度以 10m 为单位计算。母线一般采用圆母线较多，固定方式有针式绝缘子固定、蝶式绝缘子固定。

三、工程量计算规则

1. 蓄电池支架安装适用于密闭式碱性、酸性蓄电池安装固定用的支架安装，支架按镀塑钢结构成品考虑。

【释义】 蓄电池按电解液分为酸性和碱性蓄电池两种。按用途分为固定型蓄电池、启动用蓄电池、动力牵引用蓄电池等。固定型蓄电池极板应平直、无弯曲、受潮及剥落现象。

2. 免维护蓄电池的支架由制造厂配套提供，安装按膨胀螺栓固定考虑，其安装工作内容已包括在该蓄电池安装定额中。碱性蓄电池按单体成品蓄电池，电解液已注入，组合安装后即可充电使用，补充用电解液按随设备提供考虑。密闭式铅酸蓄电池的容器、电极板、连接铅条、紧固螺栓、螺母、垫圈等由制造厂散件装箱供货。

【释义】 蓄电池一般装在水泥台架、瓷砖台架或木台架上。台架的尺寸由设计选定，水泥台架、瓷砖台架属土建施工，新定额内木架安装是按成品考虑的，如需自制应根据图纸要求尺寸制作，木材要求用无木节及无贯穿裂缝的二级或一级松木制作，其湿度不应大于 15%，否则木材必须进行干燥。

四、其他说明

免维护蓄电池组补充电按同容量蓄电池组充放电定额乘以系数 0.2。

【释义】 参见本章第一部分、一、2 处的释义。

第二部分 定额释义

6.1 蓄电池支架安装

定额编号 YD6-1～YD6-2 单层支架 P$_{344}$

【应用释义】 单层支架：应根据图纸要求尺寸制作，木材要求无木节和贯穿裂缝。支架可以制成单层或双层。单层支架即整个支架只有一层结构。

定额编号　YD6-3～YD6-4　双层支架　P_{344}

【应用释义】 双层支架：即将支架制作成两层结构，双层支架较单层支架所占空间大，但也更牢固结实。

6.2　免维护铅酸蓄电池安装

定额编号　YD6-5　2V/300A·h；YD6-6　2V/600A·h；YD6-7　2V/1000A·h；YD6-8　2V/1600A·h；YD6-9　2V/2500A·h；YD6-10　6V/390A·h；YD6-11　6V/820A·h；YD6-12　6V/980A·h；YD6-13　6V/1070A·h；YD6-14　12V/100A·h；YD6-15　12V/200A·h；P_{345}～P_{346}

【应用释义】 免维护铅酸蓄电池是一种在使用期间无需维护的铅酸蓄电池，它是以铅酸溶液为电解液的免维护蓄电池。免维护铅酸蓄电池的电压/容量主要有 2/300、2/600、2/1000、2/1600、2/2500、6/390、12/100、12/200、6/820、6/980、6/1070（V/A·h）等几种。

6.3　碱性蓄电池安装

定额编号　YD6-16～YD6-22　蓄电池容量（A·h 以下）　P_{347}

【应用释义】 见第一部分、一、3 释义。

6.4　密闭式铅酸蓄电池安装

定额编号　YD6-23～YD6-34　容量（A·h 以下）　P_{348}～P_{349}

【应用释义】 固定密闭式铅酸蓄电池是一种利用铅酸溶液为电解液的密闭式蓄电池。这种蓄电池的容量（A·h）主要有 100、200、300、400、600、800、1000、1200、1400、1600、1800、2000、2500、3000 等种类。

6.5　蓄电池组充放电

定额编号　YD6-35～YD6-40　220V 以下（容量 A·h 以下）　P_{350}～P_{351}

【应用释义】 电池组，由多个蓄电池组件组成，如某项工程设计蓄电池组 110V/500A·h，可由 12V/500A·h 的 9 个蓄电池组件串联而成，那么就应该套用 12V/500A·h 定额，工程量为 9 个组件。

充电是蓄电池日常维护管理的重要工作，充电设备和充电技术是做好充电工作的重要技术基础。传统的充电方式可分为恒流充电或恒压充电及其变型。

（1）恒流充电　充电时自始至终以恒定不变的电流进行充电，该电流是用调整充电装置的办法来达到。这种维持电流的方法，从直流发电机和硅整流装置中都能实现，其操作简单、方便，易于做到。这种充电方法特别适合于由多个蓄电池串联的蓄电池组，落后电池的容量易于恢复，最好用于小电流长时间的充电模式。

恒流充电方式也有不足，开始充电阶段电流过小，在充电后期充电电流又过大，整个充电时间长，析出气体多，对极板冲击大，能耗高，充电效率不超过 65%。免维护的电池不宜使用此方法。鉴于这个缺点，在国外，除非蓄电池需要长时间、小电流进行活化充电之外，已经较少使用。这种充电方法，充电时间均在 15h 以上。

恒流充电的变型是分段恒流充电。为避免充电后期电流过大的缺点，在充电后期把电流减小，因此，此法也称为递减电流充电法。通常要参照维护使用说明书中的有关规定，确定充电电流大小、时间，以及转换电流的时刻和充电终止的时刻。

（2）恒压充电　此法是每只单体蓄电池均以某一恒定电压进行充电。因此，充电初期电流相当大，随着充电进行，电流逐渐减小，在充电终期只有很小的电流通过，这样在充电过程中就不必调整电流。此方法较简单，因为充电电流自动减小，所以充电过程中析气量小，充电时间短，能耗低，充电效率可达80%，如充电电压选择得当，可在8h完成充电。其缺点是：①在充电初期，如果蓄电池放电深度过深，充电电流会很大，不仅危及充电电极的安全，蓄电池也可能因过流而受到损伤；②若充电电压选择过低，后期充电电流又过小，充电时间过长，不适宜串联数量多的蓄电池组充电；③蓄电池端电压的变化很难补偿，充电过程中对落后蓄电池的完全充电也很难完成。

恒电压充电一般应用在蓄电池组电压较低的场合。

6.6 UPS 安装

定额编号　YD6-41　30kW UPS 三相不停电电源　$P_{352} \sim P_{353}$

定额编号　YD6-42　60kW UPS 三相不停电电源　$P_{352} \sim P_{353}$

【应用释义】 UPS 是一种含有储能装置，以逆变器为主要元件，稳压稳频输出的电源保护设备。当市电正常输入时，UPS 就将市电稳压后供给负载使用，同时对机内电池充电，把能量储存在电池中；当市电中断（事故停电）或输入故障时，UPS 将机内电池的能量转换为 220V 交流电继续供负载使用，使负载维持正常工作并保护负载软、硬件不受损坏。目前市场上供应的 UPS 电源设备种类较多，输出功率为 500V·A～3000kV·A。UPS 按工作模式可分为后备式、在线式和在线互动式 3 大类，按其输出波形又可分为方波输出和正弦波输出两种。

6.7 整流电源安装

定额编号　YD6-43　开关电源屏　$P_{354} \sim P_{355}$

【应用释义】 开关电源是利用现代电力电子技术，控制开关管开通和关断的时间比率，维持稳定输出电压的一种电源，开关电源一般由脉冲宽度调制（PWM）控制 IC 和 MOSFET 构成。

定额编号　YD6-44～YD6-45　高频开关整流模块　$P_{354} \sim P_{355}$

【应用释义】 高频开关电源是专为各种通信电子设备等设计的高品质基础电源。

定额编号　YD6-46　直流馈电屏　$P_{354} \sim P_{355}$

【应用释义】 直流屏一般由充电屏、馈电屏、电池屏组成，馈电屏就是输出回路集中的一个屏柜。

定额编号　YD6-47　镉镍电池屏　$P_{356} \sim P_{357}$

【应用释义】 镉镍蓄电池直流屏是针对目前国内同类产品普遍存在的一些问题而设计更新的换代型产品。适用于电力系统中小型发电厂、变电站及以下工矿企业配电室作为高压断路器直流操作机构的分合闸电源及控制回路、继电保护、信号回路、事故照明的直流电源。

定额编号　YD6-48　可控硅整流屏　$P_{356} \sim P_{357}$

【应用释义】 可控硅整流器，是一种以晶闸管（电力电子功率器件）为基础，以智能数字控制电路为核心的电源功率控制电器。

定额编号　YD6-49　交直流切换屏　$P_{356} \sim P_{355}$

【应用释义】 交流变直流，可以通过整流的方法得到；直流变交流，可以通过逆变的方法得到。

定额编号　YD6-50　交直流电源一体化屏　$P_{356} \sim P_{357}$

【应用释义】 电力交直流智能一体化电源系统是将交流电源、直流电源、电力 UPS、通信用直流变换电源（DC/DC）及事故照明等装置组合为一体，共享直流电源的蓄电池组，并统一监控的成套设备。智能一体化电源系统采用智能模块化设计，由统一的微机监控系统监控：直流电源、电力 UPS 电源、交流电源、通信电源及事故照明的各种模拟信号和开关信号，由总监控单元统一状态显示和故障处理，并可根据蓄电池组的实际运行情况进行均充、浮充自动转换，完全实现电池智能管理。

定额编号　YD6-51　蓄电池柜　P_{356}~P_{357}

【应用释义】 蓄电池柜摆放了很多蓄电池,主要是储存直流电的。电池柜体结构应有良好的通风、散热。电池柜内的蓄电池应摆放整齐并保证足够的空间。

第三部分　工程量计算实例

项目编码：BA4601E11　　　项目名称：蓄电池支架的安装

【例 6-1】 需对一光伏系统进行优化,所有设备都连接在交流母排上,日间太阳能光伏发电直接充电到蓄电池组内,夜间通过双向逆变器又可以将蓄电池内的直流电逆变为交流电,送至项目亮点场所——动力资源房的照明使用的交流带蓄电方式,光伏组件之间的串接导线固定在组件背面及金属支架（支架采用热镀锌钢材料,抗风能力达到120kMPH。）上,屋面电缆线束用金属桥架（单层支架,单排安装）方式施工,同时对电缆起到防晒和机械保护作用。系统的组成：主要包括太阳电池组件、并网逆变器、直流接线箱、交流配电柜、若干动力电缆连接线及安装支架。如图 6-1 所示。试计算其清单工程量与定额工程量。

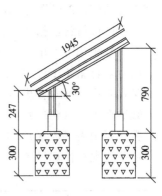

图 6-1

【解】　(1) 清单工程量　蓄电池支架的安装清单工程量计算规则：蓄电池支架的安装以"m"为计量单位,由题干可知,蓄电池支架的安装工程量为(0.247+0.790)m=1.037m。

基本计价材料数据如下。

膨胀螺栓 M12（套）：2.4200；

溶剂汽油 200 号（kg）：0.0660；

耐酸漆（kg）：0.2200；

其他材料费（元）：0.1400。

清单工程量计算见表 6-1。

表 6-1　清单工程量计算表

项目编码	项目名称	项目特征描述	计量单位	工程量
BA4601E11001	蓄电池支架的安装	热镀锌钢材,单层支架,单排安装	m	1.04

(2) 定额工程量　蓄电池支架 1.04m。

蓄电池支架定额工程量计算规则：蓄电池支架安装适用于密闭性碱性、酸性蓄电池安装固定用的支架安装,支架按镀塑钢结构成品考虑。由题干可知蓄电池支架安装采用的是热镀锌钢材,单层支架,单排安装,工程量为 1.04m,则套用电力预算定额 YD6-1。

① 人工费：13.99 元/m×1.04m=14.55 元

② 材料费：7.35 元/m×1.04m=7.64 元

定额工程量计算见表 6-2。

表 6-2　定额工程量计算表

定额编号	项目名称	单位	数量	人工费/元	材料费/元
YD6-1	蓄电池支架	m	1	14.55	7.64

项目编码：BA4601E11　　项目名称：碱性蓄电池的安装

【例 6-2】 某自动控制使用碱性蓄电池（与同容量的铅蓄电池相比，其体积小，寿命长，能大电流放电）作为电子设备的直流电源。碱性蓄电池即电解液是碱性溶液的一种蓄电池。碱性蓄电池具有体积小、机械强度高、工作电压平稳、能大电流放电、使用寿命长和易于携带等特点。所选用的碱性蓄电池的容量为 75A·h，一共批量制作安装 80 只。碱性蓄电池安装的主要工作内容为安装固定，连接线，补充注液，标字、标号等。试求出碱性蓄电池安装的工作量，并列出清单工程量与定额工程量。

【解】（1）清单工程量　碱性蓄电池的安装清单工程量计算规则：以考虑碱性蓄电池的容量为基础，碱性蓄电池以"只"为计量单位，该碱性蓄电池的安装的工程量为 80 只。

基本计价材料数据如下。

塑料带相色带 20mm×2m（卷）：0.0210；

电力复合脂（kg）：0.0110；

叉式起重机 5t（台班）：0.0400；

载重汽车 5t（台班）：0.0400；

数字万用表（数字式）（台班）：0.0100。

清单工程量计算见表 6-3。

表 6-3　清单工程量计算表

项目编码	项目名称	项目特征描述	计量单位	工程量
BA4601E11001	碱性蓄电池的安装	容量为 75A·h	只	80

（2）定额工程量　碱性蓄电池的安装 80 只。

由题干可知道该碱性蓄电池的安装采用的是容量为 75A·h 的碱性蓄电池，进行安装固定，连接线，补充注液，标字、标号等工作。碱性蓄电池安装的工程量为 80 只。则套用电力预算定额：YD6-17。

① 人工费：1.58 元/只×80 只=126.40 元

② 材料费：0.14 元/只×80 只=11.20 元

③ 机械费：27.59 元/只×80 只=2207.20 元

定额工程量计算见表 6-4。

表 6-4　定额工程量计算表

定额编号	项目名称	单位	数量	人工费/元	材料费/元	机械费/元
YD6-17	碱性蓄电池的安装	只	80	126.40	11.20	2207.20

项目编码：BA4601E11　　项目名称：蓄电池组充放电

【例 6-3】 为便于长途行车安全，车上准备进行车辆蓄电池充放电，其蓄电池的额定电压 220V，蓄电池组的容量为 1200A·h，使用 GFM-1200 型阀控式密闭铅酸蓄电池组 2 组，各 103 只。智能充放电设备具有智能化程度高、控制精度高、显示精度高等特点。试求出蓄电池组充放电的工作量，并列出清单工程量与定额工程量。

【解】（1）清单工程量　蓄电池组充放电清单工程量计算规则：以额定电压为基础，外加考虑蓄电池组充放电的容量，蓄电池组充放电以"组"为计量单位，该蓄电池组充放电的工程量为 2 组。

基本计价材料数据如下。

自黏性橡胶带 25mm×20m（卷）：2.3380；

碳酸氢钠（苏打）(kg)：2.8050；
电炉丝 220V、1000W（根）：5.6100；
叉式起重机 5t（台班）：0.0070；
多功能交直流钳形测量仪（台班）：2.6730。
清单工程量计算见表6-5。

表 6-5 清单工程量计算表

项目编码	项目名称	项目特征描述	计量单位	工程量
BA4601E11001	蓄电池组充放电	GFM-1200 型阀控式密闭铅酸蓄电池组，容量为 1200A·h	组	2

（2）定额工程量　蓄电池组充放电 2 组。

由题干可知道该蓄电池组充放电采用的是容量为 75A·h 的碱性蓄电池，进行安装固定，连接线，补充注液，标字、标号等工作。蓄电池组充放电的工程量为 103 只。则套用电力预算定额 YD6-38。

①人工费：2445.31 元/组×2 组＝4890.62 元
②材料费：2631.35 元/组×2 组＝5262.70 元
③机械费：709.74 元/组×2 组＝1419.48 元

定额工程量计算见表 6-6。

表 6-6 定额工程量计算表

定额编号	项目名称	单位	数量	人工费/元	材料费/元	机械费/元
YD6-38	蓄电池组充放电	组	2	4890.62	5262.70	1419.48

项目编码：BA4601E15　　项目名称：UPS 的安装

【例 6-4】 UPS 是以逆变器为主要组成部分的恒压恒频的不间断电源。某公司为了安全生产，效益稳定，安装此套设备，进行划线定位、安装固定、固定连线、单体调试。如图 6-2 所示，容量为 30kW，三相输入/三相输出。主要用于给计算机网络或其他电力设备提供不间断的电力供应。试计算该项安装工程的清单工程量与定额工程量。

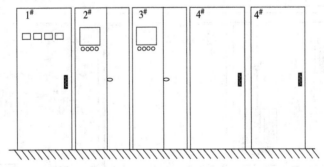

图 6-2　UPS 设备安装正视效果图

说明：①1# 柜为 UPS1、UPS2 的输入输出配电柜，电池组控制开关也可接在该柜中。
②2# 为 UPS1 主机，3# 为 UPS2 的主机。
③4# 为 UPS1 的后备电池组，5# 为 UPS2 的后备电池组。
④2#、3# UPS 主机之间通过并机线连接。
⑤各柜体、设备均能通过前后门安装、维护、维修。
⑥输入、输出电缆可由地沟布线，也可架空。

【解】 (1)清单工程量 UPS 安装的清单工程量计算规则：UPS 的安装以"套"为计量单位。由题干和设计图纸可知，UPS 安装的工程量为 2 套。

基本计价材料数据如下：

镀锌六角螺旋，综合 (kg)：0.3110；

松香焊锡丝 (kg)：0.1100；

铜接线端子 100A (个)：6.6000；

其他材料费 (元)：3.1800；

叉式起重机 5t (台班)：0.0040。

清单工程量计算见表 6-7。

表 6-7 清单工程量计算表

项目编码	项目名称	项目特征描述	计量单位	工程量
BA4601E15001	UPS 安装	容量为 30kW，三相输入/三相输出	套	2

(2)定额工程量 UPS 三相不停电电源安装 2 套。

由题干可知该 UPS 安装采用容量为 30kW，三相输入/三相输出。进行划线定位、安装固定、固定连线、单体调试。数量为 2 套，则套用电力预算定额：YD6-41。

①人工费：340.81 元/套×2 套=681.62 元

②材料费：162.34 元/套×2 套=342.68 元

③机械费：2.74 元/套×2 套=5.48 元

定额工程量计算见表 6-8。

表 6-8 定额工程量计算表

定额编号	项目名称	单位	数量	人工费/元	材料费/元	机械费/元
YD6-41	UPS 安装	套	2	681.62	342.68	5.48

【例 6-5】 某建筑物内的消防报警装置采用两套供电方案：一种是配电箱配电，另一种是采用蓄电池组供电，如图 6-3 所示，试计算工程量。

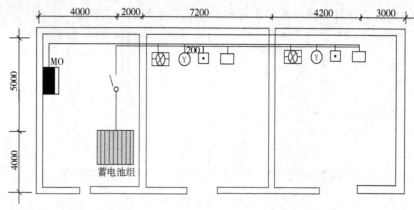

图 6-3 消防报警装置供电图（单位：mm）

注：蓄电池组采用 220V、570A·h，引出线为截面积为 35mm² 的电缆，保护管采

用 PVC50。

【解】 (1) 计算工程量

①PVC 管工程量 PVC50

$(5+2+7.2+4.2+0.2\times8)$m$=20$m

②电缆工程量

$(5+2+7.2+4.2+0.2\times8+1.5)m=21.5$m

③蓄电池工程量（采用免维护铅酸蓄电池）

(220V÷12V) 组件＝18.33 组件≈19 组件

④蓄电池支架安装　按具体施工计算。

⑤驱动盒　　　　　　　　　2 只

⑥烟探测器　　　　　　　　2 个

⑦手动报警开关　　　　　　2 个

⑧区域显示器　　　　　　　2 个

(2) 清单工程量计算见表 6-9。

表 6-9　清单工程量计算表

序号	项目编码	项目名称	项目特征描述	计量单位	工程量
1	BA6103G22001	PVC 保护管	管径 50mm	100m	0.2
2	BA6101G11001	电缆敷设	截面积 35mm^2	100m	0.215
3	BA4301E11001	免维护铅酸蓄电池安装	12V/200A·h	组件	19

定额工程量计算见表 6-10。

表 6-10　定额工程量计算表

序号	项目名称	单位	计量单位	工程数量
1	YD8-35	PVC 管保护 PVC50	100m	0.2
2	YD8-41	电缆敷设截面积 35mm^2	100m	0.215
3	YD6-15	免维护铅酸蓄电池安装	组件	19

【例 6-6】　某室内照明工程，除采用变电站送来的电外，还设计了在紧急停电情况下的照明设施，该照明设施采用蓄电池组，该蓄电池组为 220V、500A·h。试计算所需蓄电池的工程量（该项目工程采用免维护铅酸蓄电池）。

【解】　①查阅电力定额中有关免维护铅酸蓄电池的规定，由于该工程设立的蓄电池组为 220V、500A·h，则可以看出采用的免维护铅酸蓄电池应是定额编号为 YD5-9 的 12V/500A·h 的蓄电池，则需的量为：

220V÷12V＝18.33 组件≈19 组件

②蓄电池支架安装　该工程采用双层双排的蓄电池支架，具体的长度按实际施工要求设定。

第7章 起重设备电气装置

第一部分 说明释义

本章定额适用于发电厂中各类起重机电器设备、滑触线安装。

一、工作内容

1. 起重设备电气安装

工作内容：电气设备检查，电动机检查与干燥，电磁抱闸的检查、调整，小车副滑线安装，管线或电缆敷设，校线，接线及操纵室内开关控制设备检查接线，设备本体灯具安装，接地，配合试验，单体调试。

【释义】起重机：是用来在短距离内提升和移动物件的机械设备，广泛用于工矿企业、车站港口、建筑工地等部门，是现代化生产中不可缺少的设备。根据其水平运动的形式，可分为桥式起重机和臂架式旋转起重机两大类。

桥式起重机又分为通用桥式起重机、冶金专用起重机、龙门起重机、缆索起重机等。

桥式起重机：桥式起重机由桥架、小车及提升机构三部分组成。桥架又称大车，沿车间上方铺设的起重机梁上轨道移动。小车沿着桥架上的轨道在梁上轨道之间作横向移动。提升机构安装在小车上，根据工作需要，起重机的大车可安装两台小车，也可在一台小车上安装主、副两个提升机构。

塔式起重机：塔式起重机简称塔机，用来在短行程内提升和平移物体。塔机是一种塔身竖立、起重臂回转的起重机械，具有适应范围广、回转半径大、提升高度高、操作简单、安装拆卸方便等优点，广泛应用于建筑施工和安装工程中。

塔机的整体由金属结构部分、机械传动部分、电气系统及安全保护装置等组成。其电气系统包括电动机、控制器、配电箱、集电环、电缆筒和照明系统等。通常具有重物升降、行走及回转三个动作，整个电路亦围绕着这些功能配置。

通用起重机主要有桥式起重机、龙门起重机、梁式起重机、塔式起重机、汽车起重机、履带起重机、悬臂起重机等型式。其中，自行式动臂起重机是应用最广泛的一种类型，它通用性强，机动灵活，转移工地方便。自行式动臂起重机具有起升、回转、变幅和行走四大机构。按行走装置的构造不同，可分为汽车式、轮胎式和履带式三种。

汽车起重机工作装置装在标准汽车底盘上，行驶速度可达50～60km/h，能随运输车队行驶，转换工地方便，适用于多工地交叉作业。中小型汽车起重机作业的动力由汽车发动机供给，大型（40t以上）汽车起重机大都在回转平台上另设一发动机专供起重机使用。

轮胎起重机克服了汽车起重机车身长的缺点，采用了专用的轮胎式底盘，故轴距较短，转弯性能好。根据起重量的大小，轮胎起重机可装有2～3根轴，4～10个充气轮胎，行驶速度高，且可带载行驶，如装有越野轮胎，可在荒芜无路的地带施工，具有一定的爬坡能力。轮胎起重机和汽车起重机有许多共同之处，如都具有轮式行走机构，吊重时一般都要放下支腿。

履带起重机属于全回转动臂式起重机，一般由履带式单斗挖掘机变换工作装置后而成，也有根据使用要求专门制造的。履带起重机的起重量和提升高度很大，起重臂一般采用可变长度的桁架结构，可根据需要进行接长。

起重机的电气装置是指起重机的动力系统、控制系统和管线、灯具等电气设备。

2. 斗轮式堆取料机安装

工作内容：材料设备清点、搬运，电气设备检查安装，滑线安装，电缆敷设，接线、机上灯具安设，接地，配合试验，单体调试。

【释义】 斗轮堆取料机是现代化工业大宗散状物料连续装卸的高效设备，目前已经广泛应用于港口、码头、冶金、水泥、钢铁厂、焦化厂、储煤厂、发电厂等散料（矿石、煤、焦炭、砂石）存储料场的堆取作业。利用斗轮连续取料，用机上的带式输送机连续堆料的有轨式装卸机械。

3. 电站专用电梯电气安装

工作内容：电气设备检查、安装，管线或电缆敷设，校线，接线，接地，配合试验，单体调试。

【释义】 电梯是采用电力拖动，具有乘客或载货轿厢，轿厢运行于铅垂方向与铅垂方向的倾斜方向不大于15°角的两列钢性导轨之间，运送乘客或货物的固定设备；是现代大型建筑物中必不可少的运输工具。电梯由提升曳引系统、引导系统、安全装置和电气系统等组成，如图7-1所示。电梯的继电器逻辑控制系统本身需要空间距离和时间间隔的严密配合。掌握电气控制系统的工作原理应从系统控制信号入手，经过对主要控制环节的具体分析和理解，然后建立完整和严格的时空关系。

平层区：是指轿厢停靠站附近上方和下方的一段有限距离，在这段区域内电梯的平层控制装置动作，使轿厢准确找平。

平层：是指轿厢接近各层站时，使轿厢地面与楼层地面达到同一平面的动作。也可以指电梯进入层站停靠时的慢速运行过程。

平层准确度：是指轿厢到站停靠后，轿厢地面与楼层地面的垂直误差值，单位是mm。

底层端站：是指楼房中电梯最低的停靠站。当楼房有地下室时，底层端站往往不是最低层。

顶层端站：楼房中电梯所能达到的最高停靠站。

基站：轿厢无指令运行中停靠的层站，此层站一般面临室外街道，出入轿厢的人数最多处。对于具有自动返回基站功能的集选控制电梯及并联控制电梯，合理地选定基站可以提高电梯的运行效率。

消防运行：在消防情况下，普通客梯为消防人员专用时称电梯消防运行状态。它的特点

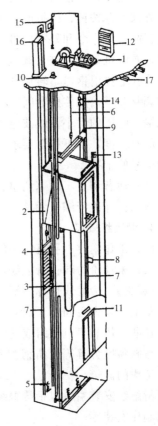

图7-1 电梯的基本组成
1—曳引电动机；2—轿厢；3—随线；
4—对重装置；5—缓冲器；6—钢丝绳；
7，9—导轨；8—导轨架；10—限速装置；
11—厅门；12—选层器；13—平层器；
14—限速开关；15—极限开关装置；
16—电器控制柜；17—承重钢梁

是由消防员手动调节电梯的运行。

呼梯信号系统：电梯在每层设有召唤按钮和显示运行工作的指示灯，在某楼层呼叫电梯，按下召唤按钮，召唤继电器得电接通并自锁、按钮下面的指示灯亮，同时轿厢内召唤灯箱上代表该楼层的指示灯点亮，线圈通电，电铃响，通知司机该楼有人呼梯。

各种类型的电梯，无论其调速原理如何，它的调整都可以归纳为静态调整、动态模拟调整和动态调整三个阶段。

（1）静态调整　静态调整的目的是重复检查控制柜上各种电器元件的质量及制造装配工艺水平，确认各电气环节静态功能正常，从而避免可能发生的故障进一步扩大，为动态模拟调试作准备。

（2）动态模拟调试　当静态调整完成后，即可进入动态模拟调整过程。

①将转换开关置于"检修"位置，利用检修点动按钮使电机启动，验证电机接线是否正确，启动电流是否正常，速度检测装置精度是否符合要求。

②上述项目合格后，将转换开关置于"正常"位置，调试人员利用机房接线端子或直接揿按外部主令按钮，模拟电梯正常运行，观察信号登记是否正确，各环节动作是否正常，电机是否能在内主令和外召信号下正常启动；然后利用控制柜接线端子模拟给出所需要的井道信息，看电机是否能进入减速制动状态。

③挂上曳引钢绳，转换开关置于检修状态，利用轿顶检修按钮使电梯慢速运行，逐层检查和调整井道信息传感器间隙、极限开关位置、各层厅、轿门间隙；测量光电码盘或测速发电机输出电压的大小及纹波电压峰-峰值的大小，对于测速发电机还要测量其正、反转输出电压的对称度，如不符合要求，则应检查调整测速发电机本身或其机械连接部件，避免引入反馈信号的干扰。

（3）动态调整　动态调整在动态模拟调整合格后进行，其目的是对电梯的安全舒适、准确等技术指标进行综合考核。

4. 滑触线安装

（1）工作内容：平直，下料，支持器安装，绝缘子安装，伸缩器安装。

（2）未计价材料：滑触线。

【释义】　滑触线也称为滑导线，就是给移动设备进行供电的一组输电装置，当设备移动时，集电器随设备同步运行，并随时从导体上取得电源，提供给设备，以使设备可继续移动。这些导体和集电器组成的装置就称作滑触线。

按材料区分有等边角钢和圆钢。每一种规格都是指三根，滑触线的安装高度是按10m以下考虑的。

滑触线安装主要包括滑触线在绝缘子上的固定、滑触线伸缩器的制作和安装、检修段装置的制作安装等。

5. 滑触线支架安装

（1）工作内容：支架整理、固定、补漆和指示灯安装。不包括支架制作（支架按制造厂成套供应考虑），支架基础铁件按土建预埋件考虑。

（2）未计价材料：滑触线支架。

【释义】　除锈：金属表面锈蚀类别分为：微锈——氧化皮完全紧附，仅有少量锈点；轻锈——部分氧化皮开始破裂脱落、红锈开始发生；中锈——氧化皮部分破裂脱落，呈堆粉状，除锈后看到腐蚀小凹点；重锈——氧化皮大部分脱落，呈片状锈层或凸起的锈斑，除锈后出现麻点或麻坑。

除锈的方式有五种：手工除锈、电动工具除锈、喷射或抛射除锈（喷砂除锈）、除锈剂除锈。

支架：滑触线支架的形式较多，一般是根据设计要求或现场实际需要，选用现行国家标准图集中的某一种托架或自行加工。

滑触线最常用的一种托架是 E 形支架，E 形支架的固定均采用双头螺栓。螺栓可用直径 16mm 的圆钢绞制而成，螺纹绞成后需涂上机油或黄油以防锈蚀。在固定 E 形支架时还应配用螺母、垫圈及弹簧垫圈，以防支架松动或脱落。

绝缘子安装：绝缘子的下端由螺母固定在角钢支架上，上端装上内外夹板用以固定滑触线。外夹板的角钢规格和滑触线角钢规格相同，内夹板角钢的规格比外夹板角钢小一号。

滑触线伸缩器是一种温度补偿装置，当滑触线跨越建筑物伸缩缝或长度超过 50m 时，应设伸缩器，以适应建筑物的沉降和温度的变化。在伸缩器的两根角钢滑触线之间，应留有 10~20mm 的间隙，间隙两侧的滑触线应加工圆滑，接触面安装在同一水平面上，其两端间高低差不应大于 1mm。

6. 移动软电缆安装

（1）工作内容：拉紧装置安装，配钢索，吊挂，拖架及滑轮安装，电缆敷设，接线。

（2）未计价材料：软电缆、滑轮、拖架。

【释义】 软电缆的安装方法：包括吊索终端固定支架的制作安装，吊索终端拉紧装置的安装及移动电缆悬挂装置的制作安装。

（1）吊索终端固定支架的制作　吊索终端固定装置一般焊接固定在工字钢梁一侧，起加强作用的钢肋板的长、宽尺寸按工字钢梁的具体尺寸而定，厚度 6mm。需注意的是建筑物的构件有足够的强度。

（2）吊索终端拉紧装置的安装　Ⅰ型用于跨距在 30m 以内；Ⅱ型用于 100m 以内。移动电缆的电源装置应安装在没有螺旋扣的一端。耳环固定在终端支架上，当耳环的螺耳拧紧时使圆钢吊索挺直，一端固定，另一端可调节钢索弛度。在强度许可的情况下，尽量减小吊索的弧垂。

（3）移动电缆悬挂装置的制作及安装　电缆绑扎在挂环上，挂环与滑环相连，滑环挂在吊索上。安装时需注意的是电缆要顺势放开，不能有扭曲现象，然后等长度地把电缆逐段用旗绳固定在挂环上，绑扎时要垫一宽 30mm，厚 1.5mm 的橡胶作护套。上面这种简易的悬挂装置，适用于电动葫芦使用不频繁的场合。在电动葫芦频繁使用的场合，应将吊索上的滑环式悬挂装置改为滑轮式悬挂装置。

移动软电缆：该项工程内容包含了配钢索、拉紧装置安装、吊挂及电缆敷设。电缆的种类很多，在电力系统中最常用的电缆有两大类，即电力电缆和控制电缆。电力电缆是用来输送和分配大功率电能的。控制电缆是在配电装置中传输操作电流、连接电气仪表、继电保护和自动控制等回路用的，它属于低压电缆。

滑轮：是移动电缆的滑行机构，安装在轨道上，便于移动软电缆的移动。

二、本章定额未包括的工作内容

1. 设备的整体油漆或喷漆。

【释义】 油漆：指用矿物颜料（如铅白、锌白）和干性油、树脂等制成的涂料，将其涂于器物的表面，能保护器物，并增加光泽。

2. 铁构件制作。

【释义】 铁构件：主要有铁平台等。铁构件校正后正式焊牢，焊接好后需去除焊渣，并刷上一层防锈漆和一层灰色调和漆或按图纸要求刷漆。

第二部分　定额释义

7.1　桥式起重机电气

定额编号　YD7-1～YD7-5　起重量（t以内）　P_{361}～P_{363}

【应用释义】　桥式起重机：广泛应用于工业生产中。其主要结构为桥架部分、桥架运行机构、行车部分。

（1）桥架部分　是桥式起重机的基本构件，靠它支持起重机载荷的全部质（重）量。桥架以其结构不同分为工字梁桥架、实体板梁桥架、桁架、箱形结构桥架等多种。

①工字梁桥架　单梁工字梁桥架是以一根工字钢型钢为主梁，在两端用不同方法固定在端梁上。工字钢的断面大小可根据单梁起重机的行车质（重）量、起重量及其他因素来设计取定。这种工字钢单梁多安设在锅炉房或者小型维修车间作起重之用。

双梁工字梁桥架由两根型钢制成，可以承受较大的起重行车。

②板梁桥架　这种板梁是按设计要求厚度的钢板下料进行铆接或焊接制成。板梁制造的形状有多种，有的焊接成抛物线形，有的焊接成矩形，有的焊接成梯形。

③桁架桥架　它是利用型钢焊接或铆接而成的空间杆系，桁架的断面为方形体，桁架的两端由钢板焊成或铆成矩形结构，安装移动小车轮，与运行机构连接在一起。桁架主梁上面安装轨道，起重行车在上面行走。起重机全部质量均由主梁承担，水平桁架及辅助桁架用来保证桥架的刚度。

④箱形桥梁架　这种桥梁是由钢板焊接而成，即主梁上弦板、下弦板与两侧腹板焊接成空间架，箱形断面，再适当采用加强板焊接，以保持足够的刚度和强度。

（2）运行机构　是使起重机荷载后能水平移动，从而使起重物体可以吊运到厂房内任何一个角落。

运行机构一般由电动机、制动器、齿轮传动系统及移动车轮等组成。

运行机构的结构形式较多，有一种是电动机安装在桥架平台的中部，电动机的轴一端直接用弹性联轴节与圆柱齿轮减速箱连接。减速箱的主动轴上安装有制动器，减速器的从动轴与传动轴连接，传动轴用联轴节连接成一根长轴，这根轴的两末端装有小齿轮，由几对齿轮咬合带动车轮转动，桥吊便能运行。

（3）行车起重机构　是桥式起重机用以起吊重物，并把重物沿桥架长度做往复的动作。

桥式起重机的种类及用途

①电动双梁桥式起重机　如图7-2所示，主要部件为桥架部分、桥架运行机构和行车部分。主要用于厂矿、仓库、车间，在固定跨度间作起重装卸及搬运重物之用。

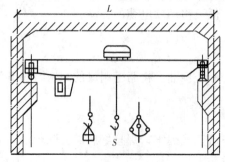

图7-2　桥式起重机

②桥式锻造起重机　该机用于水压机车间，是为了配合水压机进行锻造工作的。除此以外还可以进行运输工作，一般配合1600～8000t水压机用。

③装料及双钩梁桥式起重机　主要用于对炼钢车间平炉进行加料工作，还可以用于平炉炉内平整炉料、扒渣和补修平炉时的起重运输工作等。

我国桥式起重机的起重量是采用R10优先系数，按1.25公比递增。通用桥式起重机额定起重量见表7-1。

表 7-1 桥式起重机额定起重量及工作级别

取物装置		起重量系列/t	工作级别
吊钩	单小车	3.2, 4, 5, 6.3, 8, 10, 12.5, 16, 20, 25, 32, 40, 50, 63, 80, 100, 125, 160, 200, 250	A1～A6
	双小车	2.5+2.5, 3.2+3.2, 4+4, 5+5, 6.3+6.3, 8+8, 10+10, 12.5+12.5, 16+16, 20+20, 25+25, 32+32, 40+40, 50+50, 63+63, 80+80, 100+100, 125+125	A4～A6
抓斗		3.2, 4, 5, 6.3, 8, 10, 12.5, 16, 20, 25, 32, 40, 50	A5～A7
电磁吸盘		5, 6.3, 8, 10, 12.5, 16, 20, 25, 32, 40, 50	

7.2 抓斗式起重机电气

定额编号 YD7-6～YD7-9 起重量（t以内） P_{364}～P_{366}

【应用释义】 抓斗式起重机：一种特殊用途的桥式起重机。这种桥吊所用的桥架及桥运行机构和一般桥式起重机是一样的，只是这种起重机的取物装置不是用吊钩，而是用抓斗。

起重量：是指重机正常使用时所允许的起吊重量，单位为吨。桅杆式、轮式和履带式起重机一般不包括吊钩、吊环之类吊具的重量。塔式起重机的重量是指在基本臂处于最大工作幅度时的起重量（包括吊具），塔式起重机的最大额定起重量是指在基本臂处于最小幅度时所允许吊起的最大重量。

7.3 单轨式起重机电气

定额编号 YD7-10～YD7-11 起重量（5t以内）；YD7-12～YD7-13 起重量（10t以内）；YD7-14～YD7-15 起重量（20t以内）；P_{367}～P_{368}

【应用释义】 起重机：见一、1释义。

7.4 电动葫芦电气

定额编号 YD7-16～YD7-19 起重量（t） P_{369}～P_{370}

【应用释义】 葫芦：用于装卸和安装作业的最简单的起重装置之一，它可以悬挂在固定支架上作业，也可以配上行走机构，扩大工作范围。按其动力情况有手拉和电动两种。

手拉葫芦以人力为动力，适用于起吊小型物品，多在安装、修理时应用。起重量为 0.5～30t，通常不超过 10t，起升高度一般不超过 3m（最大可达 12m）。手拉葫芦主要由链条、链轮、行星齿轮装置和上、下起重钩等组成，国内已有定型产品，可根据起重量等要求查阅有关产品目录去选用。

电动葫芦：属于轻小型起重设备，它具有外形尺寸小、重量轻、结构紧凑、操作方便、价格便宜的特点，因此，在工矿企业、建筑工地、车间和仓库里得到了广泛的应用。

电动葫芦以电动机为动力，种类很多，一般用途的电动葫芦有 TV 型、CD 型和 MD 型多种。

图 7-3 是 TV 型电动葫芦的构造示意图，它由电动机 1、卷筒 2、减速装置 3 和制动器

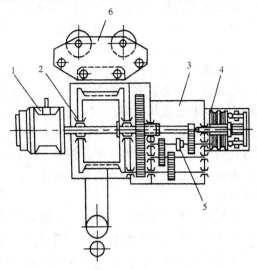

图 7-3 TV型电动葫芦构造示意图
1—电动机；2—卷筒；3—减速器；4—圆盘制动器；
5—载荷自制式制动器；6—行走装置

4、5等主要零、部件组成。电动机通过齿轮减速装置带动卷筒旋转，使物品上升或下降。常闭式圆盘制动器4装在高速轴的悬臂上，载荷自制式制动器5只是在对安全作用有特殊要求时才装设。行走装置是可沿直线和曲线轨道行走的小车6。TV型电动葫芦的各部件均可单独拆卸，便于维修和调整。它的零、部件通用性强，互换性好，只要改变运行机构和卷筒长度，即可得到相应的不同起升高度和起重量。

CD、MD系列电动葫芦比TV型更先进，目前应用较多，其主要特点是采用了带制动器的特殊电动机，省去了圆盘制动器，故结构紧凑，制动可靠，且重量轻、噪声小。CD型系列只有一个起升速度（8m/min），MD系列另设一台慢速电动机，为双速电动葫芦，具有常、慢两种起升速度（8m/min和0.8m/min），适用于精密安装。

由于电动葫芦具有尺寸小、重量轻、结构紧凑及操作维修方便等优点，而且可用作各种起重机的起重小车，因此广泛地在建筑工地、工矿企业及车间、仓库等地使用。一般电动葫芦的起重量为10t，起升速度为5～25m/min或更大（常用速度为4～10m/min），用软电缆在地面跟随操纵，行走速度一般不超过20m/min。电动葫芦亦是定型产品，各种葫芦的参数可查产品目录。

7.5 轮斗堆取料机电气

定额编号　YD7-20～YD7-22　取料（t/h）/堆料（t/h）　P_{371}～P_{373}

【应用释义】　斗轮堆取料机见第一部分、一、2释义。

焊锡：见前面相关释义。

焊锡膏：见前面相关释义。

7.6 电站专用电梯电气

定额编号　YD7-23～YD7-27　配合锅炉容量（t/h）　P_{374}～P_{375}

【应用释义】　电梯：随着高层建筑的兴建而发展起来的一种垂直运输工具。高层办公楼、宾馆、住宅、医院以及大型商场等建筑物必须装备足够的电梯或自动扶梯。电梯作为现代化交通工具，已不再是简单的机电结合体。其机械装置从设计到应用，无不渗透着最新科学技术，其结构也正适应着飞速发展的电梯控制技术的需要。电梯交通系统的设计合理与否，还将直接影响建筑物的使用安全和经营服务的质量。

电梯的基本规格包括电梯的用途、额定载重、额定速度、拖动方式、控制方式、轿厢尺寸、门的型式等。这些方面确定了电梯的服务对象、运输能力、工作性能及对井道机房的要求，因此被称为基本规格。这些内容的搭配方式，称为电梯的系列型谱。

电梯设备种类繁多，按用途的不同可分为客梯、货梯、客货两用梯、观光梯、病床梯、车辆用电梯和自动扶梯等。

电梯是机电一体化的大型综合复杂产品，传统上将其分为机械和电气两部分。其中机械部分相当于人的躯干，电气部分相当于人的神经。

电梯结构中的机械装置通常有轿厢、门系统、导向系统、对重系统及机械安全保护系统五部分组成。

轿厢是电梯的主要设备之一。轿厢是客货的载体，由轿厢架及轿厢体构成。轿厢架上、下装有导靴，在曳引钢丝绳的牵引作用下，带动电梯沿敷设在电梯井道中的导轨，做垂直上、下的快速、平稳运动。轿厢体由厢顶、厢臂、厢底及轿厢门组成。

轿厢门供乘客或服务人员进出轿厢使用，门上装有联锁触头，只有当门扇密闭时，才允许电梯启动；当门扇开启时，运动中的轿厢便立即停止，起到了电梯运行中的安全保护作用。门上还装有安全触板，若有人或物品碰到安全触板，依靠联锁触头作用使门自动关闭并迅速开启。

门系统是由电梯门（厅门和厢门）、自动开门机、门锁、层门联动机构及门安全装置等构成。电梯门由门扇、门套、门滑轮、门导轨架等组成。轿厢门由门滑轮悬挂在厢门导轨架上，下部通过门靴与厢门地坎组合；厅门由门滑轮悬挂在厅门导轨架上，下部通过门滑块与厅门地坎组合。

电梯门类型可分为中分式、旁开式和闸门式等。电梯门的作用是打开或关闭电梯轿厢与厅站（层站）的出入口。

电梯导向系统由导轨架、导轨及导靴等组成。导靴安装在轿厢和对重架两侧，其靴衬与导轨工作面配合，使轿厢与对重沿着导轨做上下运行。导向系统的功能是限制轿厢和对重的活动自由度，使其只能沿导轨作升降运动。

曳引系统由曳引机组、曳引轮、导向轮、曳引钢丝绳及反绳轮等组成。曳引机组是电梯机房内的主要传动设备，由曳引电动机、制动器及减速器（无齿轮电梯无减速器）等组成，其功能是产生动力并负责传送。曳引电动机通常采用适用于电梯拖动的三相异步电动机（交流）。制动采用的电磁制动器（闭式电磁制动器），当电机接通时松闸，而当电机断电即电梯停止时抱闸制动。减速器通常采用蜗轮蜗杆减速器。

对重系统包括对重及平衡补偿装置。对重系统也称重量平衡系统。对重起到平衡轿厢自重及载重的作用，从而可大大减轻曳引电动机的负担。而平衡补偿装置则是为电梯在整个运行中平衡变化时设置的补偿装置。对重产生的平衡作用在电梯升降过程中是不断变化的，这主要是由电梯运行过程中曳引钢丝绳在对重侧和在轿厢侧的长度不断变化造成的。为使轿厢侧与对重侧在电梯运行中始终都保持相对平衡，就必须在轿厢和对重下面悬挂平衡补偿装置。对重由对重架及铸铁对重块组成。

电梯安全保护系统分为机械系统和电气系统。机械系统中的典型机械装置有机械限速装置、缓冲装置及端站保护装置等。

7.7 滑触线

7.7.1 角钢滑触线安装

定额编号 YD7-28～YD7-31 等边角钢 P_{376}～P_{377}

【应用释义】 角钢滑触线的安装包括：①角钢滑触线在瓷瓶上的固定；②温度补偿装置的制作与安装；③检修段装置的制作与安装；④角钢滑触线的矫直和连接；⑤角钢滑触线的架设。

7.7.2 扁钢滑触线安装

定额编号 YD7-32～YD7-34 扁钢 P_{378}～P_{379}

【应用释义】 扁钢：外形呈扁条形，按其截面积大小来划分其规格：截面≥101mm^2 为大型；截面 60～100mm^2 为中型；截面≤59mm^2 为小型。

7.7.3 槽钢滑触线安装

定额编号 YD7-35～YD7-38 槽钢 P_{380}～P_{381}

【应用释义】 槽钢是截面为凹槽形的长条钢材，其规格以腰高（h）×腿宽（b）×腰厚（d）的毫米数表示。

7.7.4 安全滑触线安装

定额编号 YD7-39～YD7-40 安全滑触线 P_{382}

【应用释义】 安全滑触线：可由角钢、扁钢、槽钢、铜电车线等制成，但这几种滑触线能耗较大，现已推广使用安全滑触线。

7.8 移动软电缆安装

定额编号 YD7-41～YD7-43 沿钢索（每根长度 m 以内） P_{383}～P_{384}

【应用释义】 软电缆悬挂在钢索上,可随电动葫芦移动。为了避免在移动时电缆承受过大的拉力,电缆的长度应比实际移动长度长15%～20%。如果电缆移动长度大于20m,则需并列敷设一根比电缆长度稍短的牵引绳。牵引绳可采用普通钢丝绳(φ4.4mm)或棕绳,吊索可根据实际情况选择合适的圆钢。

定额编号 YD7-44～YD7-47 沿轨道每100m(截面 mm² 以内) P_{383}～P_{384}

【应用释义】 软电缆的安装包括吊索终端固定支架的制作、吊索终端拉紧装置的安装及移动电缆悬挂装置的制作安装。移动软电缆绑扎在挂环上,挂环与滑环相连,滑环挂在吊索上。

7.9 滑触线支架安装

定额编号 YD7-48～YD7-49 3横架式;YD7-50～YD7-51 6横架式;YD7-52 指示灯安装;P_{385}

【应用释义】 滑触线支架的形式很多,一般是根据设计要求或现场实际需要,选用现行国家标准图集中的某一种支架或自行加工。制作时应该认真地核对加工尺寸,必要时可到施工现象测量建筑物的实际尺寸,并绘制草图,按图加工。E形支架是角钢滑触线最常用的一种托架,用角钢焊接而成。支架的固定采用双头螺栓。

第三部分 工程量计算实例

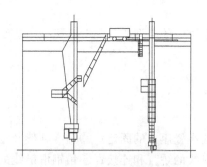

图7-4 双梁抓斗式起重机示意图

【例7-1】 某厂矿通常进行普通虎屋的吊装作业,就需要配置抓斗这种专用吊具进行特殊专业的抓斗式起重机2台。抓斗式起重机(MZ型5～10t双梁抓斗式起重机,示意图见图7-4)主要由箱形桥架、抓斗小车、大车运行机构、司机室和电气控制系统组成。抓斗桥式起重机有开闭机构和起升机构,抓斗以四根钢丝绳分别悬挂在开闭机构和起升机构上。开闭机构驱动抓斗闭合,抓取物料,当斗口闭合后,立即开动起升机构,使四根钢丝绳平均受载进行起升工作。卸料时只开动开闭机构,斗口随即张开,倾斜物料。为确保起重安全,均设置了栏杆扶手,栏杆高度为1050mm,间距350mm,设两道水平横杆,底部设围护栏,桥架下设照明灯,司机室内设绝缘橡胶和门开关,各传动部件均设置了防护罩,各栏杆门页均设置了安全开关,行程的终端设有止挡,滑线设有挡钩架,问该厂矿的工程量,具体求出清单工程量和定额工程量。

【解】 (1)清单工程量 抓斗式起重机清单工程量计算规则:以考虑起重机的起重量为基础,抓斗式起重机以"台"为计量单位,该施工的工程量为2台。

基本计价材料数据:
①铜接线端子,6以下(个):68.2000;
②镀锌六角螺栓,综合(kg):8.6090;
③钢锯条,各种规格(根):4.4000;
④逆变直流焊机,电流400A以内(台班):1.7820;
⑤多功能交直流钳形测量仪(台班):1.1130。

清单工程量计算见表 7-2。

表 7-2 清单工程量计算表

项目编号	项目名称	项目特征描述	计量单位	工程量
HT2201F11001	抓斗式起重机	MZ 型 5～10t 双梁抓斗式起重机	台	2

(2) 定额工程量　抓斗式起重机的安装：2 台。

由题干可知该抓斗式起重机采用的起重量为 8t。抓斗式起重机的工程量为 2 台。则套用电力预算定额：YD7-7。

① 人工费：3073.52 元/台×2 台＝6147.04 元

② 材料费：1485.49 元/台×2 台＝2973.98 元

③ 机械费：750.85 元/台×2 台＝1501.70 元

定额工程量计算见表 7-3。

表 7-3 定额工程量计算表

定额编号	项目名称	单位	数量	人工费	材料费	机械费
YD7-7	抓斗式起重机	台	2	6147.04	2973.98	1501.70

【例 7-2】　某边境出口码头的一仓储码头因为工作需要要安装 5 台电动葫芦装置，MD1 型电动葫芦具有两种起升速度——常速和慢速，运行速度：20（30）m/min；起升速度：8m/min。由电动机、传动机构和卷筒或链轮组成，分为钢丝绳电动葫芦和环链电动葫芦两种。钢丝绳电动葫芦分 CD1 型（单速提升）、MD1 型（双速提升）；微型电动葫芦、卷扬机、多功能提升机。钢丝绳：采用 GB1102—74（6×37+1）X 型起重钢丝绳，保证了经久耐用。选用型号为 CD15-6 的电动葫芦，起重量为 5t，起升高度为 6m。电动葫芦是采用 CD 固定式电动葫芦，桥架由主梁、端梁、运行机构和走台以及栏杆组成。试计算该项电动葫芦（其简单结构示意图如图 7-5 所示）工程的清单工程量与定额工程量。

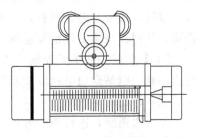

图 7-5　电动葫芦简单结构示意图

【解】　(1) 清单工程量　电动葫芦清单工程量计算规则：以考虑起重机的起重量、起升速度为基础，电动葫芦以"台"为计量单位，该施工的工程量为 5 台。

基本计价材料数据

① 电焊条，J507，综合（kg）：8.7160；

② 镀锌六角螺栓，综合（kg）：0.4050；

③ 钢索用拉紧装置（套）：1.1000；

④ 逆变直流焊机，电流 400A 以内（台班）：0.1580；

⑤ 继电保护试验装置（台班）：0.5000；

⑥ 电动扳手（充电式起子机）（台班）：1.0000。

清单工程量计算见表 7-4。

表 7-4　清单工程量计算表

项目编号	项目名称	项目特征描述	计量单位	工程量
HT2201F11001	电动葫芦安装	起重量为 5t，起升高度为 6m；采用 CD 固定式	台	5

(2) 定额工程量　电动葫芦的安装：5 台。

由题干可知该项电动葫芦采用的起重量为 5t，起升高度为 6m，起升速度 8m/min，电动葫芦是采用 CD 固定式电动葫芦，电动葫芦的工程量为 5 台。则套用电力预算定额 YD7-17。

①人工费：664.20 元/台×5 台＝3321.00 元
②材料费：156.64 元/台×5 台＝783.20 元
③机械费：566.54 元/台×5 台＝2832.70 元

定额工程量计算见表 7-5。

表 7-5　定额工程量计算表

定额编号	项目名称	单位	数量	人工费	材料费	机械费
YD7-17	电动葫芦电气	台	5	3321.00	783.20	2832.70

【例 7-3】　在某核电站中为了解决在核电站的特殊环境中安全、快捷地进行防护运送的问题，决定专门安装用于杂物的核电站专用电梯 2 部，包括机房部件、轿厢及桥架、对重组件、层门装置和井道部件，所述的机房部件位于井道的上方，所述的轿厢及桥架包括轿顶、轿壁、轿底、立梁、上梁组件和内门，所述轿壁采用 304 不锈钢制成，这样就能确保使用人员操作便捷和人身安全。主要进行的工作内容为电气设备检查、安装，管线或电缆敷设，校线、接线、接地，配合试验，单体调试。所选配合锅炉的容量为 500（t/h）。试求出该项工作量，并列出清单工程量与定额工程量。

【解】　(1) 清单工程量　核电站专用电梯清单工程量计算规则：以考虑配合锅炉的容量为基础，电站专用电梯以"部"为计量单位，该施工的工程量为 2 部。

基本计价材料数据：
①等边角钢，边长 50mm 以下，(kg)：13.5830；
②普通硅酸盐水泥 32.5（t）：0.1240；
③镀锌六角螺栓，综合（kg）：6.1930；
④电动扳手（充电式起子机）（台班）：1.7820；
⑤多功能交直流钳形测量仪（台班）：0.7500。

清单工程量计算见表 7-6。

表 7-6　清单工程量计算表

项目编号	项目名称	项目特征描述	计量单位	工程量
HT2201F11001	电站专用电梯	配合锅炉的容量为 500（t/h）	部	2

(2) 定额工程量　电站专用电梯的安装：2 部。

由题干可知该电站专用电梯采用的配合锅炉的容量为 500（t/h）。电站专用电梯的工程量为 2 部。则套用电力预算定额：YD7-24。

①人工费：3669.84 元/部×2 部＝7339.68 元
②材料费：901.20 元/部×2 部＝1802.40 元
③机械费：1360.99 元/部×2 部＝2721.98 元

定额工程量计算见表 7-7。

表 7-7　定额工程量计算

定额编号	项目名称	单位	数量	人工费	材料费	机械费
YD7-24	电站专用电梯	部	2	7339.68	1802.40	2721.98

【**例 7-4**】 某车间需要进行电气动力安装,该电气动力安装工程如图 7-6 所示。

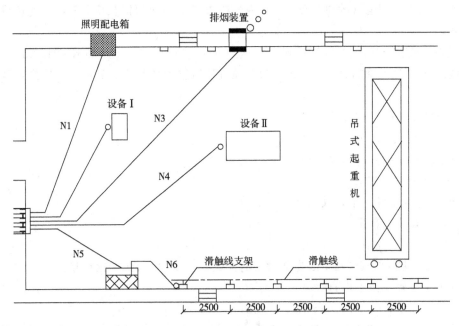

图 7-6 电气动力安装工程图

(1) 动力配电箱尺寸为 600mm×400mm×300mm,照明箱尺寸为 500mm×400mm×250mm,两者均为定型配电箱,嵌墙安装,箱底标高为 1.4m,木制配电板尺寸为 400mm×300mm×250mm,现场制作,挂墙明装,底边标高 1.5m。

(2) 两设备基础面标高为 0.4m,至设备电机处的配管管口高出基础面 0.2m,至排烟装置处的管口标高＋5m,均连接一根长为 0.7m、同管径的金属软管。

(3) 电缆计算预留长度时不计算电缆敷设弛度、波形变度和交叉的附加长度。连接各设备处的电缆、导线的预留长度为 1.0m,与滑触线（滑触线的安装包括平直,下料,支持器安装,绝缘子安装,伸缩器安装）连接处预留长度为 1.5m,电缆头为户内干包式,其附加长度不计。

(4) 滑触线支架用螺栓固定安装在柱上标高 5.5m 处,滑触线支架（50mm×50mm×5mm,每米重 3.77kg），如图 7-7 所示,采用螺栓固定,滑触线（40mm×40mm×4mm,每米重 2.422kg）两端设置指示灯。

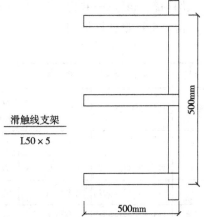

图 7-7 滑触线支架示意图

【**解**】 (1) 清单工程量

①配电箱安装的工程量

a. 动力配电箱和照明配电箱的安装：各 1 台。

工程量：(1+1) 台＝2 台木制

b. 木制配电板制作：0.4×0.3m² ＝0.12 m²

木制配电板的安装：1 块。

②电缆敷设工程量

a. 电缆（VV-3×16+1×10）敷设工程量 N4：(12.4+2.0+1.0)m=15.4m。

注释：12.4 为配电管的总长度，2.0 为电缆进建筑物的预留长度，1.0 为连接设备的预留长度。

b. 控制电缆（KVV-4×25）敷设工程量 VN3：(18.8+2.0+1.0)m=21.8m。

注释：18.8 为配管的总长度，2.0 为电缆进建筑物预留长度，1.0 为连接排烟装置的预留长度。

③电缆终端头制作安装工程量

a. 户内干包式 120mm²

N4 连接的两端各一个，共 (1+1)=2 个

b. 户内干包式 6 芯以下

N3 连接的两端各一个，共 (1+1)=2 个

④滑触线安装工程量

2.5×5+(1+1)m×3=43.5m

注释：2.5 为滑触线长度，5 为滑触线的段数，(1+1) 为两端预留量。

⑤滑触线支架制作工程量

3.77×(0.8+0.5×3)×6kg=52.03 kg

注释：3.77 为每米滑触线支架的重量，(0.8+0.5×3) 为滑触线支架的长度，6 为滑触线支架的副数。

⑥滑触线支架安装：6 副。

⑦滑触线指示灯安装：2 套。

两端各一套，一共为 (1+1)=2 套

清单工程量计算见表 7-8。

表 7-8 清单工程量计算表

序号	项目编号	项目名称	项目特征描述	计量单位	工程量
1	HT2201D29001	配电箱	动力配电箱尺寸为 600mm×400mm×300mm 照明箱尺寸为 500mm×400mm×250mm	台	2
2	HT2201G18001	木配电板	木制配电板制作尺寸为 400mm×300mm×250mm	m²	0.12
3	HT2201G18002	木配电板	木制配电板安装尺寸为 400mm×300mm×250mm	块	1
4	HT2201G12001	电力电缆	电缆（VV-3×16+1×10）敷设	m	15.40
5	HT2201G11001	控制电缆	控制电缆（KVV-4×25）敷设	m	21.80
6	HT2201F11001	滑触线	滑触线安装 L40×40×4（扁钢）	m	43.50
7	HT2201F11002	滑触线支架		付	6
8	HT2201H11001	普通灯具	滑触线指示灯安装	套	2

(2) 定额工程量

①滑触线安装 0.43 (100m) 由题干可知滑触线采用的是滑触线安装 L40×40×4（扁钢材料），滑触线的安装工作内容包括平直，下料，支持器安装，绝缘子安装，伸缩器安装。工程量为 43.50m，则套用电力预算定额 YD7-32。

a. 人工费：154.42 元/(100m)×0.43 (100m)=66.40 元

b. 材料费：66.67 元/(100m)×0.43 (100m)=28.66 元

c. 机械费：58.55 元/（100m）×0.43（100m）＝25.17 元

②滑触线支架的安装：6 副。

根据题干可知滑触线支架用螺栓固定安装在柱上，由图 7-7 可知滑触线支架采用的是 3 横架式，工程量为 6 副，则套用电力预算定额 YD7-48。

  a. 人工费：8.13 元/副×6 付＝66.40 元

  b. 材料费：8.28 元/副×6 付＝28.66 元

③动力配电箱：1 台。

动力配电箱尺寸为 600mm×400mm×300mm，属于低压电器设备，动力配电箱的工作量为 1 台。则套用电力预算定额 YD5-37。

  a. 人工费：87.13 元/台×1 台＝87.13 元

  b. 材料费：31.63 元/台×1 台＝31.63 元

  c. 机械费：51.45 元/台×1 台＝51.45 元

④照明箱：1 台。

动力配电箱尺寸为 500mm×400mm×250mm，属于低压电器设备，照明配电箱的工作量为 1 台。则套用电力预算定额 YD5-38。

  a. 人工费：76.08 元/台×1 台＝76.08 元

  b. 材料费：27.55 元/台×1 台＝27.55 元

  c. 机械费：4.50 元/台×1 台＝4.50 元

⑤设备照明（滑触线指示灯安装）：2 套。

滑触线指示灯属于设备照明的配电构架，那么设备照明的配电构架的工作量为 2 套。则套用电力预算定额 YD9-5。

  a. 人工费：71.63 元/套×2 套＝143.26 元

  b. 材料费：84.49 元/套×2 套＝168.96 元

  c. 机械费：18.89 元/套×2 套＝37.76 元

定额工程量计算见表 7-9。

表 7-9 定额工程量计算表

序号	定额编号	项目名称	单位	数量	人工费	材料费	机械费
1	YD7-32	滑触线安装	100m	0.43	66.40	28.66	25.17
2	YD7-48	滑触线支架安装	付	6	48.78	49.68	
3	YD5-37	动力配电箱	台	1	87.13	31.63	51.45
4	YD5-38	照明箱	台	1	76.08	27.55	4.50
5	YD9-5	滑触线指示灯安装	套	2	143.26	168.96	37.76

【例 7-5】 某车间电气动力安装工程如图 7-8 所示。

(1) 动力箱、照明箱均为定型配电箱，嵌墙暗装，箱底标高为 1.6m。木制配电板现场制作后挂墙明装，底边标高为＋1.5m，配电板上仅装置一铁壳开关。

(2) 所有电缆、导线均穿钢管敷设。保护管除 N6 为沿墙、柱明配外，其他均为暗配，埋地保护管标高为－0.2m。N6 自配电板上部引至滑触线的电源配管，在②柱标高＋6.0m 处，接一长度为 0.5m 的弯管。

(3) 两设备基础面标高＋0.3m，至设备电机处的配管管口高出基础面 0.2m，至排烟装置处的管口标高为＋6.0m，均连接一根长 0.8m、同管径的金属软管。

(4) 电缆计算预留长度时不计算电缆敷设弛度、波形变度和交叉的附加长度。连接各设

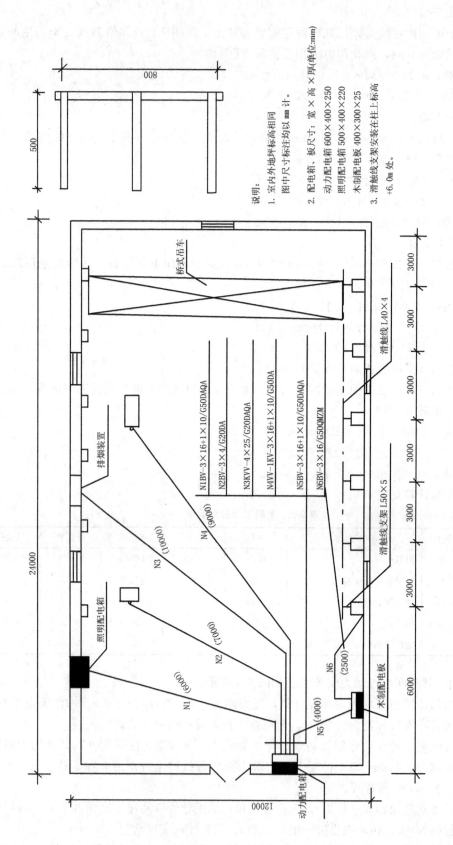

图7-8 电气动力平面布置图

备处电缆、导线的预留长度为 1.0m，与滑触线连接处预留长度为 1.5m。电缆头为户内干包式，其附加长度不计。

(5) 滑触线支架（50mm×50mm×5mm，每米重 3.77kg）采用螺栓固定；滑触线（40mm×40mm×4mm，每米重 2.422kg）两端设置指示灯。

(6) 图中管路括号内数字表示该管的平面长度。

问题：试计算工程量并根据电力定额列出工程量表格。

【解】 (1) 工程量计算

① 配电箱安装　　　　　　2 台

② 木制配电板安装　　　　1 块

③ 木制配电板制作　　　　$0.12m^2$（$0.4×0.3m^2=0.12m^2$）

④ 钢管暗配 G32

N2：$[7+(0.2+1.6)+0.2+0.3+0.2]m=9.5m$

N3：$[10+(0.2+1.6)+0.2+6.0]m=18.0m$

共：$(9.5+18.0)m=27.5m$

⑤ 钢管暗配 G50

N1：$[6+(0.2+1.6)×2+0.2]m=9.8m$

N4：$[9+(0.2+1.6)+0.2+0.5+0.2]m=11.7m$

N5：$[4+(0.2+1.6)+(0.2+1.5)]m=7.5m$

共：$(10.0+11.5+7.5)m=29.0m$

⑥ 钢管明配 G50

N6：$[2.5+(6-1.5-0.3)+0.5]m=7.2m$

⑦ 金属软管 G32

$(0.8+0.8)m=1.6m$

⑧ 金属软管 G50　0.8m

⑨ 电缆敷设 VV-3×16+1×10

N4：$(11.5+2+1.0)m=14.5m$

⑩ 控制电缆敷设 KVV-4×2.5

N3：$(18+2+1.0)m=21m$

⑪ 导线穿管敷设 $16mm^2$

N1：$(10.0+0.6+0.4+0.5+0.4)×3m=35.7m$

N5：$(7.5+0.6+0.4+0.4+0.3)×3m=27.6m$

N6：$(7.2+0.4+0.3+1.5)×3m=28.2m$

共：$(35.7+27.6+28.2)m=91.5m$

⑫ 导线穿管敷设 $10mm^2$

N1：$(10+0.6+0.4+0.5+0.4)m=11.9m$

N5：$(7.5+0.6+0.4+0.4+0.3)m=9.2m$

共：$(11.9+9.2)m=21.1m$

⑬ 导线穿管敷设 $4mm^2$

N2：$[9.5+(0.4+0.6)+1.0]×3m=34.5m$

⑭ 电缆终端头制安，户内干包式 $4mm^2$：2 个

⑮ 电缆终端头制安，户内干包式 $16mm^2$：2 个

⑯ 滑触线安装 L40×40×4

$(3×5+1+1)×3m=51m$

⑰ 滑触线支架制作 L50×50×5

$3.77×(0.8+0.5×3)×6kg$

$=50.026kg$

$≈50.03kg$

⑱ 滑触线支架安装 6 副

⑲ 滑触线指示灯安装 2 套

(2) 清单工程量计算见表 7-10。

表 7-10 清单工程量计算表

序号	项目编码	项目名称	项目特征描述	计量单位	工程量
1	BA5201D28001	动力配电箱安装	600mm（L）×400mm（H）	台	1
2	BA5201D28002	照明配电箱安装	500mm（L）×400mm（H）	台	1
3	BA5201D29001	木制配电板安装	400mm（L）×300mm（H）	块	1
4	BA5201D29002	木制配电板制作	400mm（L）×300mm（H）	m²	0.12
5	BA6103G22001	钢管暗配 G32	管径 32mm	100m	0.275
6	BA6103G22002	钢管暗配 G50	管径 50mm	100m	0.29
7	BA6103G22003	钢管明配 G50	管径 50mm	100m	0.072
8	BA6103G22004	金属软管 G32	管径 32mm	100m	0.016
9	BA6103G22005	金属软管 G50	管径 50mm	100m	0.008
10	BA6101G11001	电缆敷设	VV-3×35+1×10	100m	14.5
11	BA6102G12001	控制电缆敷设	KVV-4×2.5	100m	0.21
12	BA5301H17001	导线穿管敷设	截面 16mm²	100m	0.915
13	BA5301H17002	导线穿管敷设	截面 4mm²	100m	0.345
14	BA5301H17003	导线穿管敷设	截面 10mm²	100m	0.211
15	BA6101G11002	电缆终端头制安，户内干包式	截面 10mm²	个	2
16	BA6101G11003	电缆终端头制安，户内干包式	截面 35mm²	个	2
17	BA2108F11001	滑触线安装	角钢 L40×40×4	100m	0.51
18	BA2108F11002	滑触线支架安装	L50×50×5	付	6

定额工程量计算见表 7-11。

表 7-11 定额工程量计算表

序号	定额编号	项目名称	单位	工程数量
1	YD5-37	动力配电箱安装	台	1
2	YD5-38	照明配电箱安装	台	1
3	YD5-31	木制配电板安装	块	1
4	YD5-31	木制配电板制作	m²	0.12
5	YD8-27	钢管暗配 G32	100m	0.275
6	YD8-28	钢管暗配 G50	100m	0.29
7	YD8-28	钢管明配 G50	100m	0.072
8	YD8-23	金属软管 G32	100m	0.016
9	YD8-24	金属软管 G50	100m	0.008

续表

序号	定额编号	项目名称	单位	工程数量
10	YD8-41	电缆敷设	100m	14.5
11	YD8-40	控制电缆敷设	100m	0.21
12	YD9-14	导线穿管敷设 16mm^2	100m	0.915
13	YD9-14	导线穿管敷设 4mm^2	100m	0.345
14	YD9-14	导线穿管敷设 10mm^2	100m	0.211
15	YD8-58	电缆头制安，户内干包式 10mm^2	个	2
16	YD8-59	电缆终端头制安，户内干包式 35mm^2	个	2
17	YD7-28	滑触线安装	100m	0.51
18	YD7-50	滑触线支架安装	付	6

【例7-6】 今有一新建动力车间，采用75t桥式起重机，从平面图上量得滑触线长度为80m，三相线用截面50mm×5mm的等边角钢，移动软电缆长度为40m，沿钢索安装。从动力配电箱到滑触线用电缆VV23（4×35）-SC50-WE沿墙明设，10m长。试求起重设备这部分的工程量。

【解】 ①电缆敷设工程量：

(10+1.5×2+1.5+0.5) m=15m

钢管不考虑预留量为10m。

②清单工程量计算见表7-12。

表7-12 清单工程量计算表

序号	项目编码	项目名称	项目特征描述	计量单位	工程量
1	BA2108F11001	桥式起重机	起重量75t以内	台	1
2	BA2108F11002	滑触线安装	等边角钢 L50×50×5	100m	0.80
3	BA2108F11003	移动式软电缆	每根长度20m以内	根	1
4	BA6101G11001	电源电缆敷设	截面35mm^2	100m	0.15
5	BA6103G22001	钢管敷设	管径50mm	100m	0.10

定额工程量计算见表7-13。

表7-13 定额工程量计算表

序号	定额编号	项目名称	单位	工程数量
1	YD7-3	桥式起重机75t	台	1
2	YD7-29	滑触线安装	100m	0.80
3	YD7-42	移动式软电缆（40m）	根	1
4	YD8-41	电源电缆敷设	100m	0.15
5	YD8-28	钢管敷设	100m	0.10

第8章 电缆

第一部分 说明释义

本章定额适用于变电站（发电厂）的电力和控制电缆的敷设和电缆头制作、安装。

【释义】 电缆：电缆的种类很多，在电力系统中最常用的电缆有两大类：即电力电缆和控制电缆。

(1) 电力电缆 电力电缆是用来输送和分配大功率电能的，按其所采用的绝缘材料可分为纸绝缘电力电缆、橡胶绝缘电力电缆和聚乙烯绝缘、聚氯乙烯绝缘及交联聚乙烯绝缘电力电缆。绝缘电力电缆有油浸纸绝缘和不滴流浸渍纸绝缘两种，油浸纸绝缘电力电缆具有使用寿命长、耐压强度高、热稳定性能好等优点，且制造运行经验也都比较丰富，是传统的主要产品。但它工艺要求比较复杂，敷设时容许弯曲半径不能太小，且在低温时敷设有困难，在工作时电缆中的油容易流动，当电缆两端敷设位差较大时，低端往往因积油而产生很大的静压力，致使电缆终端头，甚至铅套发生胀裂，造成漏油。而高端由于油的流失造成绝缘纸干枯，使其绝缘能力降低，以致造成绝缘击穿。而不滴流浸渍型电缆解决了油的流淌问题，加上允许工作温度的提高，特别适宜于垂直敷设和在热带地区使用，可取代油浸纸绝缘电缆。这种电缆在浸渍剂配料方面要复杂些，浸渍周期也较长。

聚氯乙烯绝缘、聚乙烯绝缘及交联聚乙烯绝缘电缆，人们习惯简称为塑料电缆。这几种电力电缆没有敷设位差的限制，工作温度有所提高，电缆的敷设、维护、连接都比较简便，又有较好的抗腐蚀性能等优点。目前在工程上得到了越来越广泛的应用，特别是在10kV及以下电力系统中塑料绝缘电力电缆已基本取代了油浸式纸绝缘电力电缆。

橡胶绝缘电力电缆则多使用在500V及以下的电力线路中。

(2) 控制电缆 控制电缆是在配电装置中传输操作电流、连接电气仪表、继电保护和自控等回路用的，它属于低压电缆。运行电压一般在交流500V或直流1000V以下，电流不大，而且是间断性负荷；所以导电线芯截面积小，一般为1.5~10mm^2，均为多芯电缆，芯数从4芯到37芯。控制电缆的绝缘层材料及规格型号的表示方法与电力电缆基本相同。

在现代化工矿企业和现代化建筑中，特别是发电厂、化工厂等，电缆线路多，敷设工作量大，而要求在敷设中不能使电缆遭受损伤，还要敷设得井井有条。只有这样才能保证将来运行安全可靠和检修维护方便。为达此要求，敷设电缆就必须按照合理的程序进行。通常可按下列步骤进行。

(1) 核对图纸 电缆敷设牵涉的面很广，相互配合的专业较多，若考虑不周或配合不佳，就会给敷设造成很大困难。因此在敷设前应组织有关人员对照现场实际，对电缆施工图作进一步的核对。由于电缆沟道等已经完成，工程已初具规模，图、物对照更容易发现问题。核对的基本内容是：电缆的规格、型号、数量、电缆支架、桥架的形式和数量，供配电设备的位置，电缆敷设途径，电缆排列位置等。

（2）拟定施工措施　图纸核对无误后，即可根据现场实际情况拟定施工措施。其主要内容如下。

① 施工进度。一般说来，电缆敷设应在建筑工程结束，供配电设备均已就位之后进行。因此，安排进度时必须与其他有关方面的进度密切配合。

② 人员组织。展放电缆可用人力、畜力或机械。就目前来看，人力施放电缆仍是普遍使用的方法。根据经验，一般人员安排是：总指挥1人，电缆盘处3~4人；施放电缆人数根据电缆长度、规格决定，一般95mm^2以上电缆2~3m设1人，95mm^2以下电缆3~5m设1人；线路转角处的两侧各设1人；电缆穿过楼板处，上下各设1人。由上而知，电缆敷设的特点是参加人员多而集中，协同动作要求高。因此，在电缆敷设前必须周密地考虑劳动力的组织，以便于提高效率。

③ 敷设程序。要使敷设工作有条不紊，必须有合理的敷设程序。根据一般的经验，大量的电缆敷设都是分区进行的，其程序是：先敷设集中的电缆，再敷设分散的电缆；先敷设电力电缆，再敷设控制电缆；先敷设长的电缆，再敷设短的电缆。这样有利于人员的调度及电缆的合理布置。当然在实际过程中，限于种种客观条件，不一定都能做到，那就要根据具体情况而定。

④ 敷设方法。电缆敷设应根据具体情况采用正确的方法，且应符合《电气装置安装工程电缆线路施工及验收规范》的有关规定。为了尽量减少劳动力、减轻劳动强度，避免电缆和地面摩擦，可采用机械施放。敷设时，在地面上放置滚轮，特别是在转弯处，更应多放。

（3）敷设电缆　敷设电缆时，应把电缆按其实际长短相互结合来设计，避免浪费。敷设时应有专人检查，专人领线，在一些重要的转弯处，均应配备具有敷设经验的电缆工，以免影响敷设质量。一根电缆敷设完毕后，应立即沿路进行整理，挂上电缆牌，切忌在大批电缆敷设好后再进行整理挂牌。只有这样才能保证电缆敷设得整齐美观，挂牌正确，避免差错。电缆敷设中应特别注意转弯部分，尤其是十字交叉处，最容易造成严重的交叉重叠。因此，要力求把分向一边的电缆一次敷设，分向另一边的电缆再作一次敷设，转弯时每根电缆要一致，以求美观。

电缆敷设的一般规定如下。

① 电缆敷设前应按下列要求进行检查。

a. 电缆通道畅通，排水良好；金属部分的防腐层完整，隧道内照明、通风符合要求。

b. 电缆型号、电压、规格应符合设计。

c. 电缆外观应无损伤、绝缘良好，当对电缆的密封有怀疑时，应进行潮湿判断，直埋电缆与水底电缆应经试验合格。

d. 充油电缆的油压不宜低于0.15MPa，供油阀门应在开启位置，动作应灵活；压力表指示无异常，所有管接头应无渗漏油，油样应试验合格。

e. 电缆放线架应放置稳妥，钢轴的强度和长度应与电缆盘重量和宽度相配合。

f. 敷设前应按设计和实际路径计算每根电缆的长度，合理安排每盘电缆，减少电缆接头。

g. 在带电区域内敷设电缆，应有可靠的安全措施。

② 电缆敷设时，不应损坏电缆沟、隧道、电缆井和人井的防水层。

③ 三相四线制系统中应采用四芯电力电缆，不应采用三芯电缆另加一根单芯电缆或以导线、电缆金属护套作中性线。

④ 并联使用的电力电缆其长度、型号、规格宜相同。

⑤电力电缆在终端头与接头附近宜留有备用长度。

⑥电缆各支持点间的距离应符合设计规定,当设计无规定时,不应大于表 8-1 中所列数值。

表 8-1 电缆各支持点间的距离   单位:mm

电缆种类		敷设方式	
		水平	垂直
电力电缆	全塑型	400	1000
	除全塑型外中低压电缆	800	1500
	35kV 及以上的高压电缆	1500	2000
控制电缆		800	1000

注:全塑型电力电缆水平敷设沿支架能把电缆固定时,支持点间的距离允许为 800mm。

⑦电缆最小弯曲半径应符合表 8-2 规定。

表 8-2 电缆最小弯曲半径

电缆型式		多芯	单芯
控制电缆		10D	
橡胶绝缘电力电缆	无铅包、钢铠护套	10D	
	裸铅包护套	15D	
	钢铠护套	20D	
聚氯乙烯绝缘电力电缆		10D	
交联聚乙烯绝缘电力电缆		15D	20D
油浸纸绝缘电力电缆	铅包	30D	
	有铠装	15D	20D
	无铠装	20D	
自容式充油(铅包)电缆			20D

注:表中 D 为电缆半径。

⑧黏性油浸纸绝缘电缆最高点与最低点之间的最大位差,不应超过表 8-3 规定,当不能满足要求时,应采用适用高位差的电缆。

表 8-3 黏性油浸纸绝缘铅包电力电缆的最大允许敷设位差

电压/kV	电缆护层结构	最大允许敷设位差/m
1	无铠装	20
	铠装	25
6~10	铠装或无铠装	15
35	铠装或无铠装	5

⑨电缆敷设时,电缆应从盘的上端引出,不应使电缆在支架上及地面摩擦拖拉;电缆上不得有铠装压扁、电缆绞拧、护层折裂等未消除的机械损伤。

⑩用机械敷设电缆时的最大牵引强度宜符合表 8-4 的规定,充油电缆总拉力不应超过 27kN。

表 8-4 电缆最大牵引强度　　　　　　　　　　　　　　　单位：N/mm²

牵引方式	牵引头		钢丝网套		
受力部位	铜芯	铝芯	铅套	铝套	塑料护套
允许牵引强度	70	40	10	40	7

⑪机械敷设电缆的速度不宜超过 15m/min，110kV 及以上电缆或在较复杂路径上敷设时，其速度应适当放慢。

⑫在复杂的条件下用机械敷设大截面电缆时，应进行施工组织设计，确定敷设方式、绞盘架设位置、电缆牵引方向、校核牵引力和侧压力、配备敷设人员和机具。

⑬机械敷设电缆时，应在牵引头或钢丝网套与牵引钢缆之间架设防捻器。

⑭110kV 及以上电缆敷设时，转弯处的侧压力不应大于 3kN/m。

⑮油浸纸绝缘电力电缆切断后，应将端头立即铅封；塑料绝缘电缆应有可靠的防潮封端；充油电缆在切断后尚应符合下列要求。

a. 在任何情况下，充油电缆的任一段都应在压力油箱保持油压。

b. 连接油管路时，应排除管内空气，并采用喷油连接。

c. 充油电缆的切断处必须高于邻近两侧的电缆。

d. 切断电缆时不应有金属屑及污物进入电缆。

⑯敷设电缆时，电缆允许敷设最低温度，在敷设前 24h 内的平均温度以及敷设现场的温度不应低于表 8-5 的规定，当温度低于表 8-5 的规定值时，应采取措施。

表 8-5 电缆允许敷设最低温度

电缆类型	电缆结构	允许敷设最低温度/℃
油浸纸绝缘电力电缆	充油电缆	−10
	其他油纸电缆	0
橡胶绝缘电力电缆	橡胶或聚氯乙烯护套	−15
	裸铅套	−20
	铅护套钢带铠装	−7
塑料绝缘电力电缆		0
控制电缆	耐寒护套	−20
	橡胶绝缘聚氯乙烯护套	−15
	聚氯乙烯绝缘及其护套	−10

⑰电力电缆接头的布置应符合下列规定。

a. 并列敷设的电缆，其接头的位置宜相互错开。

b. 电缆明敷的接头，应用托板固定。

c. 直埋电缆接头盒外面应有防止机械损伤的保护盒（环氧树脂接头盒除外）；位于冻土层内的保护盒，盒内宜注以沥青。

⑱电缆敷设时应排列整齐，不宜交叉；应加以固定，并及时装设标志牌。

⑲标志牌的装设应符合下列要求。

a. 在电缆终端头、电缆接头、拐弯处、夹层内、隧道及竖井的两端、人井内等地方，电缆上应装设标志牌。

b. 标志牌上应注明线路编号，当无编号时，应写明电缆型号及规格；并联使用的电缆应有顺序号，标志牌的字迹应清晰不易脱落。

c. 标志牌规格统一，标志牌应能防腐，挂装应牢固。

⑳电缆的固定应符合下列要求。

a. 在下列地方应将电缆固定：

a）垂直敷设或超过45°倾斜敷设的电缆在每个支架上、桥架上每隔2m处。

b）水平敷设的电缆，在电缆首末两端及转弯处、电缆接头的两端处，当对电缆间距有要求时，每隔5～10m处。

c）单芯电缆的固定应符合设计要求。

b. 交流系统的单芯电缆或分相后的分相铅套电缆的固定夹具不应构成闭合磁路。

c. 裸铅（铝）套电缆的固定处，应加软衬垫保护。

d. 护层有绝缘要求的电缆，在固定处应加绝缘衬垫。

㉑沿电气化铁路或有电气化铁路通过的桥梁上明敷电缆的金属护层或电缆金属管道，应沿其全长与金属支架或桥梁的金属构件绝缘。

㉒电缆进入电缆沟、隧道、竖井、建筑物、盘（柜）以及穿入管子时，出入口应封闭，管口应密封。

㉓装有避雷针的照明灯塔，电缆敷设时尚应符合现行国家标准《电气装置安装工程接地装置施工及验收规范》的有关要求。

积水区、水底、井下：电缆敷设在这些积水环境中作业降低了施工的效益，应按平原地区的定额增加施工降效费。

一、工作内容

1. 人工开挖路面

工作内容：测量、划线、混凝土路面切割、挖掘，路面修复，余土外运。

【释义】 测量：电缆沟挖填的重点是测量，测量工作对工程质量有很大影响，须认真谨慎，不应出现差错。电缆沟线路定位一般是根据设计部门提供的线路平、断面图和地形详图，从始端开始安置经纬仪，向前方定位直至线路转弯处。

路面：道路路面是供车辆直接行驶的部分，是整条道路的一个很重要的组成内容，它直接影响着道路的行车速度、运输成本、行车安全和舒适程度。路面工程在整个道路造价中占有相当大的比重。因此，合理安排好路面建设，讲究科学，对延长道路的使用年限、降低运输成本、发挥投资效益具有十分重要的意义。

（1）路面分类 路面是用各种材料按不同配制方法和施工方法修筑而成，在力学性质上也互有异同。根据不同的实用目的，可将路面作不同的分类。

①按材料和施工方法可分为5大类。

a. 碎（砾）石类 用碎（砾）石按嵌挤原理或最佳级配原理配料铺压而成的路面。一般用作面层、基层。

b. 结合料稳定路面 掺加各种结合料，使各种土、碎（砾）石混合料或工业废渣的工程性质改善，成为具有较高强和稳定性的材料，经铺压而成的路面。可用作基层、垫层。

c. 沥青路面 在矿质材料中，以各种方式掺入沥青材料修筑的路面。可用作面层或基层。

d. 水泥混凝土路面 以水泥与水合成水泥浆为结合料，碎（砾）石为骨料，砂为填充料，经拌和、摊铺、振捣和养护而成的路面。通常作面层，也可作基层。

e. 块料路面：用整齐、半整齐块石或预制水泥混凝土块铺砌，并用砂嵌缝后辗压而成的路面，用作面层。

②按路面力学特性分类如下。

a. 柔性路面　主要由各种基层（水泥混凝土除外）和各类沥青面层、碎（砾）石面层、块料面层所组成的路面结构。柔性路面在荷载作用下所产生的弯沉变形较大，路面结构本身抗弯拉强度较低，车轮荷载通过各结构层向下传递到地基，使土基受到较大的单位压力，因此土的强度、刚度和稳定性对路面结构整体强度有较大影响。

b. 刚性路面　主要是指用水泥混凝土作面层或基层的路面结构。水泥混凝土的强度比其他各种路面材料要高得多，它的弹性模量也较其他各种路面材料大，故呈现出较大的刚性。水泥混凝土路面板在车轮荷载作用下的垂直变形极小，荷载通过混凝土板体的扩散分布作用传递到地基上的单位压力，要较柔性路面小得多。

(2) 路面结构层的分类　路面是由各种材料铺筑而成的，通常由一层或几层组成。由于行车荷载和大气因素等对路面的作用是沿深度而逐渐递减的。因此，一般根据使用要求和受力情况等作用程度的不同，将整个路面分为若干个层来铺筑。路面的结构层通常由面层、基层和垫层来组成。

①面层　面层是路面结构层的一个最上面的层次。它直接与大气和车轮接触，受行车荷载各种力的作用以及自然因素变化的影响最大。因此，面层材料应具备较高的机械强度和稳定性，且应当耐磨、不透水、具有良好的抗滑性能。

②基层　基层是路面结构层中的承重部分，主要承受车轮荷载的竖向力，并把由面层传下来的应力扩散到垫层或土基。因此，基层必须具有足够的强度和稳定性。同时也必须具有良好的应力扩散的性能，基层有时分两层铺筑，此时，上面一层仍称基层，下面一层称为底基层。对底基层材料所用的质量要求可较基层差些。

③垫层　垫层是介于基层和土层之间的层次，起排水、隔水、防冻或防污等作用。调节和改善土基的水温情况，以保证面层和基层具有必要的强度稳定性和抗冻胀能力，扩散由基层传来的荷载应力，以减小土层所产生的变形，因此，在一些路基水温状况不良或有冻胀的土基上，都应在基层之下加设垫层。

(3) 路面等级类型

①高级路面　包括沥青混凝土、水泥混凝土、厂拌沥青碎石、整齐块石或条石等材料所组成的路面。这类路面的结构强度高，使用寿命长，适应的交通量大，平整无尘，能保证行车的平稳和较高的车速。路面建成后，养护费用较省，运输成本低。目前，我国城市道路和高等级道路一般都采用高级路面形式。

②次高级路面　包括由沥青灌入式、路拌沥青碎（砾）石、沥青表面处治和半整齐块石等材料所组成的路面，与高级路面相比，其使用品质稍差，使用寿命较短，造价较低。

③中级路面　包括泥结或级配碎砾石、不整齐块石和其他粒料等材料所组成的路面，它的强度低、使用限期短、平整性差、易扬尘、行车速度不高、适用的交通量较小，且维修工作量大、运输量也较高。

④低级路面　包括由各种粒料或当地材料将土稍加改善后所形成的路面，如煤渣土、砾石土、砂砾土等。它的强度低、水平稳定性和平整度均较差，易扬尘、交通量小、车速低、行车条件差、养护工作量大、运输成本很高。

2. 直埋电缆、保护管挖填土

(1) 工作内容：测量、划线、挖掘、回铺填夯实，余土外运。

(2) 未计价材料：保护管。

【释义】　直埋电缆沟的宽度应根据埋设电缆的根数决定。电缆埋设深度要求一般是：电缆表面距地面的距离不应小于0.7m，穿越农田时不应小于1m，当遇到障碍物或冻土层较深的地方，则应适当加深，使电缆埋于冻土层以下。当无法埋深时，应采取措施，防止电缆受到损伤。当电缆在引入建筑物、与地下设施交叉时可穿金属管。无法在冻土层以下敷设时，应沿整个电缆线路的上下各铺100～200mm厚的砂层。当电缆与铁路、公路、城市街道、厂区道路交叉时，应敷设于坚固的保护管或隧道内。电缆保护管顶面距轨底或公路面的距离不应小于1m，保护管的两端宜伸出路基两边各2m，伸出排水沟1m，跨城市街道，应伸出车道路面。垂直敷设时，管口距地面增加1m。穿过建筑物外墙时，按基础外缘以外增加1m。保护管可采用钢管或水泥管等，保护管的内径不应小于电缆外径的1.5倍，管子内部应无积水，无杂物堵塞。使用水泥管、陶土管或石棉水泥管时，其内径不应小于100mm。

3. 电缆沟揭盖盖板

（1）工作内容：盖板揭起、堆放、盖板覆盖、调整。

（2）未计价材料：电缆沟盖板。

【释义】 电缆沟盖板对产品的性能和安装的要求较高，从材质上可以分为玻璃钢盖板、金属盖板、塑料盖板、木质盖板和石质盖板。

4. 直埋电缆铺砂、盖砖或盖保护板

工作内容：调整电缆间距，铺砂、盖砖或盖保护板、埋设标桩。

【释义】 直埋电缆是按照规范的要求，挖完直埋电缆沟后，在沟底铺砂垫层，并清除沟内杂物，再敷设电缆，电缆敷设完毕后，要马上再填砂，还要在电缆上面盖一层砖或者混凝土板来保护电缆，然后回填的一种电缆敷设方式。

5. 支架、桥架、托盘、槽盒安装

（1）工作内容：定位、支架安装、本体固定、连接、接地、补漆、盒盖安装。

（2）未计价材料：支架、桥架、托盘、槽盒。

【释义】 桥架、托盘：也称为电缆梯架，有的没有托盘，有的加个盖。电缆桥架的高度一般为50～100mm。电缆桥架配线是新型的配线方式，广泛用于建筑工程、化工、石油、轻工、机械、军工、冶金、医药等行业。例如电缆通过桥梁、涵洞时就常采用电缆桥架配线。对于室外电视、电讯、广播等弱电电缆及控制线路也可以采用电缆桥架配线。

组装式电缆托盘是国际上第二代电缆桥架产品。只用很少几种基本构件和少量标准紧固件，就能拼装成任意规格的托盘式电缆桥架，包括直通、弯通、分支、宽窄变化和爬坡等，组装工作只需拧紧螺栓和少量的锯切工作即可。电缆桥架结构简单，安装快速灵活，维护也方便；桥架的主要配件均实现了标准化、系列化、通用化、易于配套使用。桥架的零部件通过氯磺化聚乙烯防腐处理，具有耐腐蚀、抗酸碱等性能。

6. 电缆保护管敷设

（1）工作内容：沟底修整夯实、锯管、弯管、接口、敷设、管卡固定、补漆、管口封堵及金属管的接地。

（2）未计价材料：电缆保护管。

【释义】 夯实：按设计规定的铺土厚度回填，用人工或压实机械使土体夯实，使之具有一定的密实度、均匀性。

夯实机械是利用夯本身的重量以及夯的冲击运动或振动，对被压实的材料施加动压力，用来提高其密实度、强度和承载能力等的压实机械。它的主要特点是轻便灵活，特别适用于压实边坡、沟槽、基坑等狭窄场所，在大型工程中与其他夯实机械配套，完成大型机械所不能完成的边角区域的压实。

夯实机械分为振动冲击夯、振动平板夯和蛙式夯实机。

（1）振动冲击夯　适用于砂土层、三合土、碎石、砾石等土层的夯实，因其机动灵活，更适合室内地面、庭院、各种沟槽以及条形基础、基坑基底等狭窄地段回填夯实。

(2) 振动平板夯　具有冲击和振动的综合作用，适用于沥青混合物、沙质土壤、砾石、碎石和灰土的夯实，尤其适用于沥青路面的修补、室内外场地夯实和边坡、道路的基础夯实。

(3) 蛙式夯实机　适用于道路、水利等土方夯实和场地平整，尤其适用于灰土和素土的道路夯实作业。

7. 电缆敷设

(1) 工作内容：架盘、敷设、切割、临时封头、整理固定、制挂电缆牌，单体调试。

(2) 未计价材料：电缆。

【释义】　切割：一般称为切断或下料。切断方法可分为手工切断和机械切断两类。手工切断主要有钢锯切断、錾断、管子割刀切割、气割；机械切断主要有砂轮切割机切断、套丝机切断、专用管子切割机切断等。

(1) 人工切断

①钢锯切断。钢锯切断是一种常用方法。钢管、铜管、塑料管都可采用，尤其适合于 $DN50$ 以下钢管、铜管的切断。钢锯最常用的规格是 12（300mm）×24 牙及 18 牙两种（其牙数为：1英寸长度内有 24 个牙或 18 个牙）。薄壁管子锯切时采用牙数多的锯条。因此，壁厚不同的管子锯切时应选用不同规格的锯条。手工钢锯切断的优点是设备简单，灵活方便，节省电能，切口不断收缩和不氧化。缺点是速度慢，劳动强度大，切口平整较难达到。

②管子割刀切断。管子割刀是用带有刃口的圆盘形刀片，在压力作用下边进刀边沿管壁旋转，将管子切断。采用管子割刀切管时，必须使滚刀垂直于管子，否则易损坏刀刃。管子割刀适用于管径 15～100mm 的焊接钢管。此方法具有切管速度快，切口平整的优点，但产生缩口，必须用绞刀刮平缩口部分。

③錾断。錾断主要用于铸铁管、混凝土管、钢筋混凝土管、陶管。所用工具为手锤和扁錾。为了防止将管口錾偏，可在管子上预划出垂直于轴线的錾断线，方法是用整齐的厚纸板或油毡纸卷在管子上，用磨薄的石笔在管子上沿样板边划一圈即可。操作时，在管子的切断线处垫上厚木板，用錾子沿切断线錾 1～3 遍有明显凿痕，然后用手锤沿凿痕连续敲打，并不断转动管子，直至管子折断。錾切效率较低，切口不够整齐，管壁厚薄不匀时，极易损坏管子（錾破或管身出现裂纹）。通常用于缺乏机具条件下或管径较大的情况下使用。

④气割。气割是利用氧气和乙炔气的混合气体燃烧时所产生的高温（约1100～1150℃），使被切割金属熔化而生成四氧化三铁熔渣，熔渣松脆易被高压氧气吹开，使管子或型材切断。手工气割采用射吸式割枪也称为气割枪或割刀。气割的速度较快，但切口不整齐，有铁渣，需要用钢锉或砂轮打磨和除去铁渣。气割常用于 $DN100$ 以上的焊接钢管、无缝钢管的切断。不适合铜管、不锈钢管、镀锌钢管的切断。此外，各种型钢、钢板也常可用气割切断。

(2) 机械切割

①砂轮切割机。砂轮切割机的原理是高速旋转的砂轮片与管壁接触磨削，将管壁磨透切断。砂轮切割机适用于切割 $DN150$ 以下的金属管材，它既可切直口也可切斜口。砂轮机也可用于切割塑料管和各种型钢。是目前施工现场使用最广泛的小型切割机具。

②套丝机切管。适合于施工现场的套丝机均配有切管器，因此它同时具有切管、坡口、套丝的功能。套丝机用于 $DN \leqslant 100$mm 焊接钢管的切断和套丝，是施工现场常用的机具。

③专用管子切割机。国内外用于不同管材、不同口径和壁厚的切割机很多。国内已开发生产了一些产品，如用于大直径钢管切断机，可以切断 $DN75～600$、壁厚 12～20mm 的钢管，这种切断机较为轻便，对埋于地下的管道或其他管网的长度中间切断尤为方便。

8. 电力电缆头制作、安装

（1）工作内容：测量尺寸、锯电缆、切割护层、焊接地线、压端子、加强绝缘层、浇注环氧树脂热（冷）收缩配件、校线、接线（与设备）。

（2）未计价材料：电缆头、终端盒、中间盒、保护盒、插接式成品头、支架。

【释义】 电缆头：电缆敷设好后，为了使其成为一个连续的线路，各线段必须连接为一个整体，这些连接点则称为电缆接头。电缆线路两端的接头称为终端头，中间的接头则称为中间接头。它们的主要作用是使电缆保持密封，使线路畅通，并保证电缆接头处的绝缘等级，使其安全可靠地运行。电缆头按其线芯材料可分为铝芯电力电缆头和铜芯电力电缆头。

电缆头制成以后和在整个运行过程中都必须保证其密封，特别是油浸渍纸绝缘电缆，若电缆密封不良，不仅会漏油使电缆绝缘干枯，而且潮气也会侵入电缆内部使电缆绝缘性能降低。因此，保证密封是对电缆头最重要的要求之一。电缆头的绝缘强度，应保证不低于电缆本身的绝缘强度，而且应具有足够的机械强度，以抵御在线路上可能遭受的机械应力，包括外来机械损伤及短路时的电动应力。线芯接头应接触良好，接触电阻必须低于同长度导体电阻的1.2倍。还要求电缆头的结构简单、紧凑、轻巧，但也应保证具有一定的电气距离，以避免短路或击穿。

为使电缆满足以上基本要求，制作电缆头时除使用吸水性、透气性小，介质损耗角正切值低和电气稳定性好的材料外，还必须保持手、工具、绝缘材料的清洁干燥和电缆本身的干燥等，保证高水平的操作工艺。

（1）电缆终端头的制作 电缆终端头的种类很多，特别是橡塑绝缘电缆及其附件发展较快。常用形式有自黏带绕包型、热缩型、预制型、模塑型、弹性树脂浇注型，还有传统的壳体灌注型、环氧树脂型等。虽然电缆头的形式不同，但其制作工艺却大同小异，这里以干包式电缆头的制作为例进行介绍。

干包式电缆终端头不用任何绝缘浇注剂，而是用软"手套"和聚氯乙烯带干包成型。它的特点是体积小、重量轻、工艺简单、成本低廉，是室内低压油纸电缆终端头采用较多的一种。其制作工艺如下：

①准备工作。准备材料和工具，核对电缆规格、型号，检查电缆是否受潮，测量绝缘电阻、核对相序等。

②确定电缆剥切尺寸。终端头的安装位置确定后，即可决定电缆外护层和铅（铝）套的剥切尺寸。

③剥切外护层。按照剥切尺寸，先在锯割钢带处做好记号，把由此向下100mm处的一段钢带，用汽油将沥青混合物擦净，再用细锉打光，表面搪一层焊锡。放好接地用的多股裸铜绞线，并装上电缆钢带卡子。然后，在卡子的外边缘沿电缆周长用钢锯在钢带上锯出一个环形深痕，深度为钢带厚度的2/3。但应注意在锯割时不要伤及铅（铝）套。锯完后，用螺丝刀在锯痕尖角外把钢带撬起，用钳子夹住，逆着缠方向把钢带撕下。再用同样的方法剥掉第二层钢带。用锉刀锉掉切口毛刺，使其光滑。

④清擦铅（铝）套。先用喷灯稍加热电缆，使沥青软化，逐层撕去沥青纸。切忌用火烧沥青纸，以防铅（铝）套过热而损坏绝缘。最后，用汽油或煤油布将铅（铝）套擦拭干净。

⑤焊接地线。地线应采用多股裸铜线，其截面不应小于$10mm^2$，长度按实际需要而定。地线与钢带的焊接点选在两道卡子之间，焊接时应涂硬脂酸或焊锡膏去污，上下两层钢带均应与地线焊牢。先把地线分割排列在铅套上，再用直径1.4mm铜线绕三圈扎紧，割去余线，留下部分向下弯曲，并轻轻敲平，使地线紧贴扎线，再进行焊接。焊接时，先将钢带、铅套的被焊面及接地线用喷灯稍微加热，涂上焊锡膏和硬脂酸，再将已配制好的焊料用喷灯

加热变软，在被焊面上反复涂擦使其有一定的堆积量，再用喷灯加热堆积的焊料使之变软，并用浸渍过牛脂或羊脂的布抹圆抹光，成为半边鸽蛋形。焊接速度要快，以免损伤电缆内部绝缘。

⑥剥切电缆铅（铝）套。按照剥切尺寸确定喇叭口的位置，用电工刀沿铅（铝）套圆周切一环形深痕，再顺着电缆轴向在铅（铝）套上割切两道纵向深痕，其间距约为10mm，深度为铅（铝）套厚度的1/2，不能切深，以防损伤内部纸绝缘。随后，从电缆端头起，把两道纵向深痕间的铅（铝）皮用螺丝刀撬起，再用钳子夹住铅（铝）皮条往下撕。当撕到下面环形深痕处时把铅（铝）皮条撕断，再用手把铅（铝）套剥掉，剥完电缆铅（铝）套，即用专用工具把电缆铅（铝）套切口胀成喇叭形，胀口时用力要均匀，以防胀裂。

⑦剥除统包绝缘和分线芯。

⑧包缠内包层。

⑨套聚氯乙烯软手套。

⑩套聚氯乙烯软管、绑扎尼龙绳。

⑪安装接线端子。

⑫包缠外包层。

(2) 电缆中间头制作　常用电缆中间接头有铅套管式、环氧树脂浇注式、塑料盒式等。近年来又出现了新型热缩型电缆中间接头。其制作工艺如下。

①准备工作。把所需材料和工具准备齐全，核对电缆规格、型号，测量绝缘电阻，决定剥切尺寸，锯割电缆铠装，清擦电缆铅（铝）套等。

②剖切铅套。为了便于弯曲线芯和校正线芯，剖切铅套长度可加长30mm。将喇叭口以下60mm一段铅套用汽油洗净打毛，然后用聚氯乙烯带做临时包缠，以防弄脏。

③胀喇叭口、撕统包绝缘。用专用工具胀喇叭口，然后用聚氯乙烯带将喇叭口以上25mm一段统包绝缘包缠保护，其余统包绝缘纸逐层撕去，分开线芯，并用蘸汽油的布把线芯绝缘擦干净。

④校正线芯。为使线芯绝缘不受损伤或弄脏，可对三根线芯用聚氯乙烯带做临时包缠，随后在线芯三叉口处塞一三角木模，用手轻轻把线芯弯曲，并进行校正。

⑤剥切线芯部分绝缘。剥切长度为钳压接管长度的1/2加5mm。

⑥压接。将要连接的两线芯端部从压接管两端插入，进行压接。应注意不要伤及三叉口纸绝缘。压好后，先将压接管表面用锯条拉毛，用汽油或酒精洗净，然后把各线芯上、统包绝缘上和铅套上的临时包带拆除，并拆去三角木模。

⑦涂包绝缘。首先对每根线芯进行涂包，方法和环氧树脂终端头相同，以半叠包方式，边涂边包。

⑧安装模具，浇注环氧树脂浇注料。将模具固定好后，即可浇注环氧树脂浇注料。由于中间接头浇注量较大，可用两只小铁桶配制，从模具浇注口的两端浇入，直到与浇注口平为止。

⑨焊接地线。将接头两端的铅（铝）套及钢带用多股软铜线焊好接地。

电缆终端和接头制作的一般规定如下。

①电缆终端和接头的制作，应由经过培训的、熟悉工艺的人员进行。

②电缆终端和接头制作时，应严格遵守制作工艺规程，充油电缆尚应遵守油务及真空工艺等有关规程的规定。

③在室外制作6kV及以上电缆终端与接头时，其空气相对湿度宜为70%及以下，而湿度大时，可提高环境温度或加热电缆，110kV及以上高压电缆终端与接头施工时，应搭临

时工棚，环境湿度应严格控制，温度宜为10～30℃；制作塑料绝缘电力电缆终端与接头时，应防止尘埃、杂物落入绝缘内，严禁在雾或雨中施工。在室内及充油电缆施工现场应备有消防器材，室内或隧道中施工应有临时电源。

④35kV及以下电缆终端和接头应符合下列要求。

a. 型式、规格应与电缆类型如电压、芯数、截面、护层结构和环境要求一致。

b. 结构应简单、紧凑、便于安装。

c. 所用材料，部件应符合技术要求。

d. 主要性能应符合现行国家标准《额定电压26/35kV及以下电力电缆附件基本性能要求》的规定。

⑤采用的附加绝缘材料除电气性能应满足要求外，尚应与电缆本体绝缘具有相容性；两种材料的硬度、膨胀系数，拉伸强度和断裂伸长率等物理性能指标应接近；橡塑绝缘电缆应采用弹性大、粘接性能好的材料作为附加绝缘。

⑥电缆芯线连接金具，应采用符合标准的连接管和接线端子，其内径应与电缆芯线紧密配合，间隙不应过大，截面宜为芯线截面的1.2～1.5倍；采用压接时，压接钳和模具应符合规格要求。

⑦控制电缆在下列情况下可有接头，但必须连接牢固，并不应受到机械拉力。

a. 当敷设的长度超过其制造长度时。

b. 必须延长已敷设端的控制电缆时。

c. 当消除使用中的电缆故障时。

⑧制作电缆终端和接头前，应熟悉安装工艺资料，做好检查，并符合下列要求。

a. 电缆绝缘状况良好，无受潮，塑料电缆不得进水；充油电缆施工前应对电缆本体、压力箱、电缆油箱及纸卷桶逐个取油样，做电气性能试验，并应符合标准。

b. 附件规格应与电缆一致，零部件应齐全无损伤，绝缘材料不得受潮，密封材料不得失效；壳体结构附件应预先组装，清洁内壁，试验密封，结构尺寸符合要求。

c. 施工用机具齐全，便于操作，消耗材料齐备，清洁塑料绝缘表面的溶剂宜遵循工艺导则准备。

d. 必须时应进行试装配。

⑨电力电缆接地线应采用铜绞线或镀锡铜编织线，其截面面积不应小于表8-6的规定；110kV及以上电缆的截面面积应符合设计规定。

表8-6 电缆终端接地线截面

电缆截面/mm²	接地线截面/mm²
120及以下	16
150及以上	25

⑩电缆终端与电气装置的连接，应符合现行国家标准《电气装置安装工程母线装置施工及验收规范》的有关规定。

9. 控制电缆头制作、安装

（1）工作内容：测量尺寸、切割、固定、剥外护层、芯线校对，压端子、端子标号、接线。屏蔽电缆还包括接地。

（2）未计价材料：电缆头、终端盒、保护盒、插接式成品头、支架。

【释义】 电缆终端和接头的制作要求如下。

（1）制作电缆终端与接头，从剥切电缆开始应连续操作直至完成，缩短绝缘暴露时间；

剥切电缆时不应损伤线芯和保留的绝缘层；附加绝缘的包绕、装配、热缩等应清洁。

（2）充油电缆线路有接头时，应先制作接头，两端有位差时，应先制作低位终端头。

（3）电缆终端和接头应采取加强绝缘、密封防潮、机械保护等措施；6kV及以上电力电缆终端和接头，尚应有改善电缆屏蔽端部电场集中的有效措施，并应确保绝缘相间和对地距离。

（4）35kV及以下电缆在切剥线芯绝缘、屏蔽、金属护套时，线芯沿绝缘表面至最近接地点（屏蔽或金属护套端部）的最小距离应符合表8-7要求。

表8-7 电缆终端和接头中最小距离

额定电压/kV	最小距离/mm
1	50
6	100
10	125
35	250

（5）塑料绝缘电缆在制作终端头和接头时，应彻底清除半导电屏蔽层，对包带石墨屏蔽层，应使用溶剂擦去碳迹，对挤出屏蔽层，剥除时不得损伤绝缘表面，屏蔽端部应平整。

（6）三芯油纸绝缘电缆应保留统包绝缘25mm，不得损伤，剥除屏蔽炭黑纸，端部应平整；弯曲线芯时应均匀用力，不应损伤绝缘纸，线芯弯曲半径不应小于其直径的10倍；包缠或灌注、填充绝缘材料时，应消除芯分支处的气隙。

（7）充油电缆终端和接头包绕附加绝缘时，不得完全关闭压力箱；制作中和真空处理时，从电缆中渗出的油应及时排出，不得积存在瓷套或壳体内。

（8）电缆线芯连接时，应除去线芯和连接管内壁油污及氧化层，压接模具与金具应配合恰当，压缩比应符合要求，压接后将端子或连接管上的凸痕修理光滑，不得残留毛刺，采用锡焊连接铜芯，应使用中性锡焊膏，不得烧伤绝缘。

（9）三芯电力电缆接头两侧电缆的金属屏蔽层（或金属套）、铠装层应分别连接良好，不得中断，直埋电缆接头的金属外壳及电缆的金属护层应做防腐处理。

（10）三芯电力电缆中断处的金属护层必须接地良好，塑料电缆每相铜屏蔽和钢铠应锡焊接地线；电缆通过零序电流互感器时，电缆金属护层和接地线应对地绝缘，电缆接地点在互感器以下时，接地线应直接接地，接地点在互感器以上时，接地线应穿过互感器接地。

（11）装配、组合电缆终端和接头时，各部件间的配合或搭接处必须采取堵漏、防潮和密封措施；铅包电缆铅封时应擦去表面氧化物，搪铅时间不宜过长，铅封必须密实无气孔；充油电缆的铅封应分两次进行，第一次封堵油，第二次成型和加强，高位差铅封应用环氧树脂加固。

塑料电缆宜采用自黏带、胶黏带、胶黏剂（热熔剂）等方式密封；塑料护套表面应打毛，粘接表面应用溶剂除去油污，粘接应良好。

电缆终端、接头及充油电缆供油管路均不应有渗漏。

（12）充油电缆供油系统的安装应符合下列要求。

①供油系统的金属油管与电缆终端间应有绝缘接头，其强度不低于电缆外护层。

②当每相设置多台压力箱时应并联连接。

③每相电缆线路应装设油压监视或报警装置。

④仪表应安装牢固，室外仪表应有防雨措施，施工结束后应进行整定。

⑤调整压力油箱的油压，使其在任何情况下都不应超过电缆允许的压力范围。

(13) 电缆终端上应有明显的相色标志，且应与系统的相位一致。

(14) 控制电缆终端可采用一般包扎，接头应有防潮措施。

10. 电缆防火设施安装

(1) 工作内容：防火隔板加工、固定，孔洞封堵；防火涂料涂刷电缆外层前的电缆清洁、涂刷，防火墙、防火包安装。

(2) 未计价材料：防火隔板、堵料、涂料、防火包、防火墙材料。

【释义】 电缆的防火与阻燃。

(1) 对易受外部影响着火的电缆密集场所或可能着火蔓延而酿成严重事故的电缆回路，必须按设计要求的防火阻燃措施施工。

(2) 电缆的防火阻燃尚应采取下列措施。

①在电缆穿过竖井、墙壁、楼板或进入电气盘、柜的孔洞处，用防火堵料密实封堵。

②在重要的电缆沟或隧道中，按要求分段或用软质耐火材料设置阻火墙。

③对重要回路的电缆，可单独敷设于专门的沟道中或耐火封闭槽盒内，或对其施加防火涂料、防火包带。

④在电力电缆接头两侧及相邻电缆2~3m长的区段施加防火涂料或防火包带。

⑤采用耐火或阻燃型电缆。

⑥设置报警和灭火装置。

(3) 防火阻燃材料必须经过技术或产品鉴定，在使用时，应按设计要求和材料使用工艺提出施工措施。

(4) 涂料应按一定浓度稀释，搅拌均匀，并应顺电缆长度方向进行涂刷，涂刷厚度或次数、间隔时间应符合材料使用要求。

(5) 包带在绕包时，应拉紧密实，缠绕层数或厚度应符合材料使用要求；绕包完毕后，每隔一定距离应绑扎牢固。

(6) 在封堵电缆孔洞时，封堵应严实可靠，不应有明显的裂缝和可见的孔隙，孔洞较大者应加耐火衬板后再进行封堵。

(7) 阻火墙上的防火门应严密，孔洞应封堵，阻火墙两侧应施加防火包带或涂料。

有关名词解释见表8-8。

表8-8 有关名词解释

名 称	解 释
金属附套	铅护套和铝护套的统称
铠装	起径向加强作用的金属带、起纵向加强作用的金属丝统称为铠装
金属护层	金属护套和铠装的统称，有时亦单独把金属护套或铠装称为金属护层
电缆终端	安装在电缆末端，以使电缆与其他电气设备或架空输电线相连接，并维持绝缘直至连接点的装置，称为电缆终端
电缆接头	连接电缆与电缆的导体、绝缘、屏蔽层和保护层，以使电缆线路连接的装置称为电缆接头
电缆支架	电缆敷设就位后，用于支撑电缆的装置统称为电缆支架，包括普通支架和桥架
电缆桥架	由托盘（托槽）或梯架的直线段、非直线段、附件及支吊架等组合构成，用以支撑电缆具有连续的刚性结构系统

11. 集束导线安装、整理

(1) 工作内容：导线安装、固定。

（2）未计价材料：集束导线。

【释义】 集束导线的全称为集束架空绝缘电缆，制造时是用绝缘材料连接筋将多根绝缘电缆紧凑地连接在一起，按集成的方式有平行和方行，是以架空方式工作的紧凑型电缆束。

二、本章定额未包括的工作内容

1. 电缆钢支架制作、安装。

【释义】 见第一部分、一、10 释义。

2. 隔热层、保护层的制作安装。

【释义】 在电缆工程施工前，应检查电缆是否受潮，用火烧法（从电缆上撕下一点绝缘纸，用火烧之有"呲、呲"声则受潮了）或油浸法（撕下纸后放入热沥青油中听声音）。在寒冷地区电缆埋深应在冻土层以下，北京地区的埋深应不小于 0.7m，农田内应不小于 1m。如果无法做到时，应该采取保护措施保护电缆不受损坏。

（1）电缆通过有振动和承受压力的下列各地段，应穿管保护。

①电缆引入和引出建筑物（构筑物）的基础、楼板及过墙等处；

②电缆通过铁路、道路和可能受到机械损伤地段。

③垂直电缆在地面上 2m 至地下 0.2m 处，与行人容易接触，可能受到机械损伤的地方。

冬季寒冷天气来临时，为了防止电缆线路内热量散失过多、过快，须在围护结构中设置隔热保温层。以使通道内有一个比较稳定的环境。保温隔热层的材料和构造方案是根据使用要求、气候条件、通道的结构形式、电缆的敷设方式、防水处理方法、材料种类、施工条件等综合确定的。

刚性防水的构造原理同上，只要把找平层及以上各层改为刚性防水层即可。

（2）防水层与保温层之间设置空气间层来保温，这样虽然较为经济但不方便。

（3）保温层在防水层上面的保温，其构造层次为保温层、防水层、结构层。由于它与传统的铺设层次相反，故名"倒铺保温体系"。其优点是防水层不受太阳辐射和剧烈气候变化的直接影响，全年热温差小，不易受外来的损伤。缺点是须选用吸湿性低、耐气候性强的保温材料。一般须进行耐日晒、雨雪、风力、温度变化和冻融循环的试验。经实践，聚氨酯和聚苯乙烯发泡材料可作为倒铺保温层，但须作较重的覆盖层压住。

从热工原理中知道，通道的内外的空气中都含有一定的水蒸气，当室内外空气中水蒸气含量不相等时，水蒸气分子就会从高的一侧通过围护结构向低的一侧渗透。空气中含水蒸气量的多少可用蒸汽分压力来表示。当构件内部某处的蒸汽分压力（也叫实际蒸汽压力）超过了该处最大蒸汽分压力（也叫饱和蒸汽压力）时，就会产生内部凝结。从而会使保温材料受潮而降低保温效果，严重的甚至会出现保温层冻结而使屋面破坏。

为了防止外部湿气进入保温层，可在保温层下做一层隔蒸汽层。隔蒸汽层的做法一般为：在结构层上先做找平层，根据不同需要，可以只涂沥青层，也可以铺一毡二油或二毡三油。

设置隔蒸汽层，可能出现一些不利情况：由于结构层的变形和开裂，隔蒸汽层油毡会出现移位、裂隙、老化和腐烂等现象；保温层的下面设置隔蒸汽层以后，保温层的上下两个面都被绝缘层封住，内部的湿气反而排泄不出去，均将导致隔蒸汽层局部或全部失效的情况。另一种情况是冬期内部湿度高，蒸汽分压力大，有了隔蒸汽层会导致内部湿气排不出去，使结构层产生凝结现象。

夏季，特别是我国南方炎热地区，太阳的辐射热使得电缆通道内温度剧烈升高，影响电缆线路的正常工作。因此，我们必须对通道进行构造处理，以降低外部的热量对内部的影响。

隔热降温的形式如下。

①实体材料隔热 利用实体材料的蓄热性能及热稳定性、传导过程中的时间延迟、材料中热量的散发等性能，可以使实体材料的隔热层在太阳辐射下，内表面温度比外表面温度有一定程度的降低。内表面出现高温的时间常会延迟3~5h，一般材料密度越大，蓄热系数越大，热稳定性也较好，但自重较大。晚间内部气温降低时，内部的蓄热开始四处散发，故一般温度也不会高。

②通风层降温 在通道中设置通风的空气间层，利用层间通风，散发一部分热量，使通道变成两次传热，以减低传至电缆层的温度。实测表明在电缆通道中设置通风层比用实体材料的降温效果有显著的提高。

③反射降温 利用表面材料的颜色和光滑度对热辐射的反射作用，对通道内电缆降温也有一定的效果。例如采用淡色砾石铺面或用石灰水刷白对反射降温都有一定效果。如果在通风层顶中的基层加一铝箔，则可利用其第二次反射作用，对其隔热效果将有进一步的改善。

电缆与建筑物平行敷设时，电缆应埋设在建筑物的散水坡外。电缆进入建筑物时，所穿的保护管应该超出建筑物的散水坡以外0.1m。直埋电缆与道路、铁路交叉时，所穿保护管应伸出1m。电缆与热力管沟交叉时，如电缆穿石棉水泥管保护，其长度应伸出热力管沟两侧各2m；用隔热保护层时，应超过热力沟和电缆两侧各1m。

3. 35kV及以上电力电缆交流耐压试验。

【释义】 电力设备在运行中，绝缘长期受着电场、温度和机械振动的作用会逐渐发生劣化，其中包括整体劣化和部分劣化，形成缺陷。交流耐压试验是鉴定电力设备绝缘强度最有效和最直接的方法，是预防性试验的一项重要内容。此外，由于交流耐压试验电压一般比运行电压高，因此通过试验后，设备有较大的安全裕度，因此交流耐压试验是保证电力设备安全运行的一种重要手段。

4. 交叉互联性能试验。

【释义】 电缆交叉互联是指电缆线路分成若干大段，每大段原则上分成长度相等的三小段，每小段之间用绝缘接头连接；绝缘机头处金属护套三相之间用同轴电缆经接线盒（又成换位箱）进行换位连接，绝缘接头处的换位箱内装设一组护层保护器，每大段的两端护套分别互联并接地。采用这种连接方式可以减小金属护套上环流，将正常感应电压限制在规定的50V以内。

三、工程量计算规则

1. 电缆沟挖填土方量按下列规定计算：上口宽度为600mm，下口宽度为400mm，深度为900mm，每米（沟长）挖填方量为0.45m³；每增加一根电缆，沟宽增加170mm，挖填方量增加0.153m³；沟深按自然地坪计算，如设计深度超过900mm时，多挖填的方量应另行计算；遇有清理障碍物，排水及其他措施时，费用另计。

【释义】 挖电缆沟：劳动强度较大的体力劳动。使用的工具一般是锹、镐、长勺等，用人力挖坑取土。多年来，各地在挖沟方面曾做过一些改革，有的在工具上进行改革，如夹铲、螺旋钻；也有的在挖沟方式上进行改革，如爆破等。但人力挖沟仍是目前比较广泛应用的方法。

2. 电缆保护管埋地敷设，其土方量凡有施工图注明的，按施工图计算；无施工图的，一般按沟深0.9m、沟宽按最外边的保护管两侧边缘外各增加0.3m工作面计算。14芯以下控制电缆敷设执行10mm²以下电力电缆敷设定额，15~37芯控制电缆敷设执行35mm²以下电力电缆敷设定额，38芯及以上控制电缆敷设执行120mm²以下电力电缆敷设定额。电缆敷设及电缆头制作定额按铜芯、铝芯、综合考虑，无论铜芯、铝芯电缆均不作调整。

【释义】 电缆保护管具有强度高、摩擦阻力小的特点，比普通管强度高40%，管体的抗折荷载≥12000N，外压荷载≥15000N，可用于各种级别的道路敷设使用，内壁与电缆的摩擦阻力小是电缆保护管的最突出优点，其摩擦系数＜0.35，明显低于玻璃钢、PVC等其他类别电缆管。通缆时减少了工井的数量，降低了工程造价、增加了电缆牵引长度。

3. 不锈钢桥架执行钢桥架定额乘以系数1.1。复合桥架、托盘、槽盒按铝合金桥架、托盘、槽盒乘以系数1.3。电缆桥架、托盘、槽盒的安装定额均按生产厂家供应成套成品，现场直接安装考虑的。

【释义】 见第一部分、一、5释义。

4. 电力电缆和控制电缆均按照一根电缆有两个终端头计算。电力电缆按设计图示计算中间头，控制电缆原则上不计算中间头。

【释义】 电力电缆在电力系统主干线中用以传输和分配大功能电能，控制电缆从电力系统的配电点把电能直接传输到各种用电设备器具的电源连接线路。电力电缆的额定电压一般为0.6～1kV及以上，控制电缆主要为450～750V。

5. 导线截面在800mm² 以上的电缆，执行单芯电缆800mm² 的子目乘以系数1.25。

【释义】 单芯是指在一个绝缘层内只有一路导体。当电压超过35kV时，大多数采用单芯电缆，它的线芯与金属屏蔽层的关系，可看作一个变压器的初级绕组中线圈与铁芯的关系。当单芯电缆线芯通过电流时就会有磁力线交链铝包或金属屏蔽层，使它的两端出现感应电压。

6. 阻燃槽盒定额按不同截面综合考虑。

【释义】 阻燃槽盒适用于各种电压等级的电缆防火防护，能有效地实现电缆通道和防火分隔，防止电缆着火延燃。阻燃电缆终端保护槽起到电缆接头防火阻燃的作用。

第二部分 定额释义

8.1 人工开挖路面

定额编号 YD8-1～YD8-2 混凝土路面厚度（mm以内） P_{391}

【应用释义】 混凝土路面：包括水泥混凝土路面和沥青混凝土路面两大类。

水泥混凝土路面是以合理级配的碎（砾）石及砂为骨料，用水泥与水制成的水泥胶浆为结合料；经过拌和、摊铺、振捣、压浆和养护而修成的路面。水泥混凝土路面指以素混凝土或钢筋混凝土板和基、垫层所组成的路面，水泥混凝土板作为主要承受交通荷载的结构层，而板下的基（垫）层和路基起着支承的作用。水泥混凝土路面与沥青类路面相比较，具有强度高、稳定性好、使用年限长、养护费用少等优点，但也有造价相对较高、板块之间有裂缝、施工较复杂等缺点。沥青类路面与水泥混凝土路面形成了道路的两大类路面形式。

沥青混凝土路面是由适当比例的各种大小颗粒的矿料（如碎石、砾石、石屑、砂和矿粉等）和沥青在严格控制条件下拌和，经摊铺压实而成的面层。是指以沥青和混凝土共同交掺混合而成的路面，由于沥青具有较弱的耐热性，温度回升较高时，路面易起黏结作用，影响车辆和行人正常行驶。为了解决沥青的这个缺陷，工程上采用水泥混凝土与沥青共同拌和并铺洒到路面上。这样，利用混凝土的高强度特点及耐热、耐磨损等优点与沥青有机结合，利用沥青的伸缩性与黏结性，将混凝土紧紧粘在一起，提高整个路面的抗压强度，从而保证路面的整体稳定性。

石灰：工地上使用石灰时，通常将生石灰加水，使之消解为熟石灰，这个过程称为石灰的熟化。熟化石灰的主要成分是 $Ca(OH)_2$。

石灰熟化的原理是氧化钙与水作用而生成氢氧化钙，其反应是：

$$CaO + H_2O \longrightarrow Ca(OH)_2 + 15.5 kcal$$

石灰的熟化为放热反应，熟化时体积膨胀 2.5 倍左右。煅烧良好、氧化钙含量高的石灰熟化较快，放热量和体积增大也较多。

按石灰用途，工地上熟化石灰的方法有两种。

①用于配制石灰砌筑砂浆或抹灰砂浆时，需将生石灰熟化成石灰浆。生石灰在化灰池中加水熟化，通过网孔流入储灰池。石灰浆在储灰池中沉淀并除去上层水分后称为石灰膏。

石灰中常含有一些过火石灰，当石灰已经硬化后，其中过火颗粒才开始熟化，体积膨胀，使抹好的墙面发生起包和胀裂现象。为消除过火石灰的危害，石灰浆应在储灰池中放置两星期以上。

②用于拌制石灰土、三合土时，将生石灰熟化成熟石灰粉。工地上采用分层浇水法或在生石灰堆上插入水管缓慢向内注水，使石灰堆内部逐渐消解。

定额编号　YD8-3～YD8-4　沥青路面厚度（mm 以内）　P_{391}

【应用释义】沥青路面：指刚度较小，抗弯拉强度较低，主要靠抗压、抗剪强度来承受车辆荷载作用的路面。其力学特点是在荷载作用下所产生的弯沉变形较大，路面结构本身抗弯强度小，在重复荷载作用下产生残余变形，它的破坏形式取决于荷载作用下所产生的极限垂直变形和水平抗拉应变。

沥青路面的分类：主要可分为沥青贯入式路面、沥青碎石路面和沥青混凝土路面。

沥青贯入式路面：在初步压实的碎石（或轧制砾石）上浇洒沥青后，再分层撒铺嵌料浇洒沥青和压实而形成的路面面层结构，厚度通常为 4～8cm。因为它有较高的强度和稳定性，适应于次高级路面面层，也可作为高级路面的连接层或基层，它的使用年限冷铺为 10～15 年。

沥青碎石路面：由一定级配的矿料（有少量矿粉或不加矿粉），用沥青作结合料按一定比例配合，均匀拌和后经摊铺压实成型的一种路面面层结构。此种路面面层热稳定性好，不易产生推挤拥包，但空隙率较大，易渗水，广泛用于城市道路和公路干道上。使用年限冷铺时为 10～15 年，热铺时为 15～20 年。

沥青混凝土路面：按级配原理选配的矿料与适量沥青均匀拌和，经摊铺压实而成的沥青路面面层。具有强度高、整体性强、抵抗自然因素破坏的能力强等优点，属于高级路面，适用于交通量大的城市道路和公路，也适用于高速公路。使用年限 15～20 年。

定额编号　YD8-5～YD8-6　砂石路面厚度（mm 以内）　P_{391}

【应用释义】砂石：用自然级配的砂砾石（或卵石、碎石）混合物，粒级应在 50mm 以下，其含量应在 50% 以内，不得含有植物残体、垃圾等杂物，含泥量小于 5%。

8.2　直埋电缆沟挖填土及电缆沟揭盖盖板

定额编号　YD8-7～YD8-9　挖填土（m^3）　P_{392}

【应用释义】填土：填土方法分人工填土和机械填土两种。

人工填土方法：用手推车送土，以人工用铁锹、耙、锄等工具进行回填土。填土应从场地最低部分开始，由一端向另一端自下而上分层铺填。每层虚铺厚度，用人工木夯夯实时不大于 20cm，用打夯机械夯实时不大于 25cm。

深浅坑（槽）相连时，应先填深坑（槽），相平后与浅坑全面分层填夯。如采取分段填筑，交接处应填成阶梯形。墙基及管道回填应在两侧用细土同时均匀回填、夯实，防止墙基及管道中心线位移。

人工夯填土采用60~80kg的木夯或铁、石夯，由4~8人拉绳，二人扶夯，举高不小于0.5m，一夯压半夯，按次序进行。较大面积人工回填用打夯机夯实。两机平行时其间距不得小于3m，在同一夯打路线上，前后间距不得小于10m。

机械填土方式如下。

①推土机填土 填土应由下而上分层铺填，每层虚铺厚度不宜大于30cm。大坡度堆填土，不得居高临下，不分层次，一次堆填。推土机运土回填，可采用分堆集中，一次运送方法，分段距离约为10~15m，以减少运土漏失量。土方推至填方部位时，应提起一次铲刀，成堆卸土，并向前行驶0.5~1.0m，利用推土机后退时将土刮平。用推土机来回行驶进行碾压，履带应重叠宽度的一半。填土程序宜采用纵向铺填顺序，从挖土区段至填土区段，以40~60m距离为宜。

②铲运机填土 铲运机铺土，铺填土区段，长度不宜小于20m，宽度不宜小于8m。铺土应分层进行，每次铺土厚度不大于30~50m（视所用压机械的要求而定），每层铺土后，利用空车返回时将地表面刮平。填土程序一般尽量采取横向或纵向分层卸土，以利行驶时初步压实。

③汽车填土 自卸汽车为成堆卸土，须配以推土机推土、摊平。每层的铺土厚度不大于30~50m（随选用压实机具而定）。填土可利用汽车行驶作部分压实工作，行车路线须均匀分布于填土层上。汽车不能在虚土上行驶，卸土推平和压实工作须采取分段交叉进行。

挖土：挖土包括挖土方（挖平基）、挖地槽、挖地坑，三者区别见表8-9。

表8-9 三种挖土方区别

土方名称	概念区别
挖地槽	槽长＞3倍槽宽，且槽宽≤3m
挖地坑	槽长≤3倍槽宽，且坑底面积≤20m²
挖土方（平基）	槽宽＞3m或坑底面积＞20m²或30cm以上的场地平整

普通土：在土的分类中，一般把一、二类土按一定比例计算即为普通土。通常指种植土、砂黏土、黄土和盐碱土等，主要是指利用锹铲即可挖掘的土质。

坚土：指土质坚硬难挖的红土、板状黏土、重块土、高岭土，必须用铁镐、条锄挖松，再用锹铲挖掘的土质。

岩石：一般指坚实的粗花岗岩、白云岩、片麻岩、玢岩、石英岩、大理岩、石灰岩、石灰质胶密实砂岩的石质，不能用一般挖掘工具进行开挖，必须采用打眼、爆破或打凿才能开挖。

雷管：用于起爆炸药。雷管按起爆方式不同，分为火雷管和和电雷管。用导火索引爆的雷管称为火雷管，用电火花引爆的雷管称为电雷管。

雷管的外壳有铜壳、铝壳和纸壳三种。

根据雷管装药量的多少，雷管分为10种号码，号码越大，雷管的起爆力越强。一般工程中常用6号和8号雷管。6号雷管装药相当于雷汞1g，8号雷管装药相当于雷汞2g。

火雷管即工业上使用的普通雷管，其构造如图8-1所示。火雷管由雷管壳、加强帽、帽孔、副起爆药、正起爆药、窝槽、空壳等部分组成。雷管长约35~41mm，外径6~8mm，一般雷管中的正起爆药为雷汞，副起爆药为三硝基苯硝铵。

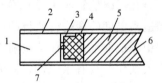

图8-1 火雷管的构造
1—空筒；2—雷管壳；3—加强帽；
4—起爆药；5—炸药；
6—窝槽；7—帽孔

电雷管的构造由火雷管和电气引火器组成，如图8-2所示。

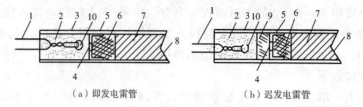

图 8-2　电雷管的构造
1—脚线；2—密封胶和防潮涂料；3—雷管壳；4—帽孔；5—加强帽；
6—起爆药；7—炸药；8—窝槽；9—缓燃剂；10—电气点火引燃剂

电雷管分为即发电雷管和迟发电雷管两种。

导火索：用来起爆火雷管的起爆材料，它是用黑火药作芯药，用麻、纸和线作包皮，并涂有防潮剂。

根据燃烧速度的不同。可分为正常燃烧速度导火索（燃速为100～120s/m）及缓燃导火索（燃速为180～210s/m）。国内导火索每盘长（250±2)m，按照我国导火索技术条件，使用时要符合：

①燃烧速度在110～130s/m范围内；
②引火距离不少于50mm；
③燃烧时不得有爆发声，不得有透火和断火现象；
④耐水时间不低于2h；
⑤导火索截面直径要求为5～5.8mm。

在使用导火索时，应该注意对导火索进行外观检查和燃烧速度的试验。使用前先点燃一段长约60cm的导火索，如燃烧时间为60～75s则为正常。不宜使用受潮、折断、包皮破裂的导火索，否则可能不燃烧或只烧一段，而造成瞎炮。在同一次爆破中，不得使用两种不同燃速的导火索。

定额编号　YD8-10～YD8-12　揭盖盖板（宽度 mm）　P_{392}

【应用释义】　电缆沟的盖板采用钢筋混凝土盖板，两人能抬得动，不宜超过50kg；室内常常用钢板盖板。

电缆沟铺砂盖砖或混凝土板项目综合了电缆沟挖填土、铺砂、盖砖或混凝土保护板、埋设标志桩等。其中土方的土质及工程量已作了综合考虑，除遇有流砂岩石地带及对电缆埋设深度有特殊要求以外，一般不得调整定额。按照新的规定，直埋电缆尽量采用铺砂盖混凝土保护板，少量的可盖砖。

石灰：石灰的原料来源广泛，生产工艺简单，成本低廉，具有良好的粘接性能，故在建筑上应用很广。

凡以碳酸钙为主要成分的天然岩石（如石灰石等，其黏土物质等杂质含量小于8%），经适当温度的煅烧，所得的产品为气硬性石灰。当原料中的黏土杂质超过8%时，在煅烧过程中形成的水硬性成分也随之增加，当这些成分增加到一定的程度时，石灰的性质就发生了重大变化，具有水硬性，称为水硬性石灰。

石灰石的主要成分是碳酸钙与碳酸镁，石灰石经适当温度煅烧后即成为生石灰，其主要成分是氧化钙：

$$CaCO_3 \xrightarrow{900℃} CaO + CO_2 \uparrow$$

硝酸铵：为砂状白色结晶粉，爆炸速度为1500～3000m/s；对撞击和摩擦敏感性很低，火与火花不能使其燃烧；易溶于水，吸湿性能大，具有黏结性及潮解性，湿度超过3%时就不爆炸，需要加工干燥后才能使用。因此，若在潮湿地方使用，需要防潮措施。

8.3 直埋电缆铺砂、盖砖或保护板

定额编号　YD8-13～YD8-14　铺砂、盖砖　P_{393}

【应用释义】　电缆在电缆沟内敷设时，电缆沟一般用砖砌成或由混凝土浇灌而成。电缆沟设在地面以下，用钢筋混凝土盖板盖住。室内电缆沟盖应与地面相平，沟盖间的缝隙可用水泥砂浆填实。无覆盖层的室外电缆沟沟盖板应高出地面≥100mm；有覆盖层时盖板在地面下300mm，盖板搭接应有防水措施。电缆可以放在沟底，也可放在支架上。

定额编号　YD8-15～YD8-16　铺砂、盖保护板　P_{393}

【应用释义】　直埋电缆的上、下须铺以不小于100mm厚的软土或砂层，并盖以混凝土保护板，其覆盖宽度应超过电缆两侧各50mm，也可用砖块代替混凝土盖板。

在沟底上面铺约100mm厚筛过的软土或细砂层作为电缆的垫层，软土或细砂中不应有石头或其他坚硬杂物，在垫层上面敷设电缆。检查放好的电缆确无受损后，在电缆上面覆盖100mm厚的细砂或软土层，再盖土保护板或砖。板宽应超出电缆两侧50mm，板与板之间应紧靠连接。覆盖土要分层夯实。

8.4 支架、桥架、托盘、槽盒安装

定额编号　YD8-17　复合支架　P_{394}

定额编号　YD8-18～YD8-20　铝合金桥架、托盘安装（断面：宽×高）　P_{394}

【应用释义】　电缆桥架产品结构多样化，除梯级式、托盘式、槽式以外，又发展了组合式、全封闭式。在材料上除了用钢材板材外，又发展了铝合金，追求美观轻便。表面处理方面也有新的突破，一般通用的冷镀锌、电镀锌、塑料喷涂，现在发展到镍合金电镀，其防腐性能比热镀浸锌提高7倍。

定额编号　YD8-21　钢制桥架（t）　P_{394}

【应用释义】　钢制桥架有汇线桥架、大跨距汇线桥架、槽式、托盘式梯级式，还有铝合金、玻璃钢防腐桥架、放火桥架、新型、轻型等。

定额编号　YD8-22　钢制梯架、槽盒、托盘（t）　P_{394}

【应用释义】　钢制桥架、梯架、槽盒、托盘：适用于敷设计算机电缆、通信电缆、照明电缆及其他高灵敏度系统的控制电缆等，具有屏蔽、抗干扰性能，是比较理想的配线产品。钢制槽式桥架不仅可以敷设电缆和导线，还可以安装插座、熔断器、自动开关、吊装灯具等，使工程设计更为方便。

8.5 电缆保护管敷设

8.5.1 金属软管敷设

定额编号　YD8-23～YD8-26　管径（mm）　P_{395}

【应用释义】　管径：通常指公称直径。

金属软管主要材料为金属软管及软管接头。

8.5.2 钢管敷设

定额编号　YD8-27～YD8-32　钢管（管径 mm）　P_{396}～P_{397}

【应用释义】　钢管在工程中得到广泛应用和发展，是由于钢管与其他管材比较有以下特点。

（1）材料强度高。钢管的容重虽然较大，但强度却高得更多，与其他管材相比，钢材的容重与屈服点的比值最小。在相同载荷条件下，采用管材时，整体自重常常小。由于重量轻，便于运输和安装，因此，特别适用于承载大的场所，也适用于可移动、易装拆的位置的

需要。

（2）安全可靠。钢管材质均匀，各向同性，弹性模量大，有良好的塑性和韧性，为理想的弹性-塑性体，较适合作为保护管。因此，安装准确，可靠性较高。

（3）工业化生产程度高。钢管的制造虽需较复杂的机械设备和严格的工艺要求，但与其他管材比较，钢管工业化生产程度最高，能成批大量生产，制造精确度高，可缩短周期、降低造价、提高经济效益。

（4）密闭性较好。由于焊接钢管时可做到完全密封，一些要求气密性和水密性较好的地段的电缆保护管，都可适用。

（5）具有一定的耐热性。

温度在250℃以内，钢管的性质变化很小，温度达到300℃以后，强度逐渐下降，达到450～650℃，强度为零。因此，钢管的防火性较混凝土管为差，一般用于温度不高于250℃的场合。有特殊防火要求的建筑中，钢管必须用耐火材料予以围护。特别是在重要场所，应根据其重要性等级和防火规范加以特别处理。

但是，钢管最大的缺点是易于锈蚀。一般钢管都要经过除锈、镀锌或刷涂料（油漆）的处理，以后隔一定时间又要重新维修，这种经常性除锈、油漆和维护的费用比较高。所以现在采用一种喷涂新工艺，即在严格清洗、除锈的基础上喷铝和锌，其防锈寿命可长达20～30年。

为克服钢管的缺点，在电缆敷设工程中经常用镀锌钢管和无缝钢管。焊接钢管经过镀锌处理后，称为镀锌钢管，俗称白铁管。适合输送电气线路、水、热水、低压蒸汽、煤气等介质。无缝钢管具有承受高压、高温的能力，随着壁厚增加，承受压力及温度的能力也增加，用于输送高压蒸气、高温热水、易燃、易爆及高压流体等介质，可分热轧及冷拔两种管。无缝管标注以外径×壁厚表示，符号$\phi \times \delta$。还可加入少量元素制成锅炉钢管，应用在工艺管道中。

8.5.3 硬塑料管（PVC管）敷设

定额编号 YD8-33～YD8-39 管径（mm） P_{398}

【应用释义】 硬塑料管（PVC管）敷设的主要材料为各种管材。硬PVC管是将PVC树脂与稳定剂、润滑剂等助剂配混，经造粒后再挤出成型制得，也可采用双螺杆（异向）粉料一次成型。硬PVC管耐化学腐蚀、绝缘性能好，主要用于输送各种流体，以及用作电线套管等。硬PVC管易切割、焊接、粘接、加热可以弯曲，因此安装、使用非常方便。

8.6 20kV电缆敷设

定额编号 YD8-40～YD8-44 截面（mm²） P_{399}～P_{400}

【应用释义】 电缆敷设的方式如下。

（1）直埋电缆敷设 将电缆直接埋于地下是一种简单而又经济的敷设方法，同时由于埋在地下，泥土散热性能好，可提高电缆的载流量，但是直埋电缆易受外力损伤，维护更换很不方便，因而它一般适用于城市郊区、交通不密集和使用架空线路有困难的地方。

直埋电缆敷设的方法和要求如下。

①敷设电缆前，首先要选定好电缆路径，电缆路径应避开需施工和电缆易受损伤（如机械性损伤、热影响、水浸泡、化学腐蚀等）的地方。

②挖沟的深度应使电缆埋置后的表面距地面的距离不小于0.7m；电缆穿越农田时，为了防止被拖拉机挖伤，其埋置深度不应小于1m；在电缆自土沟引入建筑物及地下建筑物交叉处不能到埋设深度时，可将电缆穿入保护管内，以防止电缆受到外部的机械损伤。保护管的管口应加以堵塞以防进水。

③在冻土层较深的地区，电缆应埋设在冻土层以下。当冻土层太深，挖沟和埋设电缆有困难时，可采取在沟底砌槽填砂等保护措施，防止电缆受冻而损坏。

④挖沟的宽度根据敷设电缆的根数而定，如果沟内只埋一根电缆，其宽度以施工人员能在沟中挖掘和施放电缆为宜。如果数根电缆埋在同一沟内，则应考虑电缆散热等因素。电力电缆间或电力电缆与控制电缆间平行敷设时允许的最小净距，10kV以下电缆为100mm，10kV以上电缆为250mm。靠边的电缆与沟壁之间需有50～100mm的净距。根据这些要求和电缆的外径，可计算出电缆沟底宽度的最小需要尺寸，沟顶的宽度则比沟底多200mm，如图8-3所示。

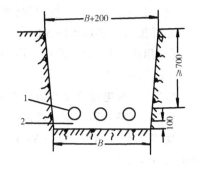

图8-3 电缆土沟（单位：mm）
1—电缆；2—电缆底下铺砂；
B—沟底宽

⑤电缆与铁路、公路等交叉以及穿过建筑物时，可将电缆穿入电缆管中，以防止电缆受到机械损伤，同时也便于日后拆换电缆。管子距轨道低或路面的深度不应小于1m，管子的长度应伸出路面两边各2m以上。

⑥土沟挖好后，可在沟底铺一层100mm厚的细砂或松土作为电缆的垫层。

⑦可用人工或卷扬机牵引敷设电缆，也可两者兼用。在沟中每隔2m放置一个滚轮，将电缆端头从电缆盘上引出放在滚轮上，然后用绳子扣住电缆向前牵引，如果电缆较长和较重，除了在电缆端头牵引外，还需要一部分人员在电缆中部帮助拖拉，并监护电缆在滚轮上的滚动情况。当电缆线路全部牵引完后，可将电缆逐段提起移去滚轮，慢慢将它放入沟底。

⑧敷设电缆时，要缓慢牵引。敷设在沟底的电缆不必将它拉得很直，而需要有一些波形，使其长度较沟的长度多0.5%～1.0%，这样可以防止由于温度降低使电缆缩短而承受过大的拉力。

(2) 电缆在排管内敷设。用来敷设电缆的排管是用预制好的管块拼接起来的。使用时按需要的孔数选用不同的管块，以一定的形式排列，再用水泥浇成一个整体，每个孔中都可以穿一根电力电缆，所以这种方法敷设电缆根数不受限制，适用于敷设塑料护套或裸铅包的电缆。

电缆排管过去一般都用水泥制成600mm长的短管，每块排管3～6孔，孔的内径为电缆外径的2～2.5倍。这种排管施工很麻烦，工程量大，工艺要求较高。现在多用2～4m的长管集中铺设。铺设排管的底部土壤应逐层夯实，必要时可铺设3∶7灰土垫层、碎石垫层或混凝土垫层，以防沉陷而损伤电缆，给检修、更换或添装新电缆造成困难。排管的接口应对准，连接处应平滑，高低一致，并做好密封处理。为了方便施工和检修，在直线段每隔100～200m，以及在排管的转弯和分支处应设置人孔井，以便于电缆的穿入或抽出。当有电缆中间接头时，人孔井的尺寸还需要考虑中间接头的安装、维护和检修的方便。在人孔井内电缆孔两侧的井壁上对称预埋两个锚环（终端人孔井中预埋于电缆孔的对侧井壁上），便于拉电缆时使用。锚环的强度及预埋深度应根据牵引力的大小来考虑。

我国的电缆排管多采用水泥石棉管，即以钢筋混凝土作为保护结构，内部衬以石棉管，二者兼优，但制作工艺较为复杂。目前，国外有采用高强度塑料管作保护管的趋势，如日本已大量用SVP型高强度聚合物管作保护管。这种保护管只需开挖适当宽度的沟道，平整沟底，将预制的管枕以一定的间隔放入挖好的沟中，分层排放管子，妥善处理连接管子的接头，然后回填经筛选的细土分层夯实。施工方法简单、省力、省时，这种管材具有柔韧性，在道路情况变化时，可以灵活地改变方向，施工方便。

（3）电缆敷设于隧道内。隧道内的电缆一般敷设在电缆支架上，以免沟道内滞积水、灰、油时使电缆护层遭受腐蚀而影响电缆的安全运行。电缆支架有圆钢支架、角钢支架、装配式支架、电缆托架及电缆桥架等多种。

定额编号　YD8-45～YD8-48　单芯电缆（截面 mm²）　P_{401}～P_{402}

【应用释义】　电缆敷设：应用释义见第8章电缆第二部分定额释义中定额编号 YD8-43～YD8-47 应用释义。

8.7　户内电缆终端头制作安装

8.7.1　户内环氧树脂浇注式电力电缆终端头制作安装

定额编号　YD8-49～YD8-53　1kV（截面 mm²）；YD8-54～YD8-57　20kV（截面 mm²）；P_{403}～P_{406}

【应用释义】　户内环氧树脂浇注式电力电缆终端制作安装的主要材料是终端盒外壳。电缆终端头集防水、应力控制、屏蔽、绝缘于一体，具有良好的电气性能和力学性能，能在各种恶劣的环境条件下长期使用。具有重量轻、安装方便等优点。电缆终端头广泛应用于电力、石油化工、冶金、铁路港口和建筑各个领域。按使用条件分为户内电缆终端头和户外电缆终端头。

8.7.2　户内干包式电力电缆终端头制作安装

定额编号　YD8-58～YD8-63　1kV（截面 mm²）　P_{407}～P_{408}

【应用释义】　电缆作为传输线输送电能，总归要有终端。电缆通过终端接头盒与变压器、架空线路相连接。电缆的使用长度也受到制造的限制。对于较长线路，须将两段或多段电缆连接起来，这就需要连接盒。对于高压线路，为了减少金属护套（金属屏蔽层）的感应电动势，需要绝缘外套连接接头盒实行护套的换位连接。对充油电缆，为了便于运行和维护，供油系统要分段隔开，需采用阻止式连接接头盒。

8.7.3　户内辐射交联热（冷）收缩电力电缆终端头制作安装

定额编号　YD8-64～YD8-68　1kV（截面 mm²）；YD8-69～YD8-72　20kV（截面 mm²）；P_{409}～P_{412}

【应用释义】　辐射交联是专指利用各种辐射引发聚合物高分子长链之间的交联反应的技术手段。这里的"辐射"专指各种核辐射如电子束、γ射线、中子束、粒子束等，光辐射如紫外光等的应用则属于光化学领域，也可利用紫外光引发交联反应，称为光交联。其制作安装的主要材料：热（冷）收缩配件。

8.7.4　户内预制式电缆头制作安装

定额编号　YD8-75～YD8-79　20kV（截面 mm²）　P_{413}～P_{414}

【应用释义】　预制式电缆头是用用乙丙橡胶、硅橡胶或三元乙丙橡胶制作的成套模压件。其中包括应力锥、绝缘套管及接地屏蔽层等各部件，现场只需将电缆绝缘做简单的剥切后，即可进行装配。可做成户内、户外或直角终端，用在35kV及以下的塑料绝缘的电缆线路中。

8.8　户外电力电缆终端头制作安装

8.8.1　户外环氧树脂电力电缆终端头制作安装

定额编号　YD8-80～YD8-83　20kV（截面 mm²）　P_{415}～P_{416}

【应用释义】　按使用条件分为：户内电缆终端头和户外电缆终端头。其制作安装的主要材料是电缆头外壳。详细解释见8.7.1户内环氧树脂浇注式电力电缆终端头制作安装。

8.8.2　户外干包式电力电缆终端头制作安装

定额编号　YD8-84～YD8-89　1kV（截面 mm²）　P_{417}～P_{418}

8.8.3 户外辐射交联热（冷）收缩电力电缆终端头制作安装

定额编号　YD8-90～YD8-93　20kV（截面 mm²）　P_{419}～P_{420}

【应用释义】　终端头：电缆线路两末端的接头称为终端头。详细解释见 8.7.3 户内辐射交联热（冷）收缩电力电缆终端头制作安装。

8.8.4 户外预制式电缆终端头制作安装

定额编号　YD8-94～YD8-97　20kV（截面 mm²）　P_{421}～P_{422}

【应用释义】　详细解释见 8.7.4 户内预制式电缆头制作安装。

8.9 电力电缆中间头制作安装

8.9.1 环氧树脂浇注式电力电缆中间接头制作安装

【应用释义】　电缆接头又称电缆头。电缆铺设好后，为了使其成为一个连续的线路，各段线必须连接为一个整体，这些连接点就称为电缆接头。电缆线路中间部位的电缆接头称为中间接头，而线路两末端的电缆接头称为终端头。电缆接头用来锁紧和固定进出线，起到防水防尘防震动的作用。按安装场所可分为户内式和户外式两种。按制作安装材料又可分为热缩式（最常用的一种）、干包式，环氧树脂浇注式及冷缩式。

定额编号　YD8-98～YD8-101　20kV（截面 mm²）　P_{423}～P_{424}

【应用释义】　环氧树脂电缆中间接头的制作方法：环氧树脂电缆中间接头是采用铁皮模具在现场浇注成型，等环氧树脂浇注料固化后将模具拆除而成。铁皮模具可做成两半，用螺栓组装固定。环氧树脂电缆中间接头制作工艺如下。

①准备工作　把所需材料和工具准备齐全，核对电缆规格型号，测量绝缘电阻、确定剥切尺寸、锯割电缆铠装、清擦电缆铅（铝）包。

②剖切铅（铝）包　为了便于弯曲线芯和校正线芯、剖切铅（铝）包的长度比（$\frac{L}{2}$－A）加长 30mm。将喇叭口以下 60mm 的一段铅（铝）包用汽油洗净打毛，然后用聚氯乙烯带作临时包缠，以防弄脏，将喇叭口以上部分的铅（铝）包剥除。

③胀喇叭口、撕统包绝缘　用专用工具胀喇叭口，然后将喇叭口以上 25mm 一段统包绝缘用聚氯乙烯带包缠保护。其余统包绝缘纸逐层撕去。分开线芯，并用蘸汽油的布把线芯绝缘擦洗干净。

④校正线芯　为使线芯绝缘不受损伤或弄脏，可在三根线芯上用聚氯乙烯带临时包缠，随后在线芯三叉口处塞入三角木模，用手轻轻把线芯弯曲，并进行校正。

⑤剥切线芯端部绝缘　剥切长度为钳压接管长度的 $\frac{1}{2}$ 加 5mm。

⑥压接　将要连接的两线芯端部从压接管两端插入，进行压接。应注意不要伤及三叉口纸绝缘。压好后，先将压接管表面用锯条拉毛，用汽油或无水乙醇洗净；然后把事先缠在各线芯绝缘、统包绝缘及铅（铝）包上的临时包带拆除，并拆去三角木模。

⑦涂包绝缘　首先对每根线芯进行涂包，方法和环氧树脂终端头相同，以半叠包方式，边涂边包。先在各线芯上（包括压接管）涂包 2 层，再在压接管上加包 2 层（即压接管上共涂包 4 层）。压接管的压坑应用涂料或蘸有涂料的无碱玻璃丝带填满。线芯涂包完后，即开始在两端的统包三叉口处涂包，先在统包处涂包 2 层，再在三叉口处交叉压紧 4～6 次，再沿统包一直包到喇叭口外侧 60mm 处的铅（铝）包上，共涂包 2～3 层。涂包完毕后，可用红外线灯泡对线芯及两端涂包处加热，直至涂料完全固化。

⑧安装模具、浇注环氧树脂浇注料　将模具内壁涂上一层薄薄的脱模剂（如高温汽缸

油、硅油、电缆油），并在接头两端喇叭处外侧40mm铅（铝）包上用塑料带重叠包缠至其厚度与模具两端口径相同，将模具固定在上面。应注意使电缆三根线芯放在模具的中央。将模具固定好后，即可浇注环氧树脂浇注料。由于中间接头浇注量较大，可用两只小铁桶同时配制浇注料，从模具浇注口的两端同时浇入，直浇到与浇注口平为止。待环氧树脂浇注料完全固化后，才可将模具拆除，并应用汽油将接头表面的脱模剂清洗干净。

⑨焊接接地线　将接头两端的铅（铝）包及钢带用多股软铜线焊好接地。其焊接方法与电缆终端头相同。

中间头：电缆线路的中间接头称为中间头。它的主要作用是使电缆保持密封，使线路畅通，并保证电缆接头处的绝缘等级，使其安全可靠的运行。

8.9.2　辐射交联热收缩电力电缆中间接头制作安装

定额编号　YD8-102～YD8-105　1kV（截面 mm^2）；YD8-106～YD8-109　20kV（截面 mm^2）；P_{425}～P_{426}

【应用释义】　中间头：中间头连接盒的作用是将两根制造长度的电缆连接起来，以满足实际工程长度的需要。连接的原则是保证线芯良好连接，绝缘部分有完好的电气性能，金属屏蔽处电场均匀分布。

根据绝缘不同，可分为油浸纸绝缘连接盒和橡胶绝缘连接盒两大类。

(1) 油浸纸绝缘电缆的连接接头盒　电压较低的黏性浸渍纸绝缘电缆导电线芯是通过连接套，采用冷焊压接芯连接起来，而不允许用焊接或煅接，以防止对油的污染和造成老化。靠近连接端的电缆绝缘（工厂绝缘）一般切削成阶梯或锥形面（反应力锥），然后包缠填充绝缘至与电缆绝缘外径相同，再在其外包绕、增绕绝缘。增绕绝缘两端形成应力锥面。应力锥面和反力锥面均按其表面的切向场强为一常数设计的。两根相接的电缆的屏蔽用经过应力锥及增绕绝缘表面上包缠的导体（如铅丝）完全连接起来，形成等位面。整个装置与压力供油箱连通，保证油的供给和循环，黏性浸渍纸绝缘电缆的连接盒内应灌满电缆胶。

为了减少金属护套损耗。长电缆线路各相电缆的金属护套需交叉换位互换接地，这时电缆的连接须用绝缘接头盒。其内绝缘结构尺寸和普通接头相同。但增绕绝缘外缠绕的半导体纸和金属接地层都要在接头中间断开、不能连续。接头和外壳钢管中间部分用环氧树脂绝缘片或瓷质绝缘垫片隔开，使电缆的金属屏蔽层（金属护套）在轴向绝缘。

为了防止电缆故障漏油扩大到整个电缆线路，并分隔电缆线路油压，使各段电缆内部压力不超过允许值及减少暂态油压的变化，往往采用塞止式连接盒。其只作电缆的电气连续，将被连接的电缆油道隔开，使油流互不相通。其结构分单室和双室两种。它们是用一个（单式）和两个（双室）环氧树脂套管（或瓷套管）将被连接的两根电缆的油流分开。

(2) 橡胶绝缘电缆连接盒　橡塑绝缘电力电缆一般没有金属护套和浸渍剂，故只需用普通连接盒将电缆各制造长度连接起来。过去按照制造工艺分为绕包带型、模塑型和压力浇注型等类型。随着工艺技术的发展，目前橡塑绝缘电缆的附件装置主要以预制式为主。

对35kV以下的电缆，导电线芯连接以后，在原有工厂绝缘的上面套有一热缩材料制成的应力管，然后再做其他部分的连接处理。热缩应力管，是由聚乙烯料加入一定的配合剂，经辐照交联后制成。这种管材具有"记忆"效应，即按预定尺寸制成后，经冷扩工艺过程，然后安装在接头处，再予以加热，管材会自动收缩到原先的尺寸，应力管便牢牢套在工厂绝缘上。对于高压交聚乙烯绝缘电力电缆的连接盒。目前主要是在金属屏蔽层边缘的电场集中处安装以预制成的应力锥。

8.9.3 预制式电力电缆中间接头制作安装

定额编号 YD8-110~YD8-113 20kV（截面 mm² 以下） P_{427}~P_{428}

【应用释义】 电缆预制式中间接头是工厂预制的橡胶模制接头部位套装在经处理的电缆连接处而形成的接头，其结构和材料的选择主要为了解决两个问题：一是保证导体（高电位）与外屏蔽（零电位）之间的绝缘；二是解决屏蔽切断点的应力控制。

8.10 控制电缆头制作安装

8.10.1 控制电缆终端头制作安装

定额编号 YD8-114~YD8-117 芯数 P_{429}~P_{430}

【应用释义】 控制电缆终端头制作：可采用聚氯乙烯绝缘带包缠或聚氯乙烯套封端。如果是油浸纸绝缘控制电缆，同样要考虑漏油问题。可采用干包式或环氧树脂浇注式，制作方法和电力电缆终端头制作方法相同。其制作步骤如下。

①按实际需要长度量出切割尺寸，打好接地卡子，即可剥去钢带和铅包。

②剥去铅包以后，先将线芯间的填充物用刀割去，分开线芯，套好聚氯乙烯软管（塑料绝缘电缆不必套），用扎线在喇叭口上将软管及芯线扎紧，再用聚氯乙烯带包缠喇叭口上下，边包边涂聚乙烯胶，包成倒圆锥形，然后将电缆终端套套紧在聚氯乙烯带层上。

③套上终端套后，最好将其上口与线芯结合处用聚氯乙烯带包缠4~5层，边包边刷聚乙烯胶。

8.10.2 屏蔽电缆终端头制作安装

安额编号 YD8-118~YD8-124 芯数 P_{431}~P_{432}

【应用释义】 屏蔽电缆是在传输电缆外加屏蔽层方式形成的抗外界电磁干扰能力的电缆。这种电缆的屏蔽层大多采用编织成网状的金属线或采用金属薄膜，有单屏蔽和多屏蔽多种不同方式。屏蔽电缆是装有金属带的、做过屏蔽处理的电力电缆。

8.11 电缆防火设施安装

安额编号 YD8-125 阻燃槽盒 P_{433}

【应用释义】 阻燃槽盒：在电缆敷设方向上每隔一定距离放置一阻燃槽盒，可以阻止着火时火势的持续前进。

定额编号 YD8-126~YD8-127 防火隔板（m²） P_{433}

【应用释义】 防火隔板：一般来说，为了保证防火墙的效能，在消防薄弱部位的电缆敷设中，必须设置防火隔板，防火隔板可用非燃烧材料（钢板、镀锌薄钢板、石棉板、矿棉）制成非燃烧体的板，也可用燃烧材料（木板、毛毡）制成难燃烧体的防火隔板。难燃烧体防火隔板是用一、二层木板交替排列钉在一起，用5~7mm厚的石棉板或厚15mm以上浸过泥浆的毛毡作夹层，从一面或两面，把木板包严，然后，在表面上再钉镀锌薄钢板。非燃烧体防火隔板，用型钢框架和6mm厚钢板制成，具有0.60h耐火极限。

定额编号 YD8-128 防火堵料（t） P_{433}

【应用释义】 防火堵料：为防止电缆着火后延长着火范围而在电缆穿过墙时的保护管外应浇注水泥砂浆以堵实。

定额编号 YD8-129 防火涂料（t） P_{433}

【应用释义】 防火涂料：一种高分子化合物涂料，它可喷洒于物体表面以达到防火的目的。

单根电缆可以穿过分类墙体和墙极，只要留孔截面用砂浆或混凝土将其完全封闭。如果是多根电缆或成束电缆穿过，则加护壁。露天放置的或在电缆沟、竖井内铺设的带可燃性绝缘层的电缆，经一定预热后就会发生燃烧，并沿着电缆沟蔓延。所以，在发生火灾时为保证安全，所使用的电缆和电线必须加以防火，电力电缆和控制电缆应分开放在不同的电缆沟和竖井内。如果放在一条电缆沟内应安装防火隔板将其隔开。为防止从外部引起的火灾，电缆可以用形成泡沫层的涂料和涂层加以保护。这种防火剂能在着火时迅速形成一种微孔的、体积迅速膨胀的绝缘泡沫。

定额编号　YD8-130　防火带（100m）　P_{433}

【应用释义】　防火包带是一种用于电力电缆、通信电缆的防火阻燃的新型产品，具有防火阻燃性、自黏性、可操作性等优点，在使用时无毒无味、无污染，在电缆的运行中不影响电流的载流量。由于防火包带缠绕于电缆护套外表，当火灾发生时，能迅速形成阻火隔热的炭化层，从而阻止电缆的燃烧。

定额编号　YD8-131　防火墙（m^2）　P_{433}

【应用释义】　户外电缆沟内的隔断采用防火墙。对于阻燃电缆，在电缆沟每隔80~100m处设置一个隔断；对于非阻燃电缆，宜每隔60m设置一个隔断，一般设置在临近电缆沟交叉处。电缆通过电缆沟进入保护室、开关室等建筑物时，采用防火墙进行隔断。

定额编号　YD8-132　防火包（t）　P_{433}

【应用释义】　防火包外层采用由编织紧密、经特殊处理、耐用的玻璃纤维布制成袋状，内部填充特种耐火、隔热材料和膨胀材料，防火包具有不燃性，耐火极限可达4h以上，在较高温度下膨胀和凝固。形成一种隔热、隔烟的密封，且防火抗潮性好，不含石棉等有毒物成分。防火包可有效地用于发电厂、工矿企业、高层建筑、石化等电缆贯穿孔洞处作防火封堵，特别适用于需经常更换或增减电缆的场合或施工工程中暂时性的防火措施。

8.12　集束导线安装

定额编号　YD8-133~YD8-135　二芯　P_{434}

【应用释义】　见第一部分、一、11释义。

定额编号　YD8-136~YD8-139　四芯　P_{434}

【应用释义】　主要优点有：①降低损耗，提高供电质量；②不占线路走廊、有效防止漏电、窃电，安全可靠，造型美观；③节约金具和电杆、拉线，施工简便、投资价值高。

第三部分　工程量计算实例

【例8-1】　某地区因为地铁修建施工，导致附近广场路面（混凝土路面）开裂沉降，厚度为100mm，面积约为430 m^2。针对此问题，需要对该路面进行修整开挖，主要的工作内容：测量、划线、混凝土路面切割、挖掘、路面修复、余土外运。试求出该工程量，清单工程量及定额工程量。

【解】　（1）清单工程量　人工开挖路面清单工程量计算规则：以路面材质的不同选取，同时考虑路面的厚度，以"$100m^2$"为计量单位，该施工的工程量为2.3。

基本计价材料数据：

①石灰粉（kg）：0.1650；

②载重汽车5t（台班）：0.0430；

③电动空气压缩机，排气量10m^3/min（台班）：0.0430。

清单工程量计算见表8-10。

表 8-10 清单工程量计算表

项目编号	项目名称	项目特征描述	计量单位	工程量
HT8202A18001	混凝土路面开挖	混凝土路面,路面厚度100mm	100m²	4.3

(2) 定额工程量 人工开挖路面 4.3 (100m²)。

由题干可知该项人工开挖路面是混凝土路面,厚度为 100mm,对其进行测量、划线、混凝土路面切割、挖掘,路面修复,余土外运,人工开挖路面的工程量为 4.3。则套用电力预算定额 YD8-1。

① 人工费:9.29 元/(100)m²×4.3 (100)m²=39.947 元

② 材料费:0.03 元/(100)m²×4.3 (100)m²=0.129 元

③ 机械费:29.96 元/(100)m²×4.3 (100)m²=128.828 元

定额工程量计算见表 8-11。

表 8-11 定额工程量计算表

定额编号	项目名称	单位	数量	人工费	材料费	机械费
YD8-1	人工开挖路面	100m²	4.3	39.947	0.129	128.828

【例 8-2】 全长 260m 的电力电缆直埋工程,单根埋设时下口宽度为 400mm,深度为 1200mm,现因为用电安全需要同沟并排埋设 6 根电缆。

试求:(1) 挖填土方量为多少?

(2) 已知直埋的 6 根电缆横向穿过混凝土铺设的公路,路面宽为 28m,混凝土路面厚 200mm,电缆保护管为 SC80,埋设深度为 1.5m,计算路面开挖工程量。

直埋电缆挖土(石)方量计算见表 8-12。

表 8-12 直埋电缆挖土(石)方量

项目名称	电缆根数	
	1~2 根	每增加 1 根
每米沟长挖填土方量/m³	0.45	0.153

说明:1. 两根以内电缆沟,按上口宽度为 600mm,下口宽度为 400mm,深度为 900mm 计算常规土方量。

2. 每增加一根电缆,其沟宽增加 170mm。

【解】 (1) 挖填土方量计算 标准电缆沟上口宽度 $a=0.6$m,下口宽度 $b=0.4$m,沟深 $h=0.9$m,则电缆沟边坡放坡系数为:$\zeta=(0.2/0.9)=0.22$。

注释:0.2 为下口宽度与上口宽度的偏差,即 $0.6-0.4=0.2$。

由题干已知下口宽度为 $a=0.6$m,沟深 $h'=1.2$m,所以上口宽为:

$a'=a+2\zeta h'=(0.6+2\times0.22\times1.2)m=1.13$m

根据清单规范及注释可知同沟并排 6 根电缆,其电缆上下口宽度均增加 $0.17\times4=0.68$m,则挖填土方量为:

$V'=(1.13+0.68+0.4+0.68)\times1.2/2\times260$ m³ $=450.84$m³

【注释】 1.13 为上口宽度,0.68 为上口增加的宽度,0.4 为下口宽度,0.68 为下口增加的宽度,1.2 为沟的深度,260 为电力电缆直埋工程的长度。

(2) 路面开挖填土方量计算 已知电缆保护管为 SC80,根据电缆过路保护管埋地敷设土方量及计算规则求得电缆沟下口宽度为:

$b_1=(0.08+0.003\times2)\times6+0.3\times2m=1.11$m

注释：根据《电力建设工程预算定额（2013年版）第三册 电气设备安装工程》的工程量计算规则：无施工图的，一般按照沟深0.9m、沟宽按最外边的保护管两侧边缘外各增加0.3m工作面计算，则增加宽度为$0.3×2$m=0.6m。0.08为SC80的直径，0.003为管壁厚度，6为并排埋设电缆的数量，则并排埋设6根电缆的宽度为$(0.08+0.003×2)×6$m=0.516m。

缆沟边放坡系数$\zeta=0.22$，则电缆沟上口宽度为：

$a_1=b_1+2\zeta h_1=(1.116+2×0.22×1.5)$ m=1.77m

其中人工挖路面厚度为200mm、宽度为28m的路面面积工程量为：

$S=a_1B=(1.77×28)$m^2=49.56m^2

根据有关规定，电缆保护管横穿道路时，按路基宽度两端各增加2m，则保护管SC80总长度为：

$L=(28+2×2)×6$m=192m

注释：28为路面宽度，2为路基宽度增加的长度，2为路基的两端，6为并排埋设电缆的数量。

则路面开挖填土方量为：

$V=\{(1.11+1.77)×1.5/2×32-49.56×0.2\}$ m^3=59.20m^3

清单工程量计算见表8-13。

表8-13　清单工程量计算表

序号	项目编号	项目名称	项目特征描述	计量单位	工程量
1	BA6101A12001	挖一般土方	深度1.2m	m^3	450.84
2	BA6101A13001	挖沟槽土方	电缆保护管为SC80，深度1.5m	m^3	59.20

（3）定额工程量

①挖填土（普通土）450.84m^3　套用电力预算定额YD8-7。

a. 人工费：11.10元/m^3×450.84m^3=5004.324元

b. 机械费：1.01元/m^3×450.84m^3=455.348元

②铺砂、盖砖2.6（100m）

a. 1~2根电缆的定额工程量计算　套用电力预算定额YD8-13。

人工费：172.76元/（100m）×2.6（100m）=449.176元

材料费：869.45元/（100m）×2.6（100m）=2260.57元

机械费：158.74元/（100m）×2.6（100m）=412.724元

b. 每增加一根电缆的定额工程量计算　套用电力预算定额YD8-14。

人工费：46.33元/（100m）×2.6（100m）=120.458元

材料费：359.05元/（100m）×2.6（100m）=933.53元

机械费：79.37元/（100m）×2.6（100m）=206.362元

定额工程量计算见表8-14。

表8-14　定额工程量计算表

序号	定额编号	项目名称	单位	数量	人工费/元	材料费/元	机械费/元
1	YD8-7	挖填土（普通土）	m^3	450.84	5004.324		455.348
1	YD8-7	挖填土（普通土）	m^3	450.84	5004.324		455.348
3	YD8-14	每增加一根电缆	(100m)	2.6	120.458	933.53	206.362

【例 8-3】 某起重设备工程中局部的铝合金桥架、托盘安装工程。已知桥架、托盘的截面（宽×高）：600mm×150mm，工作的主要内容为定位、支架安装、本体固定、连接、接地、补漆、盒盖安装。需要安装的长度为 4.3m，共需要 3 根。未计价材料包括：支架、桥架、托盘、槽盒。试计算出该工程量，并列出清单工程量与定额工程量。

【解】 （1）清单工程量
长度：(4.3×3)m $= 12.9$m
【注释】 4.3 为每根需要安装的长度，3 为安装的数量。桥架、托盘清单工程量计算规则：以考虑桥架、托盘的截面为基础，桥架、托盘的安装以"m"为计量单位，该桥架、托盘安装的工程量为 12.9m。

基本计价材料数据：
① 电焊条 J507（kg）：0.4310；
② 钢管脚手架，包括扣件（kg）：4.1250；
③ 木脚手板 50×250×4000（块）：0.0410；
④ 钢锯条，各种规格（根）：0.2200；
⑤ 交流电焊机，21kV·A（台班）：0.0620。
清单工程量计算见表 8-15。

表 8-15 清单工程量计算表

项目编号	项目名称	项目特征描述	计量单位	工程量
HT8205F11001	桥架、托盘的安装	截面（宽×高）：600mm×150mm	m	12.9

（2）定额工程量 桥架、托盘的安装 12.9m。
定额工程量计算规则：不锈钢桥架执行钢桥架定额乘以系数 1.1；复合桥架、托盘、槽盒按铝合金桥架、托盘、槽盒乘以系数 1.3。电缆桥架托盘、槽盒的安装定额均按生产厂家供应成套产品，现场直接安装考虑的。由题干可知该桥架、托盘的安装采用的是截面（宽×高）：600mm×150mm。桥架、托盘的安装工程量为 12.9m。则套用电力预算定额 YD8-19。
① 人工费：11.28 元/m×12.9m = 145.512 元
② 材料费：27.36 元/m×12.9m = 352.944 元
③ 机械费：3.57 元/m×12.9m = 46.053 元
定额工程量计算见表 8-16。

表 8-16 定额工程量计算表

定额编号	项目名称	单位	数量	人工费	材料费	机械费
YD8-19	桥架、托盘的安装	m	12.9	145.512	352.944	46.053

【例 8-4】 某工厂车间进行线路（额定电压：10kV）检查维护，需要重安装线缆，如图 8-4，电缆（电缆型号：ZLQ2-13 × 240，截面面积 20mm^2）经电杆（杆高 9m）A1 引入地下埋设，引至 11 号厂房的动力箱 D11（动力箱高 1700mm，宽 700mm），试计算定额工程量及清单工程量。

【解】 （1）清单工程量

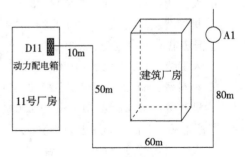

图 8-4 电缆埋设示意图

① 电缆沟挖填土方量

(2.28+80+60+50+10+2.28+0.4)m=204.96m

(204.96×0.45)m³=92.23m³

【注释】 2.28 为电缆沟拐弯时应预留的长度，共拐了 2 个弯；(80+50+60+10) 为从电杆到配电箱的总距离；0.4 为从室外进入室内道动力箱 D11 的距离。

② 电缆埋设的工程量

(2.28+80+60+50+10+2.28+2×0.8+0.4+2.4)m=208.96m

【注释】 2.28 为电缆沟拐弯时应预留的长度，共拐了 2 个弯；2.4 为动力箱的宽加高；0.4 为从室外进入室内道动力箱 D11 的长度；0.8 为从电杆引入电缆沟预留的长度或电缆进入建筑物预留的长度。

③ 电缆沿杆设

[9+1（杆上预留长度）]m=10m

④ 电缆保护管敷设：1 根

⑤ 电缆铺砂盖砖

(2.28+80+60+50+10+2.28)m=204.56m

【注释】 具体数据解释件电缆沟挖土方计算注释。

⑥ 室外电缆头制作：1 个。

⑦ 室内电缆头制作：1 个。

⑧ 电缆试验：2 次、根。

⑨ 电缆沿杆上敷设支架：3 套。

⑩ 动力箱安装：1 台。

⑪ 动力箱基础槽钢 8 号：2.2m。

清单工程量计算见表 8-17。

表 8-17 清单工程量计算表

序号	项目编号	项目名称	项目特征描述	计量单位	工程量
1	BA6101H15001	配电箱	悬挂式	台	1
2	BA6101G11001	电力电缆敷设	铜芯材质，型号：ZLQ2-13×240，截面面积 20mm²	m²	08.96
3	BA6101G16001	挖填土方	普通土	m³	92.23

(2) 定额工程量

① 电缆沟挖填土方 92.23 m³ 参考《电力建设工程预算定额（2013 年版）第四册 输电线路工程》。套用电力预算定额 YX2-15。

a. 人工费：21.22 元/m³×92.23 m³=1957.12 元

b. 机械费：3.05 元/m³×92.23 m³=281.30 元

② 铜芯电缆电力电缆：2.09(100m) 套用电力预算定额 YD8-41。

a. 人工费：149.53 元/(100m)×2.09(100m)=312.52 元

b. 材料费：64.25 元/(100m)×2.09(100m)=134.28 元

c. 机械费：11.62 元/(100m)×2.09(100m)=24.28 元

③ 配电箱：1 台 套用电力预算定额 YD5-37。

a. 人工费：87.13 元/台×1 台=87.13 元

b. 材料费：31.63 元/台×1 台=31.63 元

c. 机械费：51.45元/台×1台=51.45元

定额工程量计算见表8-18。

表8-18 定额工程量计算表

序号	定额编号	项目名称	单位	数量	人工费	材料费	机械费
1	YX2-15	电缆沟挖填土方	m³	92.23	1957.12	281.30	
2	YD8-41	铜芯电缆电力电缆	(100m)	2.09	312.52	134.28	24.28
3	YD5-37	配电箱	台	1	87.13	31.63	51.45

【例8-5】 如图8-5所示，电力电缆线有由配电室1号低压盘通地沟引至室外，入地埋设引至15号厂房的D1动力箱，已知低压盘为BSF-1-21（高2.2m，宽0.9m），动力箱为XL（F）-15-0042（高1.8m，宽0.8m）。工作的主要内容为测量尺寸、锯电缆、切割护层、焊接地线、压端子、加强绝缘层、浇注环氧树脂热（冷）收缩配件、校线、接线（与设备）。试计算出该工程量，并列出清单工程量与定额工程量。

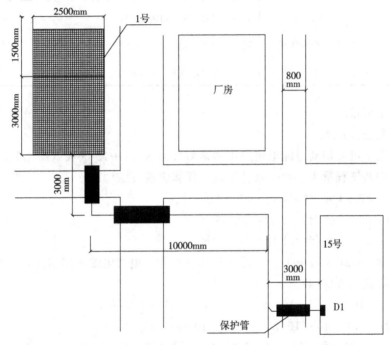

图8-5 电缆埋设示意图

【解】 （1）清单工程量

①动力配电箱：1台。

②电缆沟挖填土

a. (30+100+40+30−8×3+2.28×2)×0.45m³=180.56×0.45m³=81.25m³

【注释】 水平面电缆的长度为（30+100+40+30），扣除3个保护管所占去的长度8×3，（8为1个保护管的长度），2.28为备用长，两边均要预留备用长，故有2.28×2，0.45为挖填土的截面面积。

b. 每增1根电缆挖填土方：180.56×0.153 m³ = 27.63m³

总工程量为：(81.25+27.63)=108.88 m³

③电缆埋设（3根）

[30+0.8+2.28+30+100+40+30+2.28+(1.8+0.8)−8×3−5×3] m=626.88m

【注释】 30 为由 1 号盘引入外墙的长度，0.8 为埋设的深度，2.28 为备用的长度，(1.8+0.8) 为（箱高+宽），8×3 为过马路管的长度，5 为保护管的长度。

④电力电缆终端头制作安装

(2×3) 个＝6 个

⑤电力电缆中间头制作安装

(2×3) 个＝6 个

未计价材料：电缆头、终端盒、保护盒、插接式成品头、支架。

清单工程量计算见表 8-19。

表 8-19 清单工程量计算表

序号	项目编号	项目名称	项目特征描述	计量单位	工程量
1	BA6101H14001	动力配电箱	型号：XL（F）-15-0042（高 1.8m，宽 0.8m）	台	1
2	BA6101G11001	电缆沟挖填土	每增 1 根电缆	m³	108.88
3	BA6101G17001	电缆埋设	材质：铜芯，电力电缆；3 根	m	626.88
4	BA6101 G17002	电力电缆终端头	制作、安装，截面积 10 mm²	个	6
5	BA6101 G17003	电力电缆中间头	制作、安装，截面积 10 mm²	个	6

(2) 定额工程量

①动力配电箱：1 台。

由题干和图示可知该动力配电箱采用的是型号为 XL(F)-15-0042（高 1.8m，宽 0.8m）。动力配电箱的安装工程量为 1 台。则套用电力预算定额 YD5-37。

  a. 人工费：87.13 元/台×1 台＝87.13 元

  b. 材料费：31.63 元/台×1 台＝31.63 元

  c. 机械费：51.45 元/台×1 台＝51.45 元

②电力电缆：6.26（100m） 由题干和图示可知该电力电缆采用铜芯，工程量为 6.26，则套用电力预算定额 YD8-41。

  a. 人工费：149.53 元/（100m）×6.26（100m）＝936.06 元

  b. 材料费：64.25 元/（100m）×6.26（100m）＝402.21 元

  c. 机械费：11.62 元/（100m）×6.26（100m）＝72.74 元

③电力电缆终端头制作、安装：6 个 由题干可知该电力电缆终端头的截面积为 10mm²，由已知图示算量知工程量为 6，则套用电力预算定额 YD8-80。

  a. 人工费：85.23 元/个×6 个＝511.38 元

  b. 材料费：175.18 元/个×6 个＝1051.08 元

  c. 机械费：15.84 元/个×6 个＝95.04 元

④电力电缆中间头制作、安装：6 个 由题干可知该电力电缆中间头的截面积为 10mm²，由已知图示算量知工程量为 6，则套用电力预算定额 YD8-98。

  a. 人工费：73.73 元/个×6 个＝442.38 元

  b. 材料费：286.30 元/个×6 个＝1717.80 元

  c. 机械费：5.60 元/个×6 个＝33.60 元

定额工程量计算见表 8-20。

表 8-20 定额工程量计算表

序号	定额编号	项目名称	单位	数量	人工费	材料费	机械费
1	YD5-37	动力配电箱	台	1	87.13	31.63	51.45
2	YD8-41	电力电缆	(100m)	6.26	936.06	402.21	72.74
3	YD8-80	电力电缆终端头	个	6	511.38	1051.08	95.04
4	YD8-98	电力电缆中间头	个	6	442.38	1717.80	33.60

【例 8-6】 某锅炉动力工程中局部安装工程，室内外地坪无高差，进户线处重复接地。液位计处线管管口高出地坪 0.5m，液位计处的预留线为 1.00m，该管的水平长度为 8m，动力配电箱为暗装，底边距离地面 1.50m，箱体尺寸（宽×高×厚）为 400mm×300mm×200mm。电源进线不考虑。控制电缆（规格型号：KVV-4×1，4 芯线缆，截面积 18 mm²）的安装制作的主要工作内容为测量尺寸、切割、固定、剥外护层、芯线校对、压端子、端子标号、接线。屏蔽电缆还包括接地。试计算出该工程量，并列出清单工程量与定额工程量。

【解】 （1）清单工程量

①动力配电箱（暗装）：1 台。

②控制电缆（KVV-4×1）

液位计：$1.5+2.0+0.2+8+0.2+0.5+1 \times (1+2.5\%)$m $=13.43$m

【注释】 1.5 为配电箱距地高度，2.0 为出动力配电箱的预留长度，0.2 为埋设深度，8 为管的水平长度，0.5 为管口高出地坪的高度，1 为液位计预留长度，(1+2.5%) 为电缆敷设弛度、波形弯度、交叉预留的长度。

其未计价材料包括：电缆头、终端盒、保护盒、插接式成品头、支架。

③控制电缆头制作、安装：4 个

清单工程量计算见表 8-21。

表 8-21 清单工程量计算表

序号	项目编号	项目名称	项目特征描述	计量单位	工程量
1	BA6102H14001	动力配电箱	箱体尺寸（宽×高×厚）为 400mm×300mm×200mm	台	1
2	BA6102G12001	控制电缆	规格型号：KVV-4×1，ϕ18mm	m	13.43
3	BA6102G12002	控制电缆头	制作、安装，4 芯，截面积 18 mm²	个	4

（2）定额工程量

①动力配电箱：1 台。

由题干和图示可知该动力配电箱采用的箱体尺寸（宽×高×厚）为 400mm×300mm×200mm。动力配电箱的安装工程量为 1 台。则套用电力预算定额 YD5-37。

a. 人工费：87.13 元/台×1 台=87.13 元

b. 材料费：31.63 元/台×1 台=31.63 元

c. 机械费：51.45 元/台×1 台=51.45 元

②电力电缆（控制电缆）敷设 0.13（100m） 由题干和图示算量可知该电力电缆采用铜芯，截面积 18 mm²，工程量为 0.13，则套用电力预算定额 YD8-41。

a. 人工费：149.53 元/(100m)×0.13(100m)=19.44 元

b. 材料费：64.25 元/(100m)×0.13(100m)=8.35 元

c. 机械费：11.62 元/(100m)×0.13(100m)=1.51 元

③控制电缆头制作、安装：4 个 该控制电缆均按照一根电缆有两个终端头计算。电力

电缆按设计图示计算中间头，控制电缆原则上不计算中间头。由题干可知控制电缆头的制作、安装工程量为4个，则套用电力预算定额 YD8-114。

a. 人工费：16.24 元/个×4 个＝64.96 元

b. 材料费：16.33 元/个×4 个＝65.32 元

定额工程量计算见表 8-22。

表 8-22 定额工程量计算表

序号	定额编号	项目名称	单位	数量	人工费	材料费	机械费
1	YD5-37	动力配电箱	台	1	87.13	31.63	51.45
2	YD8-41	电力电缆（控制电缆）敷设	(100m)	0.13	19.44	8.35	1.51
3	YD8-114	控制电缆头制作安装	个	4	64.96	65.32	

【例 8-7】 某主厂房外电缆桥架建设没有采取分段防火阻燃，各个分支处没有采用防火设施进行防火，没有报警设施，电缆沟内无灭火设施。主要部位电缆防火涂料涂刷不合格。针对以上问题，该工厂决定对全厂电缆桥架及电缆槽盒进行设备改造安装。主要进行防火隔板（厚 6mm，需 2 张）加工、固定，孔洞（防火堵料 0.062t）封堵，防火涂料（按量需要 0.028t）涂刷电缆外层前的电缆清洁、涂刷，防火墙（36 m²）、防火包（0.035 t）安装。试计算出该工程量，并列出清单工程量与定额工程量。

【解】 （1）清单工程量

① 防火墙   36m²

② 防火隔板（厚 6mm）   2 张

③ 防火堵料   0.028 t

④ 防火包   0.035 t

清单工程量计算见表 8-23。

表 8-23 清单工程量计算表

序号	项目编号	项目名称	项目特征描述	计量单位	工程量
1	BA6104G29001	防火墙	BTTRZ	m²	36
2	BA6104G30001	防火包	FHB-1	t	0.035
3	BA6104G24001	防火隔板	厚 6mm	张	2
4	BA6104G26001	防火堵料	型号：DR-A3-JH-2 柔性有机堵料（防火泥）	t	0.062
5	BA6104G27001	防火涂料	型号：DT-1	t	0.028

（2）定额工程量

① 防火隔板 2 张 由题干可知对该防火隔板（厚 2mm）进行加工、固定，工程量为 2 张。则套用电力预算定额 YD8-126。

a. 人工费：32.25 元/张×2 张＝64.50 元

b. 材料费：10.93 元/张×2 张＝21.86 元

② 防火墙 36m² 由题干可知对该防火墙的工程量为 36m²。则套用电力预算定额 YD8-131。

人工费：13.01×36＝168.36 元

③ 防火包 由题干可知对该防火包的工程量为 0.035 t。则套用电力预算定额 YD8-132。

人工费：573.59 元/t×0.035 t ＝20.07 元

④ 防火堵料 0.062t 由题干可知对该防火堵料进行堵封，工程量为 0.062t。则套用电

力预算定额 YD8-128。

　　a. 人工费：1694.29 元/t×0.062 t = 150.04 元

　　b. 材料费：34.85 元/t×0.062 t = 21.16 元

　⑤防火涂料 0.028t　由题干可知对该防火堵料进行堵封，工程量为 0.028t。则套用电力预算定额 YD8-129。

　　a. 人工费：7913.36 元/t×0.028 t = 221.57 元

　　b. 材料费：1380.35 元/t×0.028 t = 38.65 元

　定额工程量计算见表 8-24。

表 8-24　定额工程量计算表

序号	定额编号	项目名称	单位	数量	人工费	材料费
1	YD8-126	防火隔板	张	2	64.50	21.86
2	YD8-131	防火墙	m²	36	468.36	
3	YD8-132	防火包	t	0.035	20.07	
4	YD8-128	防火堵料	t	0.062	150.04	21.16
5	YD8-129	防火涂料	t	0.028	221.57	38.65

【例 8-8】　某工程要在一变配电所之间架设集束导线（集束架空绝缘电缆）用于电能传输，已知变电所与配电所之间距离为 300m，如图 8-6 为星型四芯集束导线截面图，试求其工程量。

【解】　(1) 清单工程量　集束导线安装清单工程量计算规则：按设计图示数量计算，则集束导线安装的工程量为 300m。

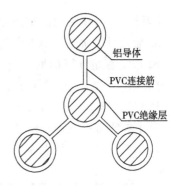

图 8-6　集束导线星型截面图

基本数据：

①自黏性橡胶带 25mm×20m（卷）：2.6400；

②钢锯条各种规格（根）：0.2640；

③棉纱头（kg）：0.0180。

清单工程量计算见表 8-25。

表 8-25　清单工程量计算表

项目编号	项目名称	项目特征描述	计量单位	工程量
BA6101G33001	集束导线安装	截面为 35mm²	100m	3

　(2) 定额工程量　集束导线安装采用截面为 35mm² 的四芯星型，数量为 300m，套用电力预算定额 YD8-136。

　　a. 人工费：3m×96.39 元/100m = 289.17 元

　　b. 材料费：3m×19.10 元/100m = 57.30 元

　　c. 机械费：3m×10.92 元/100m = 32.76 元

　定额工程量计算见表 8-26。

表 8-26　定额工程量计算表

定额编号	项目名称	单位	数量	人工费	材料费	机械费
YD8-136	集束导线安装	100m	3	289.17	57.30	32.76

【例 8-9】 如图 8-7 所示，某一变电所需在相距 10m 的不同地点装设 2 台配电箱，现要将两配电箱串接接入电力系统中，已知管线采用 BLV（3×10+1×5）·SC32。地下线采用埋地穿管敷设。地上部分采用架空导线。

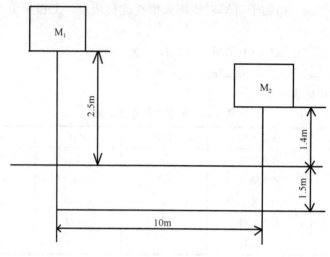

图 8-7 【例 8-9】图

【解】 由图和题中已知条件可得。
a. 管量计算如下：SC32 的工程量是 $L=10m$。
b. 线工程量计算如下。
BLV10：$(2.5+10+1.2+1.4+2×2+0.5×2)×3m=63.3m$
BLV5：$(2.5+10+1.2+1.4+2×2+0.5×2)×1m=21.1m$
其中导线进配电箱预留 2.0m，垂直至水平留 0.5m，这里不考虑埋地铺砂盖砖工程量。
清单工程量计算见表 8-27。

表 8-27 清单工程量计算表

序号	项目编码	项目名称	项目特征描述	计量单位	工程量
1	BA5301H17001	钢管穿设绝缘导线	型号：BLV	100m	1
2	BA6101G11001	架设绝缘铝芯线	型号：BLV	km	0.0844
3	BA6101G22001	钢管 φ50mm 敷设	型号：管径 50mm	100m	1

定额工程量计算见表 8-28。

表 8-28 定额工程量计算表

序号	定额编号	项目名称	计量单位	工程数量
1	YD9-14	钢管穿设绝缘导线	100m	1
2	YD8-45	架设绝缘铝芯线	km	0.0844
3	YD8-28	钢管 φ50mm 敷设	100m	1

【例 8-10】 如图 8-8 所示，现有一从变电所中的控制室内的配电室至屋外现场配电室的电缆敷设工程，室外电缆采用电缆沟铺砂盖砖直埋方式，并列敷设 5 根 VV_{29}（3×50+1×30）的电力电缆，变电所控制室内电缆穿钢管 φ50mm 保护，长 10m，室外电缆长 100m，中间穿过热力管沟，于现场配电间有 5m 穿钢管 φ50mm 保护。试计算工程量（并按定额）。

【解】 工程量计算：查《电力建设工程概预算编制要点》得电缆敷设附加长度：电缆进

图 8-8 某电缆敷设工程图

建筑物 2.0m；进入电缆沟 1.5m；电力电缆终端头 1.5m；电缆中间接线盒两端各留 2.0m；电缆进入高压开关柜或配电屏 2.0m，进低压柜 2.0m；终端头进动力箱 1.5m，垂直至水平 0.5m。

① 则可得电缆敷设工程量为：

$L = (10 + 100 + 5 + 2 \times 2 + 2 \times 2 + 1.5 \times 2 + 1.5 \times 2 + 0.5 \times 2) \times 5 = 650 \text{m}$

　　　　　　　　↓　　　　　↓　　　　　↓　　　　　↓　　　　　↓
　　　　　　 建筑物　高、低压柜　两终端头　进出电缆沟　垂直⇔水平

② 电缆沟挖填土方

$L = 2.28 + 100 + 2.28 = 104.56 \approx 105 \text{m}$

则为 $105 \times 0.45 = 47.052 \approx 48 \text{m}^3$，每增加 1 根截面按增加 0.15 计算。

③ 电缆沟铺砂盖砖工程量为 100m，每增加一根单算工程量，共 400m。

清单工程量计算见表 8-29。

表 8-29　清单工程量计算表

序号	项目编码	项目名称	项目特征描述	计量单位	工程量
1	BT9202G17001	挖填土	普通土	m³	48
2	BT9202G15001	揭盖盖板	宽度 1000mm	100m	5
3	BA6101G11001	电缆敷设	截面 35mm²	100m	6.5

定额工程量计算见表 8-30。

表 8-30　定额工程量计算表

序号	定额编号	项目名称	计量单位	工程数量
1	YD8-7	挖填土（普通土）	m³	48
2	YD8-11	揭盖盖板	100m	5
3	YD8-41	电缆敷设	100m	6.5

【例 8-11】 某电缆敷设工程，采用电缆沟直埋铺砂盖砖，4 根 VV$_{29}$（3×35+1×10），进建筑物时电缆穿管，电缆室外水平距离 106m，中途穿过热力管沟，需要有隔热材料，进入 1 号车间后 8m 到配电箱，从配电室配电柜到外墙 6m（室内部分共 14m，用电缆穿钢管保护）；如图 8-9 所示。试计算工程量并根据电力建设预算定额列出工程量表。

【解】　(1) 计算工程量（以常用的单位）

① 电缆沟铺砂盖砖工程量（1~2 根电缆）：(40+6+60)m=106m。

② 每增加一根的工程量：3×106m=318m。

③ 电缆敷设工程量

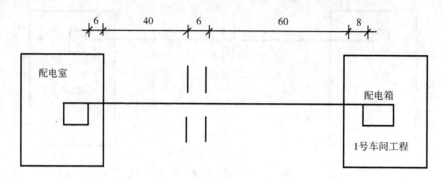

图 8-9 某电缆敷设工程(单位:m)

一根的工程量:$(6+40+6+60+8+2\times2+1.5\times2+1.5)m=128.5m$

本工程共用 4 根电缆,故总的工程量为:$128.5\times4m=514m$。

截面为 $35mm^2$ 的电缆工程量为 $128.5\times3m=385.5m$。

④电缆沟挖土方量:$(106-6)\times0.153m^3=153m^3$

⑤电缆穿管工程量:$(6+8+1\times2)m=16m$

(2) 清单工程量计算见表 8-31。

表 8-31 清单工程量计算表

序号	项目编码	项目名称	项目特征描述	计量单位	工程量
1	BT9202G18001	直埋电缆铺砂、盖砖	1~2 根电缆	100m	1.06
2	BT9202G18002	直埋电缆铺砂、盖砖	每增一根电缆	100m	3.18
3	BA6101G11001	电缆敷设	截面 $35mm^2$	100m	3.855
4	BA6101G11002	电缆敷设	截面 $10mm^2$	100m	1.285
5	BA6103G22001	电缆保护管	直径 80mm	100m	0.16
6	BT9202G17001	直埋电缆沟挖填土	普通土	m^3	153

定额工程量计算见表 8-32。

表 8-32 定额工程量计算表

序号	定额编号	项目名称	单位	工程数量
1	YD8-13	直埋电缆铺砂、盖砖	100m	1.06
2	YD8-14	直埋电缆铺砂、盖砖	100m	3.18
3	YD8-42	电缆敷设	100m	3.855
4	YD8-41	电缆敷设	100m	1.285
5	YD8-25	电缆保护管	100m	0.16
6	YD8-7	直埋电缆沟挖填土	m^3	153

【例 8-12】 如图 8-10 所示,电缆自 N1 电杆(9m)引下入地埋设,引至 1 号厂房 N2 动力箱和 2 号厂房 N3 动力箱,采用直埋电缆铺砂盖砖,该工程有两根电缆,电缆截面积是 $35mm^2$,试计算工程量并利用电力定额列工程量表格(注:本题不考虑电缆进厂房引至动力箱的钢管保护)。

【解】 (1) 工程量计算

①电缆铺砂盖砖工程量:

$(80+50+30+60+10\times2+2.28\times4)m=249.12m$

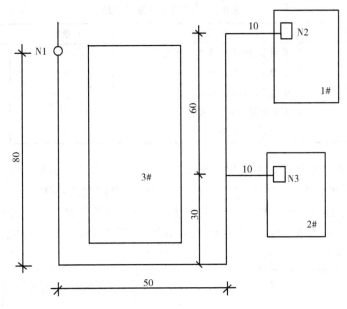

图 8-10 某电缆敷设工程（单位：m）

② 电缆沟挖填土方量：

$249.12(m) \times 0.45(m^3/m) = 112.104 m^3 \approx 112.1 m^3$

③ 电缆埋设工程量计算：

$(1.5+80+50+30+60+10 \times 2+2 \times 2+2.28 \times 4)m = 254.62m$

注：电缆进入建筑物预留 2.0m；电缆进入电缆沟预留 1.5m。式中 2.28m 为转弯时预留的长度，按实际计算。

④ 电缆沿杆卡设：$(9+1)m = 10m$

注：1m 为杆上预留长。

⑤ 电缆保护管敷设	1 根
⑥ 室外电缆头制作、安装	1 个
⑦ 室内电缆头制作、安装	2 个
⑧ 电缆实验	2 次
⑨ 电缆进建筑物密封	2 处
⑩ 动力箱安装	2 台
⑪ 动力箱基础槽钢 8 号	2.2m

(2) 清单工程量计算见表 8-33。

表 8-33 清单工程量计算表

序号	项目编码	项目名称	项目特征描述	计量单位	工程量
1	BT9202G18001	直埋电缆铺砂、盖砖	1～2 根电缆	100m	2.4912
2	BT9202G17001	直埋电缆沟挖填土	普通土	m^3	112.1
3	BA6101G11001	电缆敷设	截面 $35mm^2$	100m	2.5462+0.1=2.6462
4	BA6101G11002	室外电缆头制作、安装	截面 $35mm^2$	个	1
5	BA6101G11003	室内电缆头制作、安装	截面 $35mm^2$	个	2

定额工程量计算见表 8-34。

表 8-34 定额工程量计算表

序号	定额编号	项目名称	计量单位	工程数量
1	YD8-13	直埋电缆铺砂盖砖 1～2 根电缆	100m	2.4912
2	YD8-7	直埋电缆沟挖填土	m^3	112.1
3	YD8-42	电缆敷设截面 35mm^2	100m	2.5462+0.1=2.6462
4	YD8-80	室外电缆头制作、安装	个	1
5	YD8-50	室内电缆头制作、安装	个	2

【例 8-13】 某电力电缆直埋工程，全长 300m，单根埋设时电缆沟上口宽度 0.6m，下口宽度 0.4m，深度 1.2m，如图 8-11、图 8-12 所示。现同沟内并排埋设 6 根电缆。试计算挖土方量。如果上述直埋的 5 根电缆横向穿过混凝土铺设的公路，已知路面宽 25m，混凝土路面厚度 200mm，电缆保护管直径为 80mm，埋设深度 1.2m，试计算路面开挖工程量。

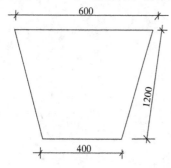
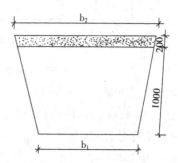

图 8-11 电缆沟剖面图（单位：mm）　　图 8-12 开挖混凝土路面的电缆沟的剖面图（单位：mm）

【解】（1）根据工程量有关规则，因为 1～2 根电缆开挖土方量相同，所以同沟并排埋设 6 根电缆时，其电缆沟上、下口增加宽度均为 $0.17\times4m=0.68m$，挖填土方量为：

$$V_1=\frac{0.6+0.68+0.4+0.68}{2}\times1.2\times300m^3=\frac{1}{2}\times2.36\times1.2\times300m^3=424.8m^3$$

（2）6 根电缆横向穿过混凝土铺设的公路时，电缆保护管直径为 80mm，由电缆保护管埋地敷设土方量计算规则可知，电缆沟下口宽度为：

$$b_1=[(0.08+0.003\times2)\times6+0.3\times2]m=1.116m$$

按电缆沟上、下口宽度的比例关系：$K=\dfrac{0.6}{0.4}=1.5$ 倍，则电缆沟上口宽度为：

$$b_2=kb_1=1.5\times1.116m=1.674m$$

在电缆沟开挖工程中，其中开挖路面（混凝土路面）厚度为 200mm，宽度为 25m 的路面面积工程量为：

$$S=b_2\times B=1.674\times25m^2=41.85m^2$$

根据有关规定，电缆保护管横穿道路时，按路基宽度两端各增加 2m，即保护管总长度（即单根延长米）为：

$$L=(25+2\times2)\times6m=29m\times6=174m$$

开挖土方量：

$$V_2=[\frac{1}{2}(1.116+1.674)\times1.2\times29-41.85\times0.2]m^3$$
$$=(48.546-8.37)m^3$$
$$=40.176m^3$$
$$\approx40.2m^3$$

清单工程量计算见表 8-35。

表 8-35 清单工程量计算表

序号	项目编码	项目名称	项目特征描述	计量单位	工程量
1	BT9201G16001	人工开挖混凝土路面	厚度 250mm 以内	m^2	41.85
2	BA6103G22001	电缆保护管	金属软管，管径 80mm	100m	1.74
3	BT9202G17001	电缆沟开挖土方量	普通土	m^3	40.2

定额工程量计算见表 8-36。

表 8-36 定额工程量计算表

序号	定额编号	项目名称	计量单位	工程数量
1	YD8-1	人工开挖混凝土路面	m^2	41.85
2	YD8-25	电缆保护管	100m	1.74
3	YD8-7	电缆沟开挖土方量	m^3	40.2

【例 8-14】 图 8-13 所示为清水泵房平面图，泵房内安装动力箱 XL（F）-15-0800 1 台，磁力启动器 DC10-2/6 3 台，动力箱经磁力启动器至电动机的线路为钢管 ϕ32mm，明配钢管 10.5m 穿电线 BLV3×4 埋在地下。试计算工程量及套用定额。

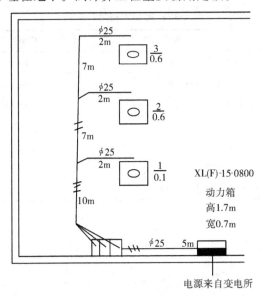

图 8-13 【例 8-14】图

【解】 （1）计算工程量

①暗配钢管敷设 ϕ32mm

$(0.3+5+1.4)×3+(1.4+10)×3+2+7×2+2+7+2+0.7×3$

$=20.1+34.2+2+14+2+7+2+2.1=83.4(m)$

$83.4-10.5=72.9(m)$

其中，动力箱裕度取 0.3，磁力启动器裕度取 1.4，电动机裕度取 0.7。

②明配钢管（ϕ32mm） 10.5m。

③管内穿线 BLV 4mm^2

$(1.7+0.7)×3×3+1×3×3+1×3×3+83.4×3=289.8(m)$

④动力箱 XL（F）-15-0800：1 台。

⑤磁力启动器 QC10-2/6：3 台。

⑥电机检查接线：3 台。

⑦暗配管挖土方：5＋10＋2＋7＋2＋7＋2＝35（m）

平均宽：0.25×深 0.25×1＝0.0625（m³/m）

故总土方量为：35×0.0625＝2.19（m³）

（2）清单工程量计算见表 8-37。

表 8-37 清单工程量计算表

序号	项目编码	项目名称	项目特征描述	计量单位	工程量
1	BA6103G22001	暗配钢管	ϕ32mm	100m	0.729
2	BA6103G22002	明配钢管	ϕ32mm	100m	0.105
3	BA5301H17001	管内穿线	BLV3×4	100m 单线	2.898
4	BA5201D28001	动力箱	XL（F）-15-0800	个	1
5	BA5201D28002	磁力启动器	DC10-2/6	台	3
6	BA5201E14001	电机检查接线	容量 120MW 以内	台	3
7	BT9202A12001	暗配挖管土方	普通土	m³	2.21

定额工程量计算见表 8-38。

表 8-38 定额工程量计算表

序号	定额编号	项目名称	定额单位	工程数量
1	YD8-27	暗配钢管 ϕ32mm	100m	0.729
2	YD8-27	明配钢管 ϕ32mm	100m	0.105
3	YD9-14	管内穿线 BLV3×4	100m 单线	2.898
4	YD5-37	动力箱	个	1
5	YD5-48	磁力启动器	台	3
6	YD1-14	电机检查接线	台	3
7	YD8-7	暗配管挖土方	m³	2.21

第9章 照明及接地

第一部分 说明释义

本章定额适用于变电站（发电厂）内的设备照明和户外照明的安装、接地安装、接地母线敷设等内容。

一、工作内容

1. 设备照明安装

（1）工作内容：支架制作、安装，电线管敷设，安装固定，弯管配制安装，保护管跨接线安装，管内穿线，灯具插座安装，接线，接线盒盖板配置、安装，照明配电箱安装，灯具试亮。

（2）未计价材料：灯具、插座、电线管及管件、支架、接线盒、电缆。

【释义】 支架：设备放在地面以上的支架上，或设在建筑物的外墙及围墙的支架上。设备支架可根据其高度分为高支架、中支架、低支架等。

①高支架 当设备线路穿越主要道路或跨越厂区铁路时，可设置设备高支架，一般净高在 4m 以上，如道路较宽时，支架跨度大应考虑作桁架结构。

高位支架一般由预制的钢筋混凝土柱及梁组成，基础采用杯形基础，当支架跨度较大时，为了考虑支架的稳定性及风荷载等情况可采用悬索结构。

混凝土预制柱安装前应检查编号是否与图纸符合，预埋件位置是否准确，设备安装必须待所施工段支架施工完毕后（包括焊接、浇注杯口、校正等工序），方可进行。

②中支架 一般支架净高在 3m 左右，厂区较为普遍采用的支架，不影响车辆及人员的通过，其构造与高支架基本类似。

③低支架 支架净高在 0.8~1.5m，车辆及人员无法通过，对空间占地影响较大，一般低支架多设置在不通行区内，低支架施工方便，造价低。

为了便于检修，应在支架附近布置一定数量的检修平台，以免设备的障碍影响线路的正常运行。

电线管敷设：即配管。配管分为明配管和暗配管。配管工作一般从配电箱开始，逐段配至用电设备处，有时也可以从电备端开始，逐段配至配电箱处。

①明配管是将线管显露地敷设在建筑物表面。明配管应排列整齐、固定点间距均匀，一般管路是沿着建筑物水平或垂直敷设，其允许偏差在 2m 以内均为 3mm，全长不应超过管子内径的 1/2，当管子是沿墙、柱或屋架处敷设时，应用管卡固定。

②暗配管是将线管敷设在现浇混凝土构件内，可用铁线将管子绑扎在钢筋上，也可用钉子钉在模板上，但应将管子用垫块垫起，用铁线绑牢。

电线管：是导线敷设中常用的暗敷材料。直径有 10mm、15mm、20mm、25mm、

32mm、40mm、50mm等规格，因材料不同，常用以下几种。

①焊接钢管（镀锌管、黑铁管），用于受力环境中。

②硬塑料管（聚氯乙烯管），耐腐蚀。

③金属软管（蛇皮管），用于移动场所。

④电线管（涂漆薄型管），用于干燥环境中。

⑤瓷短管，用于导线穿墙、穿楼板或导线交叉。

管内穿线：管内穿线是管道配线的一个内容，它是将导线穿入所敷设的管道中，以防受损。

灯具：灯具是光源、灯罩（按照器）和附件的总称，它的功能是将光源所发出的光通进行再分配，并具有装饰和美化环境的作用。因此灯具有功能性和装饰性双重作用，只是对于不同灯具侧重不同。功能灯具以提高光效、降低眩光影响，保护光源不受损失为目的。装饰灯具则以美化环境、烘托气氛为主要目的，故将造型、色泽放在首位，适当兼顾效率和限制眩光等要求。

电气照明：通过电光源将电能转换成光能，在缺乏自然光的工作场所或工作区域内，创造一个明亮的环境，以保证生产、生活和学习的需要。合理的电气照明对于保证安全生产、改善劳动条件、提高劳动生产率、减少生产事故、保证产品质量、保护视力及美化环境都是必不可少的。

按照照明的功能可将照明分为：正常照明、事故照明、值班照明和障碍照明等几种。

灯具：是使用电光源的光进行再分配的装置。其具体作用是：固定灯泡（或灯管），使电光源发出的光通量按需要方向照射，遮挡刺眼的光线防止眩光，保护灯泡（或灯管），使之不受机械损伤；装饰美化建筑物等。

灯具分类，国际照明学会（CIE）以灯具所发出的光通量在上、下半球的分配比例为标准分为：①直接型；②半直接型；③漫射型；④半间接型；⑤间接型。按照在建筑物上的安装方式，分为：①悬挂式；②吸顶式；③嵌入式（暗式）；④半嵌入式（半暗式）；⑤壁式。

灯座：是用来固定光源的，有灯泡用灯座和荧光灯管用灯座。灯泡用灯座有插口和螺口两大类。300W及以上的灯泡均用螺口灯座。因为螺口灯座接触比插口好，能通过较大的电流。按其安装方式又可分为平灯座、悬吊式灯座、管子灯座。按其外壳材料又分为胶木、瓷质及金属三种灯座。

配电箱：是接收和分配电能的装置。用电量较小的建筑物可只设一个配电箱，对多层建筑可在某层设总配电箱，并由此引出干线向各分配电箱配电。在配电箱里，一般装有闸刀开关、熔断器、电度表等电气设备。

电光源按发光原理分为热辐射光源与气体放电光源。目前，用于高层建筑照明的光源主要有热辐射类的白炽灯与卤钨灯，气体放电类的荧光灯、高压汞灯、金属卤化物灯与高压钠灯。白炽灯与荧光灯被广泛应用于建筑物内部照明，金属卤化物灯、高压钠灯、高压汞灯和卤钨灯则用于广场道路、建筑物立面、体育馆等照明。电光源的主要性能指标有功率、色温（K）、显色性（平均显色指数 R_a）、光效（lm/W）、启动特性和功率因数等。

根据安装方式的不同，灯具大致可以分为以下几类：吸顶灯、壁灯、嵌入式灯、半嵌入式灯、吊灯等。吸顶灯主要用于设有吊顶的房间内或走道、走廊里。壁灯主要用于局部照明、装饰照明或不适合在顶棚安装或没有顶棚的场所。嵌入式或半嵌入式灯具主要用于有吊顶的房间内，其中嵌入式灯具的限制眩光作用比半嵌入式要好。吊灯是应用最广泛的一种；它主要是利用吊杆、吊链、吊管、吊线来吊装灯具，以达到不同的效果。

照明设计选择灯具时，应综合考虑以下几点：灯具的光学特性（灯具效率、配光、利用系数、表面亮度、眩光等）；经济性（价格光通比、电消耗、维护费用等）；灯具使用的环境条件（是否要防水、防潮、防尘等）；灯具的外形与建筑物或室内装修是否协调等。

在照明设计中，当房间或工作场所的照度以及根据其工作性质、用途所选用的照明灯具确定后，就该布置照明灯具的位置了。灯具的布置是确定灯具在房间内的空间位置，它与光的投射方向、工作面的照度、照度的均匀性、眩光的限制，以及阴影等都有直接的影响。灯具的布置是否合理还关系到照明安装容量和投资费用，以及维护检修方便安全。

灯具的布置要根据房间内设施的摆设、建筑结构形式和视觉工作特点等条件来进行。布灯的方式有要求整个工作面照度分布均匀，灯具间隔和行距都保持一定的均匀布灯；有要求局部足够亮度的选择性布灯。

2. 户外照明安装

（1）工作内容：测量，定位，基坑开挖，基础安装，组立，灯具及附件安装、接线，试亮。

（2）管内绝缘线工作内容：测量，下料，穿线，压端子，接线。

（3）未计价材料：钢管、水泥杆、整套灯具、导线。

【释义】 路灯：是为了使各种机动车辆的驾驶者在夜间行驶时能辨认出道路上的各种情况且不感到过分疲劳，以保证行车安全而设置的灯具。沿着道路两侧恰当地布置路灯，可以给使用者提供有关前方道路的方向、线型、倾斜度等视觉信息。

（1）庭院路灯 是以庭院为中心进行活动或工作所需要的照明器。从效率和维修方面考虑，一般多采用 5～12m 高的杆头汞灯照明器，此照明器应在不开灯时也要非常显目，并应与白天的风格相适应。在庭园中也可使用移动式照明器或临时用照明器，因此在眼睛不能直接看到的茂密林木处布置防水插座用作电源，是很方便的。

（2）工厂厂区内、住宅小区内路灯 主要是以庭院式灯具为主，带有美化环境的装饰作用。城市道路的照明则主要以诱导性为主。

（3）大马路弯灯 一般高度在 15m 以下，沿道路布置灯杆，灯具伸到路面上空，有较好的照明效果。庭院路灯是安装在庭院里的一种照明灯具，兼有一定的装饰功能，庭院灯一般比路灯矮，光线较为柔和。

灯具安装：灯具工艺流程如图 9-1 所示。

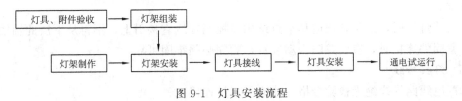

图 9-1 灯具安装流程

（1）路灯（庭院灯）安装。

①每套路灯应在相线上装设熔断器。由架空线引入路灯的导线，在灯具入口处应做防水弯。

②路灯照明器安装的高度和纵向间距是道路照明设计中需要确定的重要数据。参考数据见表 9-1 的规定。

表 9-1 路灯安装高度　　　　　　　　　　　　　　　　　　　　单位：mm

灯具	安装高度	灯具	安装高度
125～250W 荧光高压汞灯 250～400W 高压钠灯	≥5 ≥6	60～100W 白炽灯或 50～80W 荧光高压汞灯	≥4～6

③每套灯具的导线部分对地绝缘电阻值必须大于2MΩ。

④灯具的接线盒或熔断器盒，其盒盖的防水密封垫应完整。

⑤金属结构支托架及立柱、灯具，均应做可靠保护接地线，连接牢固可靠。接地点应有标识。

⑥灯具供电线路上的通、断电自控装置动作正确，每套灯具熔断器盒内熔丝齐全，规格与灯具适配。

⑦装在架空线路电杆上的路灯，应固定可靠，紧固件齐全、拧紧、灯位正确。每套灯具均配有熔断器保护。

(2) 灯具、附件验收。

①灯具的型号、规格必须符合设计要求和国家现行技术标准的规定。灯具配件齐全，无机械损伤、变形、涂膜剥落、灯罩破裂、灯箱歪翘等现象。并应有产品质量合格证。

②金属附件应为镀锌制品标准件，镀膜应完好无损。其型号、规格必须与灯具匹配。

③灯罩的型号、规格应符合设计要求，灯罩玻璃无破裂、几何形状正常。

(3) 灯架制作与组装。

①钢材的品种、型号、规格、性能等，必须符合设计要求和国家现行技术标准的规定，并应有产品质量合格证。

②切割。按设计要求尺寸测尺划线要准确，必须采取机械切割的切割面应平直，确保平整光滑，无毛刺。

③焊接应采用与母线材质相匹配焊条施焊。焊缝表面不得有裂纹、焊瘤、气孔、夹渣、咬边、未焊满、根部收缩等缺陷。

④制孔。螺栓孔的孔壁应光滑、孔的直径必须符合设计要求。

⑤组装。型钢拼缝要控制拼接缝的间距，确保形体的规整、几何尺寸准确，结构和造型符合设计要求。

(4) 灯架安装。

①灯架的连接件和配件必须是镀锌件，各部结构件规格应符合设计要求。非镀锌件必须经防腐处理。

②承重结构的定位轴线和标高、预埋件、固定螺栓（锚栓）的规格和位置、紧固应符合设计要求。

③安装灯架时，定位轴线应从承重结构体控制轴线直接引上，不得从下层的轴线引上。

④紧固件连接时，应设置防松动装置，紧固必须牢固可靠。

(5) 灯具接线。

①配电线路导线绝缘检验合格，才能与灯具连接。

②导线相位与灯具相位必须相符，灯具内预留余量应符合规范的规定。

③灯具线不允许有接头，绝缘良好，严禁有漏电现象，灯具配线不得外露。

④穿入灯具的导线不得承受压力和磨损，导线与灯具的端子螺丝拧固牢靠。

(6) 路灯安装用料。

镇流器：在灯具启动时，它需要一个高压，首先要使钨丝电极通电加热，目的是使电极具备热电子发射的条件，以便在较低的温度下就能产生热电子发射。通过启动附件，使两极之间产生高的电压脉冲，并在此高压电场作用下，使电极发出电子。在启动正常后，灯具正常运行所需的电流电压很低，这些电流电压的升降就是通过镇流器来实现的。

3. 接地极制作安装

(1) 工作内容：下料，制作及打入地下，离子接地极钻孔、放电极、回填土、放热焊接

接地点、回填料搅拌、回填，降阻剂安装。

(2) 未计价材料：钢管、角钢、圆钢、铜棒、管帽、接地模块、降阻剂、离子接地极。

【释义】 接地装置的接地体在可能条件下应尽量选用自然接地体，以便节约钢材、降低工程成本。但在选用自然接地体时，必须保证导体全长有可靠的电气连接，以形成连续的导体，同时应采用两根以上导体在不同地点与接地母线相连。人工接地体按其敷设方式分为垂直接地体和水平接地体。垂直接地体一般常用镀锌角钢或镀锌钢管。角钢一般选用∠40mm×40mm×5mm或∠50mm×50mm×5mm两种规格，其长度一般为2.5m。镀锌钢管规格一般为直径50mm、壁厚不小于3.5mm。水平接地体一般采用扁钢（$-25\times4mm^2$）或圆钢（$\phi10mm$）。

接地极的制作：垂直接地极多使用角钢或钢管，一般应按设计所提供数量和规格进行加工。通常情况下，在一般土中采用角钢接地体，在坚实土中采用钢管接地体。为便于接地体垂直打入土中，应将打入地下的一端加工成尖形。为了防止将钢管或角钢打劈，可用圆钢加工一种护管帽套入钢管端，或用一块短角钢焊在接地角钢的一端。

接地极安装：装设接地极前，需沿接地极的线路先挖沟，以便打入接地体和敷设连接这些接地体的扁钢。由于地的表层容易冰冻，冰冻层会使接地电阻增大，且地表层容易被挖掘，会损坏接地装置。沟挖好后应尽快敷设接地体，以防止塌方。接地体打入地中时一般采用手锤打接地体时，要求要平稳。当接地体打入土中能够自然直立时，则可以不用人扶持而继续打入。接地体敷设步骤如下。

(1) 按设计位置将接地体打在沟的中心线上，当打到接地体露出沟底约150~200mm时，便可停止打入，使接地体最高点距地面有600mm以上的距离。接地体间的距离按设计要求，一般为减少相邻接地体的屏蔽作用，垂直接地体的间距不宜小于其长度的两倍，水平接地体的间距不宜小于5m。

(2) 敷设的接地体及连接接地体用扁钢，应尽量避开其他地下管道、电缆等设施。一般要求与电缆及管道等交叉时，相距应小于100mm，平行时应不小于300~350mm。

(3) 敷设接地体时，应保证接地体与地面保持垂直。当土层坚硬打入困难时，可适当浇上一些水使其松软。

4. 户外接地母线敷设

(1) 工作内容：平直、下料、煨弯、挖接地沟，母线敷设，焊接，接地母线与接地极焊接，回填土夯实接头刷漆。铜编织带（多股软铜线）下料、压端子、安装。

(2) 未计价材料：扁钢、圆钢、铜绞线、铜排、铜编织带。

【释义】 接地母线是指将所有接地线汇在一起后的接地线，一般均采用扁钢或圆钢，并应敷设在易于检查的地方，且应有防止机械损伤及化学腐蚀的保护措施。从接地母线敷设到用电设备的接地支线的距离越短越好。当接地线与电缆或其他电线交叉时，其间距至少要维持25mm。在接地线与管道、公路、铁路等交叉处及其他可能使接地线遭受机械损伤的地方，均应套钢管或角钢保护，当接地线跨越有振动的地方，如铁路轨道时，接地线应略加弯曲，以便振动时有伸缩的余地，避免断裂。户外接地母线一般敷设在沟内，敷设前应按设计要求挖沟，沟深不得小于0.5m，然后埋入扁钢。由于接地母线不起接地散流作用，所以埋设时不一定要立放。接地母线与接地体及接地支线一般采用焊接连接。接地母线与接地支线末端应露出地面0.5m，以便接引地线。敷设完后即回填土夯实。

户外接地母线敷设时，如遇有石方、矿渣、积水、障碍物等，应按实际发生增加施工降效、工地运输等费用，应另行计算。

5. 户内接地母线敷设

（1）工作内容：划线、打洞、卡子制作及埋设、母线平直、下料、煨弯、焊接、固定、接地端子焊接、母线接头刷漆。

（2）未计价材料：扁钢、圆钢、铜绞线、铜排、铜编织带。

【释义】 焊接：将分离的金属、通过局部加热或加压，并借助于金属内部原子的扩散作用，使其牢固地连接起来的工艺。

焊接与其他金属连接方法（如铆接、螺栓联接等）相比，其特点是结构简单、接头强度高、气密性好、生产效率高、成本低等，由于焊接是不均匀的加热过程、焊后容易产生焊接应力和变形等缺陷，但是只要选择适当的焊接方法、采取一定措施是会减少或消除这些缺陷的。

焊接广泛应用于机械制造、建筑结构、桥梁、管道、锅炉及容易制造、船舶等。

室内接地母线一般多为明敷，但有时因设备的接地需要也可埋地敷设或埋设在混凝土层中。明敷的接地母线一般敷设在墙上、母线架上或电缆构架上，其敷设方法如下。

（1）埋设保护套管和预留孔。接地扁钢沿墙敷设时，有时要穿过楼板或墙壁，为了保护接地线并便于检查，可在穿墙的一段加设保护套管或预留孔。

（2）预埋固定钩或支持托板。明敷在墙上的接地线应分段固定，固定方法是在墙上埋设固定钩或支持托板，然后将接地母线（扁钢或圆钢）固定在固定钩或支持板上。

（3）敷设接地母线。当固定钩或支持托板埋设牢固后，即可将调直的扁钢或圆钢放在固定钩或支持托板内进行焊接固定。

6. 构架接地

（1）工作内容：测量、划线、下料，焊接、刷漆，单体调试。

（2）未计价材料：钢材、铜材、扁钢。

【释义】 构架接地是按户外钢结构或混凝土构架接地考虑的，每处包括4m以内的水平接地线。构架接地将电气设备不带电的金属部分与接地体之间作良好的金属连接，降低接点的对地电压，避免人体触电危险。

焊接见第一部分、一、5释义。

7. 阴极保护井安装

（1）工作内容：井壁钢管配置、焊接，配合钻井、塑料管配置、固定，钻孔，井盖制作、安装、防腐，灌石墨粉，单体调试。

（2）未计价材料：钢管、石墨粉、塑料管。

【释义】 阴极保护：把腐蚀体看作是一个短路的二元电池，在其上连接上第三个电极Zn，由于第三电极的接放，使得原来短路的二元电池发生了变化，新的电极的Zn替代了原电极（假设为A），向A中的电极K提供电子，使A不再腐蚀。铁的电位－pH图是说明电化学保护的又一理论基础。当溶液pH值为7时，铁处于活化腐蚀状态，使其电位上升（阴极保护）或电位下降（阳极保护）都可实现保护的目的，这种使其电位上升或下降来实现保护，防止或减轻金属腐蚀的技术，就是电化学保护。当金属达到平衡电位之后，再给它施加阴极电流，金属的电极电位就向负方向偏移，使金属进入了免蚀区，实现了保护。因为施加的是阴极电流，所以称为阴极保护。

8. 阴极保护井电极安装

（1）工作内容：下料、电缆安装、铜螺丝安装、电极安装、单体调试。

（2）未计价材料：电缆、石墨电极。

【释义】 保护方式：施加阴极电流的方法有强制电流和牺牲阳极两种。

电板材料：被保护的金属材料在所处的介质中要容易进行阴极极化，否则耗电量大，不宜进行阴极保护。常用的钢铁、铜、铝、铅等都可采用阴极保护。在阴极保护中，阴极反应会使阴极附近溶液的碱性增加，对于两性金属如铝、铅可能会加速腐蚀，产生负效应。因此，对两性金属采用阴极保护时，负电位一般都要加以限制，防止阴极腐蚀的发生。

强制电流法：它是由外部的直流电源直接向被保护金属通以阴极电流，使之阴极极化，达到阴极保护的目的。它由辅助阳极、参比电极、直流电源和相关的连接电缆所围成。辅助阳极的功能是把保护电流送入电解质流到保护体上，故阳极工作时处在电解状态下。对辅助阳极的基本要求如下：

①导电性能好。

②排流量大。

③耐腐蚀、消耗量小、寿命长。

④具有一定的机械强度、耐磨、耐冲击震动。

⑤容易加工，便于安装。

⑥材料易得、价格便宜。按阳极的溶解性能，辅助阳极可分为：可溶性阳极（如钢、铝）、微溶性阳极（如高硅铸铁、石墨）、不溶性阳极（如铂、镀铂、金属氧化物）三大类。直流电源是强制电流的动力源，它的基本要求是稳定可靠，能长期连续运行，适应各种环境要求条件。常用的直流电源有：整流器、恒电流仪、热电发生器、密闭循环蒸汽发电机（CCVT）、太阳能电池、风力发电机、大容量蓄电池等。

牺牲阳极法：它是由一种比被保护金属电位更负的金属或合金与被保护的金属电连接所构成。在电解液中，牺牲阳极因较活泼而优先溶液解，释放出电流供被保护金属阴极极化，实现保护。作为牺牲阳极材料，必须能满足以下要求。

①要有足够负的稳定电位。

②自腐蚀速率小且腐蚀均匀，要有高而稳定的电流效率。

③电化学当量高，即单位重量产生的电流量大。

④工作中阳极极化要求小，溶解均匀，产物易脱落。

⑤腐蚀产物不污染环境，无公害。

⑥材料来源广，加工容易，价格低廉。常用的牺牲阳极品种有镁基、锌基和铝基合金三类。

9. 深井接地埋设

(1) 工作内容：测量、下料、电极安装，电缆敷设，单体调试。

(2) 未计价材料：圆钢、角钢、钢管、铜棒、降阻剂。

【释义】 降阻剂是人工配制的用于降低接地电阻的制剂。

降阻剂由细石墨、膨润土、固化剂、润滑剂、导电水泥等多种成分组成。是一种良好的导电体，将它使用于接地体和土壤之间，一方面与金属接地体紧密接触，形成足够大的电流流通面；另一方面它能向周围土壤渗透，降低周围土壤电阻率，在接地体周围形成一个变化平缓的低电阻区域。

二、未包括的工作内容

1. 设备照明安装定额中照明配电箱的电源电缆敷设及接线。

【释义】 配电箱见一、1释义。

2. 阴极保护井、深井接地安装中钻井费用。

【释义】 阴极保护见一、8释义。

3. 接地网单体调试。

【释义】 接地网，主要目的是为了安全运行。主要有工作接地、保护（安全）接地、屏蔽接地和防雷接地。

三、工程量计算规则

1. 铜编织带、多股软铜线安装根据图示数量以"根"为单位计算，每根长度考虑 1m，增加长度按定额基价乘以 0.6 考虑。电缆沟道内接地扁钢（铜带）敷设，可执行户内接地母线敷设定额。

【释义】 阴极保护见一、5 释义。

2. 铜接地（铜包钢、铅包钢）按户外接地母线扁钢、圆钢子目乘以 1.2 系数计算，材料费单独计算。

【释义】 铜包钢是钢丝外围包裹铜层的复合线材，它利用低压高频信号的趋肤效应，在高频区沿表面行走，所以只要铜层厚度达到一定范围，某个频率段的信号就能被确保传递。铜起到传导弱电信号的作用，钢丝则起到支撑作用。

第二部分　定额释义

9.1　设备照明

定额编号　YD9-1～YD9-5　设备照明　P_{439}～P_{440}

【应用释义】 照明：照明按照系统分类可分为一般照明、局部照明、混合照明、事故照明。一般照明是提供整个面积上需要的照明；局部照明只供某一局部工作地点的照明；一般照明和局部照明往往混合使用，称为混合照明；在重要的车间或工作场所有的还设有事故照明，当一般照明发生故障熄灭后，事故照明能保证工作人员不致中断工作。

9.2　户外照明

定额编号　YD9-6～YD9-9　钢管杆、水泥杆照明灯　P_{441}～P_{442}

定额编号　YD9-10　草坪灯　P_{443}～P_{444}

定额编号　YD9-11　庭院灯　P_{443}～P_{444}

定额编号　YD9-12　投光灯　P_{443}～P_{444}

定额编号　YD9-13　高杆照明灯 15m 以上　P_{443}～P_{444}

定额编号　YD9-14　管内穿设绝缘线 100m　P_{443}～P_{444}

【应用释义】 路灯：灯具的一种，一般安装在道路两侧。

灯具的作用是固定光源，控制光线，把光源的光能分配到所需要的方向，使光线集中，以便提高照度，同时还可以防止眩光以保护光源不受外力、潮湿及有害气体的影响。

灯具安装一般在配线完毕之后进行，其安装高度一般不低于 2.5m，在危险性较大及特别危险的场所，如灯具高度低于 2.4m，应采取保护措施或采用 36V 及以下安全电压供电。

(1) 灯具的结构　通常把灯座和灯罩的联合结构称为灯具。

①灯座　灯座是用来固定电源的，有灯泡用灯座和荧光灯管用灯座。灯泡用灯座有插口和螺口两大类。300W 及以上的灯泡均用螺口灯座，因为螺口灯座接触比插口好，能通过较大的电流。按其安装方式又可分为平灯座、悬吊式灯座和管子灯座等。按其外壳材料又分为胶木、瓷质及金属三种灯座。

②灯罩　灯罩的作用是控制光线，提高照明效率，使光线集中，同时也保护灯泡不受机械损伤与污染。灯罩的形式很多，按其材质分有玻璃罩、塑料罩和金属罩。按其反射、透射等作用有漫反射灯罩、定向反射灯罩、折射光灯罩和漫透射灯罩等。

(2) 常用灯具

①工厂灯具　工厂灯的类别比较多，有配照型工厂灯、广照工厂灯、探照型工厂灯等。主要用于工厂车间、仓库、运动场及室内外工作场所的照明。

②荧光灯具　荧光灯形式多种多样，按它们适用范围及安装方式分有筒式荧光灯、密闭荧光灯，还有吊杆式、吊链式以及吸顶式。

(3) 灯具安装　照明灯具的安装，分室内和室外两种。室内灯具安装方式，通常有吸顶式、嵌入式、吸壁式和悬吊式。悬吊式又可分为软线吊灯、链条吊灯和钢管吊灯。室外灯具一般装在电杆上、墙上或悬挂在钢索上等。

①吊灯的安装　安装吊灯需要吊线盒和木台两种配件。木台规格应根据吊线盒或灯具法兰大小选择，既不能太大，又不能太小，否则影响美观。当木台直径大于75mm时，应用两只螺栓固定，在砖墙或混凝土结构上固定木台时，应预埋木砖、弹簧螺钉或采用膨胀螺栓。在木结构上固定时，可用木螺钉直接拧牢。为保持木台干燥，防止受潮变形开裂，装于室外或潮湿场所内的木台应涂防腐漆。装木台时，应先将木台的出线孔钻好、锯好进线槽，然后电线从木台出线孔穿出（导引线端头绝缘部分应高出台面）。将木台固定好，再在木台上装吊线盒，从吊线盒的接线螺丝上引出软线。

软线的另一端接到灯座上。由于拉线螺钉不能承受灯的重量，所以，软线在吊线盒及灯座内应打线结，使线结卡在出线孔处。

软线吊灯重量限于1kg以下，超过者应加吊链或钢管。采用吊链时，灯线宜与吊链编叉在一起，采用钢管时，其钢管内径一般不小于10mm，当吊灯灯具重量超过3kg时，应预埋吊钩或螺栓。固定花灯的吊钩，其圆钢直径不应小于灯具吊挂销钉的直径，且不得小于6mm。

②吸顶灯的安装　吸顶灯的安装一般可直接将木台固定在顶棚的预埋木砖上或用预埋的螺栓固定，然后再把灯具固定在木台上。若灯泡与木台距离太近（如半扁灯罩），应在灯泡与木台间放置隔热层（石棉板或石棉布）。

③壁灯的安装　壁灯可以安装在墙上或柱子上。当安装在墙上时，一般在砌墙时应预埋木砖，禁止用木楔代替木砖；当安装在柱子上时，一般应在柱子上预埋金属构件或用抱箍将金属构件固定在柱子上。还可以用塑料胀管法把壁灯固定在墙上。

④荧光灯的安装　荧光灯的安装方式有吸顶、吊链和吊管几种。安装时应注意灯管和镇流器、启辉器、电容器要互相匹配，不能随便代用。特别是带有附加线圈的镇流器，接线不能接错，否则要损坏灯管。

⑤高压水银荧光灯的安装　高压水银荧光灯的安装要注意分清带镇流器和不带镇流器。带镇流器的一定要使镇流器与灯泡相匹配，否则，会立即烧坏灯泡。安装方式一般为垂直安装。因为水平点燃时，光通量减少约70%，而且容易自熄灭。镇流器宜安装在灯具附近、人体触及不到的地方，并应在镇流器上覆盖保护物。

高压水银荧光灯线路常见故障如下。

a. 不能启辉。一般由于电源电压过低或灯泡内部损坏等原因引起。

b. 只能亮灯芯。一般由于灯泡玻璃破碎或漏气等原因引起。

c. 开而不亮。一般由于停电、熔丝烧断，连接导线或镇流器、灯泡烧毁所致。

d. 亮后突然熄灭。一般由于电源电压下降，或线路断线、灯泡损坏等原因所致。

e. 忽亮忽灭。一般由于电源电压波动在启辉电压的临界值上，灯座接触不良，接线松动等原因所致。

⑥碘钨灯的安装　碘钨灯的安装，必须保持水平位置，一般倾斜角不得大于4°，否则将会影响灯管寿命。因为倾斜时，灯管底部将积聚较多的卤素和碘化钨，使引线腐蚀损坏而

灯的上部由于缺少卤素，不能维持正常的碘化钨循环；使玻璃壳很快发黑，灯丝烧断。

碘钨灯正常工作时，管壁温度约为600℃左右，所以安装时不能与易燃物接近，且一定要加灯罩。在使用时，应用酒精擦去灯管外壁油污，否则会在高温下形成污点而降低亮度。另外，碘钨灯的耐振性能差，不能用在振动较大的场所，更不宜作为移动光源使用。碘钨灯功率在1000W以上时，应使用胶盖瓷底刀开关。

9.3 接地极制作安装

定额编号　YD9-15～YD9-27　接地极　P_{445}～P_{447}

【应用释义】　接地极即接地体，是指埋于地中并直接与大地接触作散流用的金属导体。接地体有自然接地体和人工接地体之分。兼作接地用的各种金属构件、金属井管、钢筋混凝土建筑物的基础、金属管道和设备等，都称为自然接地体；直接打入地下专作接地用的经加工的各种型钢和钢管等，称为人工接地体。将电力设备、杆塔的接地螺栓与接地体或零线相连接用的，在正常情况下不载流的金属导体，称为接地线。

装设接地体前，需沿接地体的线路先挖沟，以便打入接地体和敷设连接这些接地体的扁钢。由于地的表层容易冰冻，冰冻层使接地电阻增大，且地表容易被挖掘，会损坏接地装置。沟挖好后应尽快敷设接地体，以防止塌方。接地体打入地中时一般采用手锤冲击，一人扶着接地体，一人用手锤锤打接地体顶部。使用手锤时，要求要平稳。当接地体打入土中能够自然直立时，则可以不用扶持而继续打入。

9.4 户外接地母线敷设

定额编号　YD9-28～YD9-39　接地母线　P_{448}～P_{453}

【应用释义】　接地母线见一、4释义。

9.5 户内接地母线敷设

定额编号　YD9-40　户内　P_{454}～P_{455}

【应用释义】　户内接地母线明敷的方法见一、5释义。

9.6 构架接地

定额编号　YD9-41　构架接地　P_{456}～P_{457}

【应用释义】　见一、6释义。

9.7 阴极保护井安装

定额编号　YD9-42　阴极保护井安装　P_{458}～P_{459}

【应用释义】　阴极保护恒电位仪安装包括本身设备安装、设备之间的电器连接线路安装。至于通电点、均压线塑料电缆长度如超出定额用量的10%时，可以按实调整。牺牲阳极和接地装置安装，已综合考虑了立式和平式埋设，不得因埋设方式不同而进行调整。

9.8 阴极保护井电极安装

定额编号　YD9-43　阴极保护井电极安装　P_{460}～P_{461}

【应用释义】　见定额编号YD9-42的应用释义。

9.9 深井接地埋设

定额编号　YD9-44　深井接地埋设　P_{462}～P_{463}

【应用释义】　深井接地极是指首先通过深井钻孔，然后将设计深度等长的垂直接地极置入孔中，采用低电阻率材料填充空隙，最后达到高效降低接地电阻目的一种垂直接地体。主要通过常规深井接地、深井爆破接地、深水井接地三种深井接地方式来降低接地电阻，这三种深井接地有着不同使用条件和适用范围，常规深井接地适用于中、低电阻率土壤，深井爆破接地适用于高电阻率土壤，深水井接地适用于中、高电阻率土壤，三种深井接地有很强的互补性。

第三部分　工程量计算实例

【例 9-1】 如图 9-2 所示为一锅炉废气除尘净化装置示意图，电除尘器是利用高压电场产生的静电力使烟气中的粉尘荷电，并在电场作用下使荷电粉尘从气流中分离出来，分别向阴、阳极移动并黏附其上，然后通过振打装置振打清灰，使积灰落入灰斗，达到收尘目的的除尘装置。试求其工程量。

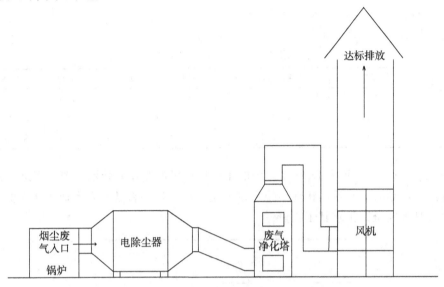

图 9-2　DWS锅炉废气除尘净化装置示意图

【解】 （1）清单工程量　电除尘装置清单工程量计算规则：按设计图示数量计算，则电除尘装置的工程量为1套。

基本数据：
①电除尘装置（套）　　　1
②锅炉本体（套）　　　　1
③粗细粉分离器（套）　　1

清单工程量计算见表 9-2。

表 9-2　清单工程量计算表

序号	项目编号	项目名称	项目特征描述	计量单位	工程量
1	FA0113A31001	电除尘装置	型号为 DWS	套	1
2	FA0111A13001	锅炉本体	型号：SG-3102/27.56-M45X	套	1
3	FA0114A48001	粗细粉分离器	型号为 CXFL	套	1

（2）定额工程量　参考《电力建设工程预算定额（2013年版）第三册 电气设备安装工程》。

①电除尘装置采用的是 DWS 型号，数量为1套，套用电力预算定额 YD9-3。

 a. 人工费：1套×87.90元/套＝87.90元
 b. 材料费：1套×84.49元/套＝84.49元
 c. 机械费：1套×15.17元/套＝15.17元

②锅炉本体采用的是 SG-3102/27.56-M45X 型号,数量为 1 套,套用电力预算定额 YD9-1。

    a. 人工费:1 套×97.95 元/套=97.95 元

    b. 材料费:1 套×84.16 元/套=84.16 元

    c. 机械费:1 套×17.93 元/套=17.93 元

③粗细粉分离器采用的型号为 CXFL,数量为 1 套,套用电力预算定额 YD9-4。

    a. 人工费:1 套×37.96 元/套=37.96 元

    b. 材料费:1 套×82.13 元/套=82.13 元

    c. 机械费:1 套×15.17 元/套=15.17 元

定额工程量计算见表 9-3。

表 9-3 定额工程量计算表

序号	定额编号	项目名称	单位	数量	人工费	材料费	机械费
1	YD9-3	电除尘装置	套	1	87.90	84.49	15.17
2	YD9-1	锅炉本体	套	1	97.95	84.16	17.93
3	YD9-4	粗细粉分离器	套	1	97.95	82.13	15.17

【例 9-2】 图 9-3 所示为 DOS 系统中的角钢接地极的制作安装示意图,当进入系统的电流信号等出现问题时,有效的接地系统可以承受过载电流并将其导入大地,从而保证了系统设备以及人身的安全。试求其工程量。

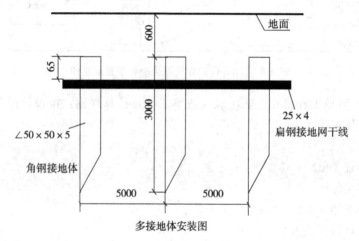

图 9-3 角钢接地极制作安装示意图

【解】 (1)清单工程量 角钢接地极清单工程量计算规则:按设计图示数量计算,则角钢接地极的工程量为 3 根。

基本数据:

    ①电焊条 J507,综合(kg)   0.9690

    ②钢锯条,各种规格(根)   1.0450

清单工程量计算见表 9-4。

表 9-4 清单工程量计算表

项目编号	项目名称	项目特征描述	计量单位	工程量
BA6201H18001	角钢接地极	型号为 50×50×5	根	3

(2)定额工程量 套用电力预算定额 YD9-17。

① 人工费: 3 个 × 10.28 元/个 = 30.84 元
② 材料费: 3 个 × 7.66 元/个 = 22.98 元
③ 机械费: 3 个 × 7.35 元/个 = 22.05 元

定额工程量计算见表 9-5。

表 9-5　定额工程量计算表

定额编号	项目名称	单位	数量	人工费	材料费	机械费
YD9-17	角钢接地极	根	3	30.84	22.98	22.05

【例 9-3】　如图 9-4 所示为户内母线安装系统示意图，与户外接地母线不同，户内接地母线的敷设大多数采用明敷，试求其工程量。

【解】　(1) 清单工程量　户内接地母线清单工程量计算规则：按设计图示数量计算，则户内接地母线的工程量为 20m。

基本数据：
① 电焊条 J507，综合 (kg)　　5.9230
② 镀锌六角螺栓，综合 (kg)　　3.3130
③ 绝缘胶带 20mm×20m (卷)　　1.0400

清单工程量计算见表 9-6。

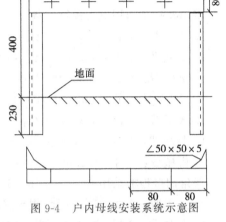

图 9-4　户内母线安装系统示意图

表 9-6　清单工程量计算表

定额编号	项目名称	项目特征描述	计量单位	工程量
BA6201H19001	户内接地母线	扁钢	100m	0.2

(2) 定额工程量　套用电力预算定额 YD9-40。
① 人工费: 0.1m × 510.49 元/100m = 51.049 元
② 材料费: 0.1m × 115.95 元/100m = 11.595 元
③ 机械费: 0.1m × 44.80 元/100m = 4.480 元

定额工程量计算见表 9-7。

表 9-7　定额工程量计算表

定额编号	项目名称	单位	数量	人工费	材料费	机械费
YD9-40	户内接地母线	100m	0.1	51.049	11.595	4.480

【例 9-4】　所谓构架接地，即防止用电设备上的构架与其发生短路，把构架与接地网用相应的金属导体连接起来，让短路电流能够流入大地，从而使得回路保护动作。图 9-5 就是典型的含有构架接地的保护接地的示意，试求其工程量。

【解】　(1) 清单工程量　构架接地清单工程量计算规则：按设计图示数量计算，则构架接地的工程量为 1 处。

基本数据：
① 构架接地 (处)　　1
② 变压器 (台)　　1

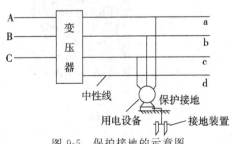

图 9-5　保护接地的示意图

③角钢接地极（根）　　2

清单工程量计算见表9-8。

表9-8　清单工程量计算表

序号	项目编号	项目名称	项目特征描述	计量单位	工程量
1	BA6201H20001	构架接地	保护接地装置	处	1
2	BA1801A11001	变压器	35kV 三相式	台	1
3	BA6201H18001	角钢接地极	型号为 50×50×5	根	2

(2) 定额工程量

①构架接地套用电力预算定额 YD9-41。

a. 人工费：1 处×71.06 元/处＝71.06 元

b. 材料费：1 处×40.30 元/处＝40.30 元

c. 机械费：1 处×85.06 元/处＝85.06 元

②变压器采用的是 35kV 三相式，数量为 1 台，套用电力预算定额 YD2-8。

a. 人工费：1 台×548.99 元/台＝548.99 元

b. 材料费：1 台×332.66 元/台＝332.66 元

c. 机械费：1 台×452.65 元/台＝452.65 元

③角钢接地极采用的型号为 50×50×5，数量为 2 根，套用电力预算定额 YD9-17。

a. 人工费：2 根×10.28 元/根＝20.56 元

b. 材料费：2 根×7.66 元/根＝15.32 元

c. 机械费：2 根×7.35 元/根＝14.70 元

定额工程量计算见表9-9。

表9-9　定额工程量计算表

序号	定额编号	项目名称	单位	数量	人工费	材料费	机械费
1	YD9-40	户内接地母线	处	1	71.06	40.30	85.06
2	YD2-8	变压器	台	1	548.99	332.66	452.65
3	YD9-17	角钢接地极	根	2	20.56	15.32	14.70

【例 9-5】　如图 9-6 所示为常规深井接地极埋设示意图，试求其工程量。

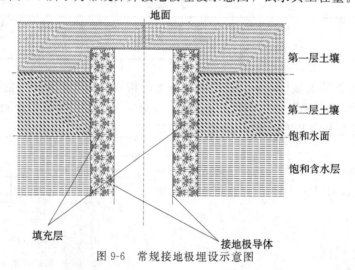

图 9-6　常规接地极埋设示意图

【解】 (1) 清单工程量 深井接地埋设清单工程量计算规则：按设计图示数量计算，则深井接地埋设的工程量为1根。

基本数据：

① 石油沥青 10 号（kg）　　　　　　0.4840

② 塑料袋，黑色 20mm×40m（卷）　　0.0080

③ 酒精，工业用 99.5%（kg）　　　　0.0080

清单工程量计算见表 9-10。

表 9-10　清单工程量计算表

定额编号	项目名称	项目特征描述	计量单位	工程量
BA6201H27001	深井接地埋设	常规型	根	1

(2) 定额工程量 深井接地埋设采用常规型，数量为1根，套用电力预算定额 YD9-44。

① 人工费：1 根×273.74 元/根=273.74 元

② 材料费：1 根×80.64 元/根=80.64 元

③ 机械费：1 根×22.94 元/根=22.94 元

定额工程量计算见表 9-11。

表 9-11　定额工程量计算表

定额编号	项目名称	单位	数量	人工费	材料费	机械费
YD9-44	深井接地埋设	根	1	273.74	80.64	22.94

【例 9-6】 图 9-7 所示为电焊车间动力平面图，电源由室外架空引入至 1K 动力箱，由 1K 动力至 A_1、B、A_2 角钢横担，针式绝缘子配线；由主干线引至 2K、3K、4K、6K、7K，均用 $\phi 1\frac{1}{4}''$ 钢管明配，管内穿 BL×(3×16+1×10) 的电线，引至 5K 用 $\phi 1\frac{1}{4}''$ 钢管明配，穿 BL×3×16 的电线；由 2K、3K、4K、6K、7K 引至电焊机，用 YZ（3×16+1×6）软电缆，由 5K 引至电动机沿墙明设，地板内为暗设，用 $\phi\frac{1}{4}''$ 钢管穿 BL×3×16 的电线；1K 为

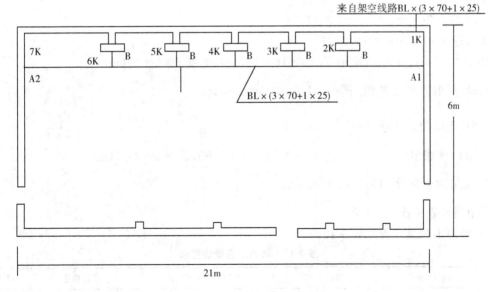

图 9-7　电焊车间动力平面图

XL-12-400 动力箱，2K、3K、4K、6K、7K 均为 XL-12-100 动力箱，A_1、A_2 为 $L50\times50\times5\times1600$ 横担，B 为 $L50\times50\times5\times1400$ 横担（共 5 根），试计算工程量及套用定额。

【解】 （1）计算工程量
①架空引入线工程量计算（只算进户线横担以内）
a. 角钢横担 $L50\times50\times5\times1600$　　　1 根
　　蝶式绝缘子 ED-2　　　　　　　　4 套
b. 钢管保护 $\phi 2''$　　　　　　　　　1.5m
c. 管内穿线 $BL\times70$　　$(1.5+1.5+1)\times3=12(m)$
　　　　　　$BL\times25$　　$(1.5+1.5+1)\times1=4(m)$

②室内主干线工程量计算（由 A_1 经 5B 至 A_2）
a. 四线式角钢横担 $L50\times50\times5\times1600$（$A_1$、$A_2$ 用）　2 根
　　四线式角钢横担 $L50\times50\times5\times1400$（5B 用）　　5 根
　　蝶式绝缘子 ED-2　　　　$2\times4=8$（套）
　　针式绝缘子 PD-1-2　　　$5\times4=20$（个）
b. 针式绝缘子配线
$BL\times70$　　$(21+1.5+1.5)\times3=24\times3=72(m)$
$BL\times25$　　$(21+1.5+1.5)\times1=24\times1=24(m)$
c. 由 1K 引至 A_1 保护管明设 $\phi 2''$　1.5m
d. 管内穿线　$BL\times70$　$(1.5+1.5+1)\times3=12(m)$
　　　　　　　$BL\times25$　$(1.5+1.5+1)\times1=4(m)$

③由室内主干线至各 K 的支线工程量计算
a. 钢管明设 $\phi 1\frac{1}{4}''$　　$1.5\times6=9(m)$
b. 2K、3K、4K、6K、7K 穿线
$BL\times70$　$(1.5+1+1.5)\times3\times5=60(m)$
$BL\times10$　$(1.5+1+1.5)\times1\times5=20(m)$
c. 5K 穿线
$BL\times16$　$(1.5+1+1.5)\times3=12(m)$

④由各 K 引至用电设备工程量计算
2K、3K、4K、6K、7K 用 $YZ(3\times16+1\times6)$ 软电缆 $5\times5=25(m)$
a. 5K 至电机明配管 $\phi 1\frac{1}{4}''$　　$1.7+0.7=2.4(m)$
b. 5K 至电机暗配管 $\phi\frac{1}{4}''$　　3m
c. 管内穿线 $BL\times16$　　$(1+3+1.7+0.7+1.5)\times3=23.7(m)$
d. 金属软管敷设 $\phi 1\frac{1}{4}''$　　0.8m

⑤电机检查接线　　1 台
(2)清单工程量计算见表 9-12。

表 9-12　清单工程量计算表

序号	项目编码	项目名称	项目特征描述	计量单位	工程量
1	SK3101C11001	角钢横担	$L50\times50\times5\times1600$	根	3

续表

序号	项目编码	项目名称	项目特征描述	计量单位	工程量
2	SK3101C11002	角钢横担	L50×50×5×1400	根	5
3	BA2208C12001	蝶式绝缘子	ED-2	套	12
4	BA2208C12002	针式绝缘子	PD-1-2	个	20
5	BA6103G22001	保护钢管	$\phi 2''$	100m	0.03
6	BA5301H17001	管内穿线	BL×70	100m	0.96
7	BA5301H17002	管内穿线	BL×25	100m	0.32
8	BA5301H17003	管内穿线	BL×16	100m	0.957
9	BA5301H17004	管内穿线	BL×10	100m	0.2
10	BA6103G22002	明配钢管	$\phi 1\frac{1}{4}''$	100m	0.114
11	BA6103G22003	暗配钢管	$\phi 1\frac{1}{4}''$	100m	0.03
12	BA2108F11001	软电缆	每根长度20m以内	100m	0.25
13	BA6103G22004	金属软管敷设	管径32mm	100m	0.008
14	BA5201E14001	电机检查接线	容量75kW	台	1

定额工程量计算见表 9-13。

表 9-13 定额工程量计算表

序号	定额编号	项目名称	定额单位	工程数量
1	YX6-19	角钢横担	根	3
2	YX6-19	角钢横担	根	5
3	YD4-17	蝶式绝缘子	套	12
4	YD4-1	针式绝缘子	个	20
5	YD8-27	保护钢管	100m	0.03
6	YD9-14	管内穿线	100m	0.96
7	YD9-14	管内穿线	100m	0.32
8	YD9-14	管内穿线	100m	0.957
9	YD9-14	管内穿线	100m	0.2
10	YD8-27	明配钢管	100m	0.114
11	YD8-27	暗配钢管	100m	0.03
12	YD7-42	软电缆	100m	0.25
13	YD8-23	金属软管敷设	100m	0.008
14	YD1-14	电机检查接线	台	1

【例 9-7】 某公司歌舞厅照明系统中一回路如图 9-8 所示,镀锌钢管沿砖、混凝土结构暗配,管内穿阻燃绝缘导线,ZR-RVV-1.5mm^2,接线盒暗装,开关盒暗装,根据图示内容,计算定额工程量和清单工程量。

说明如下。

(1) 照明配电箱 AZM 电源由本层总配电箱引来,配电箱为嵌入式安装。

(2) 管路均为镀锌钢管 ϕ20mm 沿墙、顶板暗配,顶板敷管标高 4.50m。管内穿阻燃绝缘导线 ZR-RVV-1.5mm^2。

(3) 开关控制装饰灯 FZS-164 为隔一控一。

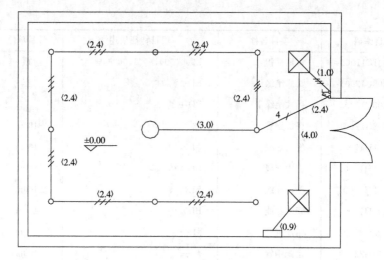

图 9-8 照明系统某一回路示意图

（4）配管水平长度见图示上的数字，单位为 m。

表 9-14 窗五金、配件表

序号	图例	名称型号及规格	备注
1	●	装饰灯 XDCZ-50 8×100W	吸顶
2	●	装饰灯 FZS-164 1×100W	吸顶
3	✦	单联单控开关（暗装）10A、250V	安装高度1.4m
4	✦	单联单控开关（暗装）10A、250V	安装高度1.4m
5	▬	照明配电箱 AZM，尺寸为 300mm × 200mm × 120mm（宽×高×厚）	箱底标高1.6m
6	⊠	排风扇 300×3001×60W	吸顶

【解】（1）清单工程量

① 配电箱安装：配电箱 AZM 300×200×120 1个。

② 装饰灯：装饰灯 XDCZ-50 8×100W 1套。

③ 装饰灯：装饰灯 FZS-164 1×100W 8套。

④ 小电器：单联单控开关 10A、250V 1个。

⑤ 小电器：三联单控开关 10A、250V 1个。

⑥ 小电器：排风扇 300×300，1×60W 2台。

⑦ 电气配线　管内穿线 ZR-RVV-1.5mm² ：

$L=2.4×7×3+3.0×2+2.4×4+4.0×3+1.0×3+0.9×2+(4.50-1.40)×2×2+(4.50-1.60)×2m=101m$

⑧ 电气配管　镀锌钢管 ϕ20mm 沿砖、混凝土结构暗配：

$L = 2.4 \times 7 + 3.0 + 2.4 + 4.0 + 1.0 + 0.9 + (4.50 - 1.40) \times 2 + (4.50 - 1.60)$ m
$= 37.2$ m

清单工程量计算见表9-15。

表9-15 清单工程量计算表

序号	项目编号	项目名称	项目特征描述	计量单位	工程量
1	HT2201D29001	配电箱	AZM 300×200×120	台	1
2	BA5301H13001	装饰灯	XDCZ-50 8×100W	套	1
3	BA5301H13002	装饰灯	FZS-164 1×100W	套	8
4	BA5301N78001	小电器	单联单控开关 10A、250V	个	1
5	BA5301N78002	小电器	三联单控开关 10A、250V	个	1
6	BA5301N78003	小电器	排风扇 300×300,1×60W	台	2
7	BA5301H17001	电气配线	管内穿线 ZR-RVV-1.5mm²	m	101
8	BA5301G22001	电气配管	镀锌钢管 φ20	m	37.2

(2) 定额工程量

① 配电箱 AZM　　　300×200×120　　1个　　套用定额 YT17-153
② 装饰灯 XDCZ-50　　8×100W　　　　1套　　套用定额 YT17-93
③ 装饰灯 FZS-164　　1×100W　　　　8套　　套用定额 YT17-84
④ 单联单控开关 10A、250V　　　　　1个　　套用定额 YT17-128
⑤ 三联单控开关 10A、250V　　　　　1个　　套用定额 YT17-130
⑥ 排风扇 300×300,1×60W　　　　　2台　　套用定额 YT17-149
⑦ 电气配线　管内穿线 ZR-RVV-1.5mm²。

$L = 2.4 \times 7 \times 3 + 3.0 \times 2 + 2.4 \times 4 + 4.0 \times 3 + 1.0 \times 3 + 0.9 \times 2 + (4.50 - 1.40) \times 2 \times 2 +$
$(4.50 - 1.60) \times 2 + (0.3 + 0.2) \times 2$ m $= 102$ m

套用定额 YT17-59。

⑧ 镀锌钢管 φ20mm 沿砖、混凝土结构暗配。

$L = 2.4 \times 7 + 3.0 + 2.4 + 4.0 + 1.0 + 0.9 + (4.50 - 1.40) \times 2 + (4.50 - 1.60)$ m
$= 37.2$ m

套用定额 YT17-10。

定额工程量计算见表9-16(套用电力建设工程预算定额)。

表9-16 某公司歌舞厅照明系统一回路定额工程量计算

序号	定额编号	分项工程名称	计量单位	工程量	基价/元	分项费用/元			合计/元
						人工费	材料费	机械	
1	YT17-153	配电箱	个	1	55.57	48.71	6.86	—	55.57
2	YT17-93	装饰灯	套	1	97.23	9.51	87.72	—	97.23
3	YT17-84	装饰灯	套	8	93.15	7.54	85.61	—	745.2
4	YT17-128	单联单控开关	套	1	21.54	2.76	18.78	—	21.54
5	YT17-130	三联单控开关	套	1	25.93	3.03	22.90	—	25.93
6	YT17-149	轴流排风扇	台	2	23.45	21.24	2.21	—	46.90
7	YT17-59	管内穿线 2RBVV-1.5mm²	m 单线	102	1.6	0.30	1.30	—	163.20
8	YT17-10	镀锌钢管 φ20	m	37.2	12.43	2.50	9.72	0.21	462.40
		合计							1617.9

【例 9-8】 现需制作一台供某楼层 3 户用的嵌墙式照明配电箱,假设墙壁厚度均为 10mm,系统主接线图如图 9-9 所示,每户两个供电回路,即照明回路与插座回路分开。楼梯照明由单元配电箱供电,本照明配电箱不予考虑。试计算分部分项工程量清单(设盘内配线均采用 BV-4 导线)。

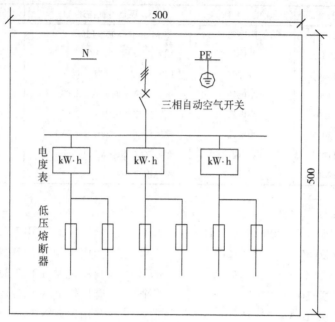

图 9-9 配电箱内电气主接线系统图

解:(1)清单工程量
①控制开关:三相自动空气开关(DZ47-32/3P)1 个。
②控制开关:单相手柄或刀型开关 3 个。
③小电器:单相交流电度表(DD862-5A)3 个。
④低压熔断器:瓷插式熔断器(RC1A -15/6)6 个。
⑤配电箱:配电箱 520mm×520mm×10mm 1 台。
清单工程量计算见表 9-17。

表 9-17 清单工程量计算表

序号	项目编号	项目名称	项目特征描述	计量单位	工程量
1	HA5303B13001	控制开关	三相自动空气开关(DZ47-32/3P)	个	1
2	HA5303B13002	控制开关	单相手柄或刀型开关	个	3
3	BA5301N78001	小电器	单相交流电度表(DD862-5A)	个	3
4	HA5303B11001	低压熔断器	瓷插式熔断器(RC1A-15/6)	个	6
5	BA5301N80001	配电箱	配电箱 520mm×520mm×10mm 箱柜配线	台	1

(2)定额工程量(套用《电力建设工程预算定额 2013 年版》) 配电箱制作安装。
①三相自动空气开关(DZ47-32/3P)安装 1 个 套用电力预算定额 YD5-40
②刀型开关安装(手柄式)3 个 套用电力预算定额 YD5-43
③单相交流电度表(DD862-5A)安装 3 个 套用电力预算定额 YD5-55
④瓷插式熔断器(RC1A-15/6)安装 6 个 套用电力预算定额 YD5-39
⑤穿通(钢)板制作

500mm×500mm×10mm，半周长为1m，面积为 $0.5×0.5m^2=0.25\ m^2$，1块。

套用电力预算定额 YD5-32。

⑥照明配电箱安装（1套）

配电箱外形尺寸 520mm×520mm×10mm，半周长 0.42+0.42=0.84m。

套用电力预算定额 YD5-38。

⑦箱柜配线（1套）　　可将配电箱主接线系统图 9-9 换成箱内接线示意图，如图 9-10 所示，以便分析计算箱内配线回路数，即：$n=3+3+4×3+2×3=24$ 个。

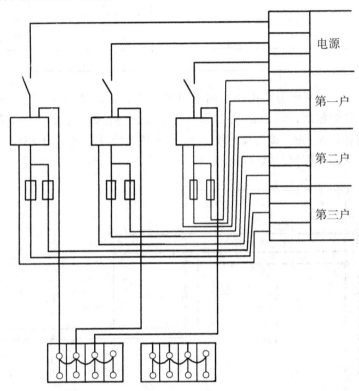

图 9-10　箱内接线示意图

根据式 $L=(B+H)n$　计算箱内配电导线 BV-4 总长度为：$L=(0.5+0.5)×24m=24m$。

式中　　L——箱柜配线导线长度，m；

　　　　B——箱（板）宽度，m；

　　　　H——箱（板）高度，m；

　　　　n——箱柜配线回路数，即导线根数。

套用电力预算定额 YD5-28。

⑧端子板安装（2台）　　以 10 个头为一组，由图 9-10 可知，端子板共需 20 个头，工程量为 2 台。由于导线截面 $4mm^2$，箱内导线接线可不用端子。

套用电力预算定额 YD5-20。

定额工程量计算表见表 9-18。

表 9-18　某公司歌舞厅照明系统一回路定额工程量计算

序号	定额编号	分项工程名称	计量单位	工程量	基价/元	分项费用/元			合计/元
						人工费	材料费	机械	
1	YD5-40	三相自动空气开关	个	1	88.36	68.53	14.81	5.02	88.36
2	YD5-43	刀型开关	个	3	36.39	33.36	3.03	—	109.17

续表

序号	定额编号	分项工程名称	计量单位	工程量	基价/元	分项费用/元			合计/元
						人工费	材料费	机械	
3	YD5-55	单相交流电度表	个	3	19.25	13.86	5.02	0.37	57.75
4	YD5-39	瓷插式熔断器（DD862-5A）	个	6	19.60	18.26	1.34	—	117.60
5	YD5-32	穿通（钢）板安装	块	1	301.21	57.71	224.39	19.11	301.21
6	YD5-38	照明配电箱安装	台	1	108.13	76.08	27.55	4.50	108.13
7	YD5-28	箱柜配线（BV-4）	100m	0.24	99.55	24.68	74.87	—	23.89
8	YD5-20	端子板安装	台	2	47.83	13.08	27.77	6.98	95.66
		合计							901.77

【例 9-9】 图 9-11 所示为某化验室的平面图，长 25m，宽 10m，高 20m 及 27m。在该化验室的屋顶安装避雷网，在 20m 及 27m 房顶上共装避雷针五根，分三处引下与接地组连接（避雷针为钢管，长 5m，接地极两组 6 根），房顶上的避雷线采用支持卡子敷设，避雷线及引下线均采用 $\phi 8mm$ 圆钢。试计算工程量。

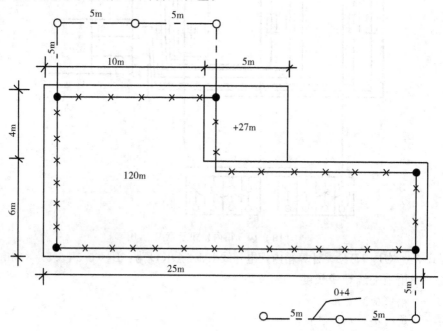

图 9-11 某化验室屋顶防雷平面图

【解】 （1）计算工程量

①钢管避雷针制作 5m　　5 根

②钢管避雷针安装 5m　　5 根

③避雷线　$\phi 8mm$ 圆钢

$(25+6+15+4+10+10+2\times 7)m = 84m$

④引下线敷设　$\phi 8mm$ 圆钢

$(20+27+20-3\times 2)m = 61m$

⑤断接卡子制、安装　1×3 个 $= 3$ 个

⑥断接卡子引线　$3\times 2m = 6m$

⑦接地极挖土方：

$(5\times2+5+5+5+5\times2+0.5\times4)\times0.36m^3$
$=37\times0.36m^3=13.32m^3$

⑧接地极制作 φ2mm钢管　　　6根

⑨接地极安装 φ2mm钢管　　　6根

⑩接地母线埋设：圆钢 φ16mm

$(5.1\times2+5.1+5.1+5.1\times2+5.1)m+(0.9\times3)m$
$=35.7m+2.7m=38.4m$

⑪接地电阻测验　　　2次

(2) 清单工程量计算见表9-19。

表9-19　清单工程量计算表

序号	项目编码	项目名称	项目特征描述	计量单位	工程量
1	BA6201H19001	接地极制作安装	钢管 φ2mm	根	6
2	BA6201H19002	户外接地母线敷设	圆钢 φ16mm	100m	0.384
3	BA6201H19003	避雷针引下线安装	圆钢 φ8mm	100m	0.61
4	BA6201H19004	避雷网安装	圆钢 φ8mm沿墙支架	100m	0.84
5	BA6201H19005	钢管避雷针制作安装	2m以内	套	3

定额工程量计算见表9-20。

表9-20　定额工程量计算表

序号	定额编号	项目名称	单位	工程数量
1	YD9-15	接地极制作安装	根	6
2	YD9-32	户外接地母线敷设	100m	0.384
3	YD9-41	避雷针引下线安装	100m	0.61
4	YD9-41	避雷网安装	100m	0.84
5	YT17-173	钢管避雷针制作安装	套	3

第10章 自动控制装置及仪表

第一部分 说明释义

本章定额适用于变电站（发电厂）内的热力控制盘安装、各种仪表安装、检（监）测装置安装，阀门、附件安装、管路敷设及伴热电缆敷设、导线敷设。

一、工作内容

（一）热力控制盘安装

工作内容：就位、安装，盘内校线，端子板、汇线槽安装，铭牌安装及防振胶垫的制作、安装，接地，厂家预制电缆（网线），成品保护，单体调试。

【释义】 接线用的螺丝、卡子等零件叫做端子，把若干个端子集中在一起，按不同功用排列在一个平板上，这个板就叫端子板。

（二）常用仪表安装

1. 工作内容

（1）开孔，安装测温插座、取压取样部件，表计安装，校接线，挂牌，盘装仪表开孔等。

【释义】 常用仪表的安装包括：温度测量仪表安装、压力测量仪表安装、流量测量仪表安装、节流装置仪表安装、物位测量仪表安装以及显示仪表的安装。

（2）压力式温度计的温包安装、毛细管敷设固定。

【释义】 压力式温度计：由感温元件——温包、金属软管和表头等构件组成。温包内的液体受热蒸发，并且沿着金属软管内的毛细管传到表头，表头构造与弹簧管压力表相同，表头上的指针发生偏转的角度大小与被测介质温度高低成正比，在刻度盘上可以读出温度值。压力式温度计适用于远距离测量非腐蚀性气体、蒸汽或液体的温度，被测介质$P<5.88MPa$，温度$<400℃$。锅炉中常用来测量空气预热器的温度，热水锅炉的进、出水温度。压力式温度计的优点是可以自动记录，机械强度高，不怕振动，可远距离测试。其缺点是热惰性大，仪表密闭系统损坏后难以修理，安装时要求温包中心与管道中心线重合，且自上而下垂直安装。

（3）工艺管道上配合安装流量计。

（4）节流装置安装：检查椭圆度、同心度、孔板流向，正负室位置确定，环室孔板清洗、管道吹除后的环室清洗、孔板二次安装及垫子制作、安装。

【释义】 节流装置是在充满管道的流体流经管道内的一种流装置，流束将在节流处形成局部收缩，从而使流速增加，静压力降低，在节流件前后就产生了静压力差（或称节流式流量计）。

(5) 液位测量仪表的平衡容器安装。

【释义】 液位测量作为工业生产中的最重要的工作参数，其与温度、压力、流量堪称工业四大工作参数。

(6) 重锤探测料位计的磁力启动器、滑轮、重锤、钢丝绳安装。

【释义】 重锤式料位计由传感器和仪表组成，传感器采用重锤探测式，各种信号由特制的采集单元取出，无机械触点、运行可靠。

(7) 监视大屏幕显示器：定位、架子组装、屏幕组装、接线。

(8) 单体调试。

【释义】 单体调试是指设备在未安装时或安装工作结束而未与系统连接时，按照电力建设施工及验收技术规范的要求，为确认其是否符合产品出厂标准和满足实际使用条件而进行的单机试运或单体调试工作。

2. 未计价材料：表计插座、取压短管、取样部件、法兰、仪表接头、仪表加工件。

【释义】 法兰是使管子与管子相互连接的零件，连接于管端。

（三）过程控制仪表安装

1. 工作内容

(1) 测点开孔，安装测温插座、取压取样部件，盘装仪表开孔，上接头，校接线，挂牌等。

(2) 配合安装烟温探针、气动、电动调节阀、一体化电动阀及调节挡板。

【释义】 电动调节阀是工业自动化过程控制中的重要执行单元仪表。阀门结构由电动执行机构和调节阀连接组合后经过机械连接装配、调试安装构成的。

(3) 执行器注油，连杆配置、安装。

(4) 远方控制器的磁力启动器及电气制动器安装。

【释义】 磁力启动器由钢质冲压外壳、钢质底板、交流接触器、热继电器和相应配线构成，使用时应配用启动、停止按钮开关，并正确连接手控信号电缆。当按下启动按钮时，磁力启动器内装的交流接触器线圈得电，衔铁带动触点组闭合，接通用电器（一般为电机）电源，同时通过辅助触点自锁。按下停止按钮时，内部交流接触器线圈失电，触点断开，切断用电器电源并解锁。

(5) 单体调试。

【释义】 见一、（二）1（8）释义。

2. 未计价材料：表计插座、取样部件、仪表接头、执行机构连杆组件。

【释义】 连杆是机构中两端分别与主动和从动构件铰接以传递运动和力的杆件。连杆的工作条件要求连杆具有较高的强度和抗疲劳性能；又要求具有足够的钢性和韧性。

（四）智能仪表、分析仪表安装

1. 工作内容

(1) 仪表安装、校接线、挂牌等。

(2) 火焰监测装置还包括冷却风软管连接、就地预制电缆的敷设。

【释义】 火焰监测装置一般由探头、电源、电压放大器、检测屏、逻辑屏等部件组成。其工作原理是：由探头探测燃烧火焰的强度和脉动频率，并将探测到的火焰信号转换为电源信号，传送到信号处理中心，只有当燃烧火焰的强度和频率同时满足时，探测到的火焰才是真实的火焰，发出有火信号。

(3) 炉管泄漏装置还包括开孔、方箱、异声管安装。

【释义】 炉管泄漏监测系统利用声学监测原理实时检测炉内水冷壁、过热器、再热器、省煤器受热面管道的早期泄漏的监测系统。主要由声波导管、声波传感器和监测报警系统组成。

（4）锅炉点火装置还包括打火头和点火变压器安装。

【释义】 锅炉点火指通过点火器与引火燃料在锅炉点火准备完成后打开引火燃料阀门，再打开点火开关，待其燃烧火焰稳定正常后，关闭点火系统的过程。

（5）分析仪表安装还包括工艺管道上的取样部件安装和配套的传送器预处理装置、供电装置、电阻盒、恒流器、转换器等安装。

（6）单体调试。

【释义】 见一、（二）1（8）释义。

2．未计价材料：法兰（带螺栓）、取样部件、仪表接头。

【释义】 见一、（二）2释义。

（五）机械测量检测装置安装

工作内容：传感器、前置器安装及其配套的显示仪表安装，校接线（包括延伸电缆敷设），单体调试。

【释义】 传感器是一种检测装置，能感受到被测量的信息，并能将感受到的信息按一定规律变换成为电信号或其他所需形式的信息输出，以满足信息的传输、处理、存储、显示、记录和控制等要求。

（六）管路敷设及伴热电缆敷设

1．工作内容

（1）管路敷设：划线、调直、定位、锯管、煨弯、焊接、固定、挂牌，碳钢管除锈刷漆，管路试压及气密性试验。

【释义】 煨弯是指把管加工成弯头，一般是指水电专业用金属管及电气PVC穿线管。

（2）伴热管敷设：除锈、焊接、试压及气密性试验。

【释义】 气密性试验主要是检验容器的各连接部位是否有泄漏现象。介质毒性程度为极度、高度危害或设计上不允许有微量泄漏的压力容器，必须进行气密性试验。

（3）伴热电缆敷设：绝缘电阻测定、敷设、封头、缠绕、绑扎、固定、接线等。

【释义】 伴热作为一种有效的管道（储罐）保温及防冻方案一直被广泛应用。是通过伴热媒体散发一定的热量，通过直接或间接的热交换补充被伴热管道的损失，以达到升温、保温或防冻的正常工作要求。

2．未计价材料：管材、管件（管接头、三通、弯头等）、伴热电缆。

【释义】 见一、（六）1（3）释义。

（七）阀门、附件安装

1．工作内容

（1）阀门安装：试压、接头或法兰焊接、阀体安装固定。

（2）取源部件安装：在管道或设备上开孔、部件焊接、焊口打磨。

（3）防堵装置、网笼探头、附件的单体调试。

【释义】 探头指发射和接收超声波的电声转换部件。探头即传感器，有谐振式传感器、宽带传感器、防水型传感器、高温传感器、低温传感器等其他特殊功能型的传感器。

2．未计价材料：阀门、仪表加工件、仪表接头、温度插座（套管）、取压短管。

【释义】 接头是为了保护电缆、电线和补偿导线，如仪表电气接头和金属软管接头，都不承受压力，是保证它所保护的导线不受机械损伤。

（八）导线敷设

1．工作内容：导线敷设、穿管，切割，整理固定。

【释义】 穿管是为了保证电缆在运行中不受外力损伤，在遇到下列情况时应将电缆穿入具有一定机械强度的管子内或采用其他保护措施以保证管内电线能正常工作。

2. 未计价材料：补偿导线、耐高温导线。

【释义】 补偿导线适用于分度号为 S、R、K、E、T、J、N 型各种热电偶与温度显示仪表之间的电气连接，以提高测温精度。

分度号是用来反映温度传感器在测量温度范围内温度变化对应传感器电压或者阻值变化的标准数列，即热电阻、热电偶、电阻、电势对应的温度值。

热电偶：目前，广泛运用的测温热电偶是根据金属导体的热电现象而制成的，可用于长时间测量 1300℃ 以下的温度，特殊材料制成的热电偶可测量高达 2800℃ 的温度。通过热电偶能将温度信号转换为电势信号，便于远方显示。热电偶具有性能稳定、结构简单、使用方便、经济耐用、容易维护和体积小等优点，故在工业生产和科学研究中得到广泛的使用。

将两种不同材料的金属导体组成闭合回路，一端放在被测介质中感受温度变化，称为工作端和热端，另一端为自由端或冷端，组成热电偶的金属导体称为热电极。

当冷端和热端温度不同时，在回路中就会产生一定方向和大小的电势，此电势包括接触电势和温差电势。

接触电势的大小与接触处的绝对温度、两种金属的电子密度有关，材料一定时接触电势只与温度有关，所以称为热接触电势，简称为热电势。

温差电势是本身两端温度不同而产生的电势，温差电势与金属材料及两端温度有关，温差越大，温差电势越大。

由此可见，热电偶具有以下特性。

①热电偶回路的热电势大小只与热电极材料及热电偶两端温度有关，而与热电极的几何尺寸无关。

②热电偶两端温度相同，则总热电势为零。

③相同电极材料组成的热电偶，其总热电势为零。

④如使热电偶一端温度不变，则热电势只与另一端温度有关，这样，只要测得热电势的大小即可知道温度的大小，这就是热电偶测量温度的原理。

当热电偶冷端温度为零时，确定出热电势与热端温度的数值关系即为热电偶的分度关系，把它们列成表，称为热电偶的分度表。

注意以下两个原理。

①中间导体定理　在热电偶回路中接入第三种导体时，只要第三种导体两端温度相同，热电偶产生的热电势大小就不受第三种导体影响。

②中间温度定理　在热电偶回路中接入热电特性与热电偶特性相同的两根导体，其总的热电势与回路两端温度有关，而与中间温度无关。

用热电偶感温元件测量温度时必须使其与被测介质直接接触，故称为接触式感温元件。通过感温元件与被测介质进行热交换，将介质热量传给感温元件，当达到热平衡时感温元件的温度即为被测介质的温度。因此保证热交换处于最佳状态，是接触式感温元件能够准确测量的关键之一。而热交换最佳状态的取得取决于感温元件的正确安装，所以热电偶感温元件的安装是否正确、合理对于测量的准确性和可靠性都有着及其重要的意义。如果安装不当，尽管感温元件及其显示仪表精度等级很高，那也得不到正确的测量结果，严重时会给生产造成不可估量的损失，因此对热电偶感温元件的安装应给予足够的重视。

热电偶感温元件的安装要求及方法。感温元件在安装时，被测对象由于本身的各种原因也会对安装提出要求，例如：高温高压设备的机械强度不应因为安装感温元件而受到影响，感温元件不应污染被测介质等。下面简要说明热电偶感温元件的安装要求。

①热电偶感温元件的安装地点要选择在便于施工、维护，而且不易受到外界损伤的位置。

②热电偶感温元件的插入方向应与被测介质流向相逆或者相垂直，尽量避免与被测介质流向一致。

③在管道上安装热电偶感温元件时，应使热电偶的热端处于流速最大的管道中心线上，因为有保护管，所以保护管的顶端应超过中心线5～10mm，才能使热电偶热端处于管道中心线上。

④热电偶插入部分越长，测量的误差越小，因此在满足前两项要求的基础上应争取有较大的插入深度，例如热电偶感温元件在管道上安装时，为了取得较大的插入深度，可以采用斜插、加扩容管或在弯头处插入（在机械强度容许的情况下）。

二、未包括的工作内容

1. 热力控制盘安装中：盘、箱、柜制作及重新喷漆，盘柜箱上的电气设备和元件安装、盘柜配线，基础槽钢（角钢）和支架制作安装。

【释义】 槽钢是截面为凹槽形的长条钢材。槽钢分普通槽钢和轻型槽钢。

2. 检测及监测仪表安装中

（1）高温高压管道或设备上开孔（按预留孔考虑）。

（2）仪表接头以外的阀门及管路敷设。

（3）平衡容器的制作（按制造厂成品件考虑）。

【释义】 平衡容器是一种结构巧妙、具有自我补偿能力的汽包水位测量装置。平衡容器分单室平衡容器和双室平衡容器，双室平衡容器在基准杯的上方有一个圆环形漏斗结构将整个平衡容器分为两个部分。

（4）节流装置安装的法兰焊接、环室一次安装及一次安装的垫子制作。

【释义】 环室孔板可测量气体、蒸汽、液体及天然气的流量，广泛应用于石油、化工、冶金、电力、供热、供水等领域的过程控制和测量。

（5）放射源保管和安装的特殊措施费。

【释义】 放射源是指用放射性物质制成的能产生辐射照射的物质或实体，放射源按其密封状况可分为密封源和非密封源。

3. 过程控制仪表安装中

（1）电动调节阀、隔离挡板、气动调节阀、一体化电动阀的安装和法兰安装，调节阀研磨。

（2）仪表接头以外的阀门及管路敷设。

【释义】 见一、（三）1（2）的释义。

见一、（七）2。

4. 检测及监测仪表安装中：

（1）分析仪表辅助装置制作安装，不配套供货而另行配置的显示仪表安装。

（2）火焰监视装置的探头冷却风管路、就地接线箱、火检控制柜安装。

（3）炉管泄漏装置的吹扫管路安装。

（4）支架及底座制作安装，配管，线路、电缆敷设，阀门安装，工艺管道和设备上的法兰焊接。

【释义】 火检是FSSS炉膛安全监测系统的重要组成部分，它是运行人员掌握炉内火焰情况的重要设备。由于火焰信号存在跳磨和MFT的重要逻辑，火焰信号不好严重威胁机组安全运行。

5. 机械量检测装置安装中

(1) 中间端子箱的安装。

(2) 盘装二次仪表及供电装置安装。

【释义】 供电系统是由电源系统和输配电系统组成的产生电能并供应和输送给用电设备的系统。

(3) 皮带秤的称量框安装、托辊安装。

【释义】 托辊是带式输送机的重要部件，主要是支撑输送带和物料重量。

(4) 称重传感器的水和油冷却装置安装。

【释义】 称重传感器实际上是一种将质量信号转变为可测量的电信号输出的装置。用传感器应先要考虑传感器所处的实际工作环境，这点对正确选用称重传感器至关重要，它关系到传感器能否正常工作以及它的安全和使用寿命，乃至整个衡器的可靠性和安全性。

6. 管路敷设及伴热电缆敷设中

(1) 管路中阀门、过滤器等的安装。

【释义】 过滤器由筒体、不锈钢滤网、排污部分、传动装置及电气控制部分组成。过滤器工作时，待过滤的水由水口时入，流经滤网，通过出口进入用户所需的管道进行工艺循环，水中的颗粒杂质被截留在滤网内部。如此不断的循环，被截留下来的颗粒越来越多，过滤速度越来越慢，而进口的污水仍源源不断地进入，滤孔会越来越小，由此在进、出口之间产生压力差，压差达到设定值时，差压变送器将电信号传送到控制器，控制系统启动驱动马达通过传动组件带动轴转动，同时排污口打开，由排污口排出，当滤网清洗完毕后，压差降到最小值，系统返回到初始过滤状态，系统正常运行。

(2) P92 焊口的热处理、拍片检验。

【释义】 热处理是将金属材料放在一定的介质内加热、保温、冷却，通过改变材料表面或内部的晶相组织结构，来改变其性能的一种金属热加工工艺。

(3) 管路、伴热电缆的外部保温及保温层防水防腐。

【释义】 见一、(六) 1 (3) 释义。

7. 阀门、附件安装中

(1) 一次部件和材料的化学分析，无损探伤，拍片检验和光谱分析。

【释义】 光谱分析是根据物质的光谱来鉴别物质及确定它的化学组成和相对含量的一种方法。

(2) 高温高压管道或设备上开孔。

(3) 防堵装置的吹扫管路、气控箱安装，执行本册相应定额。

【释义】 吹扫工艺管道系统安装后，可根据其工作介质使用条件及管道内表面的脏污程度，常用空气吹扫或蒸汽吹扫。管道吹扫的一般要求如下。

(1) 不允许吹扫的设备及管道应与吹扫系统隔离。

(2) 管道吹扫前，不应安装孔板、法兰连接的调节阀、主要阀门、节流阀、安全阀、仪表等，对于焊接连接的上述阀门和仪表，应采取流经旁路或卸掉密封件等保护措施。

8. 导线敷设中

(1) 支架制作安装，桥架、托盘、槽盒安装。

(2) 保护管安装。

【释义】 电缆桥架分为槽式、托盘式和梯架式、网格式等结构，由支架、托臂和安装附件等组成。可以独立架设，也可以附设在各种建(构)筑物和管廊支架上，体现结构简单、造型美观、配置灵活和维修方便等特点，全部零件均需进行镀锌处理，安装在建筑物外露天的桥架，如果是在邻近海边或属于腐蚀区，则材质必须具有防腐、耐潮气、附着力好，耐冲击强度高的物性。

三、工程量计算规则

SO_2/NO 分析仪可参照 $CO/CO_2/H_2O$ 分析仪定额执行。

【释义】 变频功率分析仪是用于各类变频调速系统的电压、电流、功率、谐波等电量测试、计量的新型测量设备，是变频技术持续发展的重要基础仪器，更是变频设备能效评测不可或缺的工具。

四、其他说明

1. 本章定额均未包括设备底座和支架制作安装。

2. 本章定额均为包括电气特殊项目试验相关的仪器仪表的校验工作，如需校验参照调试预算定额特殊调试项目。

【释义】 电气调试主要指的是电气设备的调整和试验。是工矿企业建设中设备安装工作完毕后，投入生产运行前的一道工序。

第二部分　定额释义

10.1　热力控制盘（柜）

10.1.1　盘、柜、操作台安装

定额编号　YD10-1　柜式盘；YD10-2　屏式盘；YD10-3　保温（护）箱；YD10-4　操作台；YD10-5　大型通道盘；YD10-6　挂式盘；$P_{471} \sim P_{472}$

【应用释义】 此项定额分为7个项目：柜式盘、屏式盘、保留（护）箱、组合式盘台、操作台、大型通道盘和挂式盘。计量单位为块。

10.1.2　带组装设备的盘（柜）安装

定额编号　YD10-7～YD10-9　带电子卡件的控制柜　P_{473}

【应用释义】 带电子卡件的控制柜按宽度分为三个规格：900mm、1100mm 以及 1400mm。计量单位为块。

10.1.3　电磁阀及接线盒安装

定额编号　YD10-10　电磁阀箱；YD10-11　接线盒；$P_{474} \sim P_{475}$

【应用释义】 接线盒安装分为电磁阀箱和接线盒两个项目。以"只"为计量单位。

10.2　常用仪表安装

10.2.1　温度测量仪表安装

定额编号　YD10-12　温度计　$P_{476} \sim P_{477}$

【应用释义】 压力表式温度计是根据在封闭的容器中的液体、气体或低沸点的饱和蒸汽，受热后体积膨胀或压力变化这一原理而制成的，并用压力表来测量这种变化，从而测得温度。

（1）压力式温度计的种类

①充液压力式温度计　充液压力式温度计比玻璃管温度计坚固，而且读数可以远传，金属温包和金属毛细管一端相连，毛细管的另一端和一测量压力仪表相连。温包、毛细管和弹簧管内都充满液体，液体受热体积要膨胀，由于容器的体积一定，导致液体压力升高，使弹簧管压力表动作并在其温度标尺上给出被测温度值。水银是常用的充液，由于水银对许多金

属有腐蚀作用，因此温包、毛细管和弹簧管的材料要用不锈钢。

②充气压力式温度计　气体状态方程 $pV=mRT$ 表明，对一定质量 m 的气体，如果它的体积 V 一定，则它的温度 T 和压力 p 成正比。因此，在密封容器内充以气体，就构成充气压力表式温度计。在封闭的系统内通常充以氮气，它能测量的最高温度为 500～550℃，在低温下充以氢气，它的测温下限为 -120℃。在过高的温度下，温包中充的气体会较多地透过金属壁扩散，这样会使仪表读数偏低。

③蒸汽压力式温度计　蒸汽压力式温度计是根据低沸点液体的饱和蒸气压只和汽液分界面的温度有关这一原理制成的，金属温包的一部分容积内盛放着低沸点的液体，而在其余的空间以及毛细管、弹簧管内是这种液体的饱和蒸汽。由于汽液分界面在温包内，因而这种温度计的读数仅和温包温度有关。这种温度计的压力-温度关系是非线性的，不过可以在压力表的连杆机构中采取一些补偿措施，使温度刻度线性化。

(2) 压力式温度计的误差　压力式温度计除了由于制造中的尺寸不准确，传动间隙和摩擦等会引起误差外，还有下面一些因素也会引起误差。

①感受部分进入深度的影响。各种压力式温度计在测温时，通过毛细管或外壳会对外散失热量，热量的损失会减少所测得的温度值。

②环境温度的影响。在液体压力式温度计中，如果充液和毛细管材料、弹簧管材料的膨胀系数不同，则环境温度变化就会产生测量误差。虽然可以把温包容积做得比毛细管和弹簧管的容积大得多，从而减少这一误差，但是对于高准确度的仪表，这样做还不能满足要求，一般采用下列方法来减小误差：一种方法是另外再装一根补偿毛细管和弹簧管，但这种方法成本比较高；另一种方法就是在弹簧管自由端与仪表指针之间插入一条双金属片，环境温度变化，双金属片产生相应的变形，因此来补偿弹簧管周围环境温度变化引起的误差。

电焊条：电焊时熔化填充在焊接工作件结合处的金属条，外面有药皮，熔化时保护电弧使其稳定并隔绝空气中的氧、氮等有害气体与液体金属接触的作用，以免形成脆性易裂的化合物。

定额编号　YD10-13　热电偶、热电阻　$P_{476} \sim P_{477}$
**　　　　　YD10-14　温度开关　$P_{476} \sim P_{477}$**

【应用释义】　热电偶：根据金属的热电效应原理，任意两种不同的金属材料都可作热电极组成热电偶，但实际上并非如此，因此对制造热电偶的材料应满足以下要求。

①具有较高的物理稳定性，就是说在测温范围内热电特性要稳定，不随时间变化，另外，在高温下金属不易蒸发和再结晶，以免引起热电极变质、变细和相互污染。

②具有较高的化学稳定性，即要求在高温下的抗氧化或抗腐蚀的能力强。

③有较高的灵敏度，即在测温范围内，单位温度变化引起的热电势变化大。

④热电势与温度之间有单值的线性函数关系，这样可以使显示仪表刻度均匀。

⑤复现性能要好，即同种材料的热电偶，在相同的温度下产生的热电势相同，这种性质称为复现性。复现性好，则便于成批生产和互换。

⑥电阻温度系数要小，电导率要高，这样在不同温度下的电阻值相差不大，由于线路电阻变化引起的测量误差比较小。

⑦力学性能好，材料组织要均匀，要有良好的韧性而便于加工成丝，具有较高的抗机械损伤的能力。

下面介绍几种标准化热电偶。

(1) 铂铑-铂热电偶（S）　用铂铑、铂热电极组成的热电偶称为铂铑-铂热电偶。其中铂铑合金为热电偶的正极，它是由 90%的铂和 10%铑制成的合金；铂是负极，它是较纯的铂丝。这种材料由于昂贵，故一般加工成直径为 0.5mm 以下的热电偶丝。由于易于得到高纯度的铂和铂铑，所以这种热电偶的物理机械性能比较稳定，测量准确度高，便于复制，可用于精密的温度测量和只制成标准热电偶，在氧化性和中性气体中其物理化学性能比较稳定，在高温下不易氧化变质，熔点也比较高。长时间使用时可测量 1300℃ 以下的温度，短时间使用时可测量 1600℃ 的温度。

这种热电偶的缺点是灵敏度较低，平均电势只有 0.009mV/℃，在还原气体和腐体蚀性气体中易损坏。其次是热电特性的关系线性度差，长期在高温下使用时，材料容易升华和再结晶，铑分子对铂有污染作用，此外，材料昂贵，成本较高。

铂铑-铂热电偶的分度号为 S，原为 LB-3。

(2) 镍铬-镍硅热电偶（K） 用镍铬、镍硅作热电极组成的热电偶称为镍铬-镍硅热电偶。其中镍铬合金为正极，它是由 90% 的镍和 10% 的铬制成的合金（也有用 80% 的镍和 20% 的铬制成的合金）；镍硅为负极，它是由 95% 的镍和 5% 的铝、硅、锰制成的合金。热电极的直径根据使用情况而定，一般多为 1.2～2.5mm。由于两根电极中均含有大量的镍，故抗氧化、抗腐蚀的能力强，化学性能比较稳定，复制性能也较好，灵敏度较高，约为 0.041mV/℃，相当于铂铑-铂热电偶的 4 倍。长时间使用时可测量 900℃ 以下的温度，短时间使用时可测量 1300℃ 的温度。

其缺点是在还原性介质和硫或硫化物介质中很快被腐蚀，精度不如铂铑-铂热电偶高，但能满足目前工业生产的要求，所以工业生产中采用最多的就是镍铬-镍硅热电偶，如在火电厂的汽、烟等系统的测温元件均为镍铬-镍硅热电偶。

镍铬-镍硅热电偶的分度号为 K，原为 EU-2。

(3) 镍铬-考铜热电偶 用镍铬、考铜作热电极组成的热电偶称为镍铬-考铜热电偶。其中镍铬为正极，它是由 90% 的镍和 10% 的铬制成的合金；考铜是负极，它是由 56% 的铜和 44% 的镍制成的合金。热电偶的直径多为 1.2～2mm，这种热电偶比较合适在氧化性及中性气体中使用，其突出的特点是灵敏度高，约为 0.078mV/℃，此外，价格便宜。这种热电偶广泛运用于测量 800℃ 以下的温度。

镍铬-考铜热电偶的分度号为 E，原为 EA-2。

另外，在现场使用的过程中，还使用铜-康铜热电偶，它用于测量 -200～200℃ 之间的温度，如可使用在火电厂的磨煤机出口风粉温度的测量上。

热电偶的结构如下。

(1) 热电极 把两根热电极的一端焊接在一起成为热电偶的热端，焊点结构有绞焊和对焊，焊接方法有气焊法和电焊法。

(2) 绝缘子 为防止两根电极之间和电极与保护管之间短路，在两根电极上套有绝缘子，其材料视被测温度高低而定，通常采用的几种材料见表 10-1。

表 10-1 通常采用的绝缘子材料　　　　　　　　　　单位：℃

材料	耐温	材料	耐温
橡胶，绝缘漆	60～80	石英管	1500
丝，绝缘漆	100～130	瓷管	1000～1500
珐琅，绝缘漆	100～150	高温陶瓷	1500 以上
玻璃管	500		

(3) 保护管　为防止热电极受到有害介质的化学侵蚀和避免机械伤害，加装保护管起保护作用，对保护管的要求如下：

①不渗透气体；

②在高温下能承受温度的剧变；

③不与氧化和还原性气体起作用；

④耐酸和碱的化学侵蚀性强；

⑤热导率大，热惯性小；

⑥机械强度高；

⑦高温下不分解出对热电极有害的气体。

常用的保护管材料见表 10-2。

表 10-2　常用的保护管材料　　　　　　　　　　　　　　　　　　　　　单位：℃

材料	耐温	材料	耐温
无缝钢管	800	普通陶瓷管	1400 以下
不锈钢管	1000 以下	高氧化铝瓷管	1500 以下
高铬钢管，石英管	1200 以下	高温陶瓷管	1500 以下

(4) 接线盒　接线盒在保护管的开口端，通常用铝和电木铸成，它通过丝扣与保护管拧在一起。

热电阻：利用热电效应原理测量高温是一个较好的方法，但在测量低温如 500℃ 以下的温度时，由于产生的热电势较小，所以灵敏度和精确度都受到了一定的限制，这就要求人们寻找测量低温的方法。

从电工学中知道，导体或半导体的电阻与温度之间存在着一定的函数关系，利用这一函数关系可以将温度变化转变为相对应的电阻变化，这就是在实际生产中广泛采用的电阻温度计的原理。它可用来测量 $-200\sim500℃$ 范围的温度。在火力发电厂中，500℃ 以下的温度测点是很多的，如给水、排烟、空气、轴承、发电机定子线圈温度和变压器油等温度均在该测温范围内，所以电阻温度计得到了广泛的应用。

热电阻温度计是由金属热电阻丝、支持电阻丝骨架、接线盒和保护管组成，除普通热电阻外，还有铠装热电阻和半导体热敏电阻等，一般常用的有铂热电阻、铜热电阻、镍热电阻等。工程上，热电阻测温电路一般采用不平衡电桥电路实现，金属热电阻作为桥路中的一个臂接入电桥，有三种接线方式：热电阻保护管内的引线及热电阻的接线盒连接到显示仪表的导线为两线制，由于导线感温变化的附加电阻一起串入电桥内，会影响测温的准确性；引线为两线制，导线为三线制，导线的影响得到了改善，但引线阻值改变仍会影响测量的准确性；全部采用三线制，可使导线和引线电阻分别接到相邻的两个臂上，只要保持对称变化，可以获得较高精度，这也是目前工业上常用的方式。

虽然大多数金属导体和半导体电阻都有随温度变化而变化的性质，但他们并不是都能作为测温用热电阻。制作热电阻的材料必须满足以下要求。

(1) 电阻温度系数大，即每变化 1℃ 时，电阻值的相对变化量要大。电阻温度系数越大，灵敏度越高，测量越准确。电阻温度系数不是常数，其大小与材料纯度有关，纯度越高，电阻温度系数大而且稳定。此外，电阻温度系数还与电阻丝的加工工艺有关，拉丝过程中产生的内应力会引起电阻温度系数变化，所以加工后的电阻丝应进行退火处理，消除内应力的影响。

（2）在测量范围内要有较稳定的物理、化学性质。

（3）要求有较大的电阻率。这样，在相同的电阻值下电阻的体积可以小些，从而使热容量、热惯性较小，对温度变化的响应较快，即动态特性较好。

（4）电阻值与温度之间有近似线性的函数关系。

（5）容易得到较纯净的物质，复现性好。

（6）价格便宜。

根据上述要求，日常采用的热电阻材料有铂金和铜两种。

10.2.2 压力测量仪表安装

定额编号　　YD10-15～YD10-16　　压力表

(P_{478}～P_{479})　YD10-17　　远传式

　　　　　　　YD10-18　　压力开关

　　　　　　　YD10-19　　差压表

　　　　　　　YD10-20　　差压开关

【应用释义】　压力测量仪表安装分为8个项目：压力真空表、差压表、电接点压力表、远传式、膜盒微压升、波纹管压力表、压力开关和差压开关。

10.2.3 流量测量仪表

定额编号　　YD10-21　　就地显示流量计

(P_{480}～P_{481})　YD10-22　　远传式流量计

　　　　　　　YD10-23　　流量开关

【应用释义】　金属转子流量计分为玻璃式、气远传式和电远传式三种类型。椭圆齿轮流量计分为指示式和电远传式两种。

流量计分为7个小项目：蜗轮、智能蜗轮、毕托管、均速管、电容式、超声波和膜盒差压。

10.2.4 节流装置安装

定额编号　　YD10-24～YD10-28　　节流装置管径（mm）

(P_{482}～P_{483})　YD10-29～YD10-30　　机翼风量测量装置、复式文丘利风量测量装置

【应用释义】　节流装置管径在定额分为4个型号：400以下、600以下、800以下、1000以下。风量测量装置分为机翼和复式文丘里两个小项目。

10.2.5 物位测量仪表安装

定额编号　　YD10-31　　直读玻璃管测位计

(P_{484}～P_{487})　YD10-32　　浮球液位计

　　　　　　　YD10-33　　电接点液位计

　　　　　　　YD10-34　　电容物位计

　　　　　　　YD10-35　　重锤探测料位计

　　　　　　　YD10-36　　超声波料位计

　　　　　　　YD10-37　　放射性液位计

　　　　　　　YD10-38　　翻转式物位计

　　　　　　　YD10-39　　液位开关

　　　　　　　YD10-40　　吹气装置

【应用释义】　液位计分为直读玻璃管、浮球和电接点三种类型。

物位计可分为电容式物位计和翻转式物位计两种。

10.2.6 显示仪表安装

定额编号　　YD10-41～YD10-42　　数字仪表

| (P_{488}) | YD10-43 | 监视大屏幕 |

【应用释义】 数字仪表分为单点数字显示仪和数字显示调节仪两种类型。

10.3 过程控制仪表

10.3.1 电动单元组合仪表安装

10.3.1.1 变送单元仪表安装

定额编号	YD10-44	温度变送器
(P_{489}~P_{490})	YD10-45	压力变送器（包括智能型）
	YD10-46	位置变送器
	YD10-47	差压变送器（包括智能型）
	YD10-48	流量变送器
	YD10-49	液位变送器

【应用释义】 此项包括7个小项目：温度、压力、智能压力、差压、智能差压、流量、液位。

10.3.1.2 调节、计算单元仪表安装

定额编号	YD10-50	调节单元
(P_{491})	YD10-51	计算单元

【应用释义】 调节单元包括：指示调节器、特殊调节器、微分/积分器。

计算单元包括：加减器、乘除器和开方器。

10.3.1.3 给定、辅助单元仪表安装

定额编号	YD10-52	给定单元
(P_{492})	YD10-53	辅助单元

【应用释义】 给定单元包括：恒流给定器、比值给定器和报警给定器。

辅助单元包括：操作器、信号选择器、信号限幅器、信号阻尼器、给煤单元。

10.3.2 组装式综合控制仪表安装

定额编号	YD10-54	电源组件
(P_{493})	YD10-55	过程处理组件
	YD10-56	输入组件
	YD10-57	输出组件
	YD10-58	控制显示操作器

【应用释义】 信号处理组件包括信号缓冲、计算、报警、信号发生、信号处理逻辑。

调节组件包括PID组件、跟踪组件、多输出接口、动态补偿。

其他组件：电源分配、信号分配、给定组件、切换组件、监控组件、继电器组件。

组盘装仪表、单双针记录仪、单双针指示仪、3/4笔记录仪、趋势记录仪、控制显示操作器以及手操器。

10.3.3 执行机构安装

定额编号	YD10-59	电动执行机构
(P_{494}~P_{495})	YD10-60	气动执行器
	YD10-61	烟温探针

【应用释义】 电动执行机构分为两个规格：25kgf·m以下和25kgf·m（1kgf=9.8N）以上。

执行器：将来自控制器的控制信号，转换为操作量的部件，它由执行机构和调节机构组成。可分为气动表行程、气动活塞式和气动薄膜式三种类型。

10.3.4 调节装置安装

定额编号　YD10-62～YD10-63　调节阀
(P_{496}～P_{497})　YD10-64～YD10-65　一体化电动阀
　　　　　　YD10-66　电磁阀
　　　　　　YD10-67　阀门定位器
　　　　　　YD10-68　电动伺服放大器
　　　　　　YD10-69　远方控制器

【应用释义】 电磁阀：利用电磁铁作为动力元件的阀门。主要由线圈、活动铁芯、阀体、阀塞和复位弹簧等部分组成，以线圈通、断电对活动铁芯的吸、放动作，造成对小口径阀门作开、关两种状态的控制。

10.3.5 基地式调节器安装

定额编号　YD10-70　基地式温度调节器
(P_{498}～P_{499})　YD10-71　基地式压力调节器
　　　　　　YD10-72　基地式压差调节器
　　　　　　YD10-73　基地式流量调节器
　　　　　　YD10-74　基地式液位调节器

【应用释义】 此项目分为5个子目，分别为基地式温度、基地式压力、基地式差压、基地式流量、基地式液位。

机械主要采用直流电焊机（综合）和氩弧焊机（500A以内）。

10.4 智能仪表、分析仪表

10.4.1 巡回检测装置安装

定额编号　YD10-75～YD10-77　智能式数字巡测仪
(P_{500}～P_{501})　YD10-78　事故记忆装置
　　　　　　YD10-79　远程I/O模拟量测量前置机

【应用释义】 数字集中检测装置分为3个子目：96点、200点、400点。智能式数字巡测仪分为3个子目：40点、60点和96点。

10.4.2 信号报警装置安装

定额编号　YD10-80　巡回报警器
(P_{502})　YD10-81～YD10-82　单回路闪光报警器
　　　　　　YD10-83　集中控制型硬报警装置
　　　　　　YD10-84～YD10-85　智能闪光报警装置

【应用释义】 信号报警装置安装包括5个子目：巡回报警器、单回路闪光报警器（回路点以下）、八回路闪光、集中控制型硬报警装置、智能闪光报警装置（回路点以下）。

10.4.3 安全监测装置安装

定额编号　YD10-86～YD10-87　探测器
(P_{503}～P_{504})　YD10-88　空预器火灾报警装置
　　　　　　YD10-89　火焰监视装置
　　　　　　YD10-90　炉管泄漏装置
　　　　　　YD10-91　锅炉点火装置

【应用释义】 探测器：包括离子感烟元件和感温元件两种。

10.4.4 分析仪表安装

定额编号　YD10-92　工业电导仪

	YD10-93	工业酸度仪
($P_{506} \sim P_{510}$)	YD10-94	酸碱浓度计
	YD10-95	磷（硅）酸根分析仪
	YD10-96	钠离控制器
	YD10-97	水中氧分析仪
	YD10-98	氧化锆分析仪
	YD10-99	热导式分析仪
	YD10-100	磁导式分析仪
	YD10-101	$CO/CO_2/H_2O$ 分析仪
	YD12-102	烟气浊度仪
	YD12-103	大气温湿度仪
	YD12-104	氢分析仪
	YD12-105	高阻检漏仪

【应用释义】 分析仪分水中氧、氧化锆、热导式、磁导式、$CO/CO_2/H_2O$ 5 个子目。

10.5 机械量仪表

10.5.1 保护装置安装

定额编号	YD10-106	轴向位移相对膨胀
($P_{511} \sim P_{512}$)	YD10-107	绝对膨胀
	YD10-108	测振装置
	YD10-109	挠度测量
	YD10-110	转速测量
	YD10-111	键相测量
	YD10-112	偏心测量
	YD10-113	射频检测

【应用释义】 轴向位移：沿轴向产生的位移。

保护装置安装包括的定额子目有轴向位移、绝对膨胀、测振装置、挠度测量、转速测量、射频检测和光纤测振仪。

10.5.2 称量装置、皮带保护装置安装

定额编号	YD10-114	称重传感器
($P_{513} \sim P_{514}$)	YD10-115	电子皮带秤
	YD10-116	数字称重显示仪
	YD10-117	智能称重显示仪
	YD10-118	皮带保护装置

【应用释义】 此项目中的显示仪包括数字称重显示仪和智能称重显示仪两种。

皮带打滑装置安装所用材料有镀锌六角螺栓，塑料标志牌，铜绞线（16mm²）和棉纱头。

10.6 管路敷设及拌热电缆敷设

10.6.1 管路敷设

定额编号	YD10-119～YD10-120	碳钢管
($P_{515} \sim P_{518}$)	YD10-121～YD10-123	合金钢管
	YD10-124～YD12-125	不锈钢管
	YD12-126～YD12-127	紫铜管

YD12-128　尼龙管

【应用释义】　钢管按其制作材料不同可分为碳钢管、合金钢管、不锈钢管以及紫钢管。

10.6.2　伴热电缆敷设

定额编号　　　YD10-129～YD10-131　伴热管
(P_{519}～P_{520})　YD10-132　电伴热

【应用释义】　伴热管分为不锈钢管 $\phi16mm$、碳钢管 $\phi22mm$ 和铜管 $\phi22mm$。

10.7　阀门、附件

10.7.1　表用阀门安装

定额编号　　　YD10-133～YD10-136　焊接式阀门
(P_{521}～P_{525})　YD10-137～YD10-138　法兰式阀门 DN50 以下
　　　　　　　YD10-139～YD10-140　外螺纹式针形阀门 DN10 以下
　　　　　　　YD10-141　卡套式阀门
　　　　　　　YD10-142　气源球阀
　　　　　　　YD10-143　平衡阀组

【应用释义】　焊接式阀门（DN32 以下）：包括碳钢、合金钢和不锈钢三种情况。
法兰式阀门（DN50 以下）：包括碳钢和不锈钢两种情况。

自力式平衡阀是一种直观、简便的流量调节控制装置，管网中应用自力式平衡阀可直接根据设计来设定流量，阀门可在水作用下，自动消除管线的剩余压头及压力波动引起的流量偏差，无论系统压力怎样变化均保持设定流量不变。自力式平衡阀的这些功能使管网流量调节一次完成，把调网工作变为简单的流量分配，有效地解决管网的水力平衡失调问题。

10.7.2　取源部件安装

定额编号　　　YD10-144～YD10-146　温度计套管安装
(P_{526}～P_{529})　YD10-147～YD10-152　取压、取样部件安装
　　　　　　　YD10-153　防堵装置

【应用释义】　温度计套管按材质不同分为碳钢和不锈钢两种。
取压、取样部件安装包括碳钢管道、不锈钢管道、煤粉管道和烟气分析取样。

10.7.3　附件安装

定额编号　　　YD10-154　空气过滤减压器
(P_{530}～P_{531})　YD10-155　行程开关
　　　　　　　YD10-156　温度切换开关
　　　　　　　YD10-157　供电装置

【应用释义】　补偿器：亦称"伸缩器"。能吸收管道受热伸长量的一种管道部件。常用的补偿器有以下三种。

图 10-1　方形补偿器

（1）自然补偿器　是利用布置管道自然形成的弯曲管段（如 L 型或 Z 型）的弹性吸收管道的热伸长，补偿能力较小，并且发生形变时管段有横向位移。

（2）方形补偿器　也称 Ⅱ 型补偿器，如图 10-1 所示。它是利用钢管煨弯焊制而成的，制作方便，不用经常维修，补偿能力较大，占地较大。

（3）套管补偿器　如图 10-2 所示。补偿能力

大，占地较小，但因有填料需经常维修。除上述外，还有波纹管补偿器和球形补偿器等。

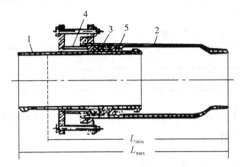

图 10-2 套管补偿器

1—套管补偿器芯管；2—套管补偿器壳管；3—压紧环；
4—填料压盖；5—密封填料；

10.8 导线敷设

定额编号　YD10-158～YD10-159　补偿导线、高温导线　P_{532}

【应用释义】　参考前面的［释义］的部分内容。

第三部分　工程量计算实例

【例 10-1】　工业自动化控制盘与及控制台广泛应用于石油、化工、纺织、轻工、冶金等工业部门及科研单位，作为生产过程自动控制及操作的集中装置，用于集中安装设计规定的仪表、调节器、操作设备、信号联锁系统及计算机操作系统等设备。如图 10-3 所示为柜式盘，其规格型号为 KGD-13-2100×900×1200，带外照明，左侧开门，右侧封闭。试求其工程量。

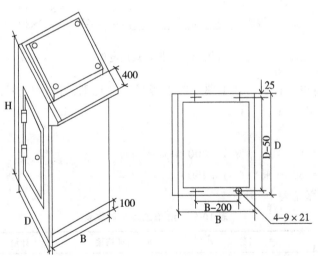

图 10-3 柜式盘示意图

【解】　（1）清单工程量　柜式盘清单工程量计算规则：按设计图示数量计算，则柜式盘的工程量为 1 块。

基本数据如下

① 钢垫板 综合（kg）　　　　0.6270

② 铜接线端子 16（个）　　　2.2000

③尼龙扎带 $L=200$（根） 9.7020

清单工程量计算见表 10-3。

表 10-3 清单工程量计算表

定额编号	项目名称	项目特征描述	计量单位	工程量
BA4601D29001	柜式盘	型号为 KGD-13-2100×900×1200	块	1

（2）定额工程量　参考《电力建设工程预算定额（2013年版）第三册 电气设备安装工程》。套用电力预算定额 YD10-1。

①人工费：1 块×272.03 元/块＝272.03 元

②材料费：1 块×22.04 元/块＝22.04 元

③机械费：1 块×74.77 元/块＝74.77 元

定额工程量计算见表 10-4。

表 10-4 定额工程量计算表

定额编号	项目名称	单位	数量	人工费	材料费	机械费
YD11-8	阀避雷器	台	1	272.03	22.04	74.77

【例 10-2】　热电偶是根据热电效应测量温度的传感器，是温度测量仪表中常用的测温元件。如图 10-4 所示为抱箍式热电偶示意图，抱箍式热电偶是将用铠装热电偶材料制成测温元件，一端焊在直径能收缩的抱箍上，抱箍又安装在被测量管道的外面，通过抱箍的集热由热电偶测得管道表面的温度。试求其工程量。

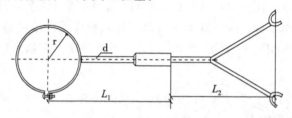

图 10-4　抱箍式热电偶

【解】　（1）清单工程量　热电偶清单工程量计算规则：按设计图示数量计算，则电力电缆的工程量为 1 支。

基本数据：

①紫铜垫片（个）　　1.1000

②尼龙扎带 $L=300$（根）　　10.4500

清单工程量计算见表 10-5。

表 10-5 清单工程量计算表

定额编号	项目名称	项目特征描述	计量单位	工程量
BA4601D29001	热电偶	抱箍式	支	1

（2）定额工程量　套用电力预算定额 YD10-13。

①人工费：1 支×35.84 元/支＝35.84 元

②材料费：1 支×18.77 元/支＝18.77 元

③机械费：1 支×25.69 元/支＝25.69 元

定额工程量计算见表 10-6。

表10-6 定额工程量计算表

定额编号	项目名称	单位	数量	人工费	材料费	机械费
YD10-13	电力电缆	组	1	35.84	18.77	25.69

【例10-3】 如图10-5所示为某排水管道末端试水装置示意图,所用压力表的型号为YQF-1,压力表通过表内的敏感元件(波登管、膜盒、波纹管)的弹性形变,再由表内机芯的转换机构将压力形变传导至指针,引起指针转动来显示压力。试求其工程量。

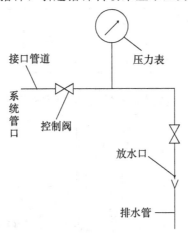

图10-5 末端试水装置示意图

【解】 (1)清单工程量 压力表清单工程量计算规则:按设计图示数量计算,则压力表的工程量为1台。

基本数据:
①压力表(台) 1
②焊接式阀门(个) 1
③取压、取样部件安装(套) 1

清单工程量计算见表10-7。

表10-7 清单工程量计算表

序号	项目编号	项目名称	项目特征描述	计量单位	工程量
1	BA4601D29001	压力表	型号为YQF-1	台	1
2	BA4601D29002	调节阀	电动型	台	2
3	BA4601D29003	取压、取样部件安装	不锈钢管道	套	1

(2)定额工程量

①压力表数量为1台,套用电力预算定额YD10-15。

a. 人工费:1台×48.14元/台=48.14元

b. 材料费:1台×7.43元/台=7.43元

c. 机械费:1台×28.39元/台=28.39元

②调节阀采用的是电动类型,数量为2台,套用电力预算定额YD10-62。

a. 人工费:2台×84.50元/台=169.00元

b. 材料费:2台×3.55元/台=7.10元

c. 机械费:2台×122.52元/台=245.04元

③取压、取样部件安装采用的是不锈钢管道,数量为1套,套用电力预算定额YD10-148。
  a. 人工费:1套×26.94元/套=26.94元
  b. 材料费:1套×2.10元/套=2.10元
  c. 机械费:1套×7.44元/套=7.44元
定额工程量计算见表10-8。

表10-8 定额工程量计算表

序号	定额编号	项目名称	单位	数量	人工费	材料费	机械费
1	YD10-15	压力表	台	1	48.14	7.43	28.39
2	YD10-62	调节阀	台	2	169.00	7.10	245.04
3	YD10-148	取压、取样部件安装	套	1	26.94	2.10	7.44

【例10-4】 如图10-6所示为测量腐蚀性气体、液体流量安装示意图,试求其工程量。

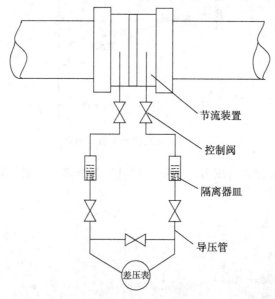

图10-6 测量腐蚀性气体、液体流量安装示意图

【解】 (1)清单工程量 节流装置安装清单工程量计算规则:按设计图示数量计算,则节流装置安装的工程量为1套。
基本数据:
①差压表(台)   1
②调节阀(台)   5
③节流装置安装(套)   1
④取压、取样部件安装(套)   1
清单工程量计算见表10-9。

表10-9 清单工程量计算表

序号	项目编号	项目名称	项目特征描述	计量单位	工程量
1	BA4601D29001	差压表	指针式	台	1
2	BA4601D29002	调节阀	气动性	台	5
3	BA4601D29003	节流装置安装	直径400mm以下	套	1
4	BA4601D29004	取压、取样部件安装	不锈钢管道	套	1

(2) 定额工程量

①节流装置安装采用直径 400mm 以下装置，数量为 1 套，套用电力预算定额 YD10-24。
a. 人工费：1 套×82.85 元/套＝82.85 元
b. 材料费：1 套×4.60 元/套＝4.60 元
c. 机械费：1 套×45.19 元/套＝45.19 元

②差压表采用指针式，数量为 1 台，套用电力预算定额 YD10-19。
a. 人工费：1 台×105.05 元/台＝105.05 元
b. 材料费：1 台×13.25 元/台＝13.25 元
c. 机械费：1 台×94.01 元/台＝94.01 元

③调节阀采用的是气动类型，数量为 5 台，套用电力预算定额 YD10-63。
a. 人工费：5 台×142.85 元/台＝714.25 元
b. 材料费：5 台×3.12 元/台＝15.60 元
c. 机械费：5 台×307.22 元/台＝1536.10 元

④取压、取样部件安装采用的是不锈钢管道，数量为 1 套，套用电力预算定额 YD10-148。
a. 人工费：1 套×26.94 元/套＝26.94 元
b. 材料费：1 套×2.10 元/套＝2.10 元
c. 机械费：1 套×7.44 元/套＝7.44 元

定额工程量计算见表 10-10。

表 10-10　定额工程量计算表

序号	定额编号	项目名称	单位	数量	人工费	材料费	机械费
1	YD10-24	节流装置安装	套	1	82.85	4.60	45.19
2	YD10-19	压力表	台	1	105.05	13.25	94.01
3	YD10-63	调节阀	台	5	714.25	15.60	1536.10
4	YD10-148	取压、取样部件安装	套	1	26.94	2.10	7.44

【例 10-5】 如图 10-7 所示为组合型电缆浮球液位计，该仪表与工业设备上常用的玻璃板液位计相比较，不怕破裂，示值更为清晰，尤其适用于对玻璃管壁有黏滞作用的油污类液体介质或者有毒有害的介质的直接指示。试求其工程量。

【解】 (1) 清单工程量　浮球液位计清单工程量计算规则：按设计图示数量计算，则浮球液位计的工程量为 1 台。

基本数据：
①电焊条 J507，综合（kg）　　　　　　　0.1410
②钢锯条，各种规格（根）　　　　　　　0.9410
③汽油 93 号（kg）　　　　　　　　　　　0.5640
④石棉橡胶板，低压 6MPa 以下（kg）　　0.1000

清单工程量计算见表 10-11。

表 10-11　清单工程量计算表

定额编号	项目名称	项目特征描述	计量单位	工程量
BA4601D29001	浮球液位计	组合型	台	1

(2) 定额工程量　浮球液位计采用组合型结构，数量为 1 台，套用电力预算定额 YD10-32。

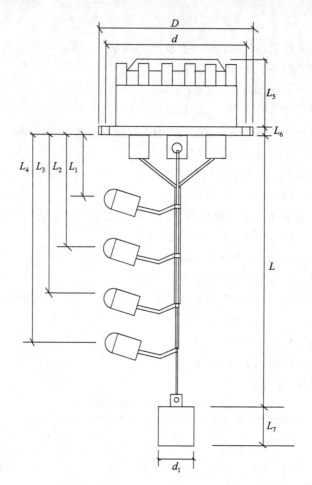

图 10-7 组合型电缆浮球液位计

①人工费：1 台×67.18 元/台＝67.18 元
②材料费：1 台×9.68 元/台＝9.68 元
③机械费：1 台×15.33 元/台＝15.33 元
定额工程量计算见表 10-12。

表 10-12 定额工程量计算表

定额编号	项目名称	单位	数量	人工费	材料费	机械费
YD10-32	浮球液位计	台	1	67.18	9.68	15.33

【例 10-6】 如图 10-8 所示为家用燃气报警器联动电磁阀装置示意图，当空气中燃气浓度达到或超过报警器设定浓度时，报警器会进入持续报警状态，同时切断电磁阀，从而可靠地避免了燃气事故的发生。试求其工程量。

【解】 （1）清单工程量 电磁阀清单工程量计算规则：按设计图示数量计算，则电磁阀的工程量为 1 台。

基本数据：
①电磁阀（台）　　　　　　　　1
②调节阀（台）　　　　　　　　2
③接线盒（只）　　　　　　　　1
④炉管泄漏报警装置（套）　　　1

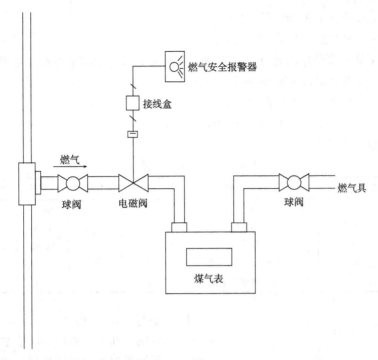

图 10-8 家用燃气报警器联动电磁阀装置示意图

⑤单点数字显示仪（台）　　　　　　1

清单工程量计算见表 10-13。

表 10-13　清单工程量计算表

序号	项目编号	项目名称	项目特征描述	计量单位	工程量
1	BA4601D29001	电磁阀	ZCM 型	台	1
2	BA4601D29002	调节阀	气动型	台	2
3	BA5201D29001	接线盒	标准型	只	1
4	BA4401D23001	炉管泄漏报警装置	连续报警且联动电磁阀	套	1
5	BA4601D22001	单点数字显示仪	万能输入型	台	1

(2) 定额工程量

①电磁阀采用的是 ZCM 类型，数量为 1 台，套用电力预算定额 YD10-66。

a. 人工费：1 台×66.73 元/台＝66.73 元

b. 材料费：1 台×4.26 元/台＝4.26 元

②调节阀采用的是气动类型，数量为 2 台，套用电力预算定额 YD10-63。

a. 人工费：2 台×142.85 元/台＝285.70 元

b. 材料费：2 台×3.12 元/台＝6.24 元

c. 机械费：2 台×307.22 元/台＝614.44 元

③接线盒采用的是标准类型，数量为 1 只，套用电力预算定额 YD10-11。

a. 人工费：1 只×35.52 元/只＝35.52 元

b. 材料费：1 只×28.98 元/只＝28.98 元

④炉管泄漏报警装置采用的是连续报警且联动电磁阀型，数量为 1 套，套用电力预算定额 YD10-90。

a. 人工费：1 套×319.54 元/套＝319.54 元

b. 材料费：1套×4.96元/套=4.96元

c. 机械费：1套×23.41元/套=23.41元

⑤单点数字显示仪采用的是万能输入型，数量为1台，套用电力预算定额YD10-41。

a. 人工费：1台×35.05元/台=35.05元

b. 材料费：1台×1.94元/台=1.94元

c. 机械费：1台×26.80元/台=26.80元

定额工程量计算见表10-14。

表10-14 定额工程量计算表

序号	定额编号	项目名称	单位	数量	人工费	材料费	机械费
1	YD10-66	电磁阀	台	1	66.73	4.26	
2	YD10-63	调节阀	台	2	285.70	6.24	614.44
3	YD10-11	接线盒	台	1	35.52	28.98	
4	YD10-90	炉管泄漏报警装置	套	1	319.54	4.96	23.41
4	YD10-41	单点数字显示仪	台	1	35.05	1.94	26.80

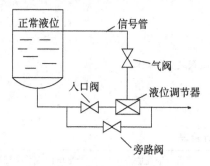

图10-9 动平衡式液位自调节器示意图

【例10-7】 如图10-9所示为动平衡式液位自调节器示意图，其工作原理为：输水由阀入口进入阀腔，信号管根据液位高低采集汽相、液相信号直接进入阀腔，当液位上升时，汽相信号减少，因而疏水流量增加，当液位下降时，汽相信号增加，疏水流量降低，达到有效疏水的目的。试求其工程量。

【解】 (1) 清单工程量 液位调节器清单工程量计算规则：按设计图示数量计算，则液位调节器的工程量为1台。

基本数据：

①液位调节器（台） 1

②调节阀（台） 3

清单工程量计算见表10-15。

表10-15 清单工程量计算表

序号	项目编号	项目名称	项目特征描述	计量单位	工程量
1	BA4601D29001	液位调节器	基地式	台	1
2	BA4601D29002	调节阀	气动型	台	3

(2) 定额工程量

①液位调节器采用的是基地式，数量为1台，套用电力预算定额YD10-74。

a. 人工费：1台×206.04元/台=206.04元

b. 材料费：1台×15.24元/台=15.24元

c. 机械费：1台×159.75元/台=159.75元

②调节阀采用的是气动类型，数量为3台，套用电力预算定额YD10-63。

a. 人工费：3台×142.85元/台=428.55元

b. 材料费：3台×3.12元/台=9.36元

c. 机械费：3台×307.22元/台=921.66元

定额工程量计算见表 10-16。

表 10-16 定额工程量计算表

序号	定额编号	项目名称	单位	数量	人工费	材料费	机械费
1	YD10-74	液位调节器	台	1	206.04	15.24	159.75
2	YD10-63	调节阀	台	3	428.55	9.36	921.66

【例 10-8】 感温探测器是对警戒范围中某一点或某一线路周围温度变化时响应的火灾探测器。根据监测温度参数的不同，可分为定温式、差温式、差定温式等几种。其中，定温式探测器是在规定时间内，火灾引起的温度上升超过某个定值时启动报警的火灾探测器。如图 10-10 所示为缆式线型定温火灾探测器，试求其工程量。

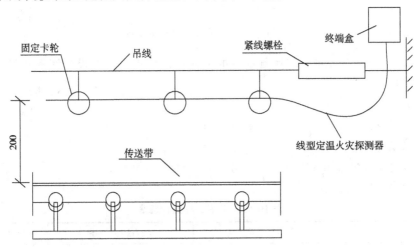

图 10-10 缆式线型定温火灾探测器

【解】 (1) 清单工程量 感温探测器清单工程量计算规则：按设计图示数量计算，则温度变送器的工程量为 1 个。

基本数据：
① 塑料标识牌（个）   1.1000
② 电（kW·h）   0.1000

清单工程量计算见表 10-17。

表 10-17 清单工程量计算表

定额编号	项目名称	项目特征描述	计量单位	工程量
BA4101D11001	感温探测器	定温式线型	个	1

(2) 定额工程量 套用电力预算定额 YD10-87。
① 人工费：1 个×47.21 元/个=47.21 元
② 材料费：1 个×0.51 元/个=0.51 元
③ 机械费：1 个×15.57 元/个=15.57 元

定额工程量计算见表 10-18。

表 10-18 定额工程量计算表

定额编号	项目名称	单位	数量	人工费	材料费	机械费
YD10-87	感温探测器	个	1	47.21	0.51	15.57

【例 10-9】 转速测量仪表是测量旋转物体转动速度的机械测量仪表，简称转速表。如图 10-11 所示为传统的反射式光电转速测量原理图，试求其工程量。

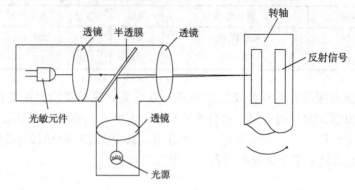

图 10-11　反射式光电转速测量原理图

【解】（1）清单工程量　转速测量清单工程量计算规则：按设计图示数量计算，则转速测量的工程量为 1 套。

基本数据：

① 电缆卡子 25（个）　　　　　4.4000

② 塑料标识牌（个）　　　　　2.2000

③ 白布带 20mm×20m（卷）　0.5230

清单工程量计算见表 10-19。

表 10-19　清单工程量计算表

定额编号	项目名称	项目特征描述	计量单位	工程量
BA4102D29001	转速测量	光电反射式	套	1

（2）定额工程量　转速测量采用的是光电反射式，数量为 1 套，套用电力预算定额 YD10-110。

① 人工费：1 套×130.23 元/套＝130.23 元

② 材料费：1 套×7.70 元/套＝7.70 元

③ 机械费：1 套×64.09 元/套＝64.09 元

定额工程量计算见表 10-20。

表 10-20　定额工程量计算表

定额编号	项目名称	单位	数量	人工费	材料费	机械费
YD10-110	转速测量	套	1	130.23	7.70	64.09

【例 10-10】 图 10-12 所示为一皮带纵向防撕裂开关 HFS-A 保护装置安装示意图，纵向撕裂开关是由感知器和控制线路两部分组成。感知器是纵向撕裂的检测元件，当带式输送机胶带有异常情况下或被异物穿透后，随着胶带的运行异物使感知器受到挤压，这时监控装置立刻发出信号，输送到控制箱指令系统，发出报警和停机信号。试求其工程量。

【解】（1）清单工程量　皮带纵向防撕裂开关 HFS-A 保护装置清单工程量计算规则：按设计图示数量计算，则皮带纵向防撕裂开关 HFS-A 保护装置的工程量为 1 套。

基本数据：

① 电焊条 J507，综合（kg）　0.0520

② 塑料标识牌（个）　　　　1.1000

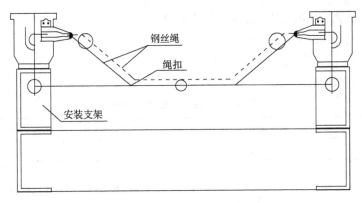

图 10-12 皮带纵向防撕裂开关 HFS-A 保护装置安装示意图

清单工程量计算见表 10-21。

表 10-21 清单工程量计算表

定额编号	项目名称	项目特征描述	计量单位	工程量
BA4201D13001	皮带保护装置	防撕裂开关 HFS-A 型	套	1

(2) 定额工程量 套用电力预算定额 YD10-118。
① 人工费：1 套×101.96 元/套＝101.96 元
② 材料费：1 套×2.79 元/套＝2.79 元
③ 机械费：1 套×64.33 元/套＝64.33 元

定额工程量计算见表 10-22。

表 10-22 定额工程量计算表

定额编号	项目名称	单位	数量	人工费	材料费	机械费
YD10-118	皮带保护装置	套	1	101.96	2.79	64.33

【例 10-11】 图 10-13 所示为石油管道专用防爆电伴热电缆图，它是用电热的能量来补充被伴热体在工艺流程中所散失的热量，以维持流动介质合理的工艺温度，达到所需要的工艺运行条件的一种方法。试求其工程量。

【解】 (1) 清单工程量 电伴热电缆敷设清单工程量计算规则：按设计图示数量计算，则电伴热电缆敷设的工程量为 1m。

基本数据：
① 镀锌管卡子 DN20 以下（个）　　0.7700
② 镀锌铁丝 8 号（kg）　　0.0700
③ 铜丝网 16 目（m²）　　0.1460

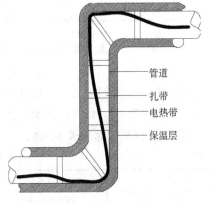

图 10-13 电伴热电缆图

清单工程量计算见表 10-23。

表 10-23 清单工程量计算表

定额编号	项目名称	项目特征描述	计量单位	工程量
BA6101G11001	电伴热电缆敷设	石油管道专用防爆型	m	1

(2) 定额工程量　套用电力预算定额 YD10-132。

① 人工费：1m×5.53元/m＝5.53元

② 材料费：1m×3.72元/m＝3.72元

定额工程量计算见表 10-24。

表 10-24　定额工程量计算表

定额编号	项目名称	单位	数量	人工费	材料费
YD10-118	皮带保护装置	m	1	5.53	3.72

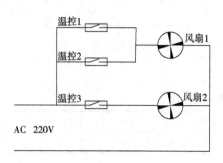

图 10-14　双电路切换风扇的温控开关控制图

【例 10-12】　图 10-14 所示为双电路切换风扇的温控开关控制图，当室外通信机柜温度达到 25℃时，1 组风扇运转；当室外通信机柜温度达到 45℃时，1、2 两组风扇同时运转；当室外通信机柜温度低于 45℃时，1 组风扇停止运转，2 组风扇运转。1、2 两组风扇交替工作。试求其工程量。

【解】　(1) 清单工程量　温控切换开关清单工程量计算规则：按设计图示数量计算，则温控切换开关的工程量为 3 个。

基本数据：

① 蜡扎线（kg）　　0.2090

② 石棉编绳（kg）　0.0100

清单工程量计算见表 10-25。

表 10-25　清单工程量计算表

定额编号	项目名称	项目特征描述	计量单位	工程量
BA4102D290	温控切换开关	型号位 WRT-101	个	3

(2) 定额工程量　套用电力预算定额 YD10-156。

① 人工费：3 个×28.84 元/个＝86.52 元

② 材料费：3 个×3.48 元/个＝10.44 元

③ 机械费：3 个×51.78 元/个＝155.34 元

定额工程量计算见表 10-26。

表 10-26　定额工程量计算表

定额编号	项目名称	单位	数量	人工费	材料费	机械费
YD10-118	温控切换开关	个	3	86.52	10.44	155.34

【例 10-13】　①某工程为 5 层楼建筑，层高 4m。

②控制中心设在第 1 层，设备均安装在第 1 层，为落地安装，出线从地沟，然后引到线槽处，垂直到每层楼的电气元件，如图 10-15 所示。

③平面布置线路，采用 φ20mm 的 PVC 管暗敷，火灾报警、共用电线的配线均穿 PVC 管。垂直线路为线槽配线。如图 10-16～图 10-19 所示。

第10章 自动控制装置及仪表 287

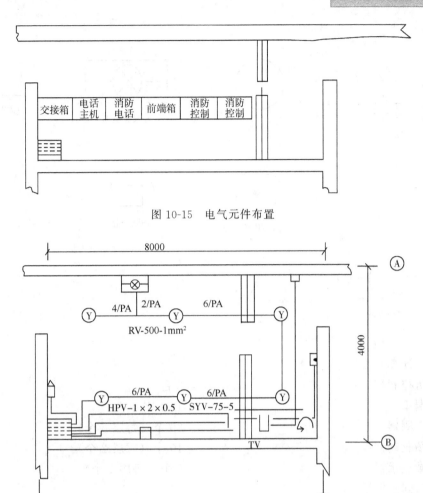

图 10-15 电气元件布置

图 10-16 每层的弱电平面图

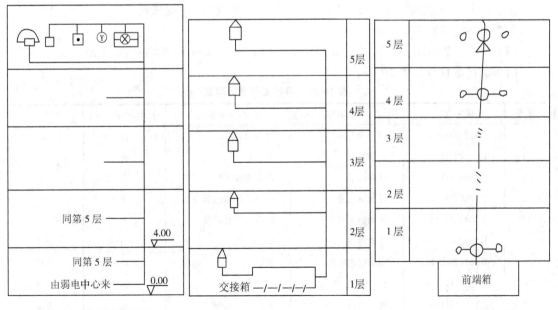

图 10-17 火警系统图　　图 10-18 通信电话系统图　　图 10-19 闭路电视系统图

图例：

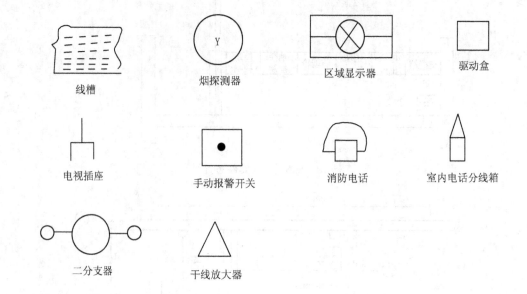

【解】 计算其工程量。
① 消防控制柜　　　　　　　　　　　　2 台
② 前端箱　　　　　　　　　　　　　　1 台
③ 烟探测器　　　　　　　　　　　　　30 个（每层 6 个）
④ 现场驱动盒　　　　　　　　　　　　10 个（每层 2 个）
⑤ 区域显示器　　　　　　　　　　　　5 个（每层 1 个）
⑥ 闭路同轴电缆
（20＋6＋6×5）m＝56m（垂直的高度加上第一层出线和 10 层平面）
⑦ 管子敷设 PVC
[(2＋2)＋(8＋3＋7＋2＋8＋8＋2)＋8]×5＝250(m)
注：(2＋2) 是电话，(8＋3＋7＋2＋8＋8＋2) 是火警，8 是天线。
⑧ 管内穿线 RV-500-1mm^2
(8＋2)×5×2＋(7＋4)×5×2＋(8＋3＋4)×5×2＋(7＋3＋6)×5×4＝680（m）
清单工程量计算见表 10-27。

表 10-27　清单工程量计算表

序号	项目编码	项目名称	项目特征描述	计量单位	工程量
1	BA4102D24001	消防控制柜	1m 以内	台	1
2	BA4601D29001	前端箱	户内式	台	1
3	BA4401D23001	烟探测器	离子感温元件	个	30
4	BA4601D29002	现场驱动盒	便携式低压电器设备	个	10
5	BA4401D23002	区域显示器	单点数字显示仪	个	5
6	BA6103G20001	桥架敷设	100×300	m	20
7	BA6101G11001	同轴电缆敷设	截面 mm^2	m	56
8	BA6103G22001	管子暗敷 PVCG20	管径 20mm	m	250
9	BA5301H17001	管内穿线	RV-500-1mm^2	m	680

定额工程量计算见表10-28。

表10-28 定额工程量计算表

序号	定额编号	项目名称	定额单位	工程数量
1	YD5-5	消防控制柜	台	1
2	YD5-20	前端箱	台	1
3	YD10-86	烟探测器	个	30
4	YD5-47	现场驱动盒	个	10
5	YD10-41	区域显示器	个	5
6	YD8-18	桥架敷设 100×300	m	20
7	YD8-40	同轴电缆敷设	m	56
8	YD8-33	管子暗敷 PVCG20	m	250
9	YD9-14	管内穿线 RV-500-1mm^2	m	680

第11章 换流站设备

第一部分 说明释义

本章定额适用于±800kV以下换流站设备安装。

一、工作内容及未计价材料

（一）阀厅设备

1. 工作内容

（1）晶闸管整流阀塔：阀塔框架的组装，元件组装，PVDF分支冷却水管组装，导体连接，均压框罩的组装，光纤电缆槽盒安装，光缆缚设及光缆头制作，整体检查，接地，单体调试。

【释义】 晶闸管柜是晶闸管整流柜的一个组成部分，包括交流电源的一次开关、整流变压器、调压设备、整流器、直流输出开关等。晶闸管整流有取代直流发电机的趋势。

（2）阀避雷器/阀桥避雷器：悬吊绝缘子安装，本体吊装，屏蔽均压环安装，放电计数器安装，拉棒安装，导体连接，光纤电缆缚设及光缆头制作，接地，单体调试。

【释义】 阀式避雷器见第3章一、12释义。

（3）极线电流测量装置：安装底座核实，悬挂构件，悬吊绝缘子安装，测量装置安装，均压环安装，光缆敷设及光缆头制作，接地，单体调试。

【释义】 所谓接地装置是接地体和接地线的总称。埋入地中并直接与大地接触作散流作用的金属导体，称为金属接地体。接地体有自然接地体和人工接地体之分，兼作接地用的直接与大地接触的各种金属构件、金属井管、钢筋混凝土建筑物的基础、金属管道和设备等都称为自然接地体；直接打入地下专作接地用的经加工的各种型钢和钢管等，称为人工接地体。将电力设备、杆塔的接地螺栓与接地体或零线相连接用的，在正常情况下载流的金属导体，称为接地线。

（4）接地开关：安装底座钻孔，攻丝，组装，本体和机构安装，调整，接地，单体调试。

【释义】 隔离开关、负荷开关、熔断器、避雷器、干式电抗器的安装以"组"为计量单位，每组按三相计算。

干式电抗器：电抗器是指电感或电容阻碍电路变化的元器件。干式电抗器与油浸电抗器的芯部绝缘处理方法不同，而是直接采用铁芯干绝缘的。

（5）高压直流穿墙套管：底座核实，穿墙套管吊装，气体监测器安装（含相应管附件），充气补气，接地，单体调试。

【释义】 见第11章定额编号YD11-26～YD11-29的应用释义。

（6）中性点设备：底座核实，本体组装，吊装，附近安装，接地，单体调试。

(7) 中性点穿墙套管含套管电流互感器：底座核实，穿缆电流互感器安装，本体吊装，接地，单体调试。

【释义】 变压器、发电机的绕组中有一点，此点与外部各接线端间电压绝对值相等，此点就是中性点。

2. 未计价材料：光缆槽盒、光缆。

【释义】 光导纤维，简称光纤，是一种由玻璃或塑料制成的纤维，以全反射原理进行光传输的光传导工具。光缆是一定数量的光纤按照一定方式组成缆芯，外包有护套，有的还包覆外护层，用以实现光信号传输的一种通信线路。

（二）换流变压器系统

工作内容：临时接地，套管、油枕及散热器的清洗，附件安装，随设备自身的动力、控制箱安装，配管，内容检查，真空处理，注油，变压器就位，焊接固定，接地，补漆，单体调试。

【释义】 绝缘套管由中心导电杆和瓷套两部分组成。

导电杆穿过变压器油箱盖，下端与变压器绕组的端头相连，上端与外线路连接。瓷套的作用是保证导电杆与油箱盖之间可靠地绝缘。根据电压等级的不同，套管可分为实心式、充油式和电容式。瓷质充油式套管，在瓷套和导电杆间充油可提高绝缘强度。电容式充油套管，环绕导电杆放置几层绝缘纸筒，在每个纸筒上贴附一层铝箔，形成串联的电容器，使瓷套与导电杆间的电场分布均匀，从而可承受更高的电压。

（三）交流滤波装置

工作内容如下。

(1) 交流噪声滤波电容器塔：支柱绝缘子安装，电容器塔组装、吊装，调谐装置安装，均压环安装，电容器内部连线，接地，补漆，单体调试。

(2) 交流噪声滤波电容器：电容器组装、吊装，均压环安装，调谐装置安装及连线，接地，补漆，单体调试。

(3) 交流滤波电容器塔：电容器塔组装、吊装，均压环、管形母线安装，层间连线，接地，补漆。

【释义】 滤波是将信号中特定波段频率滤除的操作，是抑制和防止干扰的一项重要措施。是根据观察某一随机过程的结果，对另一与之有关的随机过程进行估计的概率理论与方法。

(4) 交流滤波电阻箱：支柱绝缘子安装，吊装，连线，接地，单体调试。

【释义】 电阻箱是一种可以调节电阻大小并且能够显示出电阻阻值的变阻器。与滑动变阻器比较，滑动变阻器不能表示出连入电路的电阻值，但它可以连续改变接入电路中的电阻。电阻箱能表示出连入电路中的阻值大小，但阻值变化是不连续的，没有滑动变阻器值变化准。

(5) 交流滤波电抗器：划线钻孔，底座及支持绝缘子安装，化学螺栓固定，吊装，内支撑件拆除，接地，单体调试。

(6) 光电流互感器：吊装，附件安装，接地，单体调试。

【释义】 电抗器也叫电感器，互感器是用以传递信息，供给测量仪器、仪表及保护和控制装置的变压器。

按互感器的用途可分为电压互感器和电流互感器两种。

电压互感器就是在正常情况下，其二次电压与一次电压实质上成正比，而其相位差在连接方法正确时接近零的互感器。电压互感的种类有电磁式，电容式等。

电流互感器就是在正常情况下,其二次电流与一次电流实质上成正比,而其相位差在连接方法正确时接近零的互感器。电流互感器的种类有电磁式电流互感器、光电式电流互感器和零序电流互感器等。

(四) 直流配电装置

工作内容如下。

(1) 直流隔离开关、接地开关:底座安装,本体吊装,机构安装,开关调整,接地,单体调试。

【释义】 隔离开关见定额编号 YD3-87~YD3-89 的应用释义。

(2) 直流断路器:本体吊装,非线性电阻,电抗吊装,充电装置的吊装,直流断路器调整,内部连线,接地,清洁,补漆,单体调试。

【释义】 断路器见第 3 章一、16 释义。

(3) 直流光电流测量装置

支柱式:本体吊装及组装,接线盒安装,内部光纤电缆及电缆头制作,注油,接地,补漆,单体调试。

管形母线式:支柱绝缘子组装,吊装,光电流互感器组装,吊装,接地,接线盒安装,内部光纤电缆及电缆头制作,单体调试。

【释义】 见释义一、(三) (6)。

(4) 直流避雷器:本体吊装及组装,放电计数器安装,接地,单体调试。

【释义】直流电源防雷器用于防止雷电过电压和瞬态过电压对直流电源系统和用电设备造成的损坏,保护设备和使用者的安全。

(5) 直流噪声滤波电容器塔:底座预埋螺栓核实,电容器塔组装、吊装,层间连线,接地,补漆,单体调试。

(6) 直流噪声滤波电容器:设备本体吊装,调谐装置安装及连线,接地,补漆,单体调试。

(7) 直流电容器:本体吊装,调谐装置安装及连线,接地,单体调试。

(8) 直流噪声滤波电抗器:设备、开箱,绝缘子安装,本体吊装,接地,单体调试。

【释义】 见释义一、(三) (6)。

(9) 直流分压器:本体吊装,接地,补漆,单体调试。

【释义】 分压器是阻容等电位屏蔽分压式高压测量装置。主要用于工频高压的测量。

(10) 平波电抗器 (干式):支柱绝缘子组装,吊装,找平找正,本体吊装,接地,补漆,单体调试。

【释义】 见释义一、(三) (6)。

(11) 平波电抗器 (油浸式):临时接地,套管、油枕及散热器的清洗,附件安装,配管,内部检查,真空处理,注油,电抗器就位,本体固定,接地,补漆,单体调试。

【释义】 见释义一、(三) (6)。

(12) 平波电抗器避雷器:本体吊装,接地,补漆,单体调试。

(13) 直流断路器装置:底座安装,本体吊装,附件安装及接线,内部光纤电缆及电缆头制作,断路器充气,调整,接地,补漆,配合电气试验和光缆测试,单体调试。

(14) 直流避雷器 (50kV):本体吊装,放电计数器安装,接地,补漆,单体调试。

(15) 直流电抗器 (50kV):支持绝缘子安装,电抗器吊装,接地,补漆,单体调试。

【释义】 见释义一、(三) (6)。

(16) 直流电容器组 (50kV):本体吊装,调整,内部连线,接地,单体调试。

(17) 直流电容器（柱式）（50kV）：本体吊装，接地，补漆，单体调试。

(18) 直流分压器（50kV）：本体吊装，接地，补漆，单体调试。

(19) 平波电抗器（50kV）：支柱绝缘子组装，吊装，找平找正，本体吊装，防雨罩安装，接地，补漆，单体调试。

【释义】 见释义一、（三）（6）。

(20) 直流滤波低压设备：支持绝缘子安装，本体吊装，接地，补漆，单体调试。

【释义】 见释义一、（三）（3）。

(21) 直流滤波电容器塔（悬挂式）：悬吊绝缘子串组装及安装、分层电容器组吊装及安装，均压环安装，光纤电流互感器安装，内部连线，固定拉线制作安装，接地。

【释义】 见释义一、（三）（3）。

(22) 直流滤波电容器塔（支撑式）：底座预埋螺栓核实，电容器塔组装、吊装，均压环、管母安装，内部连线，接地，补漆。

(23) 电容器（C2、C3）：支持绝缘子安装，本体吊装，接地，单体调试。

(24) 滤波器电阻器：支持绝缘子安装，本体吊装，接地，补漆，单体调试。

【释义】 电阻器的种类有很多，常用的有绕线电阻、高压电阻、碳膜电阻等，在日常生活中一般直接称为电阻。是一个限流元件，将电阻接在电路中后，电阻器的阻值固定的一般是两个引脚，它可限制通过它所连支路的电流大小。

(25) 滤波电抗器：支持绝缘子安装，本体吊装，接地，补漆，单体调试。

【释义】 见第 3 章一、12 释义。

（五）直流接地极

1. 接地监测井

工作内容：开挖、井口砌筑、塑料管配置、固定，井盖制作、安装。

【释义】 接地监测井是一种用塑料或混凝土制造，用来测试接地装置性能和观察的一种预制物件。主要应用于工作接地、保护接地、抗干扰接地、防雷接地和防静电等各个领域接地设施的辅助工程中。

2. 渗水井

(1) 工作内容：开挖、井口砌筑、卵石填埋，井盖制作、安装。

(2) 未计价材料：卵石。

【释义】 渗水井是将边沟排不出的水渗到地下透水层中而设置的充填碎、砾石等粗粒材料并铺以倒滤层的竖井。

3. 接地极焦炭填埋

(1) 工作内容：焦炭填埋、夯实。

(2) 未计价材料：焦炭。

【释义】 烟煤在隔绝空气的条件下，加热到 950～1050℃，经过干燥、热解、熔融、黏结、固化、收缩等阶段最终制成焦炭，这一过程叫高温炼焦（高温干馏）。由高温炼焦得到的焦炭用于高炉冶炼、铸造和气化。炼焦过程中产生的经回收、净化后的焦炉煤气既是高热值的燃料，又是重要的有机合成工业原料。

4. 接地极极环及电缆安装

(1) 工作内容：测量、划线，电缆及接地馈棒敷设、校正（施工过程中包括焦炭床施工），盖保护板，人工回填土、夯填，耕植土恢复。

(2) 未计价材料：电缆、馈电棒、混凝土盖板。

【释义】 电缆通常是由几根或几组导线每组至少两根绞合而成的类似绳索的电缆，每组导线之间相互绝缘,并常围绕着一根中心扭成整个外面包有高度绝缘的覆盖层。

5. 热熔焊接

(1) 工作内容:导流电缆、配电电缆及极地馈棒、引缆的清洁处理,放置、调整、焊接及熔接点绝缘处理。

(2) 未计价材料:焊粉、模具。

【释义】 热熔焊接是用化学反应热作为热源的焊接方法。焊接时,预先把待焊两工件的端头固定在铸型内,然后把铝粉和氧化铁粉混合物放在坩埚内加热,使之发生还原放热反应,成为液态金属和熔渣,注入铸型。

(六) 阀冷却系统

工作内容:阀冷却系统设备的转运、底座核实,本体组装、吊装,附件安装,接地,单体调试。

【释义】 冷却系统,是给座舱和电子设备舱提供冷却空气的系统。可借冷却剂的循环,将多余的热量移出引擎,以防止过热的系统。在冷水式的引擎中,包括水套、水泵、水箱及节温器。

二、本章定额中未包括的工作内容

1. 阀厅内管母线及设备连线、支柱绝缘子、环网屏蔽铜排安装。

【释义】 支柱绝缘子一般是由硅胶或陶瓷制成,是一种特殊的绝缘控件,能够在架空输电线路中起到重要作用。

2. 环流变压器中

(1) 不随设备到货的铁构件的制作、安装。

(2) 变压器油的过滤。执行第 2 章中绝缘油过滤定额。

(3) 环流变压器防地震措施的制作安装。

(4) 端子箱、控制柜的制作、安装。

(5) 二次喷漆。

(6) 换流变压器套管进阀厅孔洞的临时封堵。

【释义】 变压器油是油浸式变压器的主要绝缘、冷却介质。它的质量和技术性能好坏直接影响到变压器的安全运行。因此,对注入变压器的绝缘油有严格的要求。

新装变压器在运输和安装过程中,如变压器保管不善,可能会使变压器油中混进水分和杂物,这些水分和脏污使油的绝缘强度降低,起燃点降低。所以必须采用有效方法把水分和脏污去除,即油的"干燥"和"净化"。变压器油是否需要处理,可取出少许油样进行电气强度试验和化学分析,然后决定。

对变压器油净化的方法通常采用压力过滤法,即用压力式滤油机将油过滤,去除水分和杂质。

3. 直流配电装置中

(1) 平流电抗器安装准备平台的施工和拆除。

(2) 端子箱、控制柜的制作、安装。

(3) 二次喷漆。

【释义】 端子箱:端子是指用来连接导线的断头的金属导体,它可以使导线更好地与其他构件连接。焊压铜、铝接线端子,除电缆外,凡是引进电极及控制箱的导线,均应焊压接线端子。铜线用铜端子,铝线用铝端子,每一条线(由始端至末端)按接两个焊压接线端子计算。端子箱是指用于保护诸多接线端子而另外单独设立的电器箱柜。

4. 直流接地极安装中

(1) 为满足焦炭床铺设、导流电缆敷设沟槽开挖的井点降水措施费。
(2) 接地极极环施工的余土外运。
(3) 不包含接地极极址的内容。

【释义】 井点降水是人工降低地下水位的一种方法，就是在基坑开挖前，预先在基坑周围或者基坑内设置一定数量的滤水管。

5. 特殊调试

【释义】 电气调试主要指的是电气设备的调整和试验。电气设备调整试验工作是工矿、冶金企业建设中电气设备安装工作完毕后，即将投入生产运行前的一道工序。电气设备在现场按照设计单位的图纸安装完毕后不可以直接投入运行。为了使设备能够安全、合理、正常地运行；避免发生意外事故给国家造成经济损失、避免发生人员伤亡，必须进行调试工作。只有经过电气调试合格之后，电气设备才能够投入运行。

三、工程量计算规则

1. 阀厅设备

(1) 极线电流测量装置按悬挂式编制，如实际为支撑式，定额乘以 0.8 的系数。

(2) 安装高压直流穿墙套管用的穿通板执行第四章相应定额，如该穿通板为双层结构时乘以系数 2.0。

【释义】 穿通板的主要作用是墙体和电源线之间的绝缘体，防止墙体潮湿时导电。当导线和母线穿过墙壁时，需要在墙孔上加装一块钢板（或电胶板等），板上固定绝缘套管，该板称为穿通板。

(3) 高压直流穿墙套管非水平安装时乘以系数 1.5。

【释义】 高压直流是指方向和时间不作周期性变化的高压电流，但电流大小可能不固定，而产生波形。又称恒定电流。所通过的电路称直流电路，是由直流电源和电阻构成的闭合导电回路。

2. 环流变压器备用相安装按同电压同容量环流变压器定额人工定额乘以 0.8，定额材机乘以 0.95。

【释义】 变压器就位安装应注意以下几点。
(1) 变压器推入室内时，要注意高压、低压侧方向应与变压器室内的高低压电气设备的装设位置一致，否则变压器推入室内之后再旋转方向就比较困难了。
(2) 变压器基础导轨应水平，轨距应与变压器轮距相吻合。抬高变压器可使用千斤顶。
(3) 变压器就位符合要求后，应用止轮器将变压器固定。
(4) 装接高压、低压母线。母线与变压器套管连接时，应用两把扳手。应注意不能使管端部受到额外的力。
(5) 在变压器的接地螺栓上，接上电线。
(6) 当需要在变压器顶部工作时，必须用梯子上下，不得攀拉变压器。

3. 交流滤波装置

(1) 330kV 交流噪声滤波电容器（塔）按 500kV 交流噪声滤波电容器（塔）定额乘以系数 0.85。

(2) 330kV 交流滤波电容器塔按 500kV 交流滤波电容器塔定额乘以系数 0.9。

(3) 交流滤波电阻箱定额以台/相为单位，每台/相按单柱双层叠放考虑。如实际为单柱单层，定额乘以 0.6 的系数；如实际为双柱双层，定额乘以系数 2。

【释义】 电容器安装定额中，未计入连接线材料费用。

4. 直流配电装置

（1）50kV 以内的直流避雷器按并列六柱编制，每减少一柱按 0.1 的系数调减。

【释义】 见释义一、（四）（2）。

（2）直流滤波电容器塔定额按 30 层编制，仅包括高压电容器塔内设备安装，塔外设备和设备连线另套相应定额子目。

（3）直流场设备安装在户内时，其人工定额乘以系数 1.3。

（4）干式平波电抗器定额按单台编制。如实际为两台叠放乘以 1.25 系数。

【释义】 平波电抗器一般串接在每个极换流器的直流输出端与直流线路之间，是高压直流换流站的重要设备之一。

（5）直流断路器均按双断口考虑，如为四断口，则按同电压等级定额乘以系数 1.60。

【释义】 直流断路器主要包括中性母线断路器（NBS）、中性母线接地断路器（NBGS）、金属回路转换断路器（MRTB）、大地回路转换断路器（ERTB）。

5. 直流接地极安装：接地极填埋按填埋方量根据图示数量以"m"为单位计量，极环及电缆安装的总长度按极环的直径计算出的周长进行计取。

【释义】 埋入大地以便与大地连接的导体或几个导体的组合称为接地极。

四、其他说明

1. 本章定额主要考虑以进口设备为主。

2. 本章设备安装定额中未包括接地材料费。

【释义】 系统的接地工程主要由接地体、连接线组成接地网络，其中影响接地效果的几个因素有土壤电阻率、接地体的选择、接地材料的防腐和合理地布划接地网络。

使用率最高的接地材料还是金属材料，主要有铜板、角钢和扁钢等。

3. 阀厅内设备安装的施工用电如照明等已考虑在定额内。阀厅空调系统在施工期间的用电未包括在定额内。

【释义】 阀厅是放置换流阀的封闭建筑，要求极好的电磁屏蔽性能，能够屏蔽换流产生的电磁干扰。墙壁地板全都有铺设金属板。

4. 阀冷却已包含在定额内，阀厅冷却系统安装另执行定额有关子目。

【释义】 见释义四、3。

5. 主控楼、阀厅的空调安装另执行现行定额的有关子目。

【释义】 见释义四、3。

6. 备用干式平波电抗器现场无需安装。

【释义】 见释义三、4（4）。

7. 阀冷却系统安装包含内、外冷水系统的所有设备、管道及各类附件的安装，动力控制盘柜安装另套其他相应子目。

【释义】 见一（六）释义。

第二部分 定额释义

11.1 阀厅设备

11.1.1 晶闸管整流阀塔安装

定额编号 YD11-1～YD11-7 晶闸管整流阀塔 P_{542}～P_{545}

【应用释义】 见一、（一）1（1）释义。

11.1.2 阀避雷器安装

定额编号　YD11-8～YD11-13　阀避雷器　P_{546}～P_{548}

【应用释义】　阀型避雷器在安装前除需要进行各项电气试验外，还应进行下列检查。

(1) 核对避雷器的额定电压与安装地点的电压是否相符。

(2) 检查瓷套外表面有无裂纹、破损和脱釉现象，瓷套与法兰盘连接处的接缝胶合与密封是否良好。

(3) 将避雷器向不同方向轻轻摆动，内部应无松动响声。

其他释义参考第一部分说明释义的内容。

11.1.3　阀桥避雷器安装

定额编号　YD11-14～YD11-17　阀桥避雷器　P_{549}～P_{551}

【应用释义】　避雷器调试按三相为一"组"计算，当单个安装时也按一组计算。避雷器调试工作包括：绝缘电阻测定，直流泄流量测定，工频放电电压测定及放电记录器动作情况等。

11.1.4　极线电流测量装置

定额编号　YD11-18～YD11-21　极线电流测量装置　P_{552}～P_{554}

【应用释义】　测量表计是指电路中的各种测量装置，其主要作用是测量电路的各种数据以掌握电路的工作情况。

11.1.5　阀厅内接地开关安装

定额编号　YD11-22～YD11-25　接地开关　P_{555}～P_{556}

【应用释义】　隔离开关分户内型及户外型（60kV 及以上电压无户内型）；按极数分，有单极和三极，按构造可分为双栓式、三栓式和 V 型等。一般是开启式，特定条件下也可以订制封闭式隔离开关。隔离开关有带刀闸的和不带接地刀闸的；按绝缘情况又可分为普通型及加强绝缘型两类。

选用隔离开关时，首先应根据安装地点选择户内型或户外型，然后根据工作电压或工作电流选择额定值，检验其动、热稳定值。一般均采用三极联动的三相隔离开关，只有在高压系统中性点接地回路中，采用 GW_9-10 型单极隔离开关。选用 35kV 及以上断路器两侧隔离开关和线路隔离开关，宜选用带接地闸的产品。

11.1.6　高压直流穿墙套管

定额编号　YD11-26～YD11-29　高压直流穿墙套管　P_{557}～P_{558}

【应用释义】　高压穿墙套管的安装要求如下。

(1) 穿墙套管间中心距离：10kV 为 45cm，35kV 为 60cm，在潮湿的地方上述距离应适当增大。

(2) 双回路进出线穿墙套管，两回路套管间最近距离为 2m。

(3) 穿墙套管的高低，应使引线距地面不小于 4.5m（10kV）。

(4) 穿墙套管引线应为倒人字形接线，如果用绝缘导线则应在最低部位削一小口。

(5) 固定套管的安装板厚度，对铜排穿墙套管不得超过 40mm，铝排穿墙套管不得超过 60mm。

11.1.7　中性点设备安装

定额编号　YD11-30～YD11-34　中性点设备　P_{559}～P_{562}

【应用释义】　见第一部分一、（一）（7）释义。

11.2　换流变压器安装

定额编号　YD11-35～YD11-36　200kV 单相双绕组　P_{563}～P_{565}

定额编号　YD11-37～YD11-38　400kV 单相双绕组　P_{563}～P_{565}

定额编号　YD11-39～YD11-40　500kV 单相双绕组　P_{563}～P_{565}

定额编号　YD11-41～YD11-42　600kV 单相双绕组　P_{566}～P_{569}

定额编号　YD11-43～YD11-44　800kV 单相双绕组　P_{566}～P_{569}

定额编号　YD11-45　油过滤　P_{566}～P_{569}

【应用释义】　变压器的电磁感应部分包括电路和磁路两部分。电路又有一次电路与二次电路之分。各种变压器由于工作要求、用途和型式不同，外形结构不尽相同，但是它们的基本结构都是由铁芯和绕组组成的。

（1）铁芯　铁芯是磁路的通路，它是用导磁性能良好的硅钢片冲剪成一定的尺寸，并在两面涂以绝缘漆后，按一定规则叠装而成。变压器的铁芯结构可分为芯式和壳式两种。芯式变压器绕组安装在铁芯的边栓上，制造工艺比较简单，一般大功率的变压器均采用此种结构。壳式变压器的绕组安装在铁芯的中柱上，线圈被铁芯包围着，所以它不需要专门的变压器外壳，只有小功率变压器采用这种结构。

（2）绕组　绕组是电流的通路。小功率变压器的绕组一般用高强度漆包线绕制，大功率变压器的绕制可以采用有绝缘的扁形铜线或铝线绕制。绕组分为高压和低压绕组。高压绕组匝数多，导线细；低压绕组匝数少，导线粗。为了提高绕组与铁芯的绝缘性能，一般低压绕组制作在绕组的内层，高压绕组制作在绕组的外层。

单相变压器有两个绕组，其中一个绕组接交流电源，叫做一次绕组（又叫原绕组、初级绕组），匝数为 N_1；另一个绕组接负载，叫做二次绕组（又叫副绕组、次级绕组），匝数为 N_2。若将变压器的一次绕组接交流电源，二次绕组开路不接负载，这种运行方式叫做变压器的空载运行；当变压器的一次绕组接交流电源，二次绕组两端接上负载时，称为变压器的负载运行。变压器的二次绕组接上负载之后，由于电动势的作用，在二次绕组中便有电流 I_2 流过，I_2 的大小和相位决定于负载阻抗的大小和性质，因此称为负载电流。二次电流磁势又产生新的交流磁通 ϕ_2 去阻碍原来主磁通 ϕ 的变化，削弱原来的磁通强度，破坏了空载运行时的磁势平衡关系。由于电源电压的有效值不变，与其相应的主磁通 ϕ 也不变。从能量转换的观点看，二次绕组有能量输出，必然使一次绕组从电源中多吸取负载所消耗的能量，通过磁通传给二次绕组。

11.3　交流滤波装置

11.3.1　交流噪声滤波电容器塔安装

定额编号　YD11-46～YD11-47　交流噪声滤波电容器塔　P_{570}～P_{572}

【应用释义】　交流滤波装置：在电缆电视系统的前端设备中，如天线放大器、混合器、频道转换器、调制器等器件的电路中都使用了不同的滤波装置，如滤波器就是一个重要的滤波装置之一。

滤波器可分为有源滤波器和无源滤波器两类，一般使用的主要为有源滤波器。无源滤波器的种类也很多，如 LC 滤波器、石英晶体滤波器、机械滤波器、陶瓷滤波器、螺旋滤波器、声表面滤波器等，它们各有不同的特点。例如 LC 滤波器，插入损耗大，电感电容耦合调整（即奇生参数的影响）难以控制，但结构简单，设计灵活；石英晶体滤波器体积小，幅频特性稳定，但成本较高，生产工艺要求高，且仅适用于 100MHz 以下的频率；螺旋滤波器插入损耗小，带外衰减特性好，结构较复杂，适用于整个电视频道的频率范围；声表面滤波器性能更好，其延迟失真小，波形陡，设计及生产工艺要求高。目前，较为常用的滤波器为 LC 滤波器和螺旋滤波器。

滤波器是一种双口网络，它在规定的某一频率范围内对信号的衰减很小，使得信号容易通过，这个频率范围称之为滤波器的通带。对通带以外的频率信号衰减很大，抑制信号的通过,称之为阻滞。根据滤波器的通频带范围,可将其分为:低通型滤波器、高通型滤波器、带通型滤波器和带阻型滤波器。

11.3.2 交流噪声滤波电容器安装

定额编号 YD11-48~YD11-49 交流噪声滤波电容器 P_{573}~P_{574}

【应用释义】 见定额编号 YD3-199 的应用释义。

11.3.3 交流滤波电容器塔

定额编号 YD11-50~YD11-55 交流滤波电容器塔 P_{575}~P_{579}

【应用释义】 电容器见第 3 章第一部分一、13 释义。

11.3.4 交流滤波低压设备

定额编号 YD11-56~YD11-58 交流滤波低压设备 P_{580}~P_{582}

【应用释义】 电抗器:是用于交流电路中阻碍电流变化的电器设备。它包括通常所说的电阻器、电容器和电感器,按其结构材料也可分为混凝土电抗器、铁芯干式电抗器和空心电抗器等类型。

11.4 直流配电装置

11.4.1 直流隔离开关安装

定额编号 YD11-59~YD11-60 50kV 直流隔离开关 P_{583}~P_{584}

定额编号 YD11-61~YD11-64 400kV 直流隔离开关 P_{585}~P_{586}

定额编号 YD11-65~YD11-66 500kV 直流隔离开关 P_{585}~P_{586}

定额编号 YD11-67~YD11-70 800kV 直流隔离开关 P_{587}~P_{588}

【应用释义】 用来接受和分配电能的电气设备称为配电装置。

配电装置包括控制电器(断路器、隔离开关、负荷开关等)、保护电器(熔断器、继电器及避雷器等)、测量电器(电流互感器、电压互感器、电流表、电压表)以及载流导体(母线)。

配电装置按其设备的场所可分为户内配电装置和户外配电装置;按其电压等级可分为高压配电装置和低压配电装置;按其结构形式可分为装配式和成套式。

11.4.2 极线与旁路设备安装

定额编号 YD11-71~YD11-72 直流断路器 P_{589}~P_{592}

【应用释义】 见三、3(5)释义。

定额编号 YD11-73~YD11-76 直流光电流测量装置 P_{589}~P_{592}

定额编号 YD11-77~YD11-80 直流避雷器 P_{593}~P_{594}

【应用释义】 见一、(四)释义。

定额编号 YD11-81~YD11-82 直流噪声滤波电容器塔 P_{595}~P_{597}

【应用释义】 见一、(三)释义。

定额编号 YD11-83~YD11-84 直流噪声滤波电容器 P_{595}~P_{597}

【应用释义】 见一、(三)释义。

定额编号 YD11-85 直流电容器 P_{598}~P_{599}

定额编号 YD11-86~YD11-88 直流噪声滤波电抗器 P_{598}~P_{599}

【应用释义】 见定额编号 YD11-56~YD11-58 的应用释义。

定额编号 YD11-89~YD11-91 直流分压器 P_{600}~P_{601}

【应用释义】 见一、(四)(9)。

定额编号 YD11-92~YD11-94 平波电抗器 P_{602}~P_{604}

【应用释义】 见三、4(4)释义。

定额编号　YD11-95　平波电抗器避雷器　$P_{602} \sim P_{604}$

【应用释义】　见三、4（4）释义。

11.4.3　地线和直流中性母线设备

定额编号　YD11-96～YD11-99　直流断路器装置　$P_{605} \sim P_{608}$

【应用释义】　断路器：是配电线路中一种重要的保护电器。在正常工作条件下，作为线路的不频繁接通和分断装置使用。当线路或用电设备发生严重过载、短路或失压等故障时，能够自动切断故障，实现迅速、有效的保护。通常断路器有高压断路器和低压断路器之分。断路器工作性能的好坏，直接关系到供配电系统的安全运行。为此要求断路器具有相当完善的灭弧装置和足够大的灭弧能力。

高压断路器：高压断路器种类繁多，但其主要结构是相近的，它包括导电回路、灭弧室、外壳、绝缘支体、操作和传动机构等部分。断路器根据所采用的灭弧介质和灭弧方式，大体可分为下列几种。

（1）油断路器　油断路器是用绝缘油作灭弧介质。按断路器的油量和油的作用又分多油断路器和少油断路器。多油断路器油量多，油有三个作用：一是作为灭弧介质；二是在断路器跳闸时作为动、静触头间的绝缘介质；三是作为带电导体对地（外壳）的绝缘介质。多油断路器体积大，维护麻烦，不受用户欢迎；少油断路器油量少，油只作为灭弧介质和动、静触头间的绝缘介质用。其对地绝缘靠空气、套管及其他绝缘材料来完成，故不适用于频繁操作。少油断路器因其油量少，体积相应减少，所耗钢材也小，价格便宜，维护方便，所以目前我国主要生产少油断路器。

（2）空气断路器　采用压缩空气为灭弧介质的叫做压缩空气断路器，简称空气断路器。断路器中的压缩空气起三个作用，一是强烈地吹弧，使电弧冷却熄灭；二是作为动、静触头间的绝缘介质；三是作为分、合闸操作时的动力。该型断路器断流容量大，分闸速度快，但结构复杂，价格昂贵，维护要求高。

（3）六氟化硫断路器　六氟化硫断路器是近些年发展的新产品。它采用具有良好灭弧和绝缘性能的气体 SF_6 作为灭弧介质。SF_6 气体在电弧作用下分解为低氟化合物，大量吸收电弧能量，使电弧迅速冷却和熄灭。这种断路器动作快、断流容量大，电寿命长，无火灾和爆炸危险，可频繁通断，体积小。虽然价格偏高，维护要求严格，但仍受人们欢迎，发展很快。

（4）真空断路器　利用稀薄的空气的高绝缘强度来熄灭电弧。因为在稀薄的空气中，中性原子很少，较难产生电弧且不易稳定燃烧。真空断路器能适应频繁操作的负载，并具有开距小、动作快、燃弧时间短、开断能力强、结构简单、重量轻、体积小、寿命长、无噪声、维修容易、无爆炸危险等优点。近些年来发展迅速，特别是在 10kV 及以下领域，更为显著，完全可以取代多油断路器。

定额编号　YD11-100　直流避雷器　$P_{609} \sim P_{611}$

定额编号　YD11-101　直流电抗器　$P_{609} \sim P_{611}$

定额编号　YD11-102　直流电容器　$P_{609} \sim P_{611}$

定额编号　YD11-103　直流电容器（柱式）　$P_{609} \sim P_{611}$

定额编号　YD11-104　直流电流测量装置　$P_{612} \sim P_{613}$

定额编号　YD11-105　直流分压器　$P_{612} \sim P_{613}$

定额编号　YD11-106　干式平波电抗器　$P_{612} \sim P_{613}$

11.4.4　直流滤波装置安装

定额编号　YD11-107～YD11-110　　直流滤波低压设备　$P_{614} \sim P_{616}$

【应用释义】 滤波器见定额编号 YD11-46～YD11-47 的应用释义。

定额编号　YD11-111～YD11-112　　直流滤波电容器塔　P_{617}～P_{619}

【应用释义】 在两导电极板间隔以绝缘材料（电介质），并能存储电荷的电器称为电容器。由于电容器能储存电荷，所以对电力工业、电子工业都有着非常重要的作用。

电力电容器一般按其用途分为：并联电容器、串联电容器、耦合电容器、直流及脉冲电容器、标准电容器等。

定额编号　YD11-113～YD11-114　　直流滤波电容器塔 CI　P_{617}～P_{619}

定额编号　YD11-115　　电容器塔 C2　P_{620}～P_{622}

定额编号　YD11-116　　电容器塔 C3　P_{620}～P_{622}

定额编号　YD11-117～YD11-118　　滤波电抗器　P_{620}～P_{622}

定额编号　YD11-119　　滤波器电阻器　P_{620}～P_{622}

【应用释义】 电抗器：是用于交流电路中阻碍电流变化的电器设备。它包括通常所说的电阻器、电容器和电感器。

(1) 电阻器见定额编号 YD5-50 的应用释义。

(2) 电容器：电容器是由两个金属电极中间夹一层绝缘（又称电介质）所构成。当在两个金属电极上施加电压时，电极上就会贮存电荷。所以它是一种储能元件。

(3) 电感器：电感器一般又称为电感线圈，当电流流过线圈中并发生变化时，线圈周围的磁场相应变动，变动的磁场可使线圈自身产生感应电动势，这就是自感作用。凡能产生自感作用的器件称为电感器。电感线圈具有阻碍交流电通过的特性。电感器广泛应用在调谐、振荡、耦合、滤波等电路中。

①高频电感线圈。它是电感量较小的电感器，用于高频电路中。通常可分为空心线圈、磁芯线圈。后者可以改变磁芯在线圈中的位置来达到调节其电感量大小的目的。如收音机中广泛使用的中周线圈就是此类型的电感器。

②空心式及磁棒式无线线圈。把绝缘或镀银导线绕在塑料胶木管上或磁棒上，其电感量和可调电容配合谐振于收音机欲接收的频率上。

③低频率扼流圈。利用漆包线在硅钢片铁芯外层绕制而成的大电感量的电感器。一般电感量为数亨，常用于音频或电源滤波电路中。

电抗器通常安装在电抗器室内，也可安装在生产车间，放置在钢支架上或混凝土台上。比较多的是采用单独安装，亦可和配电柜并列安装，其安装方法可参照成套配电柜的安装方法和要求进行。

(1) 电抗器安装前的检查　电抗器安装之前应首先核对其规格、型号，应符合设计要求。外表无锈蚀，且外壳应无凹凸缺陷，所有接缝均不应有裂缝或渗油现象。出线套管芯棒应无弯曲或滑扣现象；引出线端连接用的螺母、垫圈应齐全。若检查发现有缺陷或损伤的应更换或修理，但在检查过程中不得打开电抗器的油箱。

(2) 电抗器的安装　电抗器安装时，首先应根据每个电抗器上的铭牌上所示电抗容量按相分组，应尽量将三相的差值调配到最小，其最大与最小的差值不应超过三相平均值的 5%，然后将电抗器放在构架上。电抗器构架应按水平及垂直安装，固定应牢靠，油漆应完整。电抗器水平放置行数一般为一行，同一行之间的距离一般不应小于 100mm；上下层数不得多于 3 层，上中下三层电抗器的安装位置要一致，以保证散热度好，切忌层与层之间放置水平隔板，避免阻碍通风。

电抗器的放置应使其铭牌面向通道的一侧，并应有顺序编号。电抗器端子的连接线宜采用软导线，注意接线应对称一致，整齐美观。电抗器组与电网连接可采用铝母线，但应注意连接时不要使电容器出线套管受到机械应力。最好将母线上的螺栓孔加工成椭圆长孔，以便于调节。母线及分支线应标以相色。凡不与地绝缘的每个电抗器的外壳及电抗器的构架均应接地；凡与地绝缘的电抗器外壳应接到固定的电位上去。

11.5 直流全站接地

定额编号　YD11-120　接地监测井　$P_{623}\sim P_{624}$

【应用释义】　见一、（五）1释义。

定额编号　YD11-121　渗水井　$P_{623}\sim P_{624}$

【应用释义】　见一、（五）2释义。

定额编号　YD11-122　接地极焦炭填埋　$P_{623}\sim P_{624}$

【应用释义】　见一、（五）3释义。

定额编号　YD11-123　接地极极环及电缆安装　$P_{625}\sim P_{626}$

【应用释义】　见一、（五）4释义。

定额编号　YD11-124　热熔焊接　$P_{625}\sim P_{626}$

【应用释义】　见一、（五）5释义。

11.6 直流全站接地

定额编号　YD11-125　闭式蒸发型冷却塔　$P_{627}\sim P_{628}$

【应用释义】　冷却塔是利用水和空气的接触，通过蒸发作用来散去工业上或制冷空调中产生的废热的一种设备。

定额编号　YD11-126　喷淋水循环泵　$P_{627}\sim P_{628}$

【应用释义】　喷淋泵的自启动是通过各保护区的管网喷嘴玻璃球高温下爆碎，引起管网水流流动，从而联动报警阀压力开关动作，达到自启动喷淋泵的目的。通过水流指示器联动模块或报警阀压力开关引线至控制室，消防控制室能准确反映其动作信号，同时控制室应能直接控制喷淋泵启停。

定额编号　YD11-127　喷淋水过滤器循环泵　$P_{627}\sim P_{628}$

【应用释义】　定额编号YD11-126的应用释义。

定额编号　YD11-128　喷淋水循环自动清洗过滤器　$P_{629}\sim P_{630}$

【应用释义】　过滤器是输送介质管道上不可缺少的一种装置，通常安装在减压阀、泄压阀、定水位阀。过滤器由筒体、不锈钢滤网、排污部分、传动装置及电气控制部分组成。

定额编号　YD11-129　喷淋补水不锈钢过滤器　$P_{629}\sim P_{630}$

【应用释义】　见定额编号YD11-128的应用释义。

定额编号　YD11-130　喷淋水硬度控制加药装置　$P_{629}\sim P_{630}$

【应用释义】　加药装置又称加药系统、加药设备。加药装置，采用的是机电一体化结构形式，从安装上可分为固定式和移动式，每种形式的加药装置均配有搅拌系统、加药系统和自动控制系统。

定额编号　YD11-131　喷淋水杀菌加药装置　$P_{631}\sim P_{632}$

【应用释义】　见定额编号YD11-130的应用释义。

定额编号　YD11-132　去离子水循环泵　$P_{631}\sim P_{632}$

【应用释义】　去离子水是指除去了呈离子形式杂质后的纯水。

定额编号　YD11-133　去离子水补水箱　$P_{631}\sim P_{632}$

【应用释义】　见定额编号YD11-132的应用释义。

定额编号　YD11-134　去离子水补充水泵　$P_{631}\sim P_{632}$

【应用释义】　见定额编号YD11-132的应用释义。

定额编号　YD11-135　去离子水补水不锈钢水过滤器　$P_{633} \sim P_{634}$

【应用释义】　见定额编号 YD11-132 的应用释义。

定额编号　YD11-136　去离子装置　$P_{633} \sim P_{634}$

定额编号　YD11-137　去离子水水处理不锈钢水过滤器　$P_{633} \sim P_{634}$

【应用释义】　见定额编号 YD11-132 的应用释义。

定额编号　YD11-138　去离子主管不锈钢水过滤器　$P_{635} \sim P_{636}$

【应用释义】　见定额编号 YD11-132 的应用释义。

定额编号　YD11-139　不锈钢膨胀罐　$P_{635} \sim P_{636}$

【应用释义】　膨胀罐：用于系统中起缓冲压力波动及部分给水的作用，在热力系统中主要用来吸收工作介质因温度变化增加的那部分体积；在供水系统中主要用来吸收系统因阀门、水泵等开和关所引起的水锤冲击，以及夜间少量补水使供水系统主泵休眠从而减少用电，延长水泵使用寿命。

定额编号　YD11-136　冷却水系统管道及管路附件　$P_{635} \sim P_{636}$

【应用释义】　火电厂的重要组成部分。由凝汽器（又称冷凝器）、冷却构筑物、循环泵等组成。

第三部分　工程量计算实例

【例 11-1】　阀式避雷器是一种能释放雷电或兼能释放电力系统操作过电压能量，保护电工设备免受瞬时过电压危害，又能截断续流，不致引起系统接地短路的电器装置。它通常应用于各种高低压输电线路中，如图 11-1 所示为普通阀式避雷器的内部结构及其接线图，型号为 FZ，主要应用于 3～110kV 交流系统中，试求其各工程量。

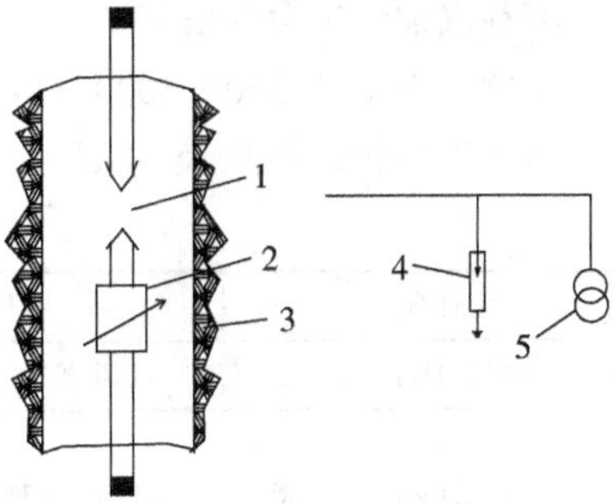

【解】　(1) 清单工程量　阀避雷器安装清单工程量计算规则：按设计图示数量计算，则阀避雷器安装的工程量为 1 台。

基本数据：
① 铜芯聚氯乙烯绝缘电线 16 (m)　　0.93
② 铜芯聚氯乙烯绝缘电线 120 (m)　　1.338
③ 铜接线端子 120（个）　　1.408
④ 尼龙扎带 $L=200$（根）　　53.504

清单工程量计算见表 11-1。

图 11-1　阀式避雷器示意图
1—间隙；2—可变电阻；3—瓷瓶；
4—避雷器；5—变压器

表 11-1　清单工程量计算表

定额编号	项目名称	项目特征描述	计量单位	工程量
HA1101K11001	阀避雷器安装	阀式	台	1

(2) 定额工程量　参考《电力建设工程预算定额（2013 年版）第三册 电气设备安装工程》。套用电力预算定额 YD11-8。

① 人工费：1 台×237.18 元/台=237.18 元
② 材料费：1 台×386.89 元/台=386.89 元
③ 机械费：1 台×1531.82 元/台=1531.82 元

定额工程量计算见表11-2。

表11-2 定额工程量计算表

定额编号	项目名称	单位	数量	人工费	材料费	机械费
YD11-8	阀避雷器	台	1	237.18	386.89	1531.82

【例11-2】 高压直流穿墙套管用于电站和变电所配电装置及高压电器,供导线穿过接地隔板、墙壁或电器设备外壳,支持导电部分使之对地或外壳绝缘。图11-2 显示的高压直流穿墙套管图,型号为CWB-35kV/200-1500A,户外铜、铝导体穿墙套管,试求其工程量。

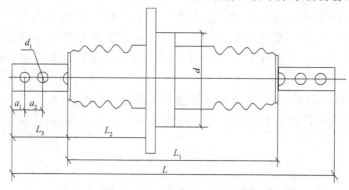

图11-2 高压直流穿墙套管示意图

【解】 (1) 清单工程量

镀锌铁丝8号(kg)　　　　　　2.1370

铜接线端子120(个)　　　　　1.4080

溶剂汽油200号(kg)　　　　　0.1200

木脚手板50×250×4000(kg)　0.1560

清单工程量计算见表11-3。

表11-3 清单工程量计算表

定额编号	项目名称	项目特征描述	计量单位	工程量
HA1101K15001	高压直流穿墙套管安装	220kV	个	1

(2) 定额工程量　套用电力预算定额YD11-26。

① 人工费:1个×508.20元/个=508.20元

② 材料费:1个×316.41元/个=316.41元

③ 机械费:1个×2973.59元/个=2973.59元

定额工程量计算见表11-4。

表11-4 定额工程量计算表

定额编号	项目名称	单位	数量	人工费	材料费	机械费
YD11-26	高压直流穿墙套管安装	个	1	508.20	316.41	2973.59

【例11-3】 直流避雷器用于防止雷电过电压或瞬态过电压对直流电源系统和用电设备造成的损害,保护设备和使用者的安全。图11-3所示的直流避雷器型号为AM40-220,试求其工程量。

【解】 (1) 清单工程量

铜芯聚氯乙烯绝缘电线16(m)　　　1.5490

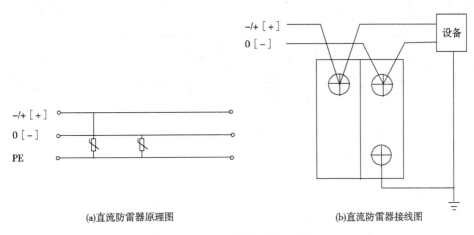

(a)直流防雷器原理图   (b)直流防雷器接线图

图 11-3 直流避雷器示意图

铜芯聚氯乙烯绝缘电线 120（m）   1.0560
铜接线端子 120（个）   1.4080
白棕绳，直径 14mm（kg）   1.4080

清单工程量计算见表 11-5。

表 11-5 清单工程量计算表

定额编号	项目名称	项目特征描述	计量单位	工程量
HA1101K12001	直流避雷器	型号为 AM40-220	台	1

（2）定额工程量 套用电力预算定额 YD11-30。
① 人工费：1 台×170.78 元/台＝170.78 元
② 材料费：1 台×203.06 元/台＝203.06 元
③ 机械费：1 台×651.24 元/台＝651.24 元

定额工程量计算见表 11-6。

表 11-6 定额工程量计算表

定额编号	项目名称	单位	数量	人工费	材料费	机械费
YD11-30	直流避雷器	台	1	170.78	203.06	651.24

【例 11-4】 电源噪声滤波器（PNF）是一种新型器件，它能有效地抑制交流电网噪声，提高电子设备的抗干扰能力和系统的可靠性。其作用是双向的，一方面消除或削弱来自交流电网的噪声干扰，保证电子设备的正常运行；另一方面可以防止电子设备本身产生的噪声窜入交流电网。图 11-4（a）所示为电源噪声滤波器典型电路。其中，C1 的作用是滤除电源导线中的对称干扰。C2、C3 与 L 组成对称性霄型低通滤波器，工频 50～60Hz 交流电可以直接通过，而对常态干扰脉冲却呈现极高阻抗，它可以阻止电源网络中的常态干扰信号进入电子设备，同时也可阻止各种电子设备中产生的对称性干扰信号进入电源网络，图 11-4（b）是在上述的电源噪声滤波器的进线端以及进线端与地之间各并联一只压敏电阻，有效地抑制电网出现的浪涌电压 。试求其工程量。

【解】 （1）清单工程量
①铜芯聚氯乙烯绝缘电线 16（m）   2.0910
②铜芯聚氯乙烯绝缘电线 120（m）   16.0510
③电焊条 J507，综合（kg）   0.7040

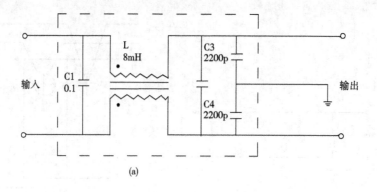

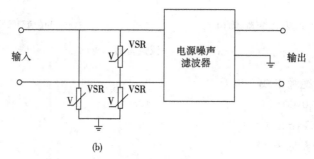

图 11-4 电源噪声滤波器示意图

④木脚手板 50×250×4000（块）　　0.2980

清单工程量计算见表 11-7。

表 11-7　清单工程量计算表

定额编号	项目名称	项目特征描述	计量单位	工程量
HA3301K18001	交流噪声滤波器安装	220kV	组	1

（2）定额工程量　套用电力预算定额 YD11-48。

① 人工费：1 组×1548.20 元/组＝1548.20 元

② 材料费：1 组×3116.87 元/组＝3116.87 元

③ 机械费：1 组×5535.89 元/组＝5535.89 元

定额工程量计算见表 11-8。

表 11-8　定额工程量计算表

定额编号	项目名称	单位	数量	人工费	材料费	机械费
YD11-48	交流噪声滤波器安装	组	1	1548.20	3116.87	5535.89

【例 11-5】　直流隔离开关是一种防止直流隔离开关交直流短路的装置，图 11-5 所示为 GN2-72 型四点式直流高压隔离开关，试求其工程量。

【解】　（1）清单工程量　直流隔离开关清单工程量计算规则：按设计图示数量计算，则直流隔离开关的工程量为 1 台。

基本数据：

①型钢，综合（kg）　　　　11.2640

②平垫铁，综合（kg）　　　7.3220

③铜接线端子 120（个）　　9.1520

④电焊条 J507，综合（kg）　1.1120

清单工程量计算见表 11-9。

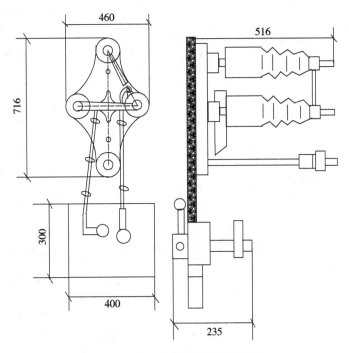

图 11-5 直流高压隔离开关结构图

表 11-9 清单工程量计算表

定额编号	项目名称	项目特征描述	计量单位	工程量
HA4301K20001	直流隔离开关	GN2-72型四点式	台	1

(2) 定额工程量 直流隔离开关采用的是 400kV 三柱式不带接地刀装置，数量为 1 台，则套用电力预算定额 YD11-64。

① 人工费：1 台×1842.83 元/台＝1842.83 元
② 材料费：1 台×3251.33 元/台＝3251.33 元
③ 机械费：1 台×3323.14 元/台＝3323.14 元

定额工程量计算见表 11-10。

表 11-10 定额工程量计算表

定额编号	项目名称	单位	数量	人工费	材料费	机械费
YD11-48	直流隔离开关	台	1	1842.83	3251.33	3323.14

【例 11-6】 直流断路器具有超一流的限流性能，能准确保护继电保护、自动装置免受过载、短路等故障危害。直流断路器具备的限流、灭弧能力优势，可迅速分断直流配电系统的故障电流，使级差配合得到很大的提高。图 11-6 所示为直流断路器跳闸、合闸电路图，试求其工程量。

【解】 (1) 清单工程量 直流断路器清单工程量计算规则：按设计图示数量计算，则直流隔离开关的工程量为 1 台。

基本数据：
① 铜芯聚氯乙烯绝缘电线 16 (m)   4.6460
② 平垫铁，综合 (kg)   7.0400
③ 木脚手板 50×250×4000 (块)   0.1470

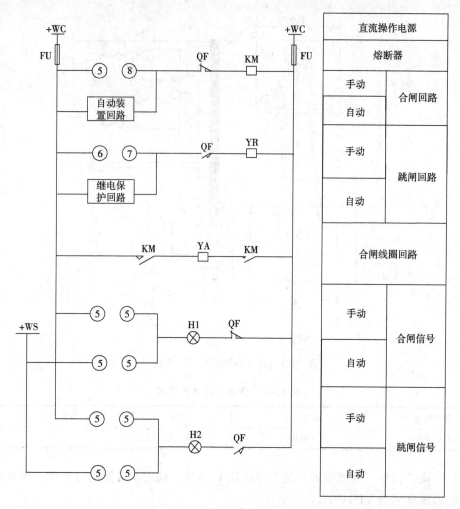

图 11-6　直流断路器跳闸、合闸电路图

④电焊条 J507，综合（kg）　　　　　0.3520

清单工程量计算见表 11-11。

表 11-11　清单工程量计算表

定额编号	项目名称	项目特征描述	计量单位	工程量
HA4301K22001	直流断路器	400kV	台	1

（2）定额工程量　直流断路器采用的是 400kV 装置，数量为 1 台，则套用电力预算定额 YD11-71。

① 人工费：1 台×3946.42 元/台＝3946.42 元

② 材料费：1 台×338.09 元/台＝338.09 元

③ 机械费：1 台×18104.61 元/台＝18104.61 元

定额工程量计算见表 11-12。

表 11-12　定额工程量计算表

定额编号	项目名称	单位	数量	人工费	材料费	机械费
YD11-71	直流断路器	台	1	3946.42	338.09	18104.61

【例 11-7】 热熔焊接原理是将两根 PE 管道的配合面紧贴在加热工具上来加热其平整的端面直至熔融,移走加热工具后,将两个熔融的端面紧靠在一起,在压力的作用下保持到接头冷却,使之成为一个整体。如图 11-7 所示的焊接工艺曲线图表示为焊接过程压力与时间的关系图。其中:P_{a1} 加热压力;P_{a2} 吸热压力;P_{f1} 熔接压力;P_{f2} 冷却压力;t_{a1} 加热时间;t_a 切换时间(包括加热板撤出时间);t_{f1} 增压时间;t_{f2} 冷却时间。

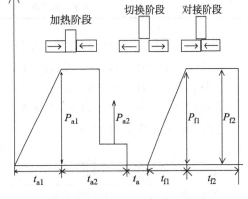

图 11-7 PE 管热熔焊接工艺图

【解】 (1) 清单工程量 热熔焊接清单工程量计算规则:按设计图示数量计算,则热熔焊接的工程量为 1 处。

基本数据:

①石油液化气 (m³)　　　0.0390
②环氧树脂 E44 (kg)　　　2.3760
③环氧树脂 6101 号 (kg)　0.0770
④尼龙绳,直径 25mm (kg) 0.0770

清单工程量计算见表 11-13。

表 11-13　清单工程量计算表

定额编号	项目名称	项目特征描述	计量单位	工程量
HA8202K32001	热熔焊接	PE 管热熔焊接	处	1

(2) 定额工程量 套用电力预算定额 YD11-124。
① 人工费:1 处×33.92 元/处=33.92 元
② 材料费:1 处×72.06 元/处=72.06 元

定额工程量计算见表 11-14。

表 11-14　定额工程量计算表

定额编号	项目名称	单位	数量	人工费	材料费
YD11-124	热熔焊接	处	1	33.92	72.06

【例 11-8】 如图 11-8 所示,不锈钢膨胀罐在闭式水循环系统中起到了平衡水量及压力的作用,避免安全阀频繁开启和自动补水阀频繁补水等。另外,在水系统中,还能减少水泵的频繁启动,可以用来吸收系统因阀门、水泵等开和关所引起的水锤冲击,以及夜间少量补水使供水系统主泵休眠从而减少用电,延长水泵使用寿命等。试计算其工程量。

【解】 (1) 清单工程量 不锈钢膨胀罐清单工程量计算规则:按设计图示数量计算,则不锈钢膨胀罐的工程量为 1 台。

基本数据:

①镀锌扁钢,综合 (kg)　　 10.5600
②电焊条 J422,综合 (kg)　 1.5840
③不锈钢电焊条,综合 (kg)　0.2640

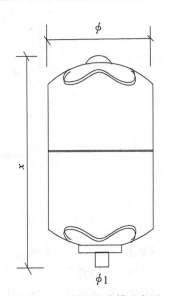

图 11-8 不锈钢膨胀罐示意图

④铜接线端子 120（个）　　　　　1.7600

清单工程量计算见表 11-15。

表 11-15　清单工程量计算表

定额编号	项目名称	项目特征描述	计量单位	工程量
HA1201K34001	不锈钢膨胀罐	TVA24	台	1

（2）定额工程量　套用电力预算定额 YD11-139。

① 人工费：1 台×173.08 元/台=173.08 元

② 材料费：1 台×240.93 元/台=240.93 元

③ 机械费：1 台×302.44 元/台=302.44 元

定额工程量计算见表 11-16。

表 11-16　定额工程量计算表

定额编号	项目名称	单位	数量	人工费	材料费	机械费
YD11-139	不锈钢膨胀罐	台	1	173.08	240.93	302.44

【例 11-9】　有一高层建筑物层高 3.5m，檐高 100m，外墙轴线周长为 90m，求均压环焊接工程量和设在圈梁中的避雷带的工程量。

【解】　因为均压环每三层焊一圈，即每 9m 焊一圈，因此 30m 以下可以设 3 圈，即：

$90 \times 3 = 270$(m)

三圈以上，即 3m×3 层×3 圈=27m 以上，每三层设一避雷带，工程量为：

$(100-27) \div 9 = 8$(圈)

$90 \times 8 = 720$(m)

【例 11-10】　某食品加工厂长 40m、宽 25m、高 15m，如图 11-9 所示，一楼为生产车间，其他楼层用作办公。现要在该厂房楼顶安装避雷网（用混凝土块敷设），3 处引下线与一组接地极（5 根）连接，试计算工程量及套用定额。

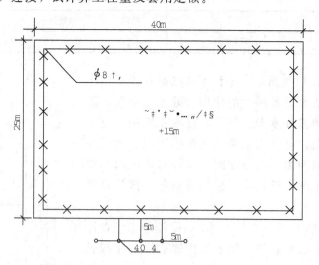

图 11-9　某食品加工厂接地防雷装置安装工程图

【解】　（1）清单工程量

①避雷网线路长（40+25）×2m=130m。

②避雷引下线 15×3m=45m。

③接地极挖土方 $(5×3+5×4)×0.36m^3=12.6\ m^3$。

④接地极制作安装 5 根（钢管 $\phi50$，$L=25m$）。

⑤接地母线埋设 $(5×4+5×3)m=35m$。

⑥断接卡子制作安装 $3×1$ 套＝3 套。

⑦断接卡子引线 $3×1.5m=4.5m$。

⑧混凝土块制作 避雷网线路总长÷混凝土块间隔＝130÷1＝130 个。

⑨接地电阻测验 1 次。

清单工程量计算见表 11-17。

表 11-17 清单工程量计算表

序号	项目编号	项目名称	项目特征描述	计量单位	工程量
1	BA6201H24001	接地装置	3 处引下线与一组接地极（5 根）连接	项	1
2	BA6201H28001	避雷装置	避雷网（混凝土块敷设）	项	2

（2）定额工程量（套用《电力建设工程预算定额》2013 年版）。

①避雷网线路长 $(40+25)×2m=130m$

【注释】 避雷网沿着屋顶周围装设，在屋顶上面用圆钢或者扁钢纵横连接成网。

套用电力预算定额 YT17-194/195。

②避雷引下线 $[(15+1)×3-2×3]$ m＝42m

【注释】 接地引下线是将接收的雷电流引向地下装置的接地体，一般用 $\phi6mm$ 以上的圆钢制作，其位置根据建筑物的大小和形状由设计决定，一般不少于两根。式中 15m 为建筑物的高度，1m 为从屋顶向下引应预留的长度，且有 3 根引下线。引下线从屋顶往下引时，不一定是从建筑物最高处向下引，应减去 2m 的长度。

套用电力预算定额 YT17-191。

③接地极挖土方 $(5×3+5×4)×0.36m^3=12.6\ m^3$

【注释】 引下线与接地极，接地极与接地极之间都需连接，共挖了 7 个沟，每个沟长度为 6m，且每米的土方量为 $0.36\ m^3$。

④接地极制作安装 5 根（钢管 $\phi50mm$，$L=25m$）。

套用电力预算定额 YT17-155。

⑤接地母线埋设 $(5×4+0.5×2+5×3+0.8×3)m=38.4m$。

【注释】 接地母线包括接地极之间的连接线以及各设备的连接线，式中 0.8m 是引下线与接地母线相接时接地母线应预留的长度。根据接地干线的末端必须高出地面 0.5m 的规定，接地母线需加上 0.5m，共有两个末端。5m 为接地母线中每段的长度，共有 7 段母线。

套用电力预算定额 YD9-31。

⑥断接卡子制作安装 $3×1$ 套＝3 套

【注释】 每根引线有一套断接卡子。

⑦断接卡子引线 $3×1.5m=4.5m$

【注释】 根据规定，在距地 1.5m 处设断接卡子，即断接卡子引线为 1.5m，共 3 根。

⑧混凝土块制作 避雷网线路总长÷混凝土块间隔＝130÷1＝130 个。

⑨接地电阻测验 1 次。

定额工程量计算表见表 11-18（套用《电力建设工程预算定额》2013 年版）。

表 11-18 某公司歌舞厅照明系统一回路定额工程量计算

序号	定额编号	分项工程名称	计量单位	工程量	基价/元	其中/元			合计/元
						人工费	材料费	机械	
1	YT17-194/195	避雷网安装	m	130	13.80/12.81	3.40/3.03	9.71/9.25	0.69/0.53	1794.00/1665.30
2	YT17-191	避雷引下线安装	m	42	10.11	3.79	5.13	1.19	424.62
3	YT17-155	接地极制作	根	5	63.82	21.07	28.47	14.28	316.40
4	YD9-31	接地母线埋设	100m	0.384	1307.20	1086.59	179.88	40.73	501.96
		合　　计							3036.98/2908.28

第12章 其他单体调试

第一部分 说明释义

一、工作内容

1. 励磁灭磁装置调试

（1）励磁灭磁屏调试，灭磁开关动作试验，主触头、灭磁触头分合闸时间配合测试。

【释义】 灭磁开关，就是用于快速降低励磁回路中的电流的开关。励磁回路感抗很大，切断电流较困难的，需要安装专用的灭磁开关。开机建压前，要投入灭磁开关，在发电机停机或事故情况下，跳开灭磁开关切断励磁回路电流，达到快速降低发电机电压的目的。

（2）灭磁电阻、磁场变阻器、感应调压器、隔离（励磁整流）变压器、整流柜及转子灭磁过压保护装置等一次设备调试及就地操作试验。

【释义】 磁场变阻器是用于调节电机励磁电流的变阻器。其结构与启动变阻器相同，含有电阻元件和换接装置。当接于发电机的励磁电路中调节励磁电流时，可以改变发电机的输出电压；当接于电动机的励磁电路中调节励磁电流时，可以改变电动机的转速，此时又称为调速变阻器。由于是调节励磁电流，所以变阻器的工作电流不大，可以长期工作。

2. 高压除尘装置电气调试

（1）开关、电缆、电压互感器、电流互感器试验。

【释义】 电流互感器原理是依据电磁感应原理。电流互感器是由闭合的铁芯和绕组组成。

电压互感器是一个带铁芯的变压器。它主要由一、二次线圈、铁芯和绝缘组成。

（2）接地电阻测试。

（3）仪表、变送器、保护、自动控制调节装置、振打装置、加热装置、通风电机等一、二次设备调试。

【释义】 高压静电场除尘装置是通过产生几万甚至几十万伏的静电高压，通过强力磁场改变尘埃的带电属性来达到除尘目的。

沉积在电晕极和集尘极上的粉尘必须通过振打及时清除，电晕极上积灰过多，会影响放电。集尘极上积灰过多，会影响尘粒的驱进速度，对于高比电阻粉尘还会引起反电晕。

3. 电力电缆试验

（1）GB50150第18.0.1条要求的设备检查及试验。

（2）充油电力电缆的压力报警系统调试。

【释义】 充油电缆是用补充浸渍剂的办法消除因负荷变化而在油纸绝缘层中形成气隙，以提高电缆工作场强的一类电力电缆，有自容式充油电缆和钢管式充油电缆两种形式。

4. 保护装置调试

（1）保护装置及各种附属单元调试（仪表、变送器等）。

【释义】 变送器是把传感器的输出信号转变为可被控制器识别的信号（或将传感器输入的非电量转换成电信号同时放大以便供远方测量和控制的信号源）的转换器。传感器和变送器一同构成自动控制的监测信号源。

（2）盘内查线。

（3）保护整定。

（4）柜内整组试验。

【释义】 发电机组保护装置，主要用于电力系统中，通过对电流、电压、频率等电能参数进行保护，从而达到稳定系统的目的。

常用的发电机组保护装置有传统的继电器式保护装置和发电机过流过压保护器，后者多用于中小型发电站的发电机保护系统中，采用集中控制，具有过流、过压、欠压保护功能。

5. 自动装置调试

（1）自动装置及各附属单元调试（仪表、变送器等）。

（2）盘内查线。

（3）保护整定。

（4）柜内整组试验。

【释义】 自动装置是按照预先的设定，根据系统对各方面的要求，自动完成预定功能的装置，根据用途可分为自动信号装置、自动检测装置、自动操纵装置、自动保护装置和自动调节装置等几类。

6. 电场微机监控元件调试

（1）外观检查。

（2）开关量输入检查。

【释义】 开关量，就是一对触点，这一对触点之间有 2 个状态，要么是闭合状态，要么是断开状态，这对触点传达的信息就是一个开关量。开关量分有源或者无源，有源开关量在闭合状态的同时，还会提供一个电压驱动。

（3）控制输出检查。

（4）模拟量精度、线性度试验。

【释义】 模拟量是指变量在一定范围连续变化的量；也就是在一定范围（定义域）内可以取任意值。数字量是分立量不是连续变化量，只能取几个分立值，二进制数字变量只能取两个值。

（5）脉冲量精度试验。

【释义】 脉冲是指一个物理量在短持续时间内突变后迅速回到其初始状态的过程。

（6）通电调试。

（7）屏内线检查。

（8）辅助继电器、变送器调试。

【释义】 继电器也称电驿，是一种电子控制器件，它具有控制系统（又称输入回路）和被控制系统（又称输出回路），通常应用于自动控制电路中，在电路中起着自动调节、安全保护、转换电路等作用。

7. 变电站、升压站微机监控元件调试

（1）外观检查。

（2）开关量输入检查。

（3）控制输出检查。

（4）模拟量精度、线性度试验。

（5）脉冲量精度试验。

（6）通电调试。

（7）屏内线检查。

【释义】 变电站是把一些设备组装起来，用以切断或接通、改变或者调整电压，在电力系统中，变电站是输电和配电的集结点。变电站主要组成为：馈电线和母线、隔离开关、接地开关、断路器、电力变压器、站用变压器、电压互感器TV、电流互感器TA、避雷针。

8. 智能变电站调试

（1）智能终端设备调试。

①合并单元调试。

工作内容：合并单元及附属单元调试；盘内查线，参数整定；装置CID配置文件检查；同步性能测试、TV并列、切换功能测试，光功率裕度检测。

【释义】 裕度是指留有一定余地的程度，允许有一定的误差。公差裕度是根据统计的对象和范围来规定的。

②智能终端调试。

工作内容：智能终端机附属单元调试；盘内查线，参数整定；装置CID配置文件检查；光功率裕度检测。

【释义】 智能终端设备是指那些具有多媒体功能的智能设备，这些设备支持音频、视频、数据等方面的功能。

③网络报文记录和分析装置调试。

工作内容：网络报文记录和分析装置及附属单元调试；高级分析功能检查。

【释义】 报文是网络中交换与传输的数据单元。报文包含了将要发送的完整的数据信息，其长短很不一致，可分为自报文由和数字报文。

（2）智能组件调试。

①变压器智能组件调试

工作内容：测量IED调试；冷却装置控制IED调试；有载分接开关控制IED调试；变压器局部放电监测IED调试；油中溶解气体监测IED调试；铁芯接地电流监测IED调试。

【释义】 冷却装置属于生产流水线辅助设备领域，包括固定在风头装置上的冷却风管路和风头装置，在风头装置的下方，设置一个中空的、围绕成环状的矩形钢管体，冷却风管路连接在该矩形钢管体的上端面，该端面上还设有多个细长的吹风管，弯曲向下对准模圈的上部；矩形钢管体的下面连有为冷却模圈侧面而设置的冷风板，冷风板内面开有向着模圈侧面吹风的筛状小孔。使用该模圈冷却装置，可使模圈温度通过调整冷却时间和冷风流量进行控制，对模圈进行有效的冷却、大幅度提高生产效率提供了可靠的保证。

②断路器/GIS智能组件调试

工作内容：开关设备控制器调试；局部放电监测IED调试；气体密度、水分监测IED调试。

【释义】 见定额编号第11章的YD11-96～YD11-99的应用释义。

③避雷器智能组件调试

工作内容：测量误差试验（在现场采用模拟装置进行试验）；测量重复性试验；最小检测周期检验；数据传输检验；安全性检验。

【释义】 见定额编号第11章的YD11-30～YD11-34的应用释义。

9. 电网调度自动化主站设备调试

外观检查、安装检查、编制信息表、系统数据库内同补充，接口检查，设备管理软件、补丁、病毒检查，身份验证。集群和同步检查，设备及软件的许可核查，设备加电调试、功能和性能试验，技术资料及文档检查。

【释义】 电网调度自动化是运用现代自动化技术对电网进行的调动，其包括远动装置和调度主站系统，是用来监控整个电网运行状态的。使调度人员统观全局，运筹全网，有效地指挥电网安全、稳定和经济运行。

10. 二次系统安全防护

（1）二次系统安全防护设备调试。

工作内容：外观检查、配置核查，冗余功能、访问控制功能测试，路由表容量、路由收敛速率测试，最大并发连接数、最大新建连接数测试，明文吞吐量、密文吞吐量测试，攻击监测、攻击告警测试，规则库测试，安全等性能测试。

（2）计算机安全防护监测。

工作内容：外观检查、配置核查，信息安全措施核查，漏洞检测，设备运行正确性核查，开放端口检测。

（3）信息安全测评（等级保护测评）。

工作内容：信息安全措施核查，配置核查，漏洞核查，设备运行正确性核查，开放端口检查。

【释义】 电力二次系统包括电力监控系统、电力通信及数据网络等。

电力监控系统是指用于监视和控制电网及电厂生产运行过程的、基于计算机及网络技术的业务处理系统及智能设备等。包括电力数据采集与监控系统、能量管理系统、变电站自动化系统、换流站计算机监控系统、发电厂计算机监控系统、配电自动化系统、微机继电保护和安全自动装置、广域相量测量系统、负荷控制系统、水调自动化系统和水电梯级调度自动化系统、电能量计量计费系统、实时电力市场的辅助控制系统等。

11. 变电站视频及环境监控系统元件调试

（1）战端（变电站）元件调试。

工作内容：外观检查、安装是否正确，视频、音频编/解码标准测试，通信控制协议标准化测试，摄像机本体性能测试，环境信息实时采集、处理、上传、告警及时钟对时精度等功能和性能测试，存储设备读写、与主机交互测试等。

（2）主站（调度端）元件调试。

外观检查，视频服务器、工作站、储存、交换机硬件本体系统和应用软件调试等。

【释义】 变电站现在一般都有"三遥"系统，可以在此基础上增加变电站远程视频监控系统，简称变电站遥视系统，将变电站的视频数据和监控数据由变电站前端的设备、视频服务器采集编码，并将编码后的数据通过网络传输到监控中心，监控中心接收编码后的视频数据和监控数据，进行监控、存储、管理。变电站遥视系统的实施为实现变电站的无人值守，从而为推动电力网的管理逐步向自动化、综合化、集中化、智能化方向发展提供有力的技术保障。

环境监控系统的主要任务是监视变电站内各工作现场的温度、湿度以及浸水等各环境参数。一旦出现异常，系统自动告警，并可以自动启动空调、风机水泵等设备。

12. I/O 现场送点校验

（1）连接电缆正确性确认。

【释义】 见定额编号 YD4-129～YD4-132 的应用释义。

（2）现场 I/O 送点。

（3）配合控制系统冷态回路试验。

【释义】 控制系统意味着通过它可以按照所希望的方式保持和改变机器、机构或其他设备内任何感兴趣或可变化的量。控制系统同时是为了使被控制对象达到预定的理想状态而实施的。控制系统使被控制对象趋于某种需要的稳定状态。

二、其他说明

1. 保护装置调试

（1）保护装置调试均已包括装置及附属设备的所有单元件调试，保护装置内各种非重复保护功能的组合为一套，每增加一套保护增加定额系数 0.6。

【释义】 见释义一、4。

（2）电抗器、电容器保护装置套用相同电压等级的送配电保护装置。送配电保护中的高频保护包括通道试验，纵差保护包括联调试验，均以单侧为一套考虑。

【释义】 电抗器也叫电感器，一个导体通电时就会在其所占据的一定空间范围产生磁场，所以所有能载流的电导体都有一般意义上的感性。

电容器是两金属板之间存在绝缘介质的一种电路元件。电容器是利用两个导体之间的电场来储存能量，两导体所带的电荷大小相等，但符号相反。

（3）母线保护为比率式，定额乘以系数 1.2。500kV 以下母联保护按 3/2 接线断路器考虑。

【释义】 母线保护是电力系统继电保护的重要组成部分。母线是电力系统的重要设备，在整个输配电中起着非常重要的作用。母线故障是电力系统中非常严重的故障，它直接影响母线上所连接的所有设备的安全可靠运行，导致大面积事故停电或设备的严重损坏，对于整个电力系统的危害极大。随着电力系统技术的不断发展，电网电压等级不断升高，对母线保护的快速性、灵敏性、可靠性、选择性的要求也越来越高。

（4）旁路间隔套用同电压等级送配电保护定额。

【释义】 正常的电力系统中，每回进、出线必须由断路器和隔离刀闸组成，由于整体设备内一般只安装一组开关，为防止因开关故障而影响正常供电，必须设计备用回路（开关），又由于成套设备的体积和设备安装的成本及检修等因素的考虑，在开关柜的进、出线侧加装一组隔离刀闸，这组刀闸就叫旁母或旁路。当电源侧的断路器出现故障或电源母线出现问题时，可以直接用旁路来代替断路器。

（5）高压电抗器保护装置套用相同电压等级的变压器保护装置。3~10kV 变压器保护装置带差动保护时定额乘以系数 1.2。

【释义】 差动保护是输入的两端 CT 电流矢量差，当达到设定的动作值就会启动动作元件。保护范围在输入的两端 CT 之间的设备（可以是线路、发电机、电动机、变压器等电气设备）。

（6）电动机保护装置调试按套用相应电压等级送配电保护装置（或综合保护装置）定额，系数乘以 1.3。

【释义】 电动机的损坏主要是绕组过热或绝缘性能降低引起的，而绕组的过热往往是流经绕组的电流过大引起的。对电动机的保护主要有电流、温度检测两大类型。

2. 自动装置调试

（1）自动装置调试均已包括装置及附属设备的所有单元调试。装置的形式已作综合考虑，使用时不因形式差异作调整。

【释义】 见释义一、5。

(2) 事件顺序记录装置调试按故障录波器定额乘以系数 2.0。

【释义】 故障录波器用于电力系统，可在系统发生故障时，自动地、准确地记录故障前、后过程的各种电气量的变化情况，通过这些电气量的分析、比较，对分析处理事故、判断保护是否正确动作、提高电力系统安全运行水平均有着重要作用。故障录波器是提高电力系统安全运行的重要自动装置，当电力系统发生故障或振荡时，它能自动记录整个故障过程中各种电气量的变化。

(3) 蓄电池自动充电装置已包括配合蓄电池组首次充放电及直流绝缘电源监察装置调试，公用或备用充电装置应乘以系数 0.4。

【释义】 直流绝缘监察装置是防止直流系统中出现一点接地的长期运行装设的，主要分为信号和测量两部分，可以在任一极的绝缘电阻降低时，自动发出灯光和音响信号，并且可利用它判断出接地极和正、负极的绝缘电阻值。

(4) 镍铬电池充电屏按同电压等级蓄电池自动充电装置定额乘以系数 0.5。

【释义】 镍镉电池内部抵制力小，内阻很小，可快速充电，可为负载提供大电流，而且放电时电压变化很小，是一种非常理想的直流供电电池，可重复 500 次以上的充放电，经济耐用。

(5) 备用电源自投装置以单向自投为一套，双向自投乘以系数 1.2。

【释义】 备用电源自动投入装置是一种电器保护装置，可以在线路或用电设备发生故障时，自动迅速、准确地把备用电源投入用电设备中或把设备切换到备用电源上。

(6) VQC 自动装置定额在独立配置时套用。

【释义】 VQC 是电压无功控制，VQC 装置是对有载调压变压器分接头切换和并联电容器投切进行综合优化自动控制的通用设备。适用于电力系统中各种类型、各种运行方式的变电站。该装置由控制器、打印机和自动控制屏组成，采用微机及数字信号处理技术。

(7) 变电站自动化系统测控装置按各相应电压等级断路器数量计算。

【释义】 变电站自动化系统由间隔层综合自动化系统（包含监控单元和通讯总线）及变电站层监控系统构成；主要用于 35kV/66kV 电压等级的输配电线路保护、主设备保护和测量控制系统。

3. 电厂微机监控元件调试以机组"台"为计量单位。本定额包含智能 I/O 测控装置、就地通信控制器、远动通信控制器、保护管理机、工程师站、操作员站、监控系统主机、AVQC 主机、保护路障信息子站的元件调试，各项所占比例分别为 35.32%、28.45%、3.07%、5.29%、1.9%、3.07%、3.07%、1.82%、1.8%。

【释义】 通信控制器主要管理主机或计算机网络的数据输入输出。可以是复杂的前台大型计算机接口或者简单的设备如多路复用器、桥接器和路由器。这些设备把计算机的并行数据转换为通信线上传输的串行数据，并完成所有必要的控制功能、错误检测和同步。现代设备还完成数据压缩、路由选择、安全性功能，并收集管理信息。

AVQC 是自动电压无功控制。

第二部分 定额释义

12.1 励磁灭磁装置调试

定额编号 YD12-1～YD12-6 励磁灭磁装置配 P_{644}～P_{645}

【应用释义】 灭磁就是把转子励磁绕组中的磁场储能尽快地减弱到可能小的程度。最简单的办法是将励磁回路断开。但励磁绕组具有很大的电感,突然断开,会在其两端产生很高的过电压。因此,在断开励磁电源的同时,还应将转子励磁绕组自动接入到放电电阻或其他吸能装置上去,把磁场中储存的能量迅速消耗掉。完成这一过程的主要设备叫自动灭磁装置。

12.2 高压静电除尘装置电气调试

定额编号 YD12-7～YD12-12 机组容量 P_{646}～P_{647}

【应用释义】 高压静电除尘器是以静电净化法进行收捕烟气中粉尘的装置。是净化工业废气的理想设备。它的净化工作主要依靠放电极和沉淀极这两个系统来完成。当两极间输入高压直流电时在电极空间,产生阴、阳离子,并作用于通过静电场的废气粒子表面,在电场力的作用下向其极性相反的电极移动,并沉积于电极上,达到收尘目的。

12.3 电力电缆试验

定额编号 YD12-13 电力电缆 P_{648}

【应用释义】 见释义一、3(2)。

12.4 保护装置调试

定额编号 YD12-14～YD12-21 变压器保护装置 P_{649}

【应用释义】 变压器保护装置是集保护、监视、控制、通信等多种功能于一体的电力自动化高新技术产品,是构成智能化开关柜的理想电器单元。该产品内置一个由二十多个标准保护程序构成的保护库,具有对一次设备电压电流模拟量和开关量的完整强大的采集功能(电流测量通过保护CT实现)。

定额编号 YD12-22～YD12-27 发电机主变压器组保护 P_{650}

【应用释义】 见第11章的定额编号YD11-45的应用释义。

定额编号 YD12-28～YD12-35 送配电保护装置 P_{651}

定额编号 YD12-36～YD12-44 母线保护 P_{652}～P_{653}

【应用释义】 见释义二、1(3)。

定额编号 YD12-45～YD12-50 母联保护 P_{654}

【应用释义】 母联就是把母线连接起来的装置,它上面一般有隔离开关和断路器,目的是为了增加供电可靠性,平时一般是断开的。两边一般分别接两个不同的变压器,如果一个变压器坏了,把断路器和隔离开关闭合就能用另一台变压器继续供电给关键负荷。

12.5 自动装置调试

定额编号 YD12-51 故障录波器 P_{655}

【应用释义】 见释义二、2。

定额编号 YD12-52 备用电源自投装置 P_{655}

【应用释义】 见释义二、2(5)。

定额编号 YD12-53 备用电源自投装置(慢切) P_{655}

【应用释义】 见释义二、2(5)。

定额编号 YD12-54 备用电源自投装置(快切) P_{655}

【应用释义】 见释义二、2(5)。

定额编号 YD12-55 自动调频装置 P_{656}

【应用释义】 调频是高频载波的频率,不是一个常数,是随调制信号而在一定范围内变化的调制方式,其幅值则是一个常数。

定额编号 YD12-56 自动准同期装置 P_{656}

【应用释义】 自动准同期是利用滑差检查、压差检查及恒定导前时间的原理,通过时间程序与逻辑电路，按照一定的控制策略进行综合而成的，它能圆满地完成准同期并列的基本要求。

自动准同期装置是专用的自动装置。自动监视电压差、频率差级选择理想的时间发出合闸脉冲，使断路器在相角差为0°时合闸。同时设有自动调节电压和电压频率单元，在电压差和频率差不满足条件时是发出控制脉冲。

定额编号　YD12-57　手动准同期装置　P_{656}

【应用释义】　同期装置是一种在电力系统运行过程中执行并网时使用的指示、监视、控制装置，可以检测并网点两侧的电网频率、电压幅值、电压相位是否达到条件，以辅助手动并网或实现自动并网。

定额编号　YD12-58　就地判别装置　P_{656}

【应用释义】　为提高远方跳闸的安全性，防止误动作，执行端应设置故障判别元件。只有在收到远方跳闸命令且就地故障判别元件启动时才允许出口跳闸切除相关断路器。可以作为就地故障判别元件启动量的有：低电流、过电流、负序电流、零序电流、低功率、负序电压、低电压、过电压等。就地故障判别元件应保证对其所保护的相邻线路或电力设备故障有足够灵敏度。远方跳闸的出口跳闸回路应独立于线路保护跳闸回路，同时远方跳闸应闭合重合闸。

定额编号　YD12-59　事故照明切换装置　P_{656}

【应用释义】　事故照明切换箱是指正常供电系统出现故障后，由备用供电系统供电，如双电源供电系统、备用柴油发电机、应急直流电源（正常时充电）。

事故照明切换箱与一般照明箱的区别是，事故照明切换箱里有电源切换器，当断电时，切换器自动将电源转换到备用电源，而一般照明箱没有。

定额编号　YD12-60　低频减负荷装置　P_{656}

【应用释义】　自动低频减负荷装置是当系统出现有功功率缺额引起频率下降时，根据频率下降的程度，自动断开一部分用户以阻止频率下降，以使频率迅速恢复到正常值的装置。

定额编号　YD12-61　远动装置本体　P_{656}

【应用释义】　远动装置是电力系统调度综合自动化的基础，主要是为了完成调度与变电站之间各种信息的采集并实时进行自动传输和交换的自动装置。

定额编号　YD12-62～YD12-64　蓄电池自动充电装置　P_{657}

【应用释义】　蓄电池是将化学能直接转化成电能的一种装置，属于二次电池，是按可再充电设计的电池，通过可逆的化学反应实现再充电。

定额编号　YD12-65～YD12-69　UPS不停电装置　P_{657}

【应用释义】　UPS是一种含有储能装置，以逆变器为主要元件，稳压稳频输出的电源保护设备。当市电正常输入时，UPS就将市电稳压后供给负载使用，同时对机内电池充电，把能量储存在电池中；当市电中断或输入故障时，UPS将机内电池的能量转换为220V交流电继续供负载使用，使负载维持正常工作并保护负载软、硬件不受损坏。

定额编号　YD12-70　逆变电源装置　P_{658}

【应用释义】　逆变电源，就是利用晶闸管电路把直流电转变成交流电的电源。

定额编号　YD12-71～YD12-76　发电机自动励磁装置　P_{659}

【应用释义】　励磁装置是指同步发电机的励磁系统中除励磁电源以外的对励磁电流能起控制和调节作用的电气调控装置。

定额编号　YD12-77　VQC自动装置　P_{660}

【应用释义】　见释义二、2（6）。

定额编号　YD12-78　零功率切机装置　P_{660}

定额编号　YD12-79　PMU 同步相量装置　P_{660}

【应用释义】　同步相量测量是利用高进度的 GPS 卫星同步时钟实现对电网母线电压和线路电流相量的同步测量，通过通信系统传送到电网的控制中心或保护、控制器中，用于实现全网运行监测控制或实现区域保护和控制。

同步相量测量装置是电力系统实时动态监测系统的基础和核心，通过该装置可以进行同步相量的测量和输出以及进行动态记录。

定额编号　YD12-80　AGC 装置　P_{660}

【应用释义】　AGC 是自动发电量控制，以区域系统为单位，对各自本区的发电机的出力进行控制。

定额编号　YD12-81～YD12-82　变频装置　P_{660}

【应用释义】　通过改变交流电频率的方式实现交流电控制的技术就叫变频技术。

定额编号　YD12-83～YD12-88　ECMS 测控装置　P_{661}

定额编号　YD12-89　故障测距装置　P_{662}

【应用释义】　故障测距装置又称为故障定位装置，是一种测定故障点位置的自动装置，可以根据不同的故障特征迅速准确地测定故障点。

定额编号　YD12-90　消弧线圈自动调谐装置　P_{662}

【应用释义】　消弧线圈是一种带铁芯的电感线圈，应用在中性点接地系统中，电力系统输电线路经消弧线圈接地，是小电流接地系统的一种。

定额编号　YD12-91　小电流接地选线装置　P_{662}

【应用释义】　小电流接地选线装置的核心功能是能够及时、准确地判断接地回路是否有故障，是一种电力行业使用的保护设备。

定额编号　YD12-92　电压并列装置　P_{662}

【应用释义】　电压并列装置是当一段母线的母线电压有故障或检修时，该段母线的电压信号将失去，使用电压并列装置可以另一段母线的母线电压信号提供给该段电压小母线，以确保该段母线有电压信号。

定额编号　YD12-93　电能质量采集装置　P_{662}

【应用释义】　电能质量是关系到供电、用电系统及其设备正常工作的电压、电流的各种指标偏离规定范围的程度。

定额编号　YD12-94　继电保护试验电源装置　P_{662}

【应用释义】　继电保护是指研究电力系统故障和危及安全运行的异常工况，以探讨其对策的反事故自动化措施。

继电保护装置是实现继电保护功能的设备，是能反映电力系统中电气元件发生故障或不正常运行状态，并动作于断路器跳闸或发出信号的一种自动装置。

定额编号　YD12-95　变压器微机冷却控制装置　P_{662}

定额编号　YD12-96　变压器有载调压装置　P_{662}

【应用释义】　有载调压变压器是变压器在有负载作用运行时能够完成分接电压切换。

定额编号　YD12-97～YD12-101　区域安全稳定控制装置　P_{663}～P_{664}

定额编号　YD12-102～YD12-106　电能质量监测装置　P_{664}

【应用释义】　见定额编号 YD12-93 的应用释义。

定额编号　YD12-107～YD12-113　变电站自动化系统测控装置　P_{665}

【应用释义】　见释义二、2（7）。

12.6 电厂微机控制元件调试

定额编号 YD12-114~YD12-119 机组容量 P_{666}

【应用释义】 控制元件是改变系统的运行状态,如同步发电机的励磁调节器、调速器以及继电器等。

12.7 变电站、升压站微机监控元件调试

定额编号 YD12-120~YD12-124 电压 P_{667}

【应用释义】 见释义一、7。

12.8 智能变电站调试

12.8.1 智能终端设备调试

定额编号 YD12-125~YD12-131 合并单元 P_{668}

定额编号 YD12-132~YD12-138 智能终端 P_{669}

定额编号 YD12-139~YD12-144 网络报文记录和分析装置 P_{670}

【应用释义】 见释义一、8(2)和(3)。

12.8.2 智能组件调试

12.8.2.1 变压器智能组件调试

定额编号 YD12-145 测量IED P_{671}~P_{672}

【应用释义】 IED是智能电力监测装置。智能电力监控系统利用计算机、计量保护装置和总线技术,对中、低压配电系统的实时数据、开关状态及远程控制进行集中管理。

定额编号 YD12-146 变压器局部放电检测IED P_{671}~P_{672}

【应用释义】 局部放电检测系统是专门用于变压器、电机、避雷器等电器设备的局部放电测量,是电器设备制造厂、发供电运行部门、电力建设安装调试部门的必备测试设备。

定额编号 YD12-147 油中溶解气体监测IED P_{671}~P_{672}

定额编号 YD12-148 油中微水检测设备I P_{671}~P_{672}

定额编号 YD12-149 铁芯接地电流监测IED P_{671}~P_{672}

定额编号 YD12-150 绕组光纤测温IED P_{671}~P_{672}

【应用释义】 光纤测温是利用光纤传感器去测量温度。

定额编号 YD12-151 电容式套管电容量IED P_{671}~P_{672}

【应用释义】 电容量是在一定电位差下的电荷储藏量。

定额编号 YD12-152 变压器振动监测IED P_{671}~P_{672}

【应用释义】 见定额编号YD12-145的应用释义。

12.8.2.2 断路器/GIS智能组件调试

定额编号 YD12-153 局部放电检测IED P_{673}

【应用释义】 见定额编号YD12-146的应用释义。

定额编号 YD12-154 断路器机械特性监测IED P_{673}

定额编号 YD12-155 气体密度、水分监测IED P_{673}

【应用释义】 见第11章定额编号YD11-96~YD11-99的应用释义。

12.8.2.3 避雷器智能组件调试

定额编号 YD12-156 绝缘监测IED P_{674}

【应用释义】 见定额编号YD11-30~YD11-34的应用释义。

12.9 电网调度自动化主站系统设备调试

定额编号 YD12-157 服务器 P_{675}

定额编号 YD12-158 工作站 P_{675}

【应用释义】 工作站是指连接到网络的计算机。
定额编号　YD12-159　商用数据库　P_{675}
定额编号　YD12-160　磁盘列阵　P_{675}

【应用释义】 磁盘列阵是由许多台磁盘机或光盘机按一定规则来备份数据、提高系统性能的。通过阵列控制器的控制和管理，盘阵列系统能够将几个、几十个甚至几百个盘连接成一个磁盘，使其容量高达几百至上千兆。

定额编号　YD12-161　应用软件　P_{675}

【应用释义】 应用软件是用户可以使用的各种程序设计语言，以及用各种程序设计语言编制的应用程序的集合，分为应用软件包和用户程序。

定额编号　YD12-162　调度大屏幕　P_{675}

【应用释义】 见释义一、9。

12.10　二次系统安全防护

12.10.1　二次系统安全防护设备调试

定额编号　YD12-163　交换机　P_{676}
定额编号　YD12-164　路由器　P_{676}

【应用释义】 路由器是一种计算机网络设备，是将数据包通过一个个网络传送至目的地。

定额编号　YD12-165　硬件防火墙　P_{676}

【应用释义】 硬件防火墙是由硬件执行的一些功能，主要是指把防火墙程序做到芯片里面能减少 CPU 的负担，使路由更稳定，是保障内部网络安全的重要屏障。

定额编号　YD12-166　纵向加密认证装置　P_{676}

【应用释义】 加密是以某种特殊的算法改变原有的信息数据，使得未授权的用户即使获得了已加密的信息，也因不知解密的方法而无法了解信息的内容。

定额编号　YD12-167　横向加密认证装置　P_{676}

【应用释义】 见定额编号 YD12-166 的应用释义。

定额编号　YD12-168　入侵检测系统　P_{676}

【应用释义】 入侵检测系统是一种对网络传输进行即时监视，在发现可疑传输时发出警报或者采取主动反应措施的网络安全设备。

定额编号　YD12-169　其他网络设备　P_{676}

【应用释义】 见释义一、10。

12.10.2　计算机安全防护措施检测

定额编号　YD12-170　服务器/操作系统　P_{677}
定额编号　YD12-171　工作站/操作系统　P_{677}

【应用释义】 服务器操作系统是安装在大型计算机上的操作系统，是企业 IT 系统的基础架构平台，服务器操作系统主要分为四大流派：WINDOWS、NETWARE、UNIX、LINUX。

12.10.3　信息安全测评（等级保护测评）

定额编号　YD12-172　服务器　P_{678}
定额编号　YD12-173　工作站　P_{678}

【应用释义】 见定额编号 YD12-158 的应用释义。

定额编号　YD12-174　网络设备　P_{678}

【应用释义】 网络设备及部件是连接到网络中的物理实体。基本的网络设备有：计算机、集线器、交换机、网桥、路由器、网关、网络接口卡、无线接入点、打印机和调制解调器。

12.11 I/O 现场送点校验

定额编号　YD12-175　50MW　P_{679}

定额编号　YD12-176　125MW　P_{679}

定额编号　YD12-177　200MW　P_{679}

定额编号　YD12-178　300MW　P_{679}

定额编号　YD12-179　600MW　P_{679}

定额编号　YD12-180　1000MW　P_{679}

【应用释义】　多功能校验仪采用背光 LCD，即背光液晶显示、多屏汉字菜单显示，数字按键设定，无电位器操作，3 秒精确逼近，自动跟踪平衡。显示清晰、明了，操作简单快捷。

第三部分　工程量计算实例

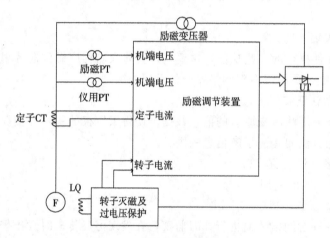

图 12-1　励磁调节装置接线图

【例 12-1】　励磁装置是指同步发电机的励磁系统中除励磁电源以外的对励磁电流能起控制和调节作用的电气调控装置；所谓灭磁就是把转子励磁绕组中的磁场储能尽快地减弱到可能小的程度，如图 12-1 所示为励磁装置外接线图，试计算其工程量。

【解】　（1）清单工程量

励磁灭磁装置清单工程量计算规则：按设计图示数量计算，则励磁灭磁装置的工程量为 1 组。

基本数据：

①黄铜丝，综合（kg）　　　　　　　　0.1000

②塑料带，黑色 20mm×40m（卷）　　　0.0500

③酒精，工业用 99.5%（kg）　　　　　 0.0500

④无絮棉布（kg）　　　　　　　　　　0.0500

清单工程量计算见表 12-1。

表 12-1　清单工程量计算表

定额编号	项目名称	项目特征描述	计量单位	工程量
BA4101D14001	励磁灭磁装置	50MW 机组	组	1

（2）定额工程量　参考《电力建设工程预算定额（2013 年版）第三册 电气设备安装工程》。

套用电力预算定额 YD12-1。

①人工费：1 组×265.00 元/组=265.00 元

② 材料费：1组×8.68元/组＝8.68元
③ 机械费：1组×2439.95元/组＝2439.95元
定额工程量计算见表12-2。

表12-2 定额工程量计算表

定额编号	项目名称	单位	数量	人工费	材料费	机械费
YD12-1	励磁灭磁装置	组	1	265.00	8.68	2439.95

【例12-2】 变压器保护装置是集保护、监视、控制和通信等多功能于一体的电力自动化装置，是构成智能化开关柜的理想电器单元。图12-2所示为RCS978-G5-GD变压器保护装置，适用于220kV及以上电压等级，试求其工程量。

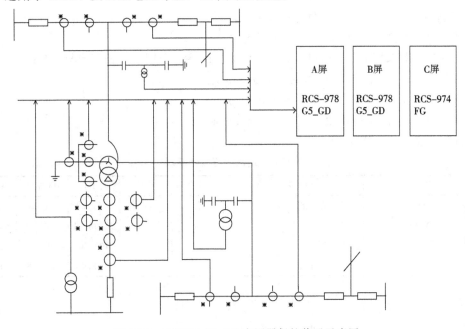

图12-2 RCS978-G5-GD变压器保护装置示意图

【解】 (1) 清单工程量 变压器保护装置清单工程量计算规则：按设计图示数量计算，则变压器保护装置的工程量为1台。

基本数据：
① 变压器保护装置（台）　　1
② 变压器（台）　　4
③ 电容器（台）　　4
④ 电流互感器（台）　　13

清单工程量计算见表12-3。

表12-3 清单工程量计算表

序号	项目编号	项目名称	项目特征描述	计量单位	工程量
1	BA4201D14001	变压器保护装置	RCS978-G5-GD	台	1
2	BA5105A12001	变压器	单相双绕组	台	4
3	BA3303B19001	电容器	200kvar 以上	台	4
4	BA2106B16001	电流互感器	220kV 以下	台	13

(2) 定额工程量

①变压器保护装置采用的是 220kV，数量为 1 台，套用电力预算定额 YD12-17。

a. 人工费：1 台×3477.33 元/台＝3477.33 元

b. 材料费：1 台×14.68 元/台＝14.68 元

c. 机械费：1 台×4184.99 元/台＝4184.99 元

②变压器采用的是单相双绕组，数量为 4 台，套用电力预算定额 YD2-63。

a. 人工费：4 台×3859.66 元/台＝15438.64 元

b. 材料费：4 台×2553.70 元/台＝10214.8 元

c. 机械费：4 台×16611.89 元/台＝66447.56 元

③电容器采用的是 200kvar 以上，数量为 4 台，套用电力预算定额 YD3-200。

a. 人工费：4 台×27.00 元/台＝108.00 元

b. 材料费：4 台×20.09 元/台＝80.36 元

c. 机械费：4 台×45.14 元/台＝180.56 元

④电流互感器采用的是 220kV 以下，数量为 13 台，套用电力预算定额 YD3-170。

a. 人工费：13 台×271.75 元/台＝3532.75 元

b. 材料费：13 台×32.37 元/台＝420.18 元

c. 机械费：13 台×535.72 元/台＝6964.36 元

定额工程量计算见表 12-4。

表 12-4 定额工程量计算表

序号	定额编号	项目名称	单位	数量	人工费	材料费	机械费
1	YD12-17	变压器保护装置	台	1	3477.33	14.68	4184.99
2	YD2-63	变压器	台	4	15438.64	10214.8	66447.56
3	YD3-200	电容器	台	4	108.00	80.36	180.56
4	YD3-170	电流互感器	台	13	3532.75	420.18	6964.36